HABAGAT

VIENTOS DEL SUROESTE

PARTE 1

ExLibric

ALEXIS JONAY ÁLVAREZ ÁLVAREZ

HABAGAT

VIENTOS DEL SUROESTE

PARTE 1

EXLIBRIC

ANTEQUERA 2023

HABAGAT, VIENTOS DEL SUROESTE. PARTE 1
© Alexis Jonay Álvarez Álvarez
© de las imágenes de cubiertas y del interior: Alexis Jonay Álvarez Álvarez
Diseño de portada: Dpto. de Diseño Gráfico Exlibric

Iª edición

© ExLibric, 2023.

Editado por: ExLibric
c/ Cueva de Viera, 2, Local 3
Centro Negocios CADI
29200 Antequera (Málaga)
Teléfono: 952 70 60 04
Fax: 952 84 55 03
Correo electrónico: exlibric@exlibric.com
Internet: www.exlibric.com

ISBN: 978-84-10076-38-9
Depósito Legal: MA 1810-2023

Impresión: PODiPrint
Impreso en Andalucía – España

Nota de la editorial: ExLibric pertenece a Innovación y Cualificación S. L.

ALEXIS JONAY ÁLVAREZ ÁLVAREZ

HABAGAT

VIENTOS DEL SUROESTE

PARTE 1

Para mi hija Luna.
Nunca dejes de soñar y de creer en ti,
como nosotros lo hacemos.

Introducción

Sabes exactamente qué hacer, cada paisaje te sorprende más que el anterior, todo es nuevo para ti, cada persona que vas conociendo por el camino te enseña algo nuevo. A lo lejos, el mar se deja entrever en el horizonte, azul y agitado como si supiera que venías a verlo. El día a día tiene otro sentido para ti, sentir la libertad dejándote llevar… Tú solamente caminas.

Salvaje es la vida en el remoto pueblo en el desierto al sur de Madagascar, donde los niños juegan entre las olas con su tabla hecha con restos de madera. Salvaje es la isla perdida en algún mar cristalino y secreto de las Filipinas, donde decidiste pasar la noche con tu tienda, y que observa a lo lejos cómo el sol se va perdiendo por el infinito, dejando un atardecer difícil de imaginar.

Esa manada de elefantes que, como es habitual, bajan a ese pequeño pueblo de Sri Lanka a ver si pueden robar alguna sandía o comerse algunas zanahorias de la huerta de algún vecino poco precavido. Salvaje es sentir algo que recorre tu cuerpo desde los pies hasta la cabeza erizando la piel o ver un nuevo horizonte ante tus ojos y solo pensar en sentirte libre.

Algo dentro de ti ha cambiado. Sabes a dónde ir, quieres conocer todos los mares y perderte en ellos, caminar hasta que el día termine para así estar un poco más cerca de donde te propones llegar. No conoces que es salvaje hasta que lo pruebas y ya no puedes dejarlo.

Los días pasan y sabes que estás haciendo lo que quieres cuando miras a tu alrededor y ves aquello que buscas. Ese aire con sabor a salitre que salpica tu cara por la mañana o esa carretera infinita con rumbo a lo desconocido que se presenta a ti justo antes de partir. Estas son las señales que necesitas para saberlo, y no, ya no puedes parar.

«Algunas de las mejores historias de surf empiezan con la existencia de unas remotas islas perdidas en el océano Pacífico, donde el mar golpea fuerte y agitado…».

MADAGASCAR

Madagascar, el gran secreto malgache

El momento había llegado. Tras casi dos años preparando todo, intentando organizar cada detalle de nuestro viaje, ahorrando y tratando de estar listos mentalmente para esta aventura, septiembre del 2015, la fecha que elegimos para salir al mundo, había llegado. Atrás quedaron las despedidas con amigos y familiares, las últimas visitas a nuestras playas o lugares importantes aquí en la que era nuestra casa hasta ese momento, nuestro lugar seguro. Tratando de congelar imágenes en nuestra retina para los momentos más duros, que seguro que llegarían más adelante. Ahora era momento de partir… Madagascar nos esperaba.

«¿Por qué Madagascar?», nos preguntaban. Madagascar era una isla enorme, con kilómetros y kilómetros de costa por explorar y una enorme barrera de coral bordeándola en uno de sus extremos. Con enormes desiertos secos al sur, verde jungla al norte, poblados remotos, islas diminutas… Madagascar mezclaba mejor que casi ningún otro lugar que habíamos visto lo que buscábamos para empezar este gran viaje de ida, perdernos en un lugar totalmente desconocido, auténtico, remoto y con olas vírgenes por descubrir.

No teníamos ni idea de por dónde empezar, habíamos mirado un par de mapas por internet, buscado contactos locales, leído algunas guías de viaje, etc. Pero la información disponible sobre olas o zonas de surf era realmente mínima. Junto a esta poca información que encontrábamos, los avisos de peligros acerca de robos, asaltos, incertidumbre política, lugares que evitar o zonas «prohibidas» dominadas por traficantes de diamantes aparecían en muchos de los artículos que leíamos.

Sabíamos que Madagascar era atravesada únicamente por dos enormes carreteras, que, como dos venas, parten la tierra de norte a sur y de este a oeste. Todo lo demás tenía que ser improvisado o debíamos nosotros buscar la manera de llegar a los lugares que queríamos visitar. Esto hacía aún más difícil movernos por el país y, por ende, encontrar las olas, poniendo a prueba nuestras habilidades negociadoras en cada momento, las cuales aún desconocíamos que teníamos tan avanzadas y desarrolladas, ya que muy pocas veces las habíamos tenido que usar en casa, para convencer a los pescadores o al conductor de algún coche o camión de que nos llevaran a algún punto concreto o para conseguir un lugar donde dormir.

Con este panorama por delante, las ideas de cómo sería este viaje a Madagascar, la Gran Isla, se sucedían en nuestras cabezas. No tanto las dudas de si hacíamos lo correcto o no, dejándolo todo aquí en casa para perseguir olas por el mundo, eso lo teníamos claro, lo sentíamos y juraría que fue la fuerza que nos llevaría tan lejos. Eran ideas que mezclaban sentimientos encontrados por salir, sin saber cuándo volveríamos, por dejar todo lo cómodamente conocido que teníamos aquí y, sobre todo, por empezar por un lugar tan desconocido y salvaje como Madagascar, pero a la vez una sensación de emoción y felicidad estaba presente en cada momento o paso que dar antes de salir al mundo, para hacernos saber que estábamos en la dirección correcta.

El canal de Mozambique, famoso por sus fuertes corrientes y sus grandes tiburones blancos, se dejaba ver desde la pequeña ventanilla de nuestro avión por primera vez, tras unas ocho horas de vuelo desde Italia. Lo primero que llamaba nuestra atención era su color, de un verde oscuro intenso. «Jamás habíamos visto un mar así, de ese color tan raro», pensábamos mientras empezábamos a tomar tierra en la pequeña isla de Nosy Be, situada al norte de Madagascar.

La idea era estar por Madagascar unos dos meses, para poder recorrerla bien de norte a sur, metiéndonos por cada una de las venas que dividen la isla. Pronto descubriríamos lo equivocados que estábamos.

Nosy Be, la gran decepción

En verdad, elegimos este lugar más por necesidad que por conocimiento, dado que buscando opciones baratas de llegar a la Gran Isla, motivados por lo ajustado de nuestro presupuesto y lo ricos que éramos en tiempo, Nosy Be era el lugar perfecto. Esta pequeña isla, situada a unos tres kilómetros al noroeste de Madagascar, tenía conexiones semanales con Italia. Un avión cargado en su mayoría por hombres bastante entrados en años, solos y con cara de no venir a hacer nada bueno por aquí, tocaba tierra puntual, semana tras semana, en esta isla, con precios muy por debajo de cualquier otro destino en Madagascar que hubiéramos comprobado previamente. Como contrapartida, debíamos buscar un transporte público que nos cruzara hasta alguna parte de la costa de la isla de Madagascar, pero seguro que nos iba a salir mucho más barato.

Ya en tierra, en la isla de Nosy Be, tras unas ocho horas de vuelo directo desde Italia. Ya en tierra, los militares malgaches, nombre con el que se les conoce comúnmente a los habitantes de Madagascar, nos recibieron dándonos una calurosa bienvenida y aprovechando el desfase horario y la confusión mental tras tantas horas de vuelo para pedirnos unos cuantos dólares extras y así hacernos sin problema el visado de entrada al país, amenazándonos falsamente con que, de lo contrario, no podríamos entrar y seríamos deportados de nuevo a Italia. Me hacían muchas preguntas sobre mi tabla de *bodyboard*, que milagrosamente había llegado en perfectas condiciones tras varias horas de viaje.

«¿Qué es eso? ¿Tienes permiso? ¿Cuánto vale?», preguntaban los militares encargados de recibir al pasaje del avión. Lo que no sabían era que, probablemente, se habían topado con las dos personas más ratas, pacientes y, casi seguro, más pobres de todo ese avión procedente de Italia. Una hora después, tras un intenso tira y afloja entre ellos y nosotros, que nos hacíamos los tontos empeorando aún más si cabe nuestro pobre inglés hablado, largas pausas ignorándonos por completo para que cediéramos y tras poner miles de excusas para no pagarles nada extra, conseguimos cansarlos y que nos dieran nuestro visado normal de dos meses, tal y como debía ser.

Enfilamos el estrecho pasillo que iba desde donde habíamos recogido nuestros equipajes y las tablas de *bodyboard* hasta la puerta de salida del recinto cogidos de las manos, sudorosas y resbaladizas de la emoción y de los nervios que nos provocaba enfrentarnos al exterior, sabedores de que, una vez fuera, solo estaríamos ella y yo como personas conocidas para empezar de verdad este gran viaje.

—¡Ahí vamos!

—Cada segundo, desde hoy en adelante, será único y diferente —dijo Beni, apretando con fuerza mi mano, al mismo tiempo que cruzábamos la puerta de salida.

Estábamos fuera del aeropuerto, bueno, por llamarlo de alguna manera, porque en realidad se trataba de una pequeña y vieja sala con capacidad máxima para cincuenta personas —solo en el avión veníamos el doble—, con sillas de metal, dividida en dos partes, llegadas y salidas; un espacio reservado a los equipajes, que eran colocados a mano y en fila con esmero por los trabajadores del aeropuerto, y una larga pista de aterrizaje en mitad de la selva, porque allí no había nada más. En la calle, los pocos turistas que venían en el avión con nosotros y que aún quedaban por allí y no les habían recogido ya estaban esperando a que algún vehículo de su lujoso hotel fuera a recogerlos. Éramos los únicos sin un plan de recogida y pronto fuimos los únicos en quedar allí, tras marcharse poco a poco todos. Por suerte, un coche que estaba allí y que iba rumbo a la ciudad de Hell Ville se ofreció a llevarnos tras negociar un precio.

Ya montados en el coche privado, cargados con las tablas, las mochilas y todos nuestros sueños y objetivos encima, íbamos con los ojos abiertos como nunca antes, atentos a todo lo que sucedía a nuestro alrededor, fascinados con todo cuanto veíamos por las ventanillas del coche. Pusimos rumbo al centro de la pequeña isla, donde podríamos encontrar algún lugar donde pasar la noche y descansar unos días, lejos de los lujosos resorts y sus playas privadas, a los que iba la gran mayoría de los turistas que visitaban Nosy Be por un par de ariary solamente, que es la moneda oficial del país africano.

—¡Ah, perfecto! Conozco el hostal perfecto para ustedes dos —dijo el amable conductor que nos llevaba y que ya era nuestro primer conocido en el viaje.

No decirlo es mentirnos a nosotros mismos. El miedo, infundado, claro está, estaba presente en nosotros dos durante los primeros días de viaje por

Madagascar. Normal por otro lado, si tenemos en cuenta la sobrecarga informativa de malas noticias que encontrabas en internet y los foros de viaje que leímos antes de partir, en cuanto a los peligros que había en Madagascar y toda África en general. Esta palabra tan simple y bella al mismo tiempo, *África*, evoca ya por sí sola sentimientos encontrados en los verdaderos viajeros y aventureros que algún día la pronuncian: respeto y admiración por partes iguales, mezclados con esperanzas y anhelos de experiencias únicas, son algunos de ellos. El miedo también formaba parte de este conjunto, quizás por los tantos y tantos prejuicios que nos han metido en la cabeza casi sin ser consciente a lo largo de nuestra vida, o quizás por nuestra propia naturaleza humana, alejada muchas veces de la realidad del propio mundo. Qué equivocados estábamos, qué ciegos nos han hecho y qué lejos de la verdad nos encontrábamos en casa.

Nuestro coche nos dejó delante del hostal La Plantación, situado en una de las calles más transitadas de Hell Ville. Tal y como nos había prometido nuestro conductor, el precio era medianamente normal, pese a seguir siendo un poco más alto de lo que calculamos en nuestro presupuesto diario en Madagascar, pero realmente estábamos muy cansados y queríamos tener ya un lugar donde soltar todo, centrarnos y pensar qué íbamos a hacer a partir de ese día en adelante. Ese primer día, apenas nos atrevimos a caminar un poco calle arriba y otro poco calle abajo en la misma acera de nuestro hostal, buscando algo para almorzar y para comprar agua. No nos sentíamos cómodos y eso se tenía que notar.

—¿Qué hacemos? No podemos estar en esta calle para siempre —preguntó Beni mientras almorzábamos en un pequeño restaurante cerca del hostal.

—Eso es cierto. No podemos seguir así, debemos hacer algo para empezar el viaje de verdad —le respondí.

Ambos habíamos viajado por otros muchos países previamente, e incluso hicimos un viaje de un mes juntos a varias zonas de la India, pero una vez más la palabra *África*, pese a ser la África isleña, nos tenía paralizados sin saber muy bien qué hacer.

De vuelta al hotel, un cartel colocado justo detrás de la mesa de recepción que ponía «alquilamos motos» nos daría la respuesta. Las miradas pueden ser muy poderosas y, en ocasiones, definitivas entre dos personas que se conocen demasiado bien. Casi sin pensarlo y consensuado entre ambos con una simple y corta mirada, reservamos una moto para los dos días siguientes. Ahora nuestro miedo no tenía alternativa posible.

Aprovechando que estábamos en una isla azotada de pleno por el fuerte e implacable *swell* del sur, como se le dice generalmente en el mundo del surf al mar de fondo, que recorría el canal de Mozambique de extremo a extremo, usaríamos la moto para nuestra primera excursión en busca de olas nuevas.

A la mañana siguiente, después de un largo y espeso café malgache en el hostal, cogimos la tabla, las aletas y nos fuimos a deshacernos del miedo. Una carretera muy limpia y recién asfaltada en apariencia recorría prácticamente toda la costa de Nosy Be. Habíamos mirado algunos mapas y sabíamos que los corales estaban situados al norte de la isla, por lo que pusimos rumbo hacia allí con nuestra moto alquilada.

Del lugar donde venimos, los vientos alisios soplan constantes del noreste por lo general, lo que propicia muchas veces el viento bueno de tierra para la formación de olas huecas y limpias, con un poco de fuerza de mar y mucha suerte también. En esta isla, de momento, era todo lo contrario. Un fuertísimo viento que soplaba desde el mar, moviendo la moto en casi todas las direcciones posibles, levantaba el mar de una manera caótica y sin forma alguna. En medio de este mar verde oscuro, agitado y encrespado o «picado», como decimos los canarios, sabía que no iba a encontrar nada bueno, por lo menos por ahora.

Con este panorama, proseguimos carretera al norte, prácticamente sin detenernos, salvo para comprar algo de agua en una pequeña tienda que vimos al margen de la carretera y para estirar las piernas un poco, adormecidas ya de la falta de práctica tras unos cuantos kilómetros en la carretera de la costa. Al llegar a Andilana, localidad situada en la esquina noreste y más saliente de la isla, un grupo de corales se podía entrever entre tanta espuma y el verdoso mar africano que ocupaba todo el horizonte. La marea estaba muy baja, se podía apreciar por la línea húmeda que dejaba a su paso por las rocas de la orilla al retirarse mar adentro. Quizás eso y el viento tan fuerte que soplaba incansable hacían que no se formara ninguna ola potable allí ese día. Acostumbrado a confiar en la máxima que rige la vida de muchos surferos del mundo, habría que volver otro día más temprano, antes de que soplara el viento y que coincidiera con una marea más alta, si queríamos surfear en esta playa.

Nos llamó mucho la atención comprobar que la larga playa de Andilana, de arena blanca y coral, en la que nos encontrábamos, estaba dividida en dos partes muy bien separadas: una parte pública, con algunos barcos de pesca en la arena y de libre acceso para todos, y otra parte privada, delimitada por un enorme cartel escrito en malgache y en francés que advertía de que entrabas en una propiedad privada, vigilada por dos personas y a la cual solo podían acceder los clientes del lujoso complejo turístico que llevaba el mismo nombre que la localidad, Hotel Andilana, situado justo enfrente de la arena de la playa, a pocos metros del mar.

—¿Nuestro primer baño en el mar de este viaje? —sugirió sonriente Beni, mientras miraba el mar.

Nos cambiamos y caminamos hasta la orilla del mar, dispuestos a zambullirnos en el agua para, de alguna manera, dejar nuestros miedos atrás, como habíamos planeado al día anterior. Quizás de casualidad o quizás porque debía ser así, al salir del agua y tumbarnos bajo el sol para secarnos un rato antes de coger de nuevo nuestra moto para buscar un lugar donde almorzar, dos curiosos niños que vendían pulseras y collares de caracolas a los turistas del hotel se nos acercaron para tratar de hablar con nosotros. Los dos niños, tímidamente y como buenamente podían, se sentaron también junto a nuestra toalla y, dejando sus collares a un lado tras comprobar que no queríamos comprar nada, empezaron a interesarse por el pelo de Beni y su color de ojos, que no dudó en interactuar con ellos creando un momento de juegos y risas entre ambos.

Cuando nos recogimos ya para irnos a almorzar, los dos niños nos acompañaron hasta la moto, aparcada junto a una humilde casa de madera y un terreno abierto al principio de la playa. Allí estaban su padre y su madre con algunos otros vendedores locales, ofreciendo botellas de agua, refrescos y cocos naturales a los extranjeros que pasaban por allí camino al lujoso hotel. Tras un cariñoso abrazo de despedida de los niños a Beni, emprendimos el camino de vuelta a nuestro hostal, agradecidos por recibir la señal que necesitábamos para poder seguir con nuestro viaje sin miedos o temores infundados.

Antes de llegar a Ambaro, a medio camino entre Aldilana y Hell Village, encontramos el sitio perfecto para almorzar y reponer fuerzas tras el largo camino en moto hasta aquí. Situado a un margen de la solitaria carretera de la costa y rodeado totalmente por pura y densa jungla tropical, el Restaurante de Chez Gregoire, como decía el cartel colocado en la misma carretera, fue la mejor y única opción que vimos. Pescado fresco, arroz y tomates eran lo único que servían, no había más opciones ni las necesitábamos. Una simpática mujer, de largo y oscuro cabello rizado, ataviada con un pareo donde porteaba a su bebé de unos pocos meses, nos invitó a pasar y nos preparó la deliciosa comida, la cual devoramos hambrientos antes de proseguir nuestro camino de vuelta al hostal.

Esa misma noche, en nuestra habitación del hostal, con la prueba ya superada y habiéndonos quitado de encima, aunque fuera tan solo un poco, ese miedo que no nos dejaba ser totalmente libres, ambos nos sentíamos un poco más seguros y confiados en nosotros mismos. Justo lo que necesitábamos para enfrentarnos a los dos meses que nos quedaban aún por delante de viaje por el país africano y, sobre todo, para poder hacer lo que más amábamos y nos había llevado a emprender este loco sueño días atrás: viajar y vivir a nuestra manera, en definitiva, ser lo que siempre quisimos ser.

A la mañana siguiente, empecinado en probar la ola que habíamos visto el día anterior en la costa de Andilana, salimos muy temprano del hostal. Allí estábamos los dos de nuevo alrededor de las cuatro de la mañana subidos en nuestra moto y recorriendo por segunda vez la carretera de la costa. Hay que aclarar que por estas latitudes, la luz del sol empieza a iluminarlo todo sobre esa hora, y dos o tres horas más tarde, el sol es ya tan fuerte que casi es imposible no estar a la sombra a cada rato.

Volviendo a la carretera de la costa y a nuestra moto de nuevo, ya habíamos dejado atrás la mugrienta ciudad de Hell Ville, ciudad en la que nos bastaron solo los dos días que llevábamos por allí para comprobar que este era un lugar muy azotado por la prostitución, el abuso de menores y por la fiesta decadente en bares hechos a medida para atraer a alimañas nocturnas como los que venían en nuestro avión. Aún sin haber llegado al lugar elegido el día anterior para comprobar el estado de la mar, ya podíamos ver a lo lejos el coral y la supuesta zona de olas otra vez.

«Me parece que hoy tampoco será el día». Ya estaba claro que ese día no sería el momento ni el lugar donde probaría mi tabla por primera vez en este viaje. Pese a que la marea había avanzado sobre el coral como unos cincuenta metros y lo cubría de agua completamente, el viento seguía siendo muy fuerte y totalmente proveniente del mar, formando unas olas locas imposibles de surfear.

El viento no daba ni un segundo de tregua en la isla de Nosy Be, soplando constante y con mucha fuerza a casi todas horas. Con este panorama y tras digerir la pequeña decepción de nuestros primeros días infructuosos de búsqueda de olas nuevas, decidimos que había llegado el momento de seguir nuestro camino y trasladarnos a la Gran Isla, a la verdadera y salvaje Madagascar. Ahora solo teníamos que encontrar algo o alguien que nos cruzara hasta allí y empezar el verdadero viaje.

Vazaha, vazaha...

Nada nos había preparado para nuestra llegada a la verdadera costa de Madagascar. Tras unas tres horas montados en una pequeña fuera borda de goma cargada hasta los topes de personas, maletas y mercancías varias, ataviados con unos enormes y antiguos chalecos salvavidas color naranja fluorescente, llegamos supuestamente a Ambanja, un pequeño pueblo costero en la zona oeste de la Gran Isla. Cuando finalmente logramos tocar tierra, lo único que veíamos nosotros era una gran playa de arena negra embarrada, aceitosa y sucia, donde varios coches destartalados, pequeñas furgonetas y algunas motos esperaban para recoger a los pasajeros de las muchísimas barcas que, al igual que la nuestra y poco a poco, iban llegando desde todos lados del mar hasta la orilla de la playa, para recogerlos, arrancar y perderse luego jungla adentro.

Nuestra llegada fue un caos literal. Enseguida se formó un revuelo un poco peculiar en la playa en torno a nosotros, «los dos únicos turistas que habían llegado en muchísimo tiempo por allí y de esa manera», en palabras de nuestro capitán. La mayoría de los turistas, por no decir todos, optan por ir en avión o en barco privado para cruzar de Nosy Be a Madagascar. Los conductores de los taxis *brousse*, vehículo de transporte público y oficial de Madagascar, nos llamaban, jalaban e incluso se enfrentaban entre ellos para conseguir llevarnos. Siempre de buen rollo y con una sonrisa en la boca, eso sí. En poco más de media hora que llevábamos en tierra firme ya, se había formado un grupo de unas quince personas que nos ofrecían llevarnos a donde quisiéramos en moto, coche o en el taxi *brousse*. Finalmente, debido a nuestra inexperiencia y quizás también a ese miedo que aún teníamos por dentro, optamos por ir en el coche privado de uno de ellos, hasta la estación de taxi *brousse* más cercana, y de allí, esta vez sí, coger el nuestro hasta nuestro destino final, Morondava.

Las estaciones de taxi *brousse* en Madagascar son el punto de partida inicial y el modo más barato y público para perderse entre las venas que recorren de norte a sur la Gran Isla. Para poder explicar mejor de qué estamos hablando cuando nos referimos a taxi *brousse* aquí en Madagascar, imagina una furgoneta de tamaño mediano muy vieja, sin aire acondicionado, con asientos pequeños en su interior como para unas quince personas, divididos en filas, con un pasillo en medio muy estrecho y con ventanas fijas e inmóviles, en su mayoría. Ahora bien, imagínate esa furgoneta con unas veinticinco personas dentro, casi a tres personas más por fila, completamente hacinadas y apretadas, a unos cuarenta grados de temperatura en su interior, solo apaciguada por la leve brisa de aire que entra desde alguna de las ventanas abiertas. El olor humano mezclado con las gallinas o cualquier otro animal de pequeño tamaño que viajaba dentro con nosotros era el ambientador que nos acompañaba en cada largo trayecto, mientras que las maletas, los muebles, cajas, verduras, cerdos vivos, cabras…, en definitiva, cualquier cosa que se pudiera atar con una cuerda, viajaba arriba en el techo de la furgoneta amarrado, e incluso colgando si hacía falta, llegando, la mayoría de las veces, a duplicar la altura de la propia furgoneta. A todo esto había que sumarle que, durante el trayecto, para amenizar las casi diecisiete horas de media de cada viaje, el conductor del taxi *brousse* tenía por costumbre poner música malgache a todo volumen, tanto de día como de noche indistintamente. Al principio parece divertido, pero alrededor de las dos de la mañana cuando solo deseas llegar ya para estirar los pies y que acabe esta pesadilla, puede resultar matador.

Por si fuera poco con todo esto, al conductor de estas peculiares furgonetas se le otorgan poderes especiales, es decir, el ritmo del viaje lo marca él y solo él. Puede parar a saludar a sus amigos donde quiera, tardar el tiempo que él crea oportuno para comer, orinar o descansar y, el más importante de todos, puede pasar los controles de militares sin casi ningún problema. Bueno, en verdad, en cada control que pasábamos, el conductor dejaba un periódico del día muy bien enrollado y prensado al militar o policía encargado de chequear el vehículo. No sabemos si el periódico era algo muy difícil de conseguir por Madagascar o si era una llave maestra misteriosa con algún contenido de valor dentro, pero lo que sí sabemos es que si no era en taxi *brousse*, teníamos muy difícil movernos por el país con tanta facilidad.

Al cabo de un buen rato conduciendo por carreteras de arena y pueblos, nuestro coche nos dejó finalmente en el lugar exacto en el cual nos recogería el taxi *brousse* que se dirigiría hasta Antananarivo, ciudad capital de Madagascar con muy mala reputación entre los viajeros y turistas que vienen hasta aquí, pero parada obligatoria nuestra para pasar la noche y proseguir el viaje hasta Morondava al día siguiente. Fue este punto cuando el viaje había empezado literalmente para nosotros. Ya no había espacio para el temor, el miedo o las dudas, estábamos en mitad de la nada esperando junto a otros muchos pasajeros, con todas nuestras cosas encima en una arenosa, transitada y muy caótica estación de taxi *brousse* con cientos de personas yendo y viniendo por todos lados, cargados con maletas, animales o cualquier otra cosa que pudieran llevar consigo. Al mismo tiempo y en el mismo lugar, una treintena de furgonetas y camiones llenos hasta los topes entraban y salían de la estación o se preparaban para partir rumbo a alguna provincia de Madagascar. No atinamos a ver ni a un solo extranjero entre toda la muchedumbre y el caos que había en la estación. Quizás era normal si tenemos en cuenta que en total nos esperaban dos viajes por carreteras de más de diecisiete horas cada uno aproximadamente, pero era la forma más barata y local de viajar por el país africano.

Nuestro primer trayecto en este peculiar transporte público fue realmente toda una experiencia. Durante las primeras horas de trayecto, todo nos sorprendía y estábamos realmente disfrutando del viaje en taxi *brousse* pese a que íbamos bastante apretados dentro, pero tras caer la noche, con el cansancio y molimiento de la carretera tras tantas horas metidos en la furgoneta, ya no nos parecía tan divertido. Apenas pudimos pegar ojo durante toda la noche debido, en gran medida, a la alta velocidad con la que nuestro temerario conductor conducía la sobrecargada furgoneta por las desérticas carreteras de arena y piedras que atravesaban prados, montañas y poblados remotos. Pero lo peor de todo era lo alto que tenía puesta la estridente y repetitiva música malgache, que por momentos, para un oído poco entrenado en estos menesteres como el nuestro, parecía que simplemente gritaban con tambores y otros sonidos de fondo.

—Ya no puedo más, de verdad, esto es insufrible —se quejaba Beni.

Fue tanto el sufrimiento que la cabeza parecía que nos iba a estallar. Ya ni con las muchas paradas que hacíamos a lo largo del camino bastaba para aliviarnos.

—Cuando te acostumbras, no escuchas la música —respondió un pasajero que teníamos detrás y que se había percatado de que estábamos al borde del colapso.

Se trataba de Antsa, un joven músico que se encontraba también en Nosy Be dando un concierto, pero que ya estaba volviéndose a su casa cerca de

Antananarivo. Tras presentarnos y contarle un poco por encima nuestro plan, le dijo algo en su idioma al conductor. Pronto este bajó un poco la música medio a regañadientes, pero sin quitarla del todo. Agradecidos infinitamente por su ayuda, intercambiamos nuestros contactos y ya mucho más calmados Beni y yo, apoyados como podíamos el uno contra el otro y tapándonos los ojos de la estridente luz fluorescente del interior de la furgoneta, pudimos dormir un poco antes de llegar a la capital. Cuando despertamos, Antsa ya se había bajado y no pudimos agradecerle nuevamente la ayuda prestada.

Beni había buscado por internet una habitación cercana a la estación central de taxi *brousse* en Antananarivo, para así poder pasar el día descansando del larguísimo y pesado viaje hasta aquí y dormir en condiciones, antes de salir de nuevo rumbo a Morondava esa misma madrugada. Aún nos quedaban otras casi veinte horas de pesada carretera, música y hacinamiento, por lo que debíamos estar preparados. Finalmente, tras descansar todo el día en la ciudad, salimos como estaba previsto hacia Morondava, pero con la suerte de que, esta vez y de manera muy excepcional, a nuestro conductor no le funcionaba el aparato de música de la furgoneta correctamente, por lo que no le quedó más remedio que apagarlo durante todo el viaje.

Morondava, la ciudad de los baobads

Nos encontrábamos ya en la costa de Morondava al oeste de la Gran Isla y las primeras olas decentes empezaban a dejarse entrever. La gran playa de arena dorada de Morondava estaba sacando algunas olas muy divertidas para poder surfear cerca de la orilla. Lo más llamativo de este lugar era ver a los niños más pequeños del pueblo, donde íbamos a permanecer por estos días, usando largos y porosos listones de madera unidos entre sí mediante oxidados clavos a modo de tabla de surf, mientras se divertían remando las olas. Esta región de Madagascar es de sobra conocida por los impresionantes e imponentes árboles baobab. Un árbol que impresiona solamente con verlo, como si estuvieran plantados del revés, con las raíces hacia el cielo y las hojas bajo tierra. También, Morondava es conocida por los juguetones lémures que habitan por toda la provincia y por los afilados *coral cliff* de las montañas. Aparte de esto, lo mejor de la zona, sobre todo para nosotros dos, eran los kilómetros y kilómetros de costa virgen para explorar y buscar olas.

Por la mañana temprano al día siguiente, un poco antes de que el viento hiciera acto de presencia como era ya costumbre por estas latitudes, las primeras series llegaban a la playa limpias y muy largas. Pese a que las olas seguían siendo bastante pequeñas, parecía que la fuerza había subido un poco y al fin podría probar la primera ola de este viaje. La playa de Morondava estaba repleta de viejas señales repartidas por la arena que alertaban de que el fondo arenoso podía ocultar grandes rocas en su interior. Eso no fue suficiente para desanimarme, así que con las aletas y la tabla de *bodyboard* en la mano, me dirigí decidido a la parte de la playa donde estaban dos chicos locales surfeando para empezar a remar hacia el pico, llamado así el lugar donde se forma la ola, y unirme a ellos.

Con mucho cuidado remé para tratar de colocarme y coger mi primera ola. Lo más que curioso y en lo que no podía parar de fijarme mientras avanzaba era el color verde oscuro, casi gris, del agua. Uno de los locales, un chico muy joven que acababa de terminar de surfear su ola justo delante de donde yo estaba remando ahora mismo, usando una tabla de surf muy vieja y maltrecha, empezó a hacerme señas sonriente para indicarme cómo bordear la fuerte corriente que me tenía atrapado entre la espuma y las rocas y poder avanzar sin tanto problema. Luego, colocado junto a mí, tabla con tabla, los dos remamos hacia donde se estaba formando la ola y en donde también nos esperaba su amigo con una tabla hecha con listones de madera perfilados, unida con clavos y cola. Ese momento y esa situación serían algo que me haría sentir muy especial y agradecido, nunca hubiera imaginado un escenario mejor para mi primera ola en Madagascar.

No entró muy grande ese día, pero mi primera ola en tierras malgaches llegó cuando tenía que llegar. La remé lo más fuerte que pude nada más verla formarse detrás de mí. El color verde oscuro de la pared de la ola se mezclaba con la espuma densa y blanca que flotaba debido al mar de fondo que había ese día. La pared era lo suficientemente larga como para aburrirte haciendo giros o simplemente corriendo la ola, pero el labio de esta no terminaba de romper con fuerza suficiente, lo que no me dejaba oportunidad alguna de intentar alguna otra maniobra. Como siempre había sido, a mí solo me importaba sentir un nuevo mar y disfrutar de ese momento junto a los dos chicos locales que compartían su ola conmigo. Después de un rato juntos cogiendo olas, ambos tenían muchísimo interés y curiosidad por mi tabla de *bodyboard* y en cómo giraba en el agua. Quizás me equivoco, pero no creo que estuvieran muy acostumbrados a ver muchos surfers por allí, y menos con tablas como la mía.

Después de unos cuantos días buscando alguna ola un poco más hueca en Morondava por nuestra cuenta sin mucho éxito, conocimos a Bob en un *pub* de la zona al que fuimos a almorzar una de las tardes. Bob tenía gracia e ingenio de sobra, pero le faltaban los argumentos principales para ser un buen buscador de olas, la perseverancia, la paciencia y las ganas. Sus rastas largas y aceitosas hacían honor a su apodo.

—¿Quizás yo pueda ayudarles? —dijo Bob tras las presentaciones en su bar—. Conozco toda esta provincia y tengo también barcos que podemos usar para tratar de buscar olas —trató de convencernos.

No sé exactamente por qué, pero no veía en él a la persona correcta para ir a buscar olas por la zona. También Beni y yo habíamos ya recorrido muchos kilómetros de costa a pie y solo se veía arena y rocas por todos lados que íbamos. Teníamos que mirar bien cómo invertir cada ariary que teníamos con nosotros, pues el presupuesto era bastante limitado y preferíamos esperar a llegar al sur, donde la barrera de coral recorre casi toda la costa, para buscar bien.

De igual manera, esa misma noche volvimos invitados por el propio Bob a su bar en el pueblo para cenar y tomar unas copas. Tras la comida, una noche llena de Three Horses Beer (THB), la cerveza típica malgache, y algo de música *reggae*, Bob nos convenció para realizar, por un precio un poco más elevado de lo normal, una excursión hasta el Tsingy Park, al norte de Morondava, y también de paso revisar toda la costa por la carretera que llegaba hasta allí en su todoterreno. Finalmente, mereció mucho la pena el alto precio que pagamos a Bob por contratarlo. Fue una excursión de cuatro días en total, en la que pudimos ver de cerca varios tipos de lémures, paisajes increíbles a lo largo de los muchos ríos que teníamos que cruzar usando barcazas flotantes hechas con troncos de árboles y algunas tribus compuestas por las diferentes etnias de toda la zona oeste costera de Madagascar, pero como sospechábamos nosotros previamente, ni rastro de olas decentes por la zona. Solo había mucho viento que hacía romper el mar contra playas de arena y rocas infinitas.

El mes había pasado rápidamente y las únicas olas que habíamos podido surfear en la Gran Isla por el momento no habían sido gran cosa. Fue entonces cuando decidimos irnos rumbo al lejano y desértico sur, flanqueado por una enorme barrera de coral de casi unos cuatrocientos kilómetros de distancia. Llegar hasta allí no fue tarea fácil. Las casi veinte horas de trayecto apretados metidos dentro del taxi *brousse*, con la música a tope constantemente, mientras atravesamos el desierto en mitad de la oscura noche formando en caravana o convoy de cinco furgonetas juntas por nuestra propia seguridad, debido a los recientes ataques sufridos por bandidos que acechaban a lo largo de las solitarias, peligrosas y serpenteantes carreteras de esta remota área del país, fueron el precio a pagar por llegar hasta Toliara.

El remoto e inexplorado sur

Toliara era la ciudad más grande de toda el área y el punto de partida para cualquier exploración que se adentrara en el remoto sur. Esta ciudad es un auténtico caos donde se mezclan miles de personas procedentes de todas las diferentes etnias que componen la isla de Madagascar, que llegan hasta aquí para vender, intercambiar o comprar cualquier cosa. También aquí en Toliara pudimos encontrar a las personas que, con su pequeña barca pesquera y sus enormes conocimientos de la zona, nos ayudarían a encontrar lo que realmente habíamos venido a buscar por estos mares: auténticos tubazos y grandes olas que se formen sobre alguna parte del coral salvaje y virgen.

—A veces he visto romper olas muy buenas y solitarias a tan solo unas cuantas horas en barco desde aquí, lo que no sé es cómo de profundo será el coral —dijo Ben justo cuando cargábamos nuestras tablas, maletas, comida y agua en la pequeña barca pesquera que había conseguido.

La barca era propiedad de Rasi, un sonriente y curtido capitán de barco malgache que se ganaba la vida pescando o llevando pasajeros desde la ciudad de Toliara hasta las remotas aldeas del sur de Madagascar en su barca.

El precio acordado quizás fue elevado, pero justo. Dado que Rasi, tirando de sus contactos locales, ya nos había conseguido también varios lugares en casas de amigos o conocidos suyos a lo largo del camino hacia el sur, donde podríamos pasar la noche y comer algo caliente durante estas semanas de aventura y exploración. El resto de los días serían a cargo de nuestra inseparable e infalible caseta de acampada si no encontrábamos un sitio adecuado para pasar la noche. Por aquel entonces y apenas un mes después de haber empezado nuestro viaje, aún desconocíamos lo mucho que nos iba a servir y ayudar ese inseparable compañero de viaje.

La primera parada que hicimos fue unas pocas horas después de haber dejado atrás la ciudad de Toliara. Mientras navegábamos por la parte interna de la barrera de coral sorteando algunas zonas con un peligroso oleaje, llegamos a una enorme lengua de arena que salía del espeso y seco bosque de matojos y arbustos de mediano tamaño que se encontraban en tierra firme, para adentrarse unos cientos de metros mar adentro hasta difuminarse con el mar. En su punta, un puñado de cubículos de madera muy rústicos servían de casas para unas veintipico personas que allí vivían. La mayoría eran pescadores y niños, los cuales estaban muy sorprendidos de vernos llegar, tanto que algunos de ellos, visiblemente asustados, corrían despavoridos a esconderse en cuanto vieron que pisábamos tierra con nuestras extrañas ropas y raras mochilas en la espalda.

Ben era un chico de origen francés que se había mudado a Madagascar hacía muy poco buscando dar un giro a su vida, según nos contó a medida que nos iba cogiendo confianza con el paso de los días.

—¿Qué mejor lugar para mejorar mi técnica de surf? —comentaba también Ben.

Fue Ben quien, casi igual o más interesado que nosotros en buscar olas por el remoto sur de Madagascar, no se lo pensó ni un solo momento cuando al conocernos le contamos nuestro plan de ir rumbo al sur hasta encontrarlas. Encontramos a Ben buscando cualquier información disponible en internet acerca de olas en Madagascar, ya que trabajaba para un australiano que sí había surfeado numerosas olas por aquí e incluso tenía una agencia que organizaba viajes por Madagascar. Ben movió sus pocos contactos locales, incluido Rasi, para conseguir arreglarlo todo y perdernos a buscar olas, que era lo que ambos queríamos. Eso sí, todo correría por nuestra parte. Esta era la única manera que teníamos de hacerlo como nosotros queríamos, libres y a nuestro ritmo.

Los más viejos de la aldea asentada en la lengua de arena reconocieron enseguida a Rasi y a Ben, que ya había estado allí anteriormente también. Tal y como nos dijeron al salir de la ciudad, teníamos preparado para nosotros un pequeño cubo de madera con techo de paja y unas esterillas hechas de mimbre para poner sobre el suelo arenoso de la casa, y así no pasar la noche a la intemperie.

El viento había desaparecido casi por completo, el sol apenas había hecho acto de presencia aún y todo a nuestro alrededor tenía un extraño color verduzco anaranjado, casi irreal. Eran menos de las cinco de la mañana y ya estábamos todos a bordo de la pequeña barca para acercarnos a la barrera de coral en busca de alguna brecha o alguna parte del coral surfeable. Todo era espuma que rompía violentamente contra un suelo muy poco profundo, nada decente o con posibilidades de surfear. Mientras, Rasi esquivaba habilidosamente algunas olas que sobrepasaban el coral y golpeaban la barca, cuando la vimos. El primero en gritar fue Ben, como si supiera lo que nosotros estábamos realmente buscando.

—¡Mira ese tubo! Es totalmente perfecto —gritó mientras se llevaba las manos a la cabeza.

Nosotros estábamos alucinando, la ola rompía de izquierda, era muy larga y parecía fácil. Cuando decimos «fácil» nos referimos a que no era una ola muy rápida, se podía remar y hacer la bajada de manera controlada hasta entrar en el tubo. La altura de la ola podía ser en torno a los dos metros o dos metros y medio, suficiente para nuestra primera ola de verdad en tierras malgaches. Saltamos al agua de manera automática y remamos juntos Ben y yo hasta colocarnos en el lugar que previamente habíamos visto como el mejor para poder sacar el tubo. Tras algunas olas que cerraban bruscamente en la segunda sección, u otras olas que no llegaban a romper en un tubo limpio y largo como habíamos visto, entró la mejor serie del día.

Remé fuertemente usando las manos y las aletas al mismo tiempo, con cuidado para no pasarme y entrar bien en la ola. Previamente, ya había visto a Ben remar la suya totalmente fuera y dejarse atrás la mejor parte del nuevo pico que habíamos encontrado hoy. Todo pareció encajar a la perfección. Una vez dentro de la ola, podía sentir cómo la brisa del aire del interior salía disparada desde mi espalda, rozando mis orejas y explotando fuera mientras dejaba una bruma de espuma en el aire y me impulsaba con fuerza fuera del tubo.

El día fue muy corto, o al menos esa era mi sensación cuando me encontraba de vuelta a la playa montado en nuestra barca. El viento apareció sobre el mediodía muy fuerte del noreste, para dejar el mar, antes liso e inmóvil, convertido en un torbellino de espuma encrespada y violenta que se extendía hasta donde llegaba la vista. Este tipo de fenómeno meteorológico sería algo que se repetiría durante el resto de nuestro periplo hacia el sur, marcando totalmente los tiempos para ir a coger olas y volver a la orilla de nuevo. Luego, en una de las aldeas que visitamos durante la expedición, nos contarían que ese fuerte viento era clave y esencial para las muchas tribus costeras que hay a lo largo del litoral sur de Madagascar, ya que, gracias al mismo, las rústicas y artesanales barcas que usan los pescadores locales pueden devolverse a la orilla después de una dura jornada de pesca, izando una pequeña vela que usan armónicamente cuando el viento empieza a soplar con fuerza al mediodía.

Dejamos atrás la encantadora aldea situada sobre la enorme lengua de arena unos dos días después de nuestro primer gran baño, cuando la fuerza empezó a remitir y era seguro continuar nuestro viaje en barca hacia el profundo sur. La siguiente parada la hicimos como a unas tres horas de travesía más tarde. Habíamos llegado a la aldea playera de Anakao, conocida por algunos clubs de buceo franceses que operan aquí aprovechando las calmadas y coralinas aguas del interior. El lugar era una fiesta, literalmente hablando, cuando llegamos con nuestra barca. En esta ocasión, como el lugar solía ser algo más concurrido por los turistas, nos tenían preparada para nosotros una auténtica cabaña de bambú con su suelo de madera y todo a pocos metros de la playa. Al ver todo el revuelo que había montado en la playa, Beni preguntó lo que todos nos estábamos preguntando:

—¿Hemos llegado cuando son las fiestas de la aldea?

Rasi nos explicó que por esta zona de Madagascar tienen la costumbre de velar a los difuntos durante días, dependiendo de la situación económica del mismo, con escandalosas fiestas que duran prácticamente las veinticuatro horas. En estas fiestas hacen sonar música estridente a todo volumen mientras bailan de una forma muy peculiar, al mismo tiempo que sueltan sonoras risas y alaridos o se retan entre ellos a combates de baile donde resulta ganador aquel que es capaz de mover más rápidamente las partes nobles o las posaderas. Todo esto siempre con el cuerpo del difunto presente durante todo el tiempo que duren estas celebraciones y con la creencia de que la familia del fallecido ahora va a tener una ayuda extra en el cielo para que sus plegarias sean escuchadas y concedidas tras la llegada del nuevo miembro a este. Nadie lloraba, nadie parecía estar triste, todo era alegría y celebración, y que el difunto estuviera allí al sol en su caja durante largos días y largas noches de fiesta solo parecía llamar la atención de nuestras pequeñas mentes aún occidentalizadas.

Durante la cena de nuestra primera noche en Anakao, Erick, que era el dueño de las cabañas, y nosotros hablábamos animadamente por un largo rato. Animados tras tomar varias cervezas, la conversación se fue desviando hacia terreno peligroso tras contarle que éramos surferos y que estábamos buscando olas nuevas por la zona.

—Pues claro que hay grandes tiburones por esta zona, eso no lo dudo ni un solo segundo —dijo, mientras sus curtidas manos de pescador quitaban las últimas espinas a un trozo de atún de cola amarilla que había capturado esa misma mañana—. Lo que pasa es que con todos los que estamos ahí fuera pescando cada mañana cerca del coral, lo tienen muy difícil para pasar sin que los veamos e intentemos darle caza. Sobre todo a los más pequeños, porque cualquier pescado es bueno para matar el hambre, ¿o no? —apostilló antes de seguir degustando su trozo de pescado.

Sus palabras, extrañamente, nos dieron un poco más de tranquilidad o, al menos, falsa tranquilidad, dado que para nosotros era también de sobra conocido que Madagascar y Sudáfrica comparten aguas y grandes tiburones. Quizás también ayudaba a tener esta sensación de seguridad el hecho de que supiéramos que estos encuentros son muy casuales y puntuales entre los humanos y estos peculiares animales, pero lo que estaba claro era que viendo cada mañana la fila casi interminable de pequeños botes pesqueros junto a los otros muchos pescadores que nadaban sobre el coral en busca de presas, nos sentíamos extrañamente a salvo.

Cuando despertamos a la mañana siguiente, nuestro capitán y su barca habían desaparecido. Según nos explicó Ben, se había tenido que ir urgentemente a la ciudad nuevamente y regresaría en unos días. El mar parecía que iba a levantarse de nuevo y nosotros no teníamos cómo llegar a las olas. Ben parecía haber perdido por momentos el interés por surfear, se pasaba el día adormilado en la hamaca improvisada que había construido en su cabaña o en la cocina de Erick preparándose crepes con los plátanos pasados y maduros que terminaban de secarse en la repisa.

En esas, conocimos a Patrick, un agradable pescador local que conocía como pocos allí los corales marinos y sabía perfectamente dónde podíamos surfear sin problemas. Patrick era el ejemplo vivo de cómo sobrevivir día a día. Cada mañana temprano antes del amanecer sacaba, junto con su hijo mayor, su pequeña canoa de madera equipada con varias redes de nailon, un par de pinchos afilados para rascar el coral y un equipo de *snorkeling* casero hecho por él mismo usando un cristal liso semiopaco bastante cascado por el sol y el salitre, hábilmente soldado a un trozo de caucho negro que seguramente arrancó de algún neumático viejo que traería la marea, a modo de elástico para enganchar detrás de la cabeza. Las aletas, una tapa de bidón azul de plástico recortado circularmente, pegado y atornillado a una tira de caucho negro que haría de sujeción perfecta al empeine de Patrick o su hijo, dejando claro que el ingenio y la habilidad de ambos para construir cualquier cosa que les hiciera falta eran proporcionales a la necesidad de obtener comida e ingresos día a día en aquella lejana y remota playa al sur de Madagascar, lejos de casi cualquier cosa.

Salían muy temprano desde la playa, conocedores de que tenían hasta el mediodía para buscar cualquier tipo de pescado o animal marino que pudieran comer o vender en el mercado local, ya que, como pasaba en nuestra anterior parada, el fuerte viento del mediodía, junto con su enorme vela, era la manera más eficiente, rápida y segura de volver a casa.

Tras no poder contar con nuestro barco, le pedimos a Patrick si nos podía llevar hasta las olas. Con él y a bordo de su pequeña canoa de madera, salimos en busca de olas en el arrecife más cercano. Tardamos bastante en llegar hasta donde empezaban a romper las olas, ya en la parte externa del coral, dado que nos movíamos a base de remar y remar, turnándonos entre él y yo, o los dos al mismo tiempo, y plantándoles cara a las movidas olas que se formaban cerca del arrecife. Fue ahí cuando me di cuenta de la bendición que era ese fuerte viento del este que soplaba puntualmente cada día a mediodía, para traer de vuelta a casa a todos los cansados pescadores que se encontraban buscándose la vida entre los corales día tras día. La primera ola que pude ver con Patrick era una derecha, larga y no muy tubera, con muchas secciones diferentes, que rompía en medio de un mar azul profundo, sobre una enorme franja de coral amarillento. Patrick parecía conocer muy bien esa ola, seguramente habría llevado ya en alguna otra ocasión a algún surfero australiano que, al igual que nosotros, habría llegado hasta Anakao. Sería el propio Ben quien más tarde, tras contarle nuestra aventura del día, nos contara que Anakao y sus dos olas eran visitadas previamente y durante varios años consecutivos por un grupo de australianos surferos que venían hasta aquí durante la época de olas, llegando directamente en barco a Anakao desde Toliara y disfrutando de esas olas en exclusiva durante su estancia en la playa.

Patrick tiró el ancla por uno de los costados de la canoa, me hizo el gesto de que podía saltar al agua cuando quisiera y, posteriormente, se dispuso para pescar con la caña que tenía guardada a un lado del barco. Impresionaba un poco verse ahí completamente solo, alejándome del pequeño barco, remando sobre el mar azul oscuro rumbo al pico. Tras disfrutar de un par de olas divertidas para mí solo, me pude imaginar cómo sería estar allí dentro uno de esos días con olas de tres o cuatro metros de altura, abriendo y rompiendo limpiamente antes de terminar muriendo fuera del coral amarillento y afilado del fondo.

Diría que fue una muy buena mañana de olas, remé todo lo que me venía con calma y calculando cada movimiento para no fallar. Algunas series abrieron mucho más de lo que parecía cuando estaba mirando desde la barca de Patrick, pudiendo sacar y terminar muchas de ellas sin que me cerraran encima, pero lo mejor de todo fue que, una vez más y como venía siendo habitual a lo largo de este viaje, yo estaba completamente solo en el agua, únicamente Patrick y su pequeña barca fueron testigos de lo que allí pasaba.

El viento empezó a cambiar soplando muy fuerte y fue entonces cuando Patrick, poniéndose en pie como podía sobre su diminuta canoa, empezó a hacerme la señal de que debíamos volver cuanto antes a tierra. Ya de camino a la orilla, solo debíamos preocuparnos de agarrar bien fuerte la enorme vela tejida a mano que habíamos desplegado antes de partir y dirigir el timón adecuadamente para no desviarnos mucho. El resto era volar sobre el mar, ahora blanco por la espuma que levantaba el propio viento, que soplaba ya con mucha fuerza. Una vez en la orilla de la playa nuevamente, tras pagarle la cantidad de dinero acordada y después de ayudarle a subir la barca a lo alto de la playa para protegerla de la subida de la marea, Patrick nos invitó a comer en su casa esa misma tarde, yo creo que agradecido por haberlo librado del duro día de pesca que le aguardaba si no hubiéramos ido a surfear y quizás también por lo rentable que le había salido el mismo en comparación.

El fuerte viento extrañamente había desaparecido casi por completo por primera vez desde que habíamos empezado el viaje hacia el sur de Madagascar. El atardecer llegó mucho más calmado tiñendo toda la playa de Anakao y a sus aguas de un color fuego anaranjado. A lo lejos se podía adivinar la silueta de la ola claramente rompiendo solitaria sobre el coral donde habíamos estado esta misma mañana Patrick y yo. Empezábamos a caminar hacia casa de Patrick antes de que oscureciera del todo. Por allí y casi por todo Madagascar, exceptuando las grandes ciudades de Antananarivo, Toliara, Fianarantsoa y alguna otra que no recuerdo, no existe la electricidad como tal, es decir, los muy pocos afortunados que tienen un pequeño motor de gasolina o alguna placa solar instalada en sus casas sí que pueden tener un par de bombillas para alumbrarse durante la oscura noche malgache. El resto o la inmensa mayoría viven con el sol y los ritmos que marca este. Se levantan sobre las cinco de la mañana que amanece, y cuando el sol se pone, sobre las siete de la tarde, es ya la hora de acostarse. Nosotros, cargados con nuestras linternas y frontales, ya estábamos preparados para hacer frente a la oscuridad de la noche en el camino de regreso a nuestra cabaña en Anakao.

La casa de Patrick estaba en el extremo opuesto al nuestro de la playa, donde estaba la aldea local formada por un grupo de diminutas casas hechas de listones de madera y techos de hojas de palmera trenzada o lonas de plástico. La familia de Patrick nos recibió con una enorme sonrisa, lo tenían todo preparado para nosotros: velas para espantar moscas e insectos, linternas colgadas a modo de bombillas, la mesita, el precioso mantel rojo, los platos… Todo era simplemente perfecto, con el mar a escasos metros de donde estábamos sentados cenando y con un grupo de curiosos niños que nos observaban asombrados de vernos comer allí, junto con Patrick y su familia. De menú, pescado frito recién sacado del mar y unas bolitas de algas verdosas sabrosísimas. Beni y yo, a modo de agradecimiento por la cena que nos habían preparado, les llevábamos un poco de gofio que traíamos desde Tenerife con nosotros, para mezclarlo con agua y hacer una masa que los canarios llamamos «pella de gofio», un sabor totalmente nuevo para ellos. La agradable cena llegó a su fin y tras agradecerles enormemente el esfuerzo y el detalle, volvimos caminando a nuestra cabaña al otro lado de la playa.

Pese a que Anakao era una de las pocas playas conocidas del sur de Madagascar —por no decir la única—, seguía siendo bastante remota y lejana. Es decir, ante cualquier problema o emergencia que te ocurriera, dependías totalmente de la rapidez de la barca y el estado de la mar para que te llevaran a la ciudad de Toliara, ya que por carretera podían ser fácilmente varios días hasta llegar allí. Esa misma noche, ya en casa de madrugada mientras dormíamos, recuerdo levantarme bastante mareado a orinar en el improvisado baño que estaba fuera de la cabaña y sentir como si me hubieran pateado y golpeado todo el cuerpo durante horas. Extrañamente débil y casi sin fuerzas, alcancé a entrar al baño para levantar la tapa del retrete de plástico recortado que había dentro, fabricado con enormes bidones de agua color azul. Eso fue lo último que recuerdo de ese momento. Luego, tras un par de golpes secos en mi cara y un poco de agua fría que me tiraba Beni, recobré el sentido y desperté en el arenoso y frío suelo del baño.

El resto de la noche y gran parte de la mañana, ya no pude salir más del baño entre los vómitos y la diarrea que tenía. No era doloroso, pero la sensación de debilidad y cansancio se hacía mayor por momentos. Gracias a Beni, que fue quien me despertó del frío suelo y que ahora me traía al baño agua fresca a cada rato, pude aguantar mejor sin volver a desmayarme. Erick nos comentó que conocía a un doctor que estaba de voluntario en una aldea cercana, a unos pocos kilómetros de allí. Con la ayuda de Ben pusimos rumbo a esa aldea para que el doctor me viera.

Para llegar hasta donde el doctor voluntario pasaría consulta ese día, teníamos que caminar hacia el interior del desierto atravesando unas cuantas dunas de arena y por un sendero marcado por huellas y arbustos secos sobre la ardiente arena. Cuando llegamos, la aldea no era más que un grupo de unas siete casas formando alrededor de un pozo de agua muy profundo, bordeado por largas palmeras justo en el centro y algunas gallinas corriendo libremente por el suelo ardiente. En un lado de la aldea, una carpa de color blanco tapada con plásticos y sillas por fuera hacía las veces de clínica médica para las muchas personas que esperaban sentadas pacientemente su turno para ser atendidas por el doctor.

El doctor voluntario pasaba consulta en esa aldea dos veces por semana y el resto de los días hacía la ruta de consultas por las otras aldeas más remotas y alejadas del interior del desierto. Cuando llegó mi turno se sorprendió muchísimo de ver a tres extranjeros allí dentro. Tras contarle con todo detalle lo que habíamos hecho los días previos a caer enfermo, concluyó que lo más probable es que, observando todos mis síntomas, hubiera contraído el tifus, pero al carecer de laboratorio en esta clínica, no podía hacerme análisis de ningún tipo para descartar otras enfermedades como la malaria o el dengue. El tifus es una enfermedad que se contagia por las moscas y la comida, al posarse estas en los cubiertos o directamente en la comida y contaminar todo con unos parásitos en forma de gusanos que te revientan el estómago directamente. El doctor, experimentado en estos tipos de enfermedades, me recetó antibióticos y antiparasitarios durante varios días.

—Así mataremos todo tipo de bacterias y parásitos. Por aquí la malaria es algo muy fácil de contraer, debemos estar seguros de que no la tienes —dijo el doctor.

Por suerte para mí, el mismo doctor iba preparado y portaba consigo todo tipo de medicamentos para sus enfermos. Me dejó mis antibióticos, junto a las pautas de cómo tomarlos, y volvimos a la playa de Anakao.

Tras varios días tomando la medicina que me había recetado el doctor, empecé a sentirme mucho mejor y con fuerzas de nuevo. Lo más curioso de todo esto es que, previamente a empezar nuestro gran viaje por el mundo, habíamos cumplido religiosamente con las vacunas obligatorias y recomendadas para los sitios que íbamos a visitar (fiebre amarilla, hepatitis, encefalitis japonesa, tifus…). Sí, incluso nos pusimos la del tifus. Luego, tras consultar en internet casos similares al nuestro, descubrimos que estas vacunas, especialmente la del tifus, no son efectivas al cien por cien y que por acumulación de la bacteria puedes llegar a desarrollar la enfermedad.

Sinceramente, no creemos que fuera por culpa de la riquísima cena en casa de Patrick o algún otro pescado que comimos en la primera aldea que visitamos. Quizás se debió a las incontables y antihigiénicas comidas que realizamos a lo largo del camino en taxi *brousse* para llegar hasta Toliara, comiendo en varios lugares como garajes de casas improvisados a modo de cocina, directamente de calderos al fuego colocados en la misma calle o en un largo etcétera de puestos de comida de carretera. Cierto es que esta suele ser la mejor manera de conocer un país, comiendo en la calle, y a nosotros nos encanta. Nunca hemos tenido ningún reparo en ello y siempre seguimos unas normas básicas, creadas por nosotros mismos, para localizar un buen lugar para comer estés en el país que estés, pero la más importante es: «Si hay niños y mujeres comiendo, es una buena señal. Eso significa que la comida es segura y limpia, por lo general». Lo demás es sentido común y la experiencia que se consigue con el tiempo de viaje.

En esas llegó Rasi de nuevo con su barca. Afortunadamente, todo había salido bien y pudo regresar con nosotros para continuar la expedición hacia el remoto sur. Yo ya me encontraba muchísimo mejor y aunque siguiera con la medicación, ese mismo día Ben y yo, haciendo uso de la barca de Rasi, fuimos nuevamente a surfear a las olas de Anakao. Aquella fue una sesión liberadora para todos. Al acercarnos al coral con la barca y ver de nuevo las olas rompiendo suavemente, e incluso soltando algunos tubos mucho más limpios que en mi última visita con Patrick, nos pusimos eufóricos. Quizás por todo lo que había pasado los días anteriores: mi cagalera, la apatía de Ben, los nervios de Rasi, la preocupación de Beni… Todo parecía haberse disipado entre aquellas olas que rompían solitarias, el mar azul turquesa con los coloridos corales en el fondo y el amarillo casi cegador del desierto que se veía a lo lejos en la costa.

Decidimos dejar atrás Anakao y seguir avanzando más al sur en nuestra exploración en busca de olas. Esta vez sí, el trayecto fue muy largo, siempre navegando por dentro de la laguna protectora que formaba la larga barrera de coral. Realizamos varias paradas improvisadas durante la travesía en alguna playa desierta para hacer fuego, comer algo y descansar estirando las piernas o para comprobar algún rompiente. Finalmente, logramos llegar a un diminuto poblado que estaba muy lejos de todo.

Desde la barca no se veía más que una enorme playa de arena llena de algas verdes, plantas, arbustos en su parte interior y el desierto más desolador tierra adentro. Nunca supimos bien dónde estábamos, Rasi era el que nos guiaba, pero a simple vista pareciera que no había nadie o nada por allí en kilómetros a la redonda.

Todo cambió tras entrar con nuestra barca a toda velocidad por la arena de la playa, para dejarla aparcada unos cuantos metros tierra adentro, protegiéndola así de la subida de la marea y las olas. Un grupo de curiosos niños y niñas muy pequeños apareció de entre unos arbustos para observarnos con detenimiento, eso sí, siempre a muchos metros de distancia, pues no se terminaban de fiar de los extraños que acababan de llegar a su paraíso particular. Cargados con nuestras maletas, seguimos a Rasi por un caminito que salía de la playa hasta llegar a un asentamiento de unas seis o siete casas totalmente cuadradas, hechas con listones de madera y paneles de plástico en el centro y con un grupo de barcos pesqueros resguardados del viento, que empezaba a soplar con fuerza, debajo de un cobertizo de hojas de palmera y cañas que había a uno de los lados del conjunto de casas.

La primera impresión que tuvimos nada más llegar al lugar fue «¿cómo hemos llegado hasta aquí? ¿Dónde carajos estamos?». El desierto era especialmente duro y seco en esta aldea. El único pozo de agua estaba a varios cientos de metros tierra adentro y, según Rasi, estaba ya casi en las últimas, por lo que teníamos asignado un litro de agua limpia cada uno de nosotros por día y persona. Con ese litro de agua diario teníamos que lavarnos los dientes, ducharnos, lavar también nuestros cubiertos y platos si los utilizábamos y para cualquier otra cosa que necesitara agua dulce. Con eso era más que suficiente para nosotros, ya que tampoco es que nos ducháramos diariamente y la mayoría de las veces comíamos con las manos sin ensuciar nada. Por suerte, para beber, habíamos llevado con nosotros desde el principio del viaje algunas botellas de agua potable y habíamos repuesto las que ya habíamos gastado previamente en nuestra parada en Anakao.

Una de las casetas hacía de multitienda para todos los que vivían allí. Tenía muy pocas cosas para vender: algunas cajas de galletas, seis o siete botellas de agua a temperatura ambiente —es decir, ardiendo—, arroz o harina a granel, entre otras cosas. Cuando lo vimos, no pudimos sino imaginarnos a la señora dueña de esa tienda caminando durante varios kilómetros más, cargando con todas esas cosas después de bajarse del camión *brousse* que le dejaría a un lado de la angosta, ruinosa y única carretera que va desde Toliara hasta el sur más profundo de Madagascar, tras varios días de camión *brousse* para llegar hasta ese punto de la carretera donde se había apeado. Esa era la manera más utilizada por los habitantes de esta zona sur del país para moverse por su precio, pero, sobre todo, porque en el camión *brousse* era donde podían cargar cajas y cajas de mercancías y demás cosas que traían desde la ciudad. Esto nos animó a comprarle varias cosas de la tienda y dejarle una buena propina cada vez que nos llevábamos algo de su tienda.

Durante los siguientes días, el viento parecía no querer irse y estaba soplando con fuerza todo el rato. El viento era tal que hasta los pescadores optaban por no sacar sus barcos para faenar y traer pescado a la aldea, ya que el mar se había convertido durante esos días en un inmenso y movido manto blanco y verdusco que parecía no tener fin. Nos pasábamos el día caminando playa al sur o playa hacia el norte, kilómetros y kilómetros sin nada más que desierto, playa y muchísimas algas flotando en la costa o acumuladas sobre la arena. Creo que habíamos encontrado ya la razón de por qué el mar se veía tan verde desde el avión a nuestra llegada a Madagascar.

A cada varios kilómetros de costa que caminábamos, aparecían dos o tres casetas de madera juntas donde vivía un reducido grupo de personas o miembros de una misma familia. Era un espectáculo para ellos vernos pasar caminando a Beni y a mí por allí; diera la sensación, por la reacción de algunos niños, de que nunca habían visto a un extranjero en su vida. Al momento y sin saber muy bien cómo, teníamos ya un coro de niños, provenientes de las diferentes casas que nos habíamos ido encontrando por el camino, siguiéndonos y caminando junto a nosotros. Tímida y respetuosamente, se iban acercando cada vez más y más a nosotros, haciendo volteretas en la arena, jugando a dar patadas a una pelota improvisada hecha con un montón de algas, tirándose al mar… Todo para intentar llamar nuestra atención. Al poco, estábamos nosotros también dándole patadas a la pelota de algas y dando volteretas con ellos. Aquellos niños nos parecían felices de verdad mientras jugaban con lo que iban encontrando por la arena de la playa, saltando en el agua o riéndose a carcajada limpia todos juntos. Nos parecía que eran auténticos niños.

Hacía semanas que no teníamos internet en nuestro móvil o que podíamos conectarnos al wifi, nos sentíamos liberados de alguna manera. Cierto es que en Anakao sí que podías conseguir un poco de señal móvil si caminabas unos cien metros aproximadamente tierra adentro y te subías a un pequeño montículo de arena, o eso nos dijo Ben nada más llegar a la playa, pero nunca fuimos a comprobarlo. La electricidad era prácticamente inexistente por casi todo el sur del país, debido a lo remoto y difícil del terreno, especialmente por aquí, pero en realidad sus habitantes se las sabían arreglar muy bien sin ella. Todo se regía según el sol. A las cuatro y media de la mañana empezaba a amanecer e iniciaban todas las tareas, trabajos o actividad diaria. A las seis de la tarde, por el contrario, ya era demasiado tarde para hacer nada, pues en breve estaría oscuro total, por lo que tocaba recogerse, guardarlo todo y permanecer en casa. «¿Quizás todo esto influye de alguna manera en la forma de ser de las personas?», nos preguntábamos a nosotros mismos.

Nunca se puede generalizar, y quizás lleváramos muy poco aún por la isla, pero si tuviéramos que opinar diríamos que los malgaches eran de naturaleza alegre y tranquila, tanto adultos como niños. Por lo menos las muchas personas que nos habíamos cruzado por aquí hasta ahora. La mayoría de las personas de la isla de Madagascar y, especialmente, en las áreas remotas son animistas, es decir, creen en la naturaleza, sus dioses vienen de la naturaleza y viven según las leyes de la naturaleza. Esto también tendría algún efecto en la forma de ser tan respetuosa y amable de los malgaches.

Esa noche, mientras estábamos cenando, un grupo de unos tres pescadores de la aldea preparaba su barco cuidadosamente para salir a pescar, metiendo redes, arpones y algunos otros utensilios de pesca más dentro de las barcas. Eso podía significar muchas cosas quizás, pero para nosotros tres en ese momento solo podía ser una cosa: ¡el viento nos iba a dar una tregua para poder salir a surfear! En esas, no pudimos más que mirarnos los unos a los otros y salir corriendo a buscar a Rasi, concretar una hora muy temprano en la mañana para comprobar si el viento realmente se había ido y, en caso de que fuera así, irnos a buscar olas por la zona del coral. Tras eso, nos fuimos directos a nuestras casetas a dormir y cruzar los dedos para que el viento nos diera una tregua.

A la mañana siguiente, muy temprano al alba, tras pasar la noche protegidos detrás de nuestra impenetrable y segura mosquitera, salimos de nuestra caseta de madera a chequear el viento. La calma era ensordecedora, tras todos los días anteriores escuchando el fuerte viento soplar rabioso desde el mar, salir y no oír nada se hacía casi molesto en los oídos. Ben y Rasi ya estaban en la orilla empujando la pequeña barca hacia el mar. En el horizonte, una gran línea de pescadores volvía a patrullar las aguas coralinas en busca de peces, habían salido mucho más temprano que nosotros, a oscuras, sabedores de que el viento iba a desaparecer e iban a poder volver a la mar.

La marea estaba totalmente baja a esta hora. Durante nuestra exploración por el sur, casi siempre la mejor manera de surfear había sido a media marea subiendo o alta del todo, por lo virgen y afilado de los corales por esta zona. Rasi nos llevó con su barca a una zona donde el coral era muy poco profundo, prácticamente se podía ver perfectamente todo el fondo del mar desde nuestra posición. Tras unos minutos observando cómo rompían las olas a lo lejos y viendo que la barca no podía avanzar mucho más, decidimos que era hora de saltar y remar lo que nos quedaba, que era un buen tramo, con nuestras tablas. Beni y Rasi quedaron, cámara en mano, esperando dentro de la barca, mientras Ben y yo nadábamos a toda prisa para dejar atrás las inquietantes aguas oscuras donde habíamos tirado el ancla.

Remamos con decisión hacia el *line up*, como se le llama al lugar seguro detrás de donde rompen las olas y donde te colocas a esperar tu turno. De cerca el rompiente tenía un aspecto totalmente distinto al que habíamos visto desde la barca. Una izquierda de precisión mecánica, muy seca, rompía fuertemente contra el fondo soltando unos tubos limpios y largos, perfectos para bajarlos con mi tabla, aunque un poco más complicado de surfear con una tabla de surf por lo rápido de la maniobra, o por lo menos en unas manos no tan acostumbradas a ese tipo de olas como eran las de Ben. La serie podía tener unos dos metros y yo aún no había podido sacar entero un solo tubo desde el principio hasta el final del coral. Cuando empiezas a surfear, por lo general te acostumbras más a surfear las olas para un mismo lado, es decir, derecha o izquierda, dependiendo de cómo rompen las olas en el lugar donde vayas más a menudo a practicar. El problema es que, como me pasa a mí, si te acomodas, empiezas solo a sacar maniobras hacia ese lado favorito, condicionándote por el resto de tus días de surf. Desde que yo empecé a coger olas, ya era muy consciente de esto, pero no había manera de que me sacaran de mis olas de derecha. Así que todo esto y el paso de los años hacían que en las olas de izquierda fuera bastante menos suelto y torpe a la hora de bajar la ola.

Aún no había subido mucho la marea y se hacía muy fácil tocar el afilado coral virgen del fondo marino. Podía ver a los pequeños peces de colores moverse rápidamente entre las grietas del coral, mientras esperaba que llegara mi ola sentado en la tabla. Beni y Rasi estaban en la barca a lo lejos, esperando cámara en mano a que llegara la serie y me decidiera a remar una ola. Ben acababa de terminar de surfear su ola y ya estaba remontando nuevamente hacia el pico. En esas, una gran serie se levantó desde muy atrás, podría tener el doble del tamaño de las otras olas que habían estado rompiendo durante toda la mañana. Al principio dudé entre remarla o no, por eso de la marea tan baja y porque no había podido aún pasar hasta el final ninguna de las olas anteriores, pero los gritos de Ben alentándome a que la remara cuando vio pasar la primera ola de la serie fueron el impulso que necesitaba.

La remé con toda mi alma para poder ganar todos los metros que me fueran posibles en la maniobra de bajada, justo antes de deslizarme por la pared vertical y colocarme dentro del tubo. Una vez dentro, podía ver el color amarillo verdoso del fondo, para, segundos después, estar dentro de un tubo gordo y limpio, que quedaría inmortalizado por Beni en su cámara para siempre. Podríamos decir que, quizás, esta fue la mejor ola del viaje para nosotros.

Un poco después volvimos a la orilla mecidos por el viento que, una vez más, apareció puntual a su cita. Totalmente exhaustos pero emocionados por el baño que habíamos conseguido ese día, nos mirábamos con una enorme sonrisa los unos a los otros dentro de la barca. Son estos momentos los que daban sentido a nuestro viaje, la búsqueda, el camino y la recompensa. Esa noche, para celebrarlo los cuatro juntos, en una mesa de plástico plantada en mitad de la arena del desierto y con un cielo totalmente lleno de estrellas, compartimos la única THB que habíamos podido conseguir en la tienda de la aldea. Caliente, seguramente caducada y media rancia, pero que saboreamos como si fuera la mejor de las cervezas, mientras reíamos y contábamos anécdotas como una pequeña familia.

Para los siguientes días, tras meditarlo mucho, decidimos quedarnos en la aldea y no seguir bajando más al sur. Tampoco nos quedaba mucho más gasoil por gastar y nos encontrábamos muy a gusto allí en la aldea, lejos de todo. Las olas siguieron bombeando casi a diario, un poco más pequeñas pero divertidas, y todo para nosotros dos. Una de las tardes, al volver a la orilla tras una sesión de surf, vimos cómo unos pescadores despiezaban con esmero en la misma orilla un tiburón de casi dos metros de largo para guardarlo en sal e irlo comiendo de varias veces. La verdad es que impresionaba ver a ese animal con esas formas tan perfectas y perfiladas. Lo cierto es que, aunque quizás no fuese de los más grandes, verlo ahí en la arena de la playa por la que acabábamos de salir te hacía ser consciente de lo que realmente se escondía allí afuera.

El tiempo vuela estés donde estés, y esta aldea no era una excepción a esta norma. Como una semana más tarde, bastante cansados ya de tantas sesiones de olas buenas y más que satisfechos de lo conseguido, entre todos decidimos que ya era hora de volver a Toliara. Quizás si tenemos en cuenta, por ejemplo, que la poca agua diaria que teníamos para beber estaba caliente, que los mosquitos del improvisado retrete en el desierto nos tenían picados por todos lados, que el calor era sofocante durante casi todo el día y que el arroz preparado con agua de mar no sabía del todo bien, la decisión de irnos después de tanto tiempo en la aldea era un poco más fácil. También, aunque quisiéramos quedarnos más tiempo no podíamos, pues tampoco quedaba mucho más gasoil en la barca para seguir explorando más al sur, y por allí era muy difícil y caro de conseguir. El último día en la aldea fue muy extraño, costaba despedirse de todos ellos. Los niños con los que jugábamos cada tarde con la pelota de algas, la señora mayor de la tiendita, que cuidó tan bien de nosotros con sus galletas y dulces, los pescadores que salían casi al mismo tiempo que nosotros en la mañana, los amigos de Rasi, que eran quienes nos preparaban el arroz y freían el pescado, etc. Todos fueron parte de nuestra familia durante esas semanas y gracias a ellos pudimos encontrar olas lejos, más allá del coral.

El camino de vuelta se nos hizo muy extraño y largo. Sabíamos que ese viaje al sur de Madagascar había sido un viaje distinto, un viaje realmente salvaje y duro, donde la gente de las aldeas nos abrió sus casas y sus vidas. Durante la vuelta, paramos de nuevo en Anakao a dormir y, de ahí, todo de un tirón hasta llegar a la ciudad, viendo a lo lejos en la orilla la gran lengua de arena y sus olas nuevamente. Una vez de vuelta en la caótica Toliara, Beni y yo fuimos derechos a un restaurante local llamado Le Jardín, dirigido por un francés malgache que hacía unos platos exquisitos. Ya habíamos comido aquí muy bien la vez anterior, justo antes de irnos a explorar el sur. Tras pasar la puerta de una casa muy antigua y casi en ruinas, accedías caminando por un largo pasillo a una enorme terraza llena de árboles muy altos y frondosos, con mesitas colocadas a lo largo de un camino que iba serpenteando entre todos ellos. Diversos y locos artilugios colgaban de los árboles a modo de decoración. Un buen lugar para comer, con cerveza barata y aislado del ruido y el caos de la ciudad.

Queríamos recuperarnos un poco y planificar nuestros siguientes pasos por la Gran Isla, antes de marcharnos de Toliara. Hacía ya tres días que no sabíamos nada de Ben, nos habíamos despedido en la playa donde Rasi dejó su barca tras llegar de la expedición y cada uno tomó su camino. Seguramente tenía negocios que atender por Toliara. La ciudad no era un buen lugar para estar mucho más tiempo del necesario, queríamos irnos, y queríamos irnos cuanto antes. Para ello, debíamos mirar partes de olas en otras zonas de Madagascar, informarnos sobre cómo podríamos llegar, rutas… En esas estábamos cuando Beni cayó enferma.

Una vez más, la jodida mosca del tifus estaba merodeándonos. Una vez más infectó con sus parásitos los cubiertos de alguno de los muchos lugares y puestos callejeros en los que habíamos comido estos últimos días, pero esta vez fue Beni la víctima. Tardamos un día en darnos cuenta de que no era algo que le había sentado mal en la cena, sino que era algo más. Para entonces su fiebre se había disparado hasta cerca de los cuarenta grados de temperatura y no podía controlar su estómago entre los vómitos y las diarreas constantes. La deshidratación la había debilitado muchísimo ya. Cuando finalmente obtuvimos el permiso del seguro médico que teníamos contratado y fuimos al centro médico de la ciudad, después de un análisis de sangre y tras chequearla un doctor bastante interesado en nuestras aventuras por el sur de su país, le entregaron en una libretita de papel con la cara de un futbolista muy famoso en la portada, donde habían apuntado los resultados de los análisis, las medicinas que debía tomar y las conclusiones del doctor, libretita que debía guardar y llevar a cualquier otra consulta con un médico, allí o en otra parte de Madagascar.

Dos días después, ya con Beni un poco más recuperada del tifus, recibimos un mensaje de Ben en el móvil: «Se acerca un *swell* muy bueno y extraño para los próximos días. Conozco unos arrecifes cerca de la ciudad donde seguro que habrá buenas olas». Le respondimos casi automáticamente diciéndole lo que había pasado con Beni y que aún estábamos por la ciudad. Pese a que Beni ya se encontraba un poquito mejor, aún seguía muy debilitada y con algunos vómitos. Eso no le impidió que viniera con nosotros a ese último viaje todos juntos, Ben, Rasi y nosotros. Iba a ser la despedida que nos merecíamos después de tantas semanas juntos. Pusimos unos cuantos ariarys cada uno para gasoil y para pagarle el día a Rasi y a la mañana siguiente muy temprano, nos fuimos a buscar las olas de nuevo.

Ben estaba en lo cierto, el *swell* venía extrañísimo. Las olas no rompían dirección a la orilla como era normal, sino que lo hacían paralelamente a la costa, como si quisieran seguir de largo rumbo al norte. Rasi nos llevó a un grupo de arrecifes cerca de la ciudad que daban de frente contra las olas, Ben había oído hablar de ellos por un amigo suyo australiano que conocía muy bien la ciudad de Toliara y sus olas cercanas. Sabía que estas olas solo salían de manera excepcional una o dos veces al año cuando cambiaban las corrientes marinas del exterior de la gran barrera de coral. Ahí estábamos nosotros con la barca, en mitad del inmenso océano, en medio de la nada. La costa apenas se veía a lo lejos y estos corales que casi salían hasta la superficie chocaban de frente contra las enormes líneas que venían desde alta mar, formando unas derechas muy largas, con unos labios que rompían despacio contra el fondo marino. Una vez más y sabiendo que quizás sería la última, saltamos al agua Ben y yo. Disfrutamos como niños de aquellas olas que eran todas para nosotros, largas derechas que no paraban de entrar una tras otra. Beni, aún convaleciente, aguantaba como podía en la movediza barca anclada por fuera del coral, tirando fotos para el recuerdo.

Fue en ese momento, mientras remontábamos juntos remando hacia el pico de nuevo tras una serie espectacular de olas que había entrado, cuando le di a Ben las gracias por acompañarnos en este loco viaje al sur y por ser mi único compañero en el agua en cada sesión en busca de olas nuevas y vírgenes. Lo cierto es que, si bien al principio dudaba un poco de las habilidades surferas de Ben con su tabla de pico, con el paso de los días y con cada nueva ola que descubríamos, me quedaba más claro que él tenía lo más importante para mejorar: pasión y ganas. También es justo decir que Ben había mejorado muchísimo en esas semanas, empezó con muchas caídas, sobre todo en las olas más grandes, y al poco tiempo ya salía de los tubos con mucha facilidad y remaba a cualquier tipo de ola. Esa fue la última vez que lo vimos. Tras llegar a tierra con la barca, nos despedimos sabiendo que quizás no nos volveríamos a ver nunca más.

La costa este

Era hora de continuar nuestro viaje, explorando otros lugares de la Gran Isla. Habíamos descansado unos días en la ciudad, comido bien, usado agua limpia y dormido en colchones más o menos normales. Beni ya estaba recuperada del todo del Tifus, quedaba mucho por descubrir y teníamos ganas de movernos y estar en la carretera de nuevo.

Salir de Toliara fue más fácil de lo que pensábamos. Muchos todoterrenos llegan cargados con todo tipo de cosas a Toliara, provenientes de la capital o de otras ciudades del país, volviéndose luego normalmente vacíos al lugar de donde venían. Estábamos un poco cansados y hartos del taxi *brousse* y sus casi quince horas de media para llegar a cualquier sitio, apretados, sin poder dormir y bajo las leyes y caprichos del conductor. Por lo que al llegar a la estación de la ciudad, empezamos a preguntar a los muchos todoterrenos que estaban allí descargando mercancía si alguno nos podía llevar. Al rato, habíamos conseguido uno que nos llevaría hasta mitad de camino, la ciudad de Fianarantsoa, punto de partida para poder meternos de lleno en la costa este y visitar sus kilómetros y kilómetros de costa virgen orientados de pleno al océano Índico. El camino fue casi como si estuviéramos en un viaje de maleta y pulsera: aire acondicionado, sillones amplios donde podíamos estirar los pies y dormir un poco por turnos —porque tampoco conocíamos de nada a nuestro amigable conductor—, parando en lugares que veíamos bien para comer algo, etc. Vamos, como nosotros mismos nos dijimos en broma: «Un viaje para coger un poco de dignidad después de tantos y tantos días en el barro».

Llegamos de noche a la histórica ciudad colonial de Fianarantsoa. Sus calles empedradas, sus edificios y casas antiguas de piedra maciza y, sobre todo, el frío que hacía en la misma nos hacían pensar que estábamos en otro país completamente distinto. Resultó que esta ciudad era la segunda más grande del país, compuesta por un casco histórico, con universidad, colegios, casas coloniales y lugares históricos reconocidos por la Unesco. Llegar de madrugada a los sitios sin nada reservado o apalabrado para quedarse hacía que, en ocasiones, tuviéramos que dormir en la calle o refugiarnos en alguna esquina hasta que amaneciera y pudiéramos buscar una pensión u hostal donde quedarnos. Esta vez estábamos de suerte. Un chico joven, de entre unos veinte o veintidós años, nos vio cargados como mulas con nuestras maletas y tablas, se acercó y en un inglés un poco a tropezones nos dijo:

—Síganme, síganme, conozco una señora que alquila habitaciones aquí mismo.

Normalmente no solemos ser muy confiados con este tipo de situaciones, ya no solo porque nos puedan robar o por seguridad, sino porque, por lo general, este tipo de chicos se suele llevar una comisión muy alta por cada cliente que lleva, que nos la incluyen a nosotros en el pago si vamos con él. Solemos esperar tranquilamente a que amanezca e ir por nuestra cuenta a encontrar un buen lugar para pasar el día y descansar, pero esta vez, sin que sirva de precedente, entre el frío y el cansancio, decidimos seguirlo. Tras callejear un poco, el chico tocó en una casa muy antigua, con un patio exterior en el que había una vaca durmiendo y un par de ovejas metidas en un corral. Efectivamente, la señora bajó rauda a recibirnos y tras fijar un precio por pasar allí el día, muy justo en comparación con lo que esperábamos, nos fuimos a dormir y descansar un poco.

Cuando despertamos ya muy entrado el día siguiente, como si pareciese que lleváramos varios días sin dormir bien, realmente estábamos en otro lugar distinto al Madagascar que conocíamos hasta ahora. Mucho frío, neblina y un poco de lluvia, así nos recibió Fianarantsoa. Resultó que el chico que nos había ayudado amablemente la noche anterior aún estaba por fuera de la casa esperando. Su nombre era Anuar, que significaba 'con luz' o 'brillante', todo lo contrario a nuestro amigo, en el buen sentido. Anuar demostró que, si poseía esa luz, su pereza y desgana hacían mucho más peso en contra. Era muy inteligente, conocedor de la historia de cada esquina y de cada calle de Fianarantsoa, pero su desidia no le dejaba caminar más de lo necesario, ni hablar si no se le preguntaba. Las impresionantes calles empedradas que subían a lo alto de la pequeña colina, llena de casas viejas a sus lados y de tiendecitas, hubieran sido más interesantes si cabe si Anuar hubiera subido con nosotros en alguna ocasión, explicándonos un poco qué estábamos viendo, en vez de señalarnos con el dedo el camino a seguir y esperar sentado nuestro regreso para ir a otro lugar y repetir lo mismo. Este hecho hizo que la ruta por la ciudad que nos ofreció a cambio de habernos ayudado la otra noche fuera un poco distinta. Cuando le pagamos el precio fijado, le dimos las gracias de corazón por su ayuda y su tiempo, dándole algún consejo para mejorar de cara a futuros visitantes, lo que él agradeció enormemente.

Fianarantsoa fue un descanso en el camino. La señora del lugar donde nos quedamos unos días preparaba unos desayunos de película: bocadillos de *baguette*, queso, tomate, huevos fritos, yogur casero, miel, mermelada casera, mantequilla, leche, avena, plátanos, guayaba y piña. Así para cada uno de nosotros. Podríamos decir que eran los mejores desayunos que habíamos probado nunca sin temor a equivocarnos. Tras el descanso de esos dos días, ya era tiempo de continuar nuestro viaje hacia el este. Esta parada en mitad del camino nos había venido bien para coger fuerzas y para descubrir otro Madagascar, pero ya teníamos ganas de ver el mar y perdernos por la costa de nuevo.

Nuestro objetivo era llegar a la costa de Manakara, una enorme provincia al sureste de la Gran Isla, con cientos de kilómetros de costa virgen y por descubrir. A simple vista en los mapas, la zona parecía tener mucho potencial, con desembocaduras de ríos, playas de piedra y algunos rompientes de roca que se veían muy claros en los mapas. Queríamos llegar hasta allí y, desde Manakara, conseguir la manera de ir subiendo poco a poco hasta lo más hacia el norte que pudiéramos, para así ir explorando y descubriendo nuevos lugares y olas para surfear.

Tras unas horas de estar buscando y preguntando por la ajetreada estación de Fianarantsoa, finalmente encontramos la parada correcta. Ya dentro de la destartalada furgoneta y al poco de salir de la ciudad, el taxi *brousse* ya iba hasta los topes, literal. En el techo, había cargada ya una mudanza completa con nevera, mesas, sillas, cama…, que pertenecía a uno de los amigos del conductor, el cual vivía en una remota aldea de montaña muy lejos de la carretera principal y en la que tardamos casi dos horas para descargar todos los muebles de nuevo. Menos mal que la mujer de la casa donde estaba descargando los enseres nos vio por la ventanilla y nos ofreció un delicioso café mientras esperábamos.

A medio camino entre la nada y Manakara, cuando estábamos atravesando un denso bosque tropical, el taxi *brousse* paró en seco. Apenas podíamos ver algo desde nuestra posición entre cabezas, sillas y maletas, pero sí pudimos comprobar atónitos como una melena rubia subía a la furgoneta y, entre salto y salto, se acomodaba como buenamente podía al principio de esta. Unas horas más tarde, cuando el conductor decidió que tenía la suficiente hambre para pararse a comer, pudimos acercarnos a ella y charlar un rato.

—Me llamo Ana. Llevo siete meses viajando sola por África y llegué a Madagascar para poder ver de cerca a los lémures —dijo.

—Hay que ser muy valiente para viajar sola —observó Beni, sorprendida.

—Bueno, a veces incluso es más valiente viajar con la compañía equivocada —respondió ella, visiblemente molesta por algún viaje anterior que había hecho con compañía.

Tras un rato hablando los tres, decidimos viajar y explorar juntos por Manakara los próximos días, ya que ella no tenía muy claro dónde ir a continuación, después de llevar unos cuantos días metida por el bosque sola con su guía, buscando lémures.

—Así tengo tiempo y puedo planificar la próxima ruta. Además, nunca he estado en Manakara, ¿verdad? —nos dijo con una gran sonrisa de oreja a oreja.

Por otro lado, no tenía muchas más opciones en ese momento, ya que no creemos que por allí pasaran muchos taxis *brousse* aparte del nuestro. Ana era una chica robusta, bajita y de pelo corto. Su experimentada vida como viajera —había estado viajando sola por medio mundo durante más de veinte años alternando trabajo y viaje o trabajando mientras viajaba— iba acorde a su mirada fuerte y, en ocasiones, inexpresiva, que le servía para esconder un corazón enorme y sensible, forjado con miles de anécdotas buenas y malas durante sus múltiples viajes. Ana era la definición perfecta de la expresión «hacerse a sí mismo». Alemana de origen, pero australiana de corazón, dominaba más de siete idiomas a la perfección. Conocía lugares por todo el mundo y no se cansaba de hacer lo que más le gustaba en la vida, su auténtica pasión, fotografiar animales en su hábitat natural.

En algo más de trece horas, habíamos llegado los tres a Manakara. Tras buscar un lugar donde dormir y dejar todas nuestras cosas, fuimos a conocer un poco la ciudad. De estilo hindú, Manakara no tenía ese gran caos de otras grandes ciudades malgaches, todo lo contrario, su ritmo era tranquilo y sosegado. Rodeada por enormes manglares y kilómetros de canales de agua dulce o marina que formaban un auténtico laberinto natural de una belleza increíble, en Manakara no estaban muy acostumbrados al turista. Sentíamos que les agradaba vernos por allí, pero no eran muy expresivos o quizás no tanto como en otras partes del país que habíamos visitado ya. La bruma y el olor a mar se colaban por entre las callejuelas de la ciudad, no sé a qué distancia estaría exactamente, pero sabíamos que estaba muy cerca.

En el hostal donde nos estábamos quedando, nos presentaron a Rado, un risueño pescador de la zona con muchos contactos y amplios conocimientos sobre los canales y las aldeas de la zona. Sería él con quien nos iríamos de excursión unos días, recorriendo la costa, los canales y visitando aldeas o lugares que pudieran tener olas para surfear. Ana no estaba nada contenta con la elección de Rado como guía de la excursión. Era más que evidente que Rado tenía serios problemas con la bebida, de ahí su risa rápida y su facilidad para quedarse traspuesto en cuestión de segundos, para despertarse segundos después como si nada. Esa era una de las cosas que más odiaba Ana, los hombres con problemas de alcohol.

—¿Usted no sabe que no puede trabajar con turistas y llegar al barco borracho? ¿O acaso quiere que le digamos a todo el mundo que no contacte contigo para las excursiones y se quede sin trabajo? —le decía Ana.

Rado se dedicaba a aguantarle la mirada como buenamente podía debido, sobre todo, al exceso de alcohol que llevaba, lo que le dificultaba mucho esta tarea. El pobre hombre, en un acto de buena fe y para mantenernos contentos y sin quejas, arrojó al agua el contenido de dos botellas de sake. Este tipo de alcohol estaba causando estragos entre la población más pobre y desfavorecida del país. Su bajísimo precio y lo rápido de sus efectos tenían enganchados a muchos padres de familia en situación precaria, trabajadores con turnos de más de quince horas, pescadores… Ya lo habíamos visto en otras zonas de la Gran Isla, pero aquí en Manakara era mucho más evidente. Sería por lo aislado y remoto de la zona.

Rado se empezó a esforzar muchísimo en que tuviéramos un viaje agradable, dándole órdenes a los otros dos chicos que remaban con fuerza contra la corriente o al que llevaba el timón. Al poco tiempo de salir, ya habíamos dejado atrás los edificios de la ciudad y estábamos metidos de lleno en un laberinto de canales, palmeras y tierra de un color marrón tan oscuro como el café. Nuestra primera parada fue una aldea que estaba situada al margen de un canal de agua muy tranquila, casi inmóvil, donde los niños nadaban y jugaban totalmente ajenos a todo. De momento no habíamos visto el mar o agua salada por ningún lado. Un grupo de mujeres, cargadas con grandes cajas de plástico, se acercó para ofrecernos comprar pescado y víveres para nuestra aventura. Con la ayuda de nuestro guía, compramos a un muy buen precio el suficiente pescado para la cena y el almuerzo de los próximos dos días de travesía.

Los canales empezaban a hacerse más y más anchos a medida que avanzábamos, mientras que el agua comenzaba a agitarse nerviosa. Un extraño y sonoro estruendo proveniente de detrás de las palmeras y arbustos de más adelante iba cogiendo fuerza a cada metro que recorríamos, el inconfundible olor a mar empezaba a notarse hasta inundarlo todo con su presencia. En la siguiente curva, la barca giró bruscamente al final del rabioso canal y se detuvo completamente sobre la arena. A continuación, Rado nos miró sonriente indicándonos que ya podíamos bajar de la barca y correr a la playa, que estaba justo tras la pequeña colina de arena donde habíamos dejado la barca.

Beni llegó primero y su cara fue como un libro abierto. Sin dudarlo, sabía que allí no íbamos a encontrar ninguna ola. Ana, por su parte, se quedó cerca de la barca intentando ver algo de vida animal por la zona del canal. Una enorme playa de arena marrón oscura se extendía hasta donde alcanzaba la vista, tanto hacia el norte como hacia el sur. El mar era un auténtico caos de olas que venían de casi todos lados, lleno de espuma blanca y sin ningún tipo de orden. El viento era muy fuerte, nos hacía recordar al que aparecía siempre en la costa oeste de Madagascar, con la única diferencia de que aquí soplaba en todas las direcciones con rachas muy fuertes, haciendo difícil hasta caminar por la orilla de la playa.

Aún confiábamos en que quizás eso fuera este día en concreto y que se terminaría quitando o aflojando. Teníamos muchas expectativas puestas en esta parte de la isla, las zonas de manglares y arena suelen esconder rompientes de fondo duro y poco profundo o, por lo menos, crear bancos de arena que puedan formar olas, pero la imagen de un enorme caldero hirviendo, saltando, con espuma blanca en su interior, era lo más parecido a lo que estábamos viendo por ahora.

Rado llegó despacio desde la pequeña colina de arena y nos confirmó lo que no queríamos oír:

—Desde que yo tengo uso de memoria y navego por estos canales, el mar siempre ha estado así aquí. Es peligroso y traicionero, muchos amigos pescadores han perdido la vida en esas aguas. La mayoría de las aldeas de por aquí pescan y viven entre los canales y nunca van al mar —dijo con un inglés un poco perjudicado y trabado por la bebida.

Fue entonces como si nos sacaran de repente de nuestra realidad y nos devolvieran a la tierra, todos nuestros planes se habían acabado. Estaba claro que, si eso era cierto, no íbamos a ver ni una sola ola decente por allí. Nuestra idea era subir por el canal de Pangalan hasta llegar al norte, visitando villas y buscando olas, pero el viento parecía no tener los mismos planes. Aparte, un poco después nos enteraríamos de que, debido a las sequías, algunas partes del canal estaban secas y no se podía navegar por ellas, especialmente las de más al norte. En definitiva, teníamos que cambiar nuestro plan y teníamos que decidirnos pronto, antes de seguir adentrándonos entre los manglares y luego Manakara estuviera muy lejos como para volver en barca.

Ana parecía estar feliz con los hechos, no había muchos animales salvajes por allí, por lo menos a simple vista, y las aldeas pesqueras no levantaban gran interés en ella.

—Los pueblos flotantes de Sulawesi, esos sí que te dejan impresionado. Ver cómo viven en pequeñas islas, no más grandes que un campo de fútbol, con sus casas construidas sobre el mar —comparaba Ana, mientras caminábamos por una pequeña aldea del margen del canal en busca de la famosa canela que, según Rado, fabricaban por allí.

El día pasó rápido, navegando entre canales y visitando aldeas pesqueras. En una de ellas, unos pescadores nos enseñaron orgullosos la dentadura de un enorme tiburón blanco, que tenían colgando de la puerta de una de las cabañas. Al verla, recordamos al instante las historias que nos contaban sobre ellos los habitantes de la otra parte de la Gran Isla, quedando claro quién era el auténtico señor de sus aguas.

Viendo que las predicciones de los próximos días, para viento y condiciones del mar, parecían copias unas de otras —no variaba ni la fuerza del viento—, decidimos regresar a Manakara para desde allí emprender viaje al noreste, donde estaban la isla de Sant Marie y Mohambo, con arrecifes de coral visibles en los mapas y zonas con mucho potencial para surfear. Ana parecía encantada con la idea de volvernos, ya había visto suficiente mar y playa, quería perderse de nuevo por la jungla en busca de lémures y otros animales autóctonos de Madagascar. Rado parecía sorprendido de que volviéramos tan pronto, su estado de embriaguez hacía más que evidente su cara de no entender nada. Habíamos hablado con él de estar al menos cuatro días de búsqueda por los canales y playas y solo habían pasado dos, no entendía muy bien para qué necesitábamos irnos a otro lado a buscar olas, si por aquí había muchísimas y muy grandes.

Tras llegar de nuevo a la ciudad y bajarnos del barco, nos despedimos.

—Si quieres que vengan más turistas, deja de beber tanto —le soltó Ana.

Nosotros, agradecidos de que compartiera sus conocimientos de la zona, le dimos las gracias de corazón y le dejamos un poco más del precio acordado por día, para él y su tripulación, sabiendo que lo más probable es que ese dinero se convertiría en alcohol para sus venas, pero convencidos de que Rado era y será el mejor guía de la zona.

El plan parecía sencillo, llegar a Manakara para, desde ahí, coger un taxi *brousse* a la capital Antananarivo y, desde ahí, otro hasta Mohambo, unos tres días aproximadamente de viaje, pensábamos. Ana solo vendría con nosotros hasta la capital Antananarivo, porque en sus planes estaba irse a subir una montaña cercana donde esperaba ver un tipo de águila único de Madagascar. El primer palo fue cuando llegamos a la estación de taxi *brousse*. Se cancelaban todos los viajes desde Manakara hasta Antananarivo hasta nuevo aviso, por lo que los conductores decían que era una huelga para mejorar sus condiciones, pero en realidad, según nos comentaban en el hostal donde nos estábamos quedando, era debido a que los conductores siempre por estas fechas se cogían unos cuantos días libres para sus cosas, no dejando que nadie hiciera el trayecto y llevara a las muchas personas que querían o necesitaban ir a la capital en esos días.

Las opciones eran muy pocas ahora. Podíamos coger un taxi *brousse* que nos llevaría a una aldea como a diez horas hacia el sur, para luego enlazar con otro vehículo que nos acercaría a Toliara y, una vez allí, salir hacia la capital. Demasiado largo hasta para nosotros. Otra opción era alquilar un coche privado que nos llevara rápidamente hacia la capital, opción que habíamos descartado desde que empezamos nuestro gran viaje, debido a lo ajustado de nuestro presupuesto y por todo el tiempo que teníamos pensado estar viajando. Como nos gustaba decir a nosotros, éramos pobres en dinero, pero millonarios en tiempo.

Cuando ya casi nos habíamos resignado a coger la primera opción, muy temprano y ya de camino a la estación, Ana empezó a hacer autostop. En principio, nadie parecía hacerle caso, alguno se paró por casualidad, pero iban muy cerca o pedían un dineral por llevarnos. Entonces apareció la única solución. Un par de rechonchos hombres muy elegantes se pararon con su todoterreno aparentemente nuevo. Ana les comentó nuestro plan, o al menos eso pensamos, y luego se giró hacia nosotros y, sonriente, nos dio el *OK* con el dedo. Entre la desconfianza y la alegría de ahorrarnos casi cuatro días de viaje para solo llegar a la capital, no lo pensamos mucho y tras dejar nuestras maletas en la parte de detrás de su todoterreno, nos montamos dentro.

Los hombres parecían muy simpáticos y preguntones acerca de cómo se vivía en nuestras islas.

—Pero ¿tienen carreteras? ¿De qué suele trabajar la gente en las islas?

Luego nos comentaron que habían estado viviendo en París y que habían hecho negocios en la ciudad, pero que echaban de menos su tierra y decidieron volverse. Era lógico, de París a cualquier punto de Madagascar no solo hay un par de miles de kilómetros, también hay una forma de ver la vida tan diferente, unos colores tan diferentes y unas sonrisas tan diferentes que comprendíamos que quisieran volver a sus raíces. Las cuatro primeras horas de charla y risas dieron paso poco a poco a una selección de lo mejor de la música tradicional malgache a todo volumen y acompañada con los cánticos de nuestros nuevos amigos.

Las horas pasaban y parecía que cada vez nos adentrábamos más y más en el bosque. Al cabo de un rato, los amables señores pararon su todoterreno y nos indicaron que habíamos llegado. Delante de nosotros, un largo camino de tierra se perdía bosque adentro sin nada más que árboles a nuestro alrededor y con la noche ya casi encima. No teníamos ni idea de dónde estábamos, por lo menos nosotros dos, porque Ana parecía muy feliz y risueña de haber llegado finalmente. Habíamos llegado a la reserva privada de Lalatsara, llena de lémures y camaleones, pero aún muy lejos de Antananarivo. Ese sería el segundo palo que recibiríamos en ese día, fiarnos de Ana al cien por cien y no preguntarle a dónde nos llevaba.

—Por esta carretera pasan bastantes taxis *brousse* que vienen o van de camino al parque natural de Andasabe, atravesando el bosque en vez de ir por la carretera normal. Podemos pasar aquí un día y luego seguir nuestro camino a Antananarivo —nos comentó Ana tratando de convencernos, mientras se cargaba su enorme maleta verde llena de cortes y remaches a la espalda.

Ana nos estaba enseñando sin quererlo cómo ser un verdadero viajero, impulsivo en sus decisiones, listo para conseguir lo que quiere y positivo. Había que disfrutar de todo el camino con sus paradas improvisadas incluidas, no solo pensar en el objetivo final del viaje, aprovechando cualquier oportunidad interesante que se te presente para ver cosas nuevas.

Tras caminar unos metros por el oscuro camino de tierra, llegamos. El lugar no estaba ni tan mal, a decir verdad. Situado en mitad del denso bosque, compuesto por unas pequeñas cabañas de madera para pasar la noche, duchas con aseo en el exterior y con una cocina abierta sirviendo menús de pasta o arroz. Por muy poco dinero, podíamos dormir e ir de excursión a la mañana siguiente en busca de estos simpáticos animales que, según nos contó el dueño de la reserva, son muy fáciles de ver por estas montañas. Esa misma noche, abrigados con chaquetas y equipados con linternas y cámaras, salimos a explorar un poco por los alrededores, tratando de ver a los escurridizos camaleones, que, paradójicamente, son más fáciles de ver por la noche, ya que son más activos y la linterna refleja sus colores mucho mejor que durante el día.

Conseguimos ver muchísimos de estos curiosos animales, de todas las formas y tamaños, pero el frío apretaba muchísimo en ese bosque y por mucho que nos abrigáramos, no conseguíamos entrar en calor. Decidimos entonces que ya era hora de irnos a la cama para estar frescos y descansados para el día siguiente, que nos esperaba una larga excursión de casi cuatro horas por el bosque buscando los lémures.

El frío de la noche dio paso a una mañana de calor sofocante, ya que no eran ni las ocho de la mañana y ya quemaba el sol en la piel. Nos movíamos entre los árboles guiados por uno de los chicos de la reserva, que se ofreció a venir con nosotros de excursión. Nuestro guía emitía sonidos mientras caminábamos y esperaba las réplicas de los lémures, así adivinaba dónde estaban nuestros peludos amigos.

—Cuando hace este calor, los lémures suelen bajar de lo alto de las montañas para buscar comida y agua cerca del valle. Ahí es a donde vamos —dijo con un tono de experto en la materia que hizo las delicias de Ana y su cámara, lista para cualquier oportunidad de sacar una buena foto.

Finalmente, tras mucho caminar llegamos al fondo del valle, donde pudimos ver un nutrido grupo de estos animales jugueteando en el suelo y saltando entre los árboles. Lo más curioso era ver cómo las distintas clases de lémures convivían en los mismos árboles como si fueran todos una gran familia.

La reserva de Lalatsara era perfecta para poder ver a estos animales en estado salvaje, como nos gusta a nosotros. Nunca supimos cómo Ana sabía de la existencia de este lugar, pero le estábamos agradecidos por la experiencia de esos dos días.

Ya nos tocaba ponernos en marcha otra vez y salir del bosque. Teníamos muchas ganas de volver a movernos y seguir descubriendo cosas y lugares nuevos. Es difícil de explicarlo, pero cambiar de lugar cada poco tiempo puede llegar a ser adictivo y nosotros ya llevábamos bastante tiempo así. Bajamos caminando hasta la misma carretera a la que habíamos llegado el día anterior y nos colocamos al borde de esta a la espera de que pasara algo o alguien que nos llevara a la capital. El primer taxi *brousse* que pasó iba en dirección opuesta a la que nosotros necesitábamos para llegar a Antananarivo. Un poco después, paramos una furgoneta que nos podía acercar a una ciudad que quedaba cerca de Antananarivo, pero esta vez preferimos no ir con ellos para buscar algo más directo. El tiempo pasó muy rápido mientras esperábamos y la noche estaba ya sobre nosotros. En esas, vimos lo que parecían unas luces que subían por la carretera sentido hacia nuestra ubicación, acompañadas de una música que se iba haciendo más y más fuerte a medida que se acercaban a nosotros. No cabía duda de que se trataba de un taxi *brousse*.

Estábamos de suerte, iba directo a la ciudad y tenía hueco para nosotros tres y nuestras cosas. Bueno, más bien nos apretamos como pudimos contra la gente que estaba ya dentro hacinada hasta colocarnos de alguna manera, y nuestras maletas y tabla las ataron al techo de la furgoneta. Nos esperaban casi doce horas o más, dependiendo de cómo tuviera el día nuestro amigo el conductor, hasta llegar a la capital.

La vuelta a una gran ciudad como lo es Antananarivo fue algo deprimente para nosotros. La pobreza que generaba la esperanza de una vida mejor en la capital, atrayendo a miles de personas de todas partes de la Gran Isla, era evidente. Los grandes edificios del Gobierno, los chalés fortificados de la clase alta, los coches de lujo, etc. se mezclaban con gente viviendo en las aceras, grupos de niños deambulando por las calles en busca de algo que comer o algo que hacer. Lejos quedaban de allí esos niños sonrientes y felices del remoto sur del país, o las tranquilas y adorables aldeas que vivían a la sombra de los majestuosos baobads, en Morondava, lejos de cualquier tipo de ruido de coches, guaguas u otro tipo de vehículos.

Antananarivo tiene fama de ser bastante peligroso, especialmente de noche y, sobre todo, para tres extranjeros turistas cargados con mochilas y demás cosas encima caminando por la ciudad. Fue entonces cuando Beni se acordó de un contacto que habíamos conseguido en nuestro primer taxi *brousse* en Madagascar, el que cogimos para irnos desde Ambajana hasta Morondava. Se trataba de Antsa, un chico de la ciudad de Antananarivo que se encontraba en Nosy Be para dar un concierto con su orquesta y que estaba de regreso a casa cuando compartimos el taxi *brousse* hasta algún punto de la carretera donde él se bajó y nosotros no nos enteramos.

Usando una tarjeta móvil que habíamos comprado tiempo atrás, nos pusimos en contacto con Antsa para pedirle consejos de cómo movernos y dónde pasar la noche en Antananarivo. Antsa nos dijo las cosas claras, sin medias tintas, advirtiéndonos sobre los peligros de su ciudad.

—Robos, violencia, pandillas… —nos advirtió.

Cosas muy comunes en cualquier gran ciudad del mundo que se pueden tratar de evitar, usando siempre el sentido común. No salir de noche a caminar, no fiarse de cualquiera, salir sin llevar nada de valor encima, no montarte en cualquier taxi u otras muchas otras pueden salvarte la vida o evitarte un gran susto. El mismo Antsa, para ayudarnos, nos envió un taxi a recogernos con el precio ya fijado que nos llevaría a un hostal que él conocía y en el que se quedaban muchos de sus amigos cuando iban a visitarlo.

Acordamos dar una vuelta todos al día siguiente junto con Antsa por la ciudad, así podríamos aprender cómo movernos y disfrutar de cosas puramente locales de la ciudad con él. Ana odiaba esa ciudad, decía que estar en Antananarivo era el precio a pagar por visitar las zonas más remotas y los bosques más bonitos de Madagascar. Lo cierto es que, para nosotros, en las otras grandes ciudades de cualquier país del estilo de Madagascar que habíamos visitado antes en alguno de nuestros viajes anteriores, tratamos de no estar más de uno o dos días. Es decir, el día que llegas en el avión y descansas antes de perderte a explorar el resto del país o el día previo al que tienes que coger el avión de rumbo a casa de nuevo, no más.

Ana lo preparó todo para irse el día siguiente temprano a la excursión que había contratado previamente usando el internet del hostal. Excursión que la llevaría a descender en *rafting* durante varios días por un río desde Antananarivo hasta llegar cerca de Morondava al oeste de Madagascar.

—Una canoa de madera, dos tripulantes, agua potable, un par de pollos vivos y otras cosas para comer durante los casi cuatro días de viaje por el río —nos dijo entusiasmada.

El precio no parecía muy elevado, pero se alejaba de nuestro presupuesto y, sobre todo, de nuestro verdadero objetivo, la isla de Sainte Marie.

Esa fue una noche rara, nos despedíamos de Ana tras todos estos días viajando juntos y con muchas experiencias compartidas. Ana nos había enseñado cómo ser realmente un viajero independiente o, como le gusta decir a la gente ahora, cómo ser un mochilero real. Su fuerza, decisión, flexibilidad para cualquier cambio en la ruta, autonomía, etc. convertían a Ana en el viajero total. Unos cuantos litros de THB bien fríos dieron paso a abrazos y lágrimas de despedida, sabiendo que sería muy difícil volver a vernos. Ella, después de Madagascar, tenía planes de irse en coche sola desde Sudáfrica hasta Tanzania, recorriendo los distintos parques naturales que había entre ambos países, y nosotros nos íbamos a la India, país que ella detestaba profundamente.

Al día siguiente, Antsa llegó puntual a nuestro hostal en Antananarivo acompañado de su amigo y dueño del coche con el que iríamos de paseo por la ciudad. Ana se había marchado unas cuantas horas antes, al amanecer. Nos alegrábamos de tener a un conocido en esta caótica y peligrosa ciudad, nos hacía las cosas mucho más fáciles. Por otro lado, Antsa también se hacía querer rápidamente.

—Amigos, les tengo preparada la mejor ruta que se puede hacer por la ciudad. Primero iremos a ver el Palacio Real, luego visitaremos el mercado más grande de Antananarivo y comeremos en mi lugar favorito. Para terminar, visitaremos a mi orquesta. ¡Están deseando conoceros! —comentó Antsa desde la parte delantera del taxi.

Antananarivo, después de todo, también tenía su encanto. En el gran mercado central tenían de todo lo que puedas imaginar y más, miles de personas deambulando de un lado a otro, comprando, vendiendo o simplemente caminando sin rumbo. Podías encontrarte desde la fruta más rara que puedas imaginar hasta el último CD pirateado del artista malgache de moda. Tras callejear un poco con Antsa, le pedimos que nos llevara a la estación de taxi *brousse* para reservar sitio en la próxima salida hacia Toamatave, ciudad cerca de Mohambo, nuestro objetivo final en esa ruta. Antsa volvió al coche con cara de problemas:

—El conductor del taxi *brousse* que va a Toamatave salió ya la pasada madrugada y no vuelve hasta dentro de cuatro días, no hay más viajes directos —dijo preocupado—. La solución, si queréis salir cuanto antes, es coger esta misma noche la furgoneta que va hacia Moramanga y, desde ahí, buscar otra ruta que les acerque a Mohambo. Si no salís esta misma noche, tendréis que esperar dos días para que vuelva el conductor de esta ruta también —nos informó, preocupado.

La cara de Antsa mientras nos contaba esto reflejaba su preocupación por nosotros, sabedor de la paliza que era llegar hasta cualquier sitio en su país y desconfiado aún de nuestra capacidad de supervivencia. Nos decidimos rápidamente por la opción dos, aunque esto supondría tener que salir esa misma noche sin poder cumplir con todo el itinerario que Antsa tenía para nosotros. Sabíamos que íbamos a volver a vernos a nuestra vuelta en unas semanas a la ciudad para coger el avión que nos sacaría de Madagascar rumbo India, por lo que más que una despedida, esa noche, justo antes de salir en el taxi que el propio Antsa había conseguido para nosotros, quedamos en completar la parte del paseo que quedó pendiente y con un fuerte abrazo nos despedimos metiéndonos en el coche junto con nuestras maletas, con muchas ganas de playa, corales, olas y nuevas aventuras.

Mirábamos al horizonte como tratando de orientarnos, buscábamos alguna señal de que estábamos cerca del mar o, por lo menos, que quedaba poco, pero nada. Después de casi catorce horas metidos en el taxi *brousse*, reventados y hambrientos, no había ni rastro de nuestro objetivo. Al poco llegábamos a Moramanga, una pequeña ciudad en mitad de la nada, con mucha influencia china notable en sus edificios, puestos de comida e incluso en algunos carteles de la calle que estaban en lo que suponemos que era mandarín, el idioma oficial chino. Era curioso porque todos sus habitantes nos miraban muy extrañados, como si pensaran que estábamos perdidos. Cierto es que Antsa y algunos libros que habíamos consultado antes de salir hablaban y advertían de una zona absolutamente prohibida para los extranjeros, que debíamos evitar a toda costa.

Se trataba de una enorme área de extracción de diamantes, dirigida por los llamados «señores de la guerra» y por mafias muy peligrosas, que se estaban lucrando, y mucho, con la venta de estos al extranjero. Nos habíamos asegurado de que nuestro taxi *brousse* no pasaba ni de cerca por ahí, pero con estos conductores y sus poderes nunca se sabía. Quizás equivocados o no, nada más bajarnos del taxi *brousse*, compramos algo de comer para llevar y nos metimos en el primer hostal que vimos por el camino; tampoco había muchas más opciones por allí cerca. Tras pagar nuestra habitación y decirles que éramos profesores que se dirigían al norte a ayudar en las aldeas, nos encerramos en nuestra habitación a descansar y cenar con las maletas bloqueando la puerta, un modo ridículo de sentirnos más seguros.

A la mañana siguiente, tras preguntar en el hostal, caminamos con todas nuestras cosas a cuestas hasta el extremo sur de la ciudad de Moramanga, desde donde debíamos esperar la furgoneta que nos llevaría hacia Toamatave. No tuvimos más opción que esta, pues no pasaba ni un solo coche, taxi o vehículo que nos pudiera o quisiera llevar, quizás esto último no era muy buena idea después de las advertencias de Antsa. No tuvimos que esperar mucho hasta que nuestro taxi *brousse* apareciera, nos separaban tan solo unas pocas horas antes de llegar a nuestro verdadero destino, Mohambo. Con lo que no contábamos era con que quedaban muy pocas horas para que anocheciera y no teníamos ni dónde quedarnos a dormir ni idea de dónde estaba la costa una vez nos bajáramos de la furgoneta en Mohambo.

Nos bajamos en mitad de una carretera oscura y sin apenas coches circulando, siguiendo las instrucciones del conductor del taxi *brousse* y con Mohambo a unos dos kilómetros siguiendo un sendero de tierra. Cargados con cinco maletas y muy agotados a estas alturas del viaje, empezamos a caminar sendero abajo. Al poco tiempo nos encontramos con un bar de carretera donde unos cuantos hombres jugaban cartas y bebían en una mesa del exterior. De repente, de la oscuridad total de la noche, un extranjero apareció con su moto iluminándolo todo al aparcar enfrente del bar. Lo más increíble aún fue que este extranjero sabía hablar español y enseguida empezó a charlar con nosotros.

Beni le comentó enseguida por qué estábamos allí y nuestro plan de llegar a la costa esa misma noche. No recordamos el nombre de este hombre, pero para nosotros fue como si de repente, cuando más agotados nos sentíamos, más perdidos nos encontrábamos y sin tener ninguna opción visible de momento para alcanzar la costa esa noche y poder descansar bien, alguien nos enviara ayuda para rescatarnos. Tras unas cuantas cervezas y un par de partidas de cartas en el bar, ya más relajados y con la solución a nuestros problemas, el dueño del bar aceptó cuidar de nuestras mochilas y la tabla, previo pago de una pequeña propina, hasta que fuéramos a buscarlas de nuevo en coche al día siguiente. Cuando terminamos, nos montamos los tres en la moto de nuestro nuevo amigo y nos fuimos juntos a buscar un lugar donde dormir y descansar cerca de la costa.

Realmente, estábamos muy cerca del mar y de la playa de Mohambo, no tardamos ni media hora en llegar a un viejo hostal que estaba en la misma arena de la playa, aconsejados por nuestro amigo. Después nos despedimos deseándonos lo mejor y se perdió nuevamente con su moto carretera arriba. Según nos dijo él, trabajaba y vivía en una ciudad cercana a Mohambo y solía ir los días que tenía libre a tomar algo a ese bar de carretera.

Mohambo, el remoto norte

Tras un merecido descanso para ambos de unos dos días, comiendo, bebiendo THB y nadando en la tranquila y limpia playa de Mohambo, decidimos ir de nuevo a buscar olas por la zona. Se podían apreciar desde la playa algunas zonas donde, con un poco más de mar, quizás pudieran salir algunas olas. El dueño de la casa donde nos estábamos quedando nos habló de una pequeña comunidad de surferos locales que solía merodear por la zona cuando el mar estaba agitado y también de un «curioso hombre de origen italiano», dijo literalmente, que había hecho de Mohambo su casa y que tenía un pequeño campamento de surf para posibles amigos suyos o visitantes. Estaba clarísimo, era a él al que teníamos que encontrar si queríamos descubrir las verdaderas olas de esta parte de la costa de la Gran Isla.

La costa de Mohambo tiene un encanto especial. Su arena, proveniente de las espesas junglas de la zona, era de entre un color amarillo y canelo. Sus aguas azules oscuras y la silueta de la pequeña isla de Saint Marie de fondo dan a la zona un aire y una energía muy positiva. Las poquísimas personas que veíamos caminando por la arena o jugando en ella eran curiosos locales de la zona y niños, que estaban siempre encantados de acercársenos y preguntarnos de dónde éramos, qué hacíamos por allí, si teníamos hijos… Teníamos la sensación de que volvíamos a sentir Madagascar, que éramos bienvenidos de nuevo y de que la aventura estaba a punto de empezar una vez más.

Nos resultó bastante difícil encontrar entre las casas de madera y bambú de la zona la casa donde vivía el italiano que nos habían dicho en nuestro hostal. Finalmente, la encontramos. Una casa totalmente desmantelada, a medio construir y con extraños artilugios de metal en el césped de la zona delantera. Ese era el hogar de nuestro curioso contacto. El chico no estaba en casa, pero tenía un cartel de madera con un teléfono apuntado para llamar en caso de que fueras por su casa y no estuviera allí. Tras meditarlo un poco, llegamos a la conclusión de que era nuestra única opción fiable para buscar olas en la zona, ya que hacerlo por nuestra cuenta resultaría muy difícil debido a que no existía carretera alguna cercana a la costa, solo la que nos trajo hasta el bar donde nos bajamos del taxi *brousse* un par de noches atrás y a que pese a que nos parecía muy raro, no habíamos visto aún a ningún pescador o barco pesquero por esta costa.

—Eligieron el peor momento —dijo Carlos, que así se llamaba este curioso chico, nada más explicarle por qué lo estábamos llamando a su número de teléfono—. No muchas olas y fuera de temporada —remató, en un español un poco raro.

Finalmente, tras un tira y afloja casi sin sentido, accedió a venir a vernos a la playa para explicarnos un poco por dónde movernos para encontrar las olas.

Puntual a la cita, por la mañana temprano y en la playa que estaba delante de su casa, nos conocimos en persona. Nada de lo que nos habíamos imaginado sobre él mientras hablábamos por teléfono o visitábamos su casa era cierto. Un tímido y sonriente chico, alto y con larga melena rubia apareció en la playa con un café recién hecho en la mano.

—Aquí pegan muy duro los *swell* que vienen desde el norte. Tienes tres rompientes de arena compacta y uno más al sur de coral. —Así de rápido y directo empezó la conversación.

Tras presentarnos y charlar un poco más en profundidad, me alegró mucho saber que él era también *bodyboard*, y de los de la vieja escuela parecía, tamañero y con ese respeto al mar que parece que se ha perdido en las nuevas generaciones. Estuvimos un buen rato hablando y fumando en la orilla los tres juntos.

Carlos vivió toda su infancia cerca del mar. Nos contó que, tras aprender a coger olas en su Italia natal, esas olas se le quedarían pequeñas. Fue entonces cuando empezó a viajar hacia destinos con olas más grandes y constantes por varios lugares de Europa. Con los años, decidió buscar un nuevo comienzo, nos dijo. Empezó viajando por toda la costa africana hasta caer enamorado de Mohambo y su tranquilidad aparente. Pareciera que estaba loco a ojos de cualquiera que viera su casa o examinara su recorrido, pero lo cierto es que su locura escondía también su gran creatividad y pasión por su estilo de vida actual, disfrutando enormemente de fabricar raros artilugios o esculturas varias que tenía esparcidas por todo el jardín de su casa, entre el tiempo que tenía de sesión y sesión de olas.

Al poco rato aparecieron unos chicos con sus tablas de surf a saludar a Carlos. Eran dos surfistas locales que iban a tirarse en la derecha de la playa, un poco más lejos de donde estábamos sentados. Carlos les recomendó esperar un poco a que la marea bajara, ya que esas bajas de arena funcionan mejor con poca agua, como pasa en casi cualquier baja de arena del mundo.

No lo pensamos ni un segundo y fuimos a buscar corriendo a la casa la cámara y la tabla para unirnos a los chicos. La marea pronto empezó a bajar y el pico era una derecha un poco babosilla sin casi pared, que rompía desde la parte más a la derecha de la playa hasta llegar a la orilla. Genial para matar el mono que teníamos de olas, pero nada del otro mundo. Carlos no se tiró, decía que estaba cansado, pero lo que en realidad creemos que quería era ir a su casa a construir figuras de metal con su soplete y un par de piezas de hierro oxidadas que tenía también con él allí mismo.

Tras una corta pero liberadora sesión de olas divertidas esa mañana, salí del agua y fui a reunirme con Beni para dar un paseo por la playa antes de que nos fuéramos a almorzar. Pese a que no nos fuimos muy lejos, pasamos por algunos salientes o rocas, donde se veían romper también algunas olas pequeñas. Ya nos lo había avisado Carlos, lo mejor que tenía esta parte de la isla de Madagascar era, sin duda, el hecho de que te podías perder caminando y caminando durante horas por la costa sin parar y encontrarías muchas zonas con posibilidades de tener muy buenas olas.

Al día siguiente, cuando ya casi teníamos previsto movernos para la isla de Sainte Marie, nuestro objetivo final en este largo viaje buscando olas por Madagascar, la fuerza empezó a subir y recibimos un corto pero claro mensaje de Carlos: «Mañana olas, temprano».

Carlos quedó con nosotros muy temprano para ir a ver una baja de coral que estaba cerca de allí. Cuando llegamos, un pico de aproximadamente un metro de alto rompía suave contra el coral, sacando un tubo corto pero muy limpio hacia ambos lados. Casi de manera automática, saltamos al agua y completamente solos con nuestras tablas de *bodyboard* cogimos un par de olas decentes y divertidas, dándole de nuevo sentido a este largo viaje y olvidando por completo lo duro que había sido llegar hasta Mohambo. De paso pudimos comprobar también por qué Carlos había escogido ese lugar en concreto entre los otros muchos sitios que había visto durante su periplo hasta aquí. En Mohambo podía ser él mismo y hacer lo que más le gustaba hacer, ser libre.

Mohambo fue como una recompensa por nuestra insistencia en buscar olas por Madagascar. Un lugar que ya habíamos visto en mapas, pero del que no teníamos ni idea de cómo era y qué nos esperaba allí, como casi todos los lugares que visitamos en la Gran Isla. Sin embargo, gracias a la loca visión de las cosas que tenía Carlos, pudimos darnos cuenta de lo realmente afortunados que éramos de poder estar allí y hacer lo que estábamos haciendo.

Esa misma tarde, tras explicarnos cómo llegar a la isla de Sant Marie, nos despedimos de él invitándolo a venir unos días de viaje con nosotros. Estaba claro que iba a decir que no, no se le había perdido nada en la isla y por alguna extraña razón, tampoco se terminaba de fiar completamente de nosotros.

El barco hacia Sainte Marie se cogía desde la misma arena de la playa. Un moderno y cómodo barco de pasajeros atracaba temprano justo enfrente de la playa, para seguidamente mandar tres pequeñas barcas de remos a recoger a los pasajeros y sus pertenencias, que esperaban de pie y en fila en la orilla. Una vez más, ahí íbamos los dos a explorar un poco más lejos, en la que se conocía como la isla de los piratas.

Sainte Marie, la isla de los piratas

Casi anocheciendo, ese mismo día, llegamos a la isla de Sainte Marie o Nosy Boraha, como la conocen realmente los locales de Madagascar. En su puerto situado en Ambodifotatra, el pueblo más grande de toda la isla, nos estaba ya esperando un tumulto de personas impacientes por subir al barco para ayudarte con las maletas o para que fueras con ellos en su coche hasta tu hotel a cambio de una cantidad de dinero, normalmente mucho más elevada de lo normal.

Nosotros, acostumbrados ya a todo este revuelo con cada llegada a un lugar nuevo, nos colamos por un lateral del barco casi sin ser vistos, bajamos a tierra y empezamos a caminar en dirección contraria al puerto, evitando así el acoso y el cansancio de decir «no, gracias» a todo el mundo, sabedores de que, por fuera del puerto, íbamos a conseguir a alguien que nos llevara por un precio más justo y real del que ellos ofrecían.

De repente, tras preguntar en alguno de los muchos hostales del pequeño pueblo, nos dimos cuenta de lo realmente horrible que era ese lugar. Veíamos a turistas ya bastante entrados en años de la mano de chicas muy jóvenes, incluso juraríamos que sin llegar algunas de ellas a la mayoría de edad; otros bebiendo en las terrazas de los hostales con la misma compañía o entrando a las habitaciones de algunos de los hostales en que preguntábamos para pernoctar. Eran la nota predominante en el diminuto pueblo de Ambodifotatra. Como si un trozo del infierno estuviera creciendo en la paradisiaca isla de Nosy Boraha.

No tuvimos más remedio que pasar allí la noche, en el Banana Hostel, un antro de los de verdad. Colchones sucios en el suelo pegados unos contra otros y con mosquiteras individuales o un cubículo de apenas tres metros de ancho y largo con bidé dentro para esos señores que estaban en la isla por otros asuntos más sucios, eran las dos opciones posibles. Sea como fuera, esa noche entre la música que sonaba en el deprimente bar del hostal, el ir y venir de gente entre los colchones, las cucarachas y los gritos, no pegamos ojo. Hartos, decidimos irnos de allí a oscuras, antes de que amaneciera, cuando la fiesta de abajo estaba aún en su zenit y bajo la triste mirada de las muchachas

71

forzadas a estar allí esa noche, por su precaria situación económica y por las pocas opciones que tenían de sobrevivir.

No sabíamos a dónde ir, pero queríamos irnos. Un grupo de chicos que nos vio deambulando con nuestras maletas nos ofreció una moto para alquilarnos. Teníamos muchas maletas y no cabíamos en la moto con todo, pero sabíamos que con la moto podríamos salir de ese pequeño infierno e ir a conocer la verdadera isla, sus corales, sus bajas y sus aldeas tribales, de las cuales habíamos leído mucho. Finalmente alquilamos la moto y tras dejar nuestras maletas en una panadería del pueblo donde aceptaron guardarlas, nos fuimos a explorar carretera hacia el sur de la isla. Al cabo de apenas quince minutos, estábamos en otro mundo ya: playas de postal, cocoteros altísimos, corales, puestos de yogur casero con canela molida a los márgenes de la carretera y, lo más bonito de todo, de nuevo pudimos ver la sonrisa de los locales cada vez que parábamos a bañarnos, descansar o simplemente a tomar una foto.

Preguntando un poco, apareció nuestro lugar. La isla de Nosy Boraha tiene una sola carretera que serpentea paralela a la costa, dándole la vuelta a toda la isla. En muchos de sus tramos, por no decir en todos después de salir del puerto, es completamente de tierra y, en algunos momentos, de pura piedra, sobre todo cuando la carretera pasa por la parte este. A muy poco camino del pueblo principal, mientras recorríamos la carretera que bajaba hacia el sur por el interior de la pequeña isla y después de una pronunciada curva, encontramos una playa de aguas turquesas muy calmadas y limpias desde la cual se vislumbraba toda la costa de la isla de Madagascar. Justo al otro lado de la carretera, había dos casitas de madera muy humildes, pero de una belleza increíble, rodeadas de plantas de vainilla, flores y piedras erosionadas por la misma marea. Las casas estaban situadas en un bancal de tierra justo encima de la carretera, dándoles así un punto de vista integral de toda la playa y del mar, que estaba justo a unos pocos metros de la puerta principal de la casa.

La pareja que vivía en la casa, un pescador y su mujer, tras hablar un largo rato con ellos y explicarles que habíamos salido corriendo del puerto, nos dejaron alquilarles su otra casa por unos días. Esta era en realidad de uno de sus hijos, que estaba de gestiones en Antananarivo, pero que, si era por poco tiempo, no habría ningún problema. Para mejorar aún más la cosa, la mujer, que conectó rápidamente con Beni, se ofreció a hacernos de comer todos los días. Imaginamos que le daba curiosidad vernos allí comiendo comida típica de la isla o, tal y como le dijo Beni, quería también que nosotros les enseñáramos a preparar alguno de los platos que ella asociaba con los extranjeros: pasta o tortilla.

Amand era el hombre de la casa. Fuerte, curtido por la marea y el sol que le bañaba cada día en alta mar, de unos cuarenta y pico años y con tres hijos. El mayor de todos los hijos ya estaba independizado totalmente y había podido estudiar en la universidad de Antananarivo gracias, en gran medida, a los esfuerzos de Amand, que, día tras día, salía a pescar con su barca durante largas horas para atrapar y vender por kilos los pescados capturados en las aguas del coral y las aguas más profundas del canal entre Madagascar y la isla de Nosy Boraha.

Amand era un hombre de pocas palabras, quizás debido a que no dominaba bien el inglés. Su mujer, sin embargo, sabía defenderse muy bien gracias a las clases que le había dado su hijo el universitario, para que pudieran alquilar la casa que tenían construida en su terreno a los muchos extranjeros que ya empezaban a visitar la isla como estábamos haciendo nosotros.

Fue con él y su moto con quien volvimos a Ambodifotatra a por nuestras cosas. Con las dos motos, cargamos lo que nos quedaba como pudimos mientras que Amand solo me miraba decepcionado para desaprobar lo que estaba sucediendo en el pueblo con los turistas y las chicas jóvenes.

—*No good, no good* —decía, sabedor de que, como un virus, ese infierno podía extenderse al resto de su pequeño paraíso y acabar con su apacible modo de vida isleño.

La mujer de Amand nos comentó que no conocía a nadie que hubiera ido por allí a surfear. También nos alertó de que la isla era visitada frecuentemente por grandes tiburones blancos que venían de las cercanas islas Reunión y de que muchos amigos o familiares directos suyos habían muerto en esas aguas. No eran los ánimos que esperábamos para irnos a explorar la isla.

Al día siguiente, después de un copioso desayuno en la casa rodeados por toda la familia, salimos a explorar en nuestra moto, cargados solo con la tabla, las gafas de *snorkel* y con una pequeña mochila con ropa y algo de comer. Fuimos dirección norte para, desde allí, empezar a bajar la costa este desde el norte hasta el sur buscando olas. Llegar allí, a la punta más norte de la isla, fue relativamente fácil. Después de pasar el pueblo, el camino era una larga carretera bien asfaltada y en línea recta, concurrida por todo tipo de animales que la cruzaban intentando llegar a la playa o a la selva. Enormes camaleones, cerdos, tejones, etc. salían de entre la maleza para cruzar. Las calmadas aguas del oeste descubrían pequeñas pero paradisíacas playas de arena amarilla, donde tan solo un puñado de pescadores o casas daban vida a esa parte de la isla. La situación fue cambiando gradualmente a medida que nos acercábamos a la otra parte de la isla.

Una gran línea de color blanco se perdía hacia el sur dejando una laguna de aguas en calma entre la barrera de coral que recorre la isla de punta a punta y la costa de Sainte Marie, en donde un grupo de pequeñas barcas pescaba plácidamente. Al final las habíamos encontrado, las olas rompían incesantemente con fuerza contra la barrera de coral, pero desde nuestra posición no sabíamos si podíamos surfearlas o no. Entusiasmados, arrancamos nuestra moto y empezamos a descender por la peligrosa carretera que llegaba a la aldea de la playa.

Lo que en principio parecía que iban a ser unos cuantos minutos en moto fueron horas desmontándonos y caminando con la moto por piedras y baches del tamaño de la misma moto. Una vez en la aldea, recibimos un nuevo revés en nuestros planes.

Habíamos llegado hasta esta isla después de salir corriendo, literalmente, de Manakara, en donde el viento parecía no tener fin. Muchos días de viaje para mirar detrás de estas montañas y, de nuevo, el destino parecía tener otros planes para nosotros. Este tipo de corales, junto con el fuerte viento de la zona, no dejaba que se formasen olas decentes como tal, sino que creaba una línea de olas constantes detrás del arrecife, es decir, debido a la profundidad y a la forma de la pared coralina, las olas eran una masa de espuma que entraba violentamente laguna adentro, sin posibilidad de surfear nada. Con la ayuda de un pescador que vimos en la playa, nos acercamos a comprobarlo con nuestros propios ojos lo más cerca posible y, efectivamente, por allí no teníamos nada que hacer. Es más, la barca apenas se pudo acercar al rompiente lo suficiente debido al fuerte viento y lo revuelto del mar, que pareciera que no quería que estuviéramos allí.

Seguíamos teniendo la misma ilusión que el primer día, cuando bajamos del avión en Nosy Be, nada había cambiado, sabíamos que esto podía pasar porque la naturaleza es incontrolable. El solo hecho de llegar hasta aquí y poder verlo con nuestros ojos era más que suficiente. Por supuesto que seguiríamos buscando hacia el sur, pero ya casi teníamos claro que no íbamos a encontrar nada decente o mínimamente surfeable en Sainte Marie.

La carretera iba ganando altura nuevamente a medida que nos movíamos hacia el sur. A Beni le encantaba pararse en las aldeas que íbamos viendo por el camino para tomarse un yogur casero o para simplemente conversar, como pudiera, con los curiosos que siempre aparecían nada más parar la moto. Disfrutamos cada minuto recorriendo este paraíso lleno de cocoteros, selva y playas vírgenes.

En una de las aldeas conocimos a un pescador que hablaba bastante bien el inglés. El hombre, muy decidido y avispado, nos ofreció dar un paseo montados en su canoa, hecha con un enorme tronco de árbol de baobab negro abierto por el medio, para atravesar una laguna de agua salada y llegar a las playas situadas justo detrás de esta, en donde él decía que el mar y el viento estaban mucho más calmados. Aceptamos por la curiosidad que nos producía su canoa y para explorar esas playas que nos decía. Durante el paseo, al poco de comenzar y al salir de los manglares para empezar a navegar rumbo a la otra orilla, el propio pescador nos comentó como quien no quiere la cosa que ese lugar era especialmente utilizado por los enormes tiburones blancos hembra para parir a sus crías, llegándose a concentrar un gran número de ellas dentro de la laguna. Automáticamente y como si de un acto reflejo se tratara, nos miramos fijamente los dos y acordamos no mover ni un solo pelo hasta estar a salvo al otro lado.

Nuestro amigo no mentía, una enorme duna de arena situada detrás de la laguna hacía de freno al poderoso viento, dejando que las olas llegaran libres a la orilla, ya que esa parte de la isla no tenía barrera de coral que las retuviera. De ahí también que los tiburones pudieran entrar sin muchos problemas a la laguna. En la misma orilla, estaba rompiendo una diminuta pero divertida izquierda, diría que de menos de un metro de tamaño. Olvidándome del miedo aterrador que en mi mente habían provocado los comentarios del pescador, salté al agua y pude, por fin, volver a sentir el empuje del mar sobre mi tabla. No fue el mejor baño de mi vida ni mucho menos, pero la sensación de «lo conseguimos» era tal que todo lo demás no me importaba.

Tras unas pocas horas en la playa volvimos hacia la carretera de nuevo, aún nos quedaban unos kilómetros de viaje en moto para poder completar la vuelta a la isla. El tiempo no acompañaba dado que pronto oscurecería y la combinación de piedras enormes, arena y moto era una de las cosas que no nos gustaba a ninguno de los dos. Por suerte, al cabo de unas horas, ya casi a oscuras, encontramos un atajo que muchos locales cogían para atravesar la isla, casi llegando al extremo sur de Sainte Marie. Por lo que nos metimos para poder llegar a casa sanos y salvo, dejando lo que nos quedaba de excursión para otro día.

Cuando le contamos a la mujer de Amand lo que habíamos hecho y hasta dónde habíamos llegado, se lo contó preocupadísima a su marido, pero este solo esbozó una gran sonrisa y asintió con la cabeza. A saber qué pensaría de nosotros ese hombre, después de saber para qué usábamos la enorme tabla que cargábamos siempre con nosotros. Esa noche Amand decidió quedarse un poco más después de cenar con nosotros por primera vez, escuchándonos hablar de nuestro viaje por su país, cargados con nuestras mochilas y buscando olas por la parte sur y oeste del mismo, hasta altas horas de la madrugada junto a su mujer, que le traducía de cuando en cuando lo que íbamos contando para que Amand respondiera con unas asombradas carcajadas.

Cuando nos retiramos esa misma noche a la casa contigua a la de Amand, donde íbamos a dormir, nos dimos cuenta de que nos habían puesto dos colchones nuevos sobre las rústicas camas hechas de bambú y cuerda. Esto fue un gran alivio para nuestras magulladas posaderas y piernas, teniendo en cuenta todo el tiempo que pasamos en la moto ese día conduciendo por caminos de tierra o piedras, y también considerando que ya llevábamos los pasados días durmiendo sobre una fina esterilla de paja colocada a modo de colchón sobre la cama dura de madera.

Los colchones parecían muy cómodos y reconfortantes cuando nos tumbamos a dormir sobre ellos, pero con lo que no contábamos era con que estaban llenos de chinches, y sobre las cinco de la mañana, cuando ya no podíamos más de las picaduras que sentíamos y sin poder dormir, nos rendimos y salimos a la carretera a esperar los primeros rayos del amanecer. Ya con luz, llegamos a contar más de treinta picaduras cada uno por todas las piernas, espalda y brazos.

Tras la movida noche, decidimos no ir a buscar olas a la parte de la isla que nos quedaba por ver. Por el contrario, nos fuimos directos al extremo sur para buscar un barco que nos cruzara a la diminuta y paradisíaca isla de Nattes.

Habíamos visto anteriormente muchas fotos que trataban de evocar al paraíso y visitado lugares que para nosotros eran el claro ejemplo de lugar idílico tal y como uno se lo imagina, pero esta diminuta isla, que se puede recorrer en su totalidad andando en menos de tres horas, era algo que ni siquiera imaginábamos que existiera.

Los ojos se nos quemaban contemplando las calas y las playas de arena blanca y fina como la harina que se iban sucediendo a medida que avanzábamos por la isla. Estas playas estaban tan solo separadas en ocasiones por redondas y oscuras rocas de gran tamaño, erosionadas por el paso de los años y del viento, que parecieran que estaban allí colocadas de manera totalmente voluntaria para dotar al paisaje, aún más si cabía, de una belleza tal nunca vista por nosotros anteriormente. En otros tramos de nuestro paseo, era la jungla la que se adentraba tímidamente por la arena de la playa queriendo tocar el mar, un mar cristalino y limpio que solo era movido por algunos de los muchos peces que nadaban entre los corales cercanos a la orilla.

Las palmeras habían adoptado unas formas totalmente irracionales en muchos casos, alargándose por la orilla unos cuantos metros, para volver a crecer de nuevo hacia el cielo cuando casi lograban tocar el azul turquesa del mar, mezclando los colores blanco, verde y azul de una manera idílica para los ojos de cualquier humano.

No sabíamos en cuál de todos los miniparaísos que veíamos quedarnos a descansar. Le dimos la vuelta completa a la isla caminando, pasando por una pequeña aldea de indígenas locales que vivían en el centro de Nattes. A lo lejos, se podía ver la misma barrera de coral que flanqueaba a la otra isla, creando una enorme laguna interior, llena de vida y calma para el disfrute de quien visitaba la isla.

El día pasó rápido entre cala y cala. Antes del anochecer, decidimos volvernos a casa de Amand para empezar a preparar nuestro retorno a Antananarivo y buscar así nuestro próximo destino en este largo viaje. De vuelta a casa, paramos a visitar uno de los muchos cementerios de piratas que puedes encontrarte repartidos por la isla, ya que estas dos islas fueron en otros tiempos muy visitadas por los piratas más sanguinarios del mundo.

Por ejemplo, en la isla principal de Sainte Marie, pudimos visitar un cementerio real de piratas anónimos que, según contaban los propios locales, era en donde enterraban a los piratas que morían enfermos al llegar a la isla o asesinados por algunos de sus compañeros o enemigos, convertidos ahora en una atracción turística para los pocos viajeros que visitan Sainte Marie.

Nuestra visita a estas tumbas nos sirvió para imaginarnos cómo sería la vida en estas paradisíacas islas perdidas en el océano Índico, hace ya muchos años.

No pudimos olvidarnos tan fácilmente de las paradisíacas playas de la isla de Nattes. Así que de nuevo y nada más llegar a nuestra casa se lo contamos a Amand y a su mujer, que se encontraba preparándonos unos enormes calamares en salsa para la cena de esa noche. Sonrientes nos dijeron que para ellos también era muy especial y el hecho de que estuviera tan bien conservada y cuidada les hacía sentirse muy orgullosos.

Ya en la mañana, tras desayunar de nuevo todos juntos y pagarles el alquiler de la casa, como si de nuestra propia familia se tratara, nos despedimos de ellos para irnos al puerto a esperar el barco que nos llevaría de vuelta a Mohambo.

—¡Buena suerte! —soltó Amand, mientras nos abrazaba fuertemente para el asombro de todos los que estábamos allí esa mañana.

Su mujer, sonriente como siempre, nos despidió con dos besos y con la promesa de volvernos a ver muy pronto. Acto seguido, nos montamos en el carro que había conseguido la mujer de Amand para nosotros y pusimos rumbo al puerto con todas nuestras cosas.

Santie Marie quizás no tenía las olas que pensábamos que encontraríamos, pero tenía un encanto especial, distinto, que pudimos sentir una vez fuimos recibidos por Amand y su familia.

La vuelta y la salida

Mucho nos habíamos acostumbrado ya a vivir sin pensar en incómodos taxis *brousse* y su estridente música sonando durante toda la noche, pero si queríamos llegar a Antananarivo solo había un camino económico y era ese. Esta vez, conociendo el camino, subimos caminando unas horas hasta llegar a la carretera principal, donde poder parar algún taxi *brousse* que nos llevara a la estación de nuevo y desde allí transbordar en otro que nos dejara finalmente en la ciudad.

La fortuna estaba ese día de nuestro lado. Al cabo de un rato, un llamativo e impoluto taxi *brousse* se paró delante de nosotros. Ni música estridente, ni ventanas abiertas, ni cosas en el techo…

—Algo no está bien —fue lo primero que me dijo Beni.

Se trataba de un taxi *brousse* privado, es decir, que pagas mucho más de lo normal, pero vas cómodo, sin aglomeraciones, paradas innecesarias o cualquier otra cosa que se le ocurra al conductor. Si queríamos salir de allí esa noche y no quedarnos tirados en la calle o en algún hostal de la zona, era la mejor opción. Directo a Antananarivo en diez horas, con televisión, mantas y un sillón para cada uno. Un lujo al que no estábamos acostumbrados, pero que en ese momento preciso nos vino genial.

Durante el camino avisamos a Antsa de que llegaríamos a la mañana siguiente. Como tampoco disponíamos de mucho tiempo antes de irnos a coger el avión hacia nuestro próximo destino, decidimos invitarlo a una cena mexicana en el hostal que él mismo nos había conseguido para pasar el día previo a irnos de Madagascar.

Antsa, conocedor de todas nuestras aventuras por su país, estaba con muchas más ganas de vernos y de que le contáramos nuestras peripecias por la costa norte y Santie Marie. «¿Cuándo llegan? ¿Comemos juntos? Avísenme desde que estén llegando y así puedo recogerles», nos puso en su último mensaje al móvil de Beni.

No teníamos mucho tiempo antes de abandonar Antananarivo, pero teníamos claro que teníamos que hacer algo por nuestro amigo Antsa. Al llegar temprano en la mañana al hostal, después de casi once horas en total de viaje desde Mohambo en nuestro cómodo taxi *brousse*, decidimos preparar como pudimos una cena mexicana de despedida para él. Asesorados por la dueña del hostal, fuimos a comprar al mercado que quedaba cerca de la casa algunas verduras, queso y, lo más importante, el pan de fajitas para hacer la comida.

Antsa se presentó antes de lo previsto en la casa, mirándonos con asombro de vernos allí de nuevo, después de irnos tan lejos, tan cargados y solos, cosa que él no terminaba de entender. Acto seguido, no pudo más que reírse y darnos un abrazo.

—¡Qué alegría estar aquí, amigos! ¿Vieron algún barco pirata en la isla de Sainte Marie? —preguntó sonriente.

Al poco rato, después de tomarnos unas cuantas THB bien frías y de brindar una y otra vez por habernos conocido, saboreamos la exquisita comida mexicana que habíamos preparado exclusivamente para él.

La noche fue larga, pero no podíamos extendernos mucho más. El avión a nuestro próximo destino, la India, salía al día siguiente por la tarde. Teníamos que preparar papeles, hacer maletas, desprendernos de cosas que no íbamos a usar más, planear la ruta de los primeros días allí... En definitiva, hacer todo un ritual de cosas que se repetirían durante varios años, siendo nuestro modo de vida por ese tiempo.

Antsa se despidió de nosotros con muchas promesas hechas por ambas partes. También nos prometimos que nos volveríamos a ver aquí o en cualquier otra parte del mundo. Después de eso, salió por la puerta principal para luego perderse calle abajo.

Madagascar, la tierra que nos enseñó a viajar, donde el tiempo no se rige por los convencionales relojes o las largas horas, sino que son el mar y sus mareas, el sol y la luna o el viento y sus fuertes bocanadas los que marcan el ritmo de vida de los miles de personas que viven en esta enorme isla al borde del gran océano Índico.

Madagascar, donde se esconde un gran secreto, un secreto más allá del coral, un poco más lejos, donde solo algunos pescadores han visto algo. Un suave viento se levanta junto con el primer rayo de sol y has de ser muy rápido, pues el viento siempre está al acecho por estos lugares. Preparas tu tabla, tus aletas, coges la cera y buscas un pescador que conozca la zona y que te pueda llevar a ver qué se esconde tras esa línea de espuma blanca que se ve en el horizonte.

Misaotra, Madagascar.

INDIA

Donde el alma despierta

Nuestro avión desde Antananarivo, lleno en su totalidad por hindúes que trabajaban o vivían en Madagascar, aterrizó en Mumbai pasadas las dos de la madrugada. Muy cansados y exhaustos, recogimos las mochilas y las tablas en la cinta del aeropuerto. Fue entonces cuando Beni, realmente entusiasmada por el hecho de volver a su país favorito, según me dijo textualmente unos días atrás, se giró hacia mí y me dijo:

—El alma conoce el camino, solo has de dejarte llevar.

Una gran frase que podría definir lo que significa en realidad la India para unos viajeros como nosotros, sin un destino claro y con mucho tiempo por delante para perdernos. Es tanta y tanta la variedad de religiones, costumbres o etnias que conviven en este enorme país que de nada te servirá tratar de trazar un mapa o una estrategia de lo que debes ver o hacer por allí. Debes fluir y dejarte llevar hasta que realmente puedas sentir la India tal y como es. Alejarte todo lo que puedas de ti mismo, para poder estar abierto a todas las cosas nuevas y experiencias que te esperan en cada rincón perdido de este gran lugar.

India es conocida por muchas cosas: comida picante, olores, basura en las calles, vestidos raros, templos… Pero lo cierto es que nunca, nunca, estarás preparado para lo que puedes encontrarte allí. Es esa mezcla de cosas la que hace de la India un lugar increíblemente diferente a todo lo que puedas imaginar. Sus gentes son particularmente únicas, cada cual tiene una larga historia familiar detrás, llena de tradiciones y costumbres ancestrales para contarte. La mayoría de las veces, pueden llegar a ser muy intensos o agobiantes, haciéndote preguntas muy personales constantemente o, incluso, agrupándose en grandes grupos justo delante de ti para saludarte y darte la mano, pero es eso que tantas veces habíamos leído y escuchado por otras personas que habían visitado el país lo que mejor la define: «La India o se quiere o se odia», rezaban las páginas de blogs y libros que leíamos sobre este increíble país. Más tarde nosotros haríamos nuestra propia cita: «La India, o te dejas llevar o estás perdido».

Habíamos venido aquí por dos razones. La primera de ellas era para seguir con la búsqueda incansable de olas. India cuenta con más de tres mil kilómetros de playas y costa apenas explorados o totalmente desconocidos, azotados por tifones, tormentas y ciclones, capaces de generar olas allí por donde pasen. La India es el lugar ideal para cualquier buscador de olas, donde entrar al agua es más que nunca un ritual donde se mezclan espiritualidad y olas a partes iguales. En ese país, donde casi cada playa, cada roca o acantilado que ves tienen algún significado místico o religioso para los habitantes de esa zona, la búsqueda de olas iba a ser muy distinta a lo que habíamos hecho hasta ahora.

La segunda razón no era otra que lo que significa India para nosotros: ¡su deliciosa comida vegetariana! Por aquí, pese a ser un país visitado por millones de turistas cada año, nada cambia. Es decir, no se dejan influenciar por las costumbres y culturas de fuera, sino que guardan, protegen y aman realmente su identidad. Cierto es que cada vez es más fácil encontrar la influencia occidental en sus comidas: aparecen los primeros restaurantes de comida rápida, los picantes empiezan a ser menos picantes quizás, etc. Pero hasta ahí, llegando incluso a incluir comidas totalmente hindúes dentro de, por ejemplo, estos restaurantes de comida rápida.

Este era un lugar que queríamos sentir, que no es lo mismo que ver. Nos referimos a sentir, a oler, tocar, observar y dejar que nuestro ser nos guiase para no perdernos nada. Ir con los ojos muy abiertos para tratar de captar todo lo que sucede a nuestro alrededor, perdernos entre las vías del tren que recorren toda la geografía de este enorme país, desde las ciudades más pobladas del planeta como Nueva Delhi o Mumbai, hasta remotos pueblos que aún conservan todo lo que la palabra *India* significa para un viajero.

Desde Mumbai hasta el sur

Habíamos llegado a Mumbai de madrugada, como siempre, sin un lugar donde dormir o donde pasar la noche. En este caso, al tratarse de la India, un lugar tan visitado por millones de viajeros, sabíamos que podríamos encontrar de todo en internet sobre casi cualquier ciudad de la India, con extensas opiniones de cada lugar, consejos de viajeros que han estado allí antes, lugares para comer... Por eso, lo primero que hicimos fue buscar dónde comprar una tarjeta de teléfono móvil en el aeropuerto, para poder acceder a toda esa información.

Agotados y somnolientos por el largo viaje en avión desde Madagascar, cambiamos un poco de dinero en un viejo mostrador de cambio de divisas que estaba en el mismo aeropuerto, tratando de poner toda nuestra atención en ello, sabedores de la astucia de la que hacen gala los hindúes que trabajan en este tipo de lugares para tratar de colarte billetes falsos o fuera de circulación aprovechando que llegas exhausto del avión. Luego salimos directos a la calle y echamos a caminar para poder oler y sentir India de nuevo, metiéndonos en el primer tuk-tuk, nombre como se conoce a las motos de tres ruedas que sirven de taxis y que circulan por todas las ciudades y pueblos de India, que vimos una vez salimos del aeropuerto, siguiendo esa máxima que tenemos nosotros de que fuera de aeropuertos, estaciones de tren, guagua, puertos, etc., íbamos a encontrar precios más justos y reales para movernos. Tras indicarle al conductor del tuk-tuk, usando el móvil a modo de mapa, el primer hostal que habíamos visto decente en internet y con la típica negociación con el conductor, nos pusimos en marcha.

Ahí estábamos los dos, apretados en la parte trasera del tuk-tuk junto con todas nuestras cosas, recorriendo las ahora calmadas calles de Bombay de madrugada. El hostal lo habíamos escogido cerca del puerto, casi pegado a la famosa Puerta de la India de Bombay. En la calle, durante nuestro recorrido y mientras buscábamos nuestro destino, vimos a muchas personas durmiendo como buenamente podían en las aceras o en pequeñas chabolas de madera improvisadas. La basura se acumulaba por casi todos lados y las ratas, aprovechando el descanso del momento, podían verse correr fácilmente de un lado a otro de la calle bajo la atenta mirada de grupos de perros callejeros que patrullaban las calles en busca de alimento.

Al cabo de unos treinta minutos y sin éxito aún en la tarea de encontrar nuestro hostal, el simpático conductor paró el tuk-tuk y nos ofreció tomar un té chai calentito con él, en un destartalado puesto callejero muy cerca del puerto. El té chai es una de las bebidas más famosas y diríamos que deliciosas de toda India. Puedes encontrarlo en casi cualquier sitio y su sabor es el resultado de la mezcla de más de cinco especias diferentes.

El primer sorbo fue tal y como lo recordábamos desde hacía años. El sabor se había quedado grabado en nuestras papilas gustativas como esperando que volviéramos a tomarlo, para devolvernos a nuestros anteriores viajes a la India.

—Es un ritual en este país tomar el té chai cada día —comentó nuestro conductor antes de degustar el último sorbo de su taza, el mejor porque es cuando te tomas todas las especias del fondo.

Ya con la barriga caliente y aún con el sabor del té en la boca, conseguimos llegar finalmente a nuestro hostal en Bombay.

Recuerdos del primer viaje a la India, año 2007

Mucho había cambiado Bombay desde que viniera a buscar olas con mi hermano Abraham allá por el año 2007, cuando decidimos, después de pensarlo mucho, venir a conocer India por primera vez y, de paso, tratar de coger alguna ola por la costa de la hoy tristemente famosa Goa, a unas cuantas horas en tren desde Bombay. En ese primer viaje, recuerdo que decidimos no llevar la tabla de *bodyboard* con nosotros pensando que podíamos alquilar o conseguir una fácilmente en cualquier ciudad de la India; la inocencia de los primeros viajes. En ese viaje también recuerdo que Bombay era una ciudad monstruosamente grande, donde la pobreza era palpable en cada rincón de esta. No se veían tanto los grandes rascacielos que hemos visto hoy a nuestra llegada a la ciudad, o la ostentosa y moderna tecnología de la que hacían gala en el aeropuerto internacional o en cualquiera de los escaparates de las tiendas con las que nos cruzamos por nuestro camino al hostal. En aquel año 2007, todo era polvo y obras a medio hacer o abandonadas. Las aceras estaban completamente rotas y el agua de las alcantarillas circulaba libremente por muchos tramos de las calles de Bombay. Seguramente, en muchas partes de esta enorme ciudad india continuará siendo así, pero la primera impresión que nos llevamos hoy fue distinta a la de aquel año 2007. Guaguas circulando, semáforos nuevos, no se veían vacas paradas descansando en las carreteras… Imagino que el progreso y la modernización habían llegado también hasta aquí para quedarse.

En ese primer viaje a la India, tras salir corriendo de Bombay por la imposibilidad de tan siquiera tocar el agua de lo contaminada que estaba pese a tener kilómetros de playa, pusimos rumbo a Goa, más concretamente a la tranquila aldea ubicada en la playa de Agonda. Una enorme playa de arena dorada, flanqueada por un río, donde cada tarde acudía, puntual a su cita, un grupo enorme de vacas y búfalos a refrescarse y disfrutar de las vistas que ofrecía el atardecer sobre el océano Índico.

Esta playa tenía algo que la hacía muy especial para nosotros. Abierta de frente al inmenso mar, Agonda era una de las pocas playas de la zona que, debido a su orientación, estaba expuesta a un oleaje directo en caso de cualquier movimiento que se produjera en esa zona del océano Índico. Era muy poco usual ver olas de calidad o simplemente surfeables por esta parte de la India, ya que al estar tan al norte, dependía al cien por cien de que se formara una fuerte tormenta mar adentro, que fuera capaz de enviar olas a la costa, pero cuando esto sucedía, las bajas arenosas de la playa, muy lisas y poco profundas, podían generar olas huecas y lentas, que harían las delicias de cualquier surfero como yo.

Esa fue la razón que nos llevó hasta allí y tras casi esperar dos semanas explorando la zona, con la suerte una vez más de nuestro lado, un día muy temprano en la mañana el mar se levantó enfurecido, enviando olas pequeñas pero muy bien colocadas y tuberas, de las que disfrutamos mi hermano y yo por turnos. Gracias a que tras mucho preguntar y preguntar los días previos sabiendo que en cualquier momento podían llegar las olas, encontramos a un señor que vendía prácticamente de todo en su pequeña tienda situada en la ya turística playa de Palolem, y tras explicarle como pudimos lo que buscábamos, de detrás de una enorme puerta de madera vieja nos sacó una tabla de corcho, literal, sin fibra ni nada, que vendía o alquilaba para el disfrute de los turistas que visitaban su playa.

Una vez le pagamos y le dejamos un poco más de dinero de fianza, pudimos llevárnosla a nuestro pequeño remanso de paz en Agonda, a unos treinta minutos en moto de allí. Las olas duraron solo ese día, incluso diría que solo unas horas, pero las disfrutamos enormemente, como si de un regalo se tratara y completamente solos surfeándolas.

Recordando otra de las anécdotas de este primer viaje a la India con mi hermano y Ana, una azafata enamorada de la India que quiso realizar ese viaje junto a nosotros, ya de vuelta a Bombay, tras casi pasar dieciséis horas metidos en un tren en la que se conoce como Second Sitting, Unreserved 2nd Class, un vagón lleno de asientos o tablas de madera y espuma a cada lado, donde caben de unas cinco a seis personas por tabla, pero que generalmente van muchísimo más llenos, hasta el punto de que es prácticamente imposible moverte dentro del mismo, y tras bajarnos del tren en la caótica estación de Bombay Central, un amable señor nos ofreció en la misma puerta del tren llevarnos en su taxi al aeropuerto.

Nuestro primer error fue aceptarlo. No solo no es buena idea montarse en el primer transporte que te ofrezcan a la llegada en tren, guagua, barco, van, etc. a cualquier ciudad o estación de este tipo porque te van a cobrar mucho más de lo que deben, sino que puede que también te hayan estado vigilando o chequeando qué llevas encima o en las maletas desde que estabas en el vagón, por parte de algún amigo o cómplice del truco que iba en el tren contigo.

Nosotros aceptamos corriendo y con prisas que nos llevara él, porque nuestro avión salía en unas pocas horas y no teníamos tiempo ni ganas de salir y buscar otra opción, nos había dado un precio justo y parecía serio. Lo que no esperábamos era que un par de calles después, nuestro supuesto amigo taxista parara para recoger a un amigo suyo, un chico muy alto y pasado de peso que se montó dentro del taxi, en la parte delantera, sin pronunciar palabra alguna. En esas, nuestro conductor, tras una charla muy agitada con su amigo en su propio idioma, giró bruscamente para entrar de frente a una calle de tierra y completamente oscura que había a mano derecha. Sería ahí cuando el obeso chico se giró y nos dijo que el precio había cambiado, que o pagábamos casi unos sesenta euros al cambio de más —lo normal serían de seis a nueve euros—, o nos iban a dejar allí tirados con lo puesto… Mi hermano y yo nos miramos bastante asustados y sorprendidos, para comprobar que no estábamos en condiciones de pelear o discutir nada en esos instantes. Reventados físicamente de las muchísimas horas que pasamos en el tren metidos, sin comer nada decente desde hacía horas y cargados como mulas, con las dos grandes maletas guardadas en el maletero del taxi, que podíamos perder fácilmente si en algún momento nos bajábamos del coche en esa calle oscura, y las otras dos maletas con las cámaras y demás cosas personales dentro junto a nosotros, decidimos, muy a nuestro pesar, que lo mejor era aceptar la propuesta y así poder seguir el camino rumbo al aeropuerto. En realidad, esa experiencia nos ayudó a ser mejores viajeros independientes y saber que hay algunas cosas que debes tener presentes por muy cansado o dormido que puedas estar. El sentido común te puede librar de este tipo de situaciones o de algunas peores, pero ese día, en ese momento, lo perdimos. Cierto es que fue más lo que podría haber pasado que lo que pasó, pero en verdad fue el único problema que tuvimos en ese primer viaje a la India.

Bombay, 2015

Volviendo a nuestro hostal en el puerto de Bombay, toda esta anterior historia vino porque tras dejar el taxi y empezar a subir por las estrechas escaleras del edificio que llevaban al hostal, volvimos a encontrarnos con esa Bombay de la historia anterior.

Un señor que dormía plácidamente sobre el mostrador de una vieja mesa de madera despertó tranquilamente y sin prisa aparente tras escucharnos llegar, para darnos las llaves de nuestra habitación y seguir durmiendo sobre la mesa como si nada. El lugar era muy bonito por fuera, con fotos nuevas de distintas partes de la India, barandillas doradas relucientes —un color, por otra parte, muy usado por los hindúes para darle más clase al hotel o pensión—, con cristales y espejos por los pasillos… Nada parecido ni de lejos a lo que había dentro de las habitaciones.

Cuando abrimos la nuestra, la puerta chocaba con la cama, por lo que no podíamos abrirla del todo y esta ocupaba casi por completo la diminuta estancia. Para colmo, estaba llena de cojines y mantas polvorientas y sucias, las paredes estaban casi sin pintar y no había ni una sola ventana en todo el piso.

—Un lugar ideal para que cucarachas, ratones y todo tipo de bichos vivan a su aire —soltó entre risas Beni.

Ya era demasiado tarde para irnos, habíamos pagado ya la habitación para dos días y tampoco teníamos ganas de jaleo, pero fue en ese preciso momento cuando recordé experiencias similares en mis anteriores viajes con mi hermano y la propia Beni a la India, y casi de manera automática solté:

—El falso lujo hindú.

A partir de ahí y en todo lo que quedaba de viaje por la India, Beni y yo llegamos a acuñar y usar muchísimo el término «falso lujo hindú», o lo que es lo mismo, no te fíes de las entradas o recepciones de los hoteles de mochileros en la India, las fotos en internet o de cualquier otra cosa. Antes de pagar y elegir un lugar donde dormir, si quieres evitarte problemas, comprueba la habitación de arriba abajo con tus propios ojos, mira debajo de la almohada, colchón, revisa el baño, etc. No por pagar más caro es sinónimo de que vayas a estar en un lugar mejor, y menos en un país como la India.

Paseábamos por la nueva Bombay un poco desilusionados, viendo que la ciudad poco a poco se tornaba en edificios de negocios e impolutos rascacielos. A India habíamos venido a olvidarnos de todo eso y sabíamos que aquello, pese a ser parte del progreso y mejora de la ciudad, no era lo que nos gustaba a nosotros. Los días en Mumbai pasaban factura rápidamente. Nos perdíamos por las calles de la ciudad buscando puestos callejeros de té chai o puestos donde vendieran los típicos y sabrosos dulces hindúes, que no eran más que una bolita de hojaldre muy fina rellena de una salsa verde muy picante o una roja muy dulce, tú elegías. Nosotros, como buenos turistas que éramos, pedíamos un poco de ambas dentro de cada bolita.

Esa era una de las cosas buenas de la India, el idioma. Casi toda la población hindú habla un inglés perfecto tras años y años de abusos y esclavitud bajo mando de los ingleses, lo que facilitaba, y mucho, moverse por allí. El idioma inglés se había extendido por toda la geografía del país, llegando a ser el idioma principal usado en la India, aunque nunca pudieron acabar con los cientos de dialectos y lenguas autóctonos de la hoy república.

El apacible señor de la entrada de nuestro hostal nos cogió confianza enseguida y nos habló de unos templos que estaban tallados en las rocas de una pequeña isla justo enfrente de la bahía. Sin quererlo, nos había dicho la palabra mágica, isla. Tras investigar un poco, vimos que, efectivamente, había una isla muy diminuta a poca distancia del puerto, llamada Elefanta, a donde miles de personas acudían a diario para visitar sus templos tallados en la roca.

—No creo que puedan haber olas por allí, y si las hubiera en algún momento, creo que es mejor no tocar esa agua tan cerca de la ciudad —le dije a Beni.

De igual forma, a la mañana siguiente nos pusimos a esperar en la larga cola que había para coger el lento ferry que salía a cada hora desde el puerto rumbo a la isla. El mar, de un color marrón oscuro, lleno de plásticos flotando, botellas y otras cosas no identificables, estaba tranquilo. El viaje duró menos de media hora y la pequeña isla apareció ante nuestros ojos. Decenas de personas caminaban en la misma dirección cargadas con flores, dulces y botes de leche, para hacerles la ofrenda a sus dioses, por lo que tan solo tuvimos que seguir a la multitud para llegar a las enormes cuevas con las figuras talladas en la misma roca. Impresionaba ver el detalle tan extremo en cualquiera de las figuras o paredes talladas del templo.

Durante el tiempo que estuvimos por Bombay, recorrimos muchas de sus calles y otros lugares interesantes de la ciudad. Nos gustaba perdernos por cualquier calle en la que viéramos grupos grandes de gente caminando para ver a dónde se dirigían, pero lo más común era que fueran a cualquiera de los miles de templos sagrados que hay repartidos por Bombay en casi cualquier esquina de la ciudad.

—Cuanto más perdido esté, mejor —decíamos.

La parte favorita de Beni durante estas visitas era ver que estos templos permanecían vivos, es decir, no eran para el disfrute del turista, sino que tenías que respetar y cumplir con lo que se pedía si querías entrar a verlo.

Cuanto más tiempo esperábamos en la ciudad, peor eran las previsiones para las olas. Los partes de tormentas que podían entrar por la costa eran desoladores, no habría ningún tipo de movimiento en el mar en al menos toda la próxima semana y más. Con este panorama, las prisas por llegar al mar cuanto antes se calmaron y tomamos la decisión de meternos tierra adentro y tratar de encontrar la verdadera India.

Ellora y Hampi: historia viva de la India

A medida que nos adentrábamos tierra adentro, la India se iba transformando a cada paso que dábamos. El viejo tren se abría camino entre campos de cultivos, montañas y ríos, parando cada cierto tiempo para que una jauría de vendedores nos asaltase con sus exquisitos olores a samosa, guayaba con chili o té chai. En la pequeña comodidad de nuestra litera compartida de la tercera clase, situada en la parte delantera del tren, podíamos ver cómo se sucedían los paisajes unos tras otros, pero todos con el sello particular y único de la India.

Llegamos a Aurangabad, ciudad puente para ver las cuevas de Ellora, un enclave patrimonio de la Unesco formado por casi cien cuevas y templos. La ciudad de Aurangabad en sí no tenía nada interesante que ver, salvo el restaurante de comida vegetariana que había al principio de la calle, donde los propios hindúes locales o los que también estaban de paso como nosotros iban a comer.

De repente, este restaurante del principio de la calle se convirtió en nuestro lugar de culto particular. En su carta encontrábamos *dhal* (lentejas con especias), *palak paneer* (espinacas), *raita* (yogur) o, de mis favoritos, *naan* o pan indio, con todas sus variedades y sabores, entre otros muchos platos hindúes. Tras repetidas veces visitándoles diariamente, pronto uno de los camareros ya nos veía llegar y nos decía sonriente mientras nos sentábamos en la mesa:

—*Sir, ma'am*, tenemos hoy un *dhal* con tofu y pimienta que seguro que van a querer repetir.

Las cuevas de Ellora eran tan espectaculares como nos las habían pintado. Como si de un viaje en el tiempo se tratara, recorrimos cueva por cueva a pie, adentrándonos en cada templo que veíamos, algunos de ellos con más de dos plantas de altura. Enormes figuras talladas a mano en la roca, columnas decoradas hasta la saciedad y figuras o estatuas por todos lados. Esto era Ellora Cave, historia pura y viva de la India y de las religiones budista, hinduista y jainista.

Tras la visita a las cuevas y muy a nuestro pesar, tuvimos que despedirnos de nuestros amigos del restaurante vegetariano, no sin antes, para marcharnos como era debido, comer hasta reventar justo antes de coger la guagua que nos llevaría a la ciudad sagrada de Hampi.

Tras unas nueve horas entre carretera y tren después, llegamos finalmente a la polvorienta ciudad de Hospet, punto base para ir a visitar Hampi. Con las fuerzas flaqueando y llenos de polvo, hollín y sudor, decidimos pasar allí la noche antes de ir en la mañana temprano a Hampi, a tan solo unos trece kilómetros de donde estábamos. La oferta de hoteles o lugares para pasar la noche en Hospet era muy grande, sabedores de las cientos de personas que acuden a visitar Hampi diariamente. Con todo lo comentado anteriormente del cansancio y el sudor, ese día y sin que fuera lo habitual en nosotros cuando estamos de viaje, necesitábamos agua caliente para ducharnos. Lo más normal es que nos diera igual, muchas veces pasábamos días sin tan siquiera agua para bañarnos, como fue el caso de algunas partes de Madagascar, pero ese día, esa noche y tras ese viaje, de verdad que lo necesitábamos. Estábamos en pleno mes de diciembre, en el interior de la India, donde las montañas se llenaban de agua con la llegada de los monzones y el frío, y la bajada de las temperaturas desde la costa hasta el interior era muy notable.

Nos pasamos un buen rato caminando y preguntando en hostales, pensiones y casas varias para ver si en alguna tenían agua caliente para ducharnos. La respuesta de todos era siempre la misma:

—En esta ciudad, el agua caliente solo está disponible por las mañanas, *sir*. No tenemos agua caliente ahora, pero podemos calentarles un cubo con agua y se duchan, *sir*.

En cualquier otro momento, eso hubiera sido más que suficiente, pero ese día queríamos un poco más. El problema real era que todos los edificios tenían instaladas placas termosolares en los tejados y con el descenso de las temperaturas durante la tarde y noche, el agua caliente acumulada en los mismos se enfriaba muy rápidamente.

Cuando ya nos habíamos hecho a la idea del cubo de agua caliente y un cazo para tirarnos el agua por encima, encontramos el hotel regentado por el señor Anjali y sus tres hijos varones. El hotel a simple vista cumplía todos los requisitos del «falso lujo hindú», como nosotros decíamos: ostentosos sillones en la entrada, espejos y color dorado por todos lados, ni una sola ventana a la vista, moqueta roja en el suelo, etc. Íbamos a salir de allí corriendo cuando Anjali dijo lo que nadie anteriormente nos había dicho:

—Sí, sí tenemos agua caliente toda la noche, *ma'am* —le confirmó a Beni muy convincentemente.

—Pero ¿seguro que tiene? Todos los demás nos han dicho que no —respondió ella.

—Sí, *ma'am*, nosotros sí tenemos.

Esa noche, descubriríamos otra de las cosas a tener en cuenta cuando se viaja por la India, la picaresca hindú.

Lo primero que nos llamó la atención de este lugar, aparte de que su precio era casi tres veces más de lo que nosotros normalmente solemos pagar en cualquier lado cuando estamos de viaje, fue que las habitaciones estaban llenas de cámaras, cosa muy rara. Las tapamos todas como pudimos y, tras eso, Beni fue la primera en ir a darse una merecida y reconstituyente ducha de agua caliente.

—Alexis, esto no va —empezó a decir cada vez más seguido—. El agua está congelada —repetía.

Diplomáticamente, bajé a hablar con Anjali y sus hijos a la recepción del hotel. Allí estaban todos sentados, viendo la tele tranquilamente y sin prestar mucha atención mientras les explicaba el problema. Anjali simplemente encargó a su hijo más joven buscar algo. Este fue a regañadientes a la cocina y sacó un extraño aparato, junto con un cubo sucio de color blanco, para ofrecérmelo como solución a nuestro problema. Anjali ni se molestó en mirar o decir nada al respecto. Fue entonces, en ese preciso momento, cuando nos dimos cuenta de que nos habían engañado y tomado por bobos o algo parecido. No tardaríamos mucho en saltar en cólera contra ellos, y con razón.

—*Sir, ma'am,* les dije que tenía agua caliente, y agua caliente pueden tenerla con ese cubo —dijo Anjali para defenderse.

—Voy a llamar a la policía y les voy a contar lo que está haciendo aquí con los turistas y las cámaras —gritó Beni.

—Le preguntamos mil veces y nos quiere estafar —repetimos.

La cosa se caldeó bastante e incluso algunos huéspedes del hotel bajaron para ver qué sucedía. Al final, tras muchos gritos y sin pagar un duro, cogimos nuestras cosas de la habitación y nos perdimos carretera abajo, con los insultos y amenazas de la familia Anjali por no pagarles la habitación con la que nos habían timado.

Tras caminar un rato cargados con todas nuestras cosas, en la esquina más abajo de la misma calle del hotel, uno de los asiduos conductores de tuk-tuk que esperaban por fuera del hotel de Anjali cada día y que había visto toda la escena, gritos incluidos, se nos acercó y nos ofreció llevarnos a Hampi de una vez por todas esa misma noche.

—Allí pueden encontrar numerosos hostales que tienen agua caliente —nos decía.

A veces, necesitas salirte de la realidad del viaje, por cansancio, agotamiento mental o por lo que sea, y esta noche lo necesitamos tras el viaje por el interior con el frío y las bajísimas temperaturas del mes de diciembre. Pero pese a que podíamos resignarnos y seguir con nuestro estilo de viaje habitual, lo que más nos molestó fue que nos engañaran en nuestra propia cara.

Hampi era un lugar que no cabía en nuestra imaginación. Amaneció muy temprano, como de costumbre en la India, mientras tomábamos té chai casero preparado por la señora del hostal, que, por cierto, sí tenía agua caliente todo el día, habitaciones con ventanas y azotea desde donde contemplar las ruinas; no podíamos dar crédito a lo que nuestros ojos veían. Como si de una ciudad sagrada propia de cualquier película de Indiana Jones se tratara, las ruinas, cuevas, estatuas, etc. se extendían casi hasta donde alcanzaba la vista. La belleza era tal que no nos dijimos ni una sola palabra en lo que duró el desayuno.

En cuanto empezamos a caminar y recorrer las ruinas de Hampi, un sentimiento extraño recorrió todo nuestro cuerpo. Pareciera que formáramos parte de todo aquello, podías entrar a cualquiera de las casas del conjunto histórico, visitar cualquier templo o caminar hasta cualquiera de las numerosas cuevas que había en las montañas colindantes, para una vez dentro, ver de nuevo algún templo o escultura de la época. No había límites, todo estaba ahí para ser visto y visitado. Algunos en mejor estado de conservación que otros; los más famosos o cercanos a los hostales, llenos de turistas hindúes sedientos de fotos; otros más lejanos o perdidos en mitad de algún camino de la zona, totalmente solitarios y cubiertos de vegetación. Pero lo mejor de Hampi era que todos eran únicos y estaban increíblemente vivos aún, con ofrendas y fieles que los visitaban.

Hampi también tenía unos atardeceres de un color naranja intenso con olor a tierra y piedra humedecida por la bruma de la tarde, que nosotros disfrutábamos desde lo alto de una pequeña colina cerca de nuestro hostal llena de monos salvajes y aves de la zona, mientras tomábamos un poco de té chai que habíamos subido con nuestro termo.

Los días pasaban lentos, como si el tiempo no existiera en esta zona de la India. Cuando nos dimos cuenta, ya adormecidos por el ritmo de las ruinas de la ciudad, habían pasado casi cinco días desde que habíamos llegado. Podrían haber sido veinte días y nosotros no nos hubiéramos ni inmutado, había tantas cosas que hacer por aquí que no teníamos tiempo de mirar en qué día estábamos. Decidimos entonces proseguir con el viaje y marcharnos para empezar a acercarnos a la costa nuevamente, con la esperanza de encontrar olas y alejarnos un poco del frío del interior.

Bajando hacia el sur: Mangalore, costa virgen

De repente, miramos los partes y parecía que algo se acercaba a la costa en los próximos días. El problema, estábamos en mitad de la nada y aquí las distancias se medían en días. Con mucha pena volvimos a la dura realidad india de Hospet, para desde allí buscar la manera más rápida de irnos hacia Mangalore, pues la tormenta venía en dos días.

—¿Por qué Mangalore? —nos preguntaban muchos de los amigos que conocimos en Hampi.

La razón solo la sabíamos nosotros. Lo cierto es que no nos acordamos muy bien de cómo lo encontramos, creo que fue buscando en mapas e internet los meses antes de salir de viaje en el año 2015, pero con kilómetros y kilómetros de costa virgen por explorar y totalmente abierto al océano, Mangalore tenía todo lo que un lugar debe tener para que encontremos olas.

Esa misma noche salimos de Hospet, rumbo hacia Mangalore. Tras una corta guagua y unas cuantas horas más en tren, llegamos a la enorme y sucia ciudad costera india.

—Algo raro pasa aquí, ¿verdad? —preguntó Beni nada más bajar del tren y notar que no había tuk-tuks esperándonos o gritos que nos llamaran desde algún coche.

Los conductores de los tuk-tuks gritaban y se afanaban en conseguir algún pasajero, pero parecía que no se fijaban en nosotros o nos ignoraban directamente, los hombres nos miraban con cara de desaprobación, especialmente a Beni. En este punto debo aclarar que nosotros siempre respetamos cualquier cultura de los sitios que visitábamos, era nuestra regla viajera número dos, es decir, si por norma general en la India es adecuado que las mujeres se tapen hombros y piernas o que las parejas no muestren demasiado afecto en público, nosotros lo cumplíamos. Era un poco chocante al menos ver cómo en otras zonas de la India los turistas no respetaban para nada este tipo de ideas que, aunque no las compartiéramos, había que respetar. Debíamos saber que estábamos allí de visita y nosotros somos los que debemos adaptarnos a ellos, y no al revés, como nos decía el abuelo de Beni antes de partir nosotros de viaje: «Una cosa es una cosa y otra cosa es otra cosa».

Volviendo a la estación de tren en Mangalore, nos resultó casi imposible encontrar a alguien que nos llevara en su tuk-tuk. Casi no nos miraban, nos ignoraban cuando les hablábamos o, sencillamente, se iban cuando nos acercábamos. Tan solo un conductor, un señor mayor con cara de muy pocos amigos, se paró a escucharnos y tras pedirnos mucho más de lo normal, cosa que aceptamos porque no teníamos más remedio, fuimos a buscar un lugar donde descansar un poco y organizarnos.

Aquí ya nos dimos cuenta de que, realmente, no querían que estuviéramos allí. En la mayoría de los hostales o incluso hoteles de la zona, nos decían, casi entrando por la puerta, que estaban llenos o, si no, se acercaban a nuestro conductor y le decían algo en su idioma, para que acto seguido este arrancara y nos marchábamos por donde habíamos venido. Fue desesperante por momentos ver cómo no nos querían en ningún lado, juraría que no se veía a ningún otro extranjero por la ciudad, era como si de repente hubiéramos salido de la India para irnos a otro país totalmente diferente, donde la amabilidad y las sonrisas habían desaparecido.

Por fin, cuando ya casi habíamos agotado todas las opciones, entramos en un lujoso hotel, con botones, recepción, espejos y todo lo que un gran hotel debe tener, imaginamos. En una situación normal, este tipo de lugares ni lo miraríamos, pero estábamos desesperados hasta tal punto de que antes de que nadie se acercara a nuestro tuk-tuk destartalado, me metí por la recepción para dentro y encaré directo al recepcionista. Tras explicarle, el muchacho debía consultarlo con alguien más, suponemos que con algún superior o su jefe, porque desapareció por un buen rato tras una puerta.

En esas apareció el conductor del tuk-tuk gritando en un tono sarcástico:

—Tu mujer dice que me va a pagar solo cuatrocientas rupias…

Beni, que estaba justamente detrás de él, le respondió rápidamente:

—Sí, y es lo que te vamos a pagar, no te vamos a dar ahora las ochocientas rupias que estás pidiendo sin sentido.

Lo que en realidad había pasado es que el hombre lo que no podía entender era que Beni se hubiera atrevido siquiera a regatear el precio. ¡¡Beni, una mujer!! Por lo que en tono amenazante le había dicho anteriormente:

—Se lo voy a preguntar a tu marido, a ver qué le parece.

La cara del conductor cuando yo le dije que ella era la que manejaba el dinero y si ella decía esa cantidad, esa cantidad sería, fue como si se hubiera quedado en *shock*, saliendo por la puerta con su dinero y sin decir nada más.

El recepcionista salió con los ruidos y nos preguntó si estábamos casados, pregunta trampa que nos sabíamos de memoria.

—Sí, sí lo estamos —respondió Beni.

Nos dieron finalmente una habitación que tuvimos que pagar a crédito, no aceptaban otra forma, y pudimos entrar a descansar y asimilar tantas cosas.

Bienvenidos al exponente máximo del «falso lujo hindú». Lo que habíamos pagado era casi el doble que en cualquier hotel normal de cualquier parte de España. Por estas fechas, aún no usábamos mucho algunas páginas para encontrar alojamiento como eran Airbnb o Booking, más que nada por la ignorancia o falta de conocimiento, pero dudamos muchísimo que de todas maneras hubiera mucho más donde quedarse para extranjeros en Mangalore. Al abrir la habitación, vimos que era un zulo cerrado, lleno de alfombras polvorientas y cortinas deshilachadas para simular las falsas ventanas. Las cucarachas campaban a sus anchas por el baño y lo único decente que había por allí era un viejo termo eléctrico en lo alto del retrete. No teníamos más opciones y debíamos pasar allí la noche, ahora tocaba buscar algo más cerca del mar y muchísimo más barato.

Tan solo veinticuatro horas allí fueron suficientes para nosotros, teníamos que salir de la ciudad cuanto antes. En muchos restaurantes o lugares de comida, no nos dejaban tan siquiera entrar a comer con la excusa de que estaban llenos y cada vez que nos metíamos en cualquier tienda a comprar algo, nos sentíamos rechazados. Al día siguiente ya de tarde, tras mucho mirar en internet y buscar en Google Maps, encontramos un supuesto hostal en la carretera que circulaba paralela a la playa, a unos veinte minutos de la ciudad. Era lo que necesitábamos para perdernos de allí e irnos cerca del mar.

La ciudad de Mangalore vive completamente a espaldas del inmenso mar que la rodea, solo un sucio y enorme río separa la línea de playa de la caótica ciudad, donde pescadores y algunos mendigos sobrevivían como podían a la dura realidad de India. La guagua que cogimos en la ciudad nos dejó en mitad de la autovía que circulaba, supuestamente, paralela a la costa.

Decimos «supuestamente» porque entre las casas, naves industriales y fábricas de la zona, no había un tramo de playa visible en kilómetros. Tras mucho andar lo encontramos. En realidad, no era sino un bar de carretera con habitaciones para alquilar, frecuentado por familias y viajeros locales que estaban de paso. Volvimos a notar que no éramos del todo bienvenidos en este lugar, pero a diferencia de la ciudad, aquí sí había algunos hindúes locales que les alegraba vernos por allí, acercándose curiosamente a preguntarnos qué hacíamos por esta parte de la India, para qué era la tabla que cargábamos con nosotros o si teníamos hijos. Nos dieron una pequeña pero cómoda habitación y pese a que no querían que comiéramos con el resto de los clientes en el restaurante del hostal, nos preparaban una mesa solo para nosotros en la segunda planta, alejados de todos los demás comensales para no molestar. A cambio, nos servían una riquísima comida vegetariana que hacía que olvidáramos y perdonáramos todo lo demás.

Ya era hora de irnos a buscar olas, que era lo que realmente habíamos venido a hacer aquí. Tras caminar un largo trecho por la autopista tratando de encontrar una entrada hacia la playa, encontramos una fábrica enorme, como de latas o aluminio, que tenía un estrecho camino de arena que desembocaba en la misma arena de la playa. Lo atravesamos apresuradamente, ansiosos por ver el mar de nuevo. Al final del angosto camino, vimos como una gran franja de arena gris se extendía hasta donde nos llegaba la vista, no sé si aquello se podía considerar playa como tal. A lo lejos, un gran muelle de barcos de carga partía la playa en dos hacia el sur. Desde nuestra posición, parecía que su inmenso rompeolas sacaba buenas olas que rompían totalmente solitarias en la arena.

Caminamos un poco por la arena y empezamos a ver las primeras series romper sobre la arena. Por esta zona, habíamos notado ya que el viento casi todos los días soplaba muy flojo y en contra del mar. Esto hacía que se levantaran un poco las crestas de las olas y que estas tuvieran unos profundos tubos de color gris verdoso, solo para nosotros. Los pescadores alucinaban al vernos allí con nuestras tablas buscando olas, en sus aguas oscuras y grises, inconscientes del gran secreto que escondían las mismas.

El mar estaba extrañamente caliente por allí, más de lo normal. La espesa arena removida por el golpeo de las olas flotaba en suspensión dentro del agua con un color gris oscuro, casi negro.

—Mejor no tragar mucha de esa agua —dijo Beni entre risas.

La serie tardaba mucho en entrar, pero cuando lo hacía, tenía una perfección casi mecánica, con una forma que nada tenía que envidiarle a cualquier otro pico más conocido o famoso que hubiéramos surfeado antes. Eso sí, no eran lo que se dice grandes ese día. La tormenta no había golpeado este tramo de la India tan fuerte como esperábamos, pero aun con eso, las olas eran perfectamente surfeables, con algunas de ellas rozando los dos metros de alto.

Al llegar al rompeolas, comprobamos que era cierto lo que habíamos visto desde la distancia. Las primeras olas eran muy fáciles, de derecha, con remada suave, y al segundo, ya estabas dentro de un tubo con el agua de un color tan oscuro que apenas dejaba pasar la luz del sol. Alguna serie grande se formó pegada al rompeolas, golpeando este con mucha fuerza y dando un poco más de adrenalina al baño. Al cabo de un rato, un barco pesquero que estaba regresando a la orilla nos vio y se acercó curioso a ver qué estábamos haciendo en esa playa, dejándonos claro que no era muy frecuente ver surferos por esa zona.

El día estaba hecho y solo por un día como hoy, por encontrar olas en este perdido rincón de la India, aguantar todo lo que habíamos aguantado al llegar a la ciudad y todas las otras cosas feas que nos pasaron por aquí, solo por el día de hoy, todo mereció la pena. Estábamos felices y aunque nuestra motivación, que era la misma que nos había traído hasta aquí, era incondicional y estaba intacta, solo por las olas de hoy todo lucía distinto en Mangalore.

Esto teníamos que celebrarlo como fuera, daba igual que no nos quisieran por allí o que nos escondieran en un rincón oscuro, la ocasión lo merecía. Esa tarde tras llegar al hostal de carretera, celebramos a lo grande que habíamos encontrado olas nuevas y, por extraño e increíble que pareciera, nos dejaron quedarnos en el comedor a cenar hasta que, ya hinchados a comer, subimos a descansar a la habitación para prepararnos para otro día de olas.

Al día siguiente, madrugamos bastante con la idea de pasar otro gran día de olas en la costa de Mangalore, incluso habíamos conseguido un tuk-tuk que nos recogiera en la puerta de nuestro hostal y que nos llevara hasta el camino de tierra que iba hasta la playa. Las expectativas fueron más grandes que las propias olas. Ni rastro de las hermosas y divertidas olas del día anterior, tan solo algunas de las series venían con suficiente fuerza como para arrastrar algo. Esa fue otra gran lección que aprendimos sobre la India: todo puede cambiar de un día para otro, y más cuando se trata de olas.

Como no teníamos nada más que hacer y habíamos llegado muy temprano, empezamos a caminar y caminar playa abajo, en dirección contraria al rompeolas del pasado día. Al cabo de casi una hora, nos vimos sorprendidos por un grupo de curiosos jóvenes hindúes, que estaban extrañamente de paseo por la playa igual que nosotros. Tras responder las preguntas de rigor («¿Estáis casados? ¿Tienen hijos? ¿A dónde van?»), uno de ellos nos dijo algo que sonó chocante para nosotros dos en esa ya típica conversación hindú.

—¿Ya fueron al Surf Club?

Eso no nos lo esperábamos ninguno de los dos. Enseguida le preguntamos de qué estaba hablando.

—A unas horas al sur de aquí, hay un Surf Club donde alquilan tablas y dan clases de surf —dijo sin darle mucha importancia.

Un Surf Club y cerca de Mangalore, eso teníamos que verlo costara lo que costara.

Conseguimos que nos llevaran en tuk-tuk hasta el punto más cercano donde el chico nos indicó que estaría el Surf Club. Al cabo de un rato, nos bajamos en una playa muy sucia, sin olas y llena de pinos en su parte trasera, donde muchos locales, aprovechando la sombra de estos, habían construido varios negocios de comida hindú frita o zumos naturales, para deleite de los muchos visitantes, sobre todo parejas, que venían a esta pequeña playa a pasear o pasar la tarde. Eso sí, a ninguno de ellos parecía interesarles lo más mínimo el mar o el agua, pues eran muy pocos los que se salían de la zona de pinar para caminar por la arena o tocar el mar.

Entre los puestos de comida con olor a curri que estaban esparcidos por allí, destacaba un contenedor de unos veinte pies de largo, de color azul oscuro muy viejo, con pinturas y grafitis a ambos lados, donde se podía apreciar aún la palabra «Surf» escrita en blanco en una de sus puertas. Parecía estar abandonado a su suerte, como si nadie apareciera por allí en meses.

Preguntando un poco por la zona, muchos ni conocían qué era aquello, pero un señor mayor que regentaba un puesto de manzanas de caramelo cercano al contenedor nos dijo que los chicos ya hacía mucho tiempo que no iban por allí, pero que antes solían venir con enormes tablas a meterse en el mar.

Esa noche, indagando un poco por internet, ya de vuelta en el hostal, conseguimos el teléfono de uno de los antiguos miembros del Surf Club. Al contactarle por *email*, nos contó que la idea era promocionar el surf en esa parte de la costa para atraer turistas y locales que quisieran aprender a coger olas, pero debido a las estrictas reglas de la zona y conflictos con algunos vecinos, les resultó imposible hacerlo y que ahora se reunían de vez en cuando para ir a coger olas en esa playa, sobre todo en época de tormentas. También me facilitó el teléfono de un tal Avinash, un chico que vivía cerca de la playa y que conocía la zona como ningún otro.

Contactamos con Avinash por WhatsApp, aplicación muy popular en India también, y tras explicarle nuestros planes, nos respondió enseguida. «Buddy, los más grandes y buenos tubos son de mayo a junio; ahora en diciembre es raro, solo si entra una buena tormenta como el otro día», escribió en su mensaje. Quedamos en vernos los días siguientes, pero la fuerza fue cada vez menor y menor, hasta que prácticamente desapareció. Avinash se había tenido que ir a Mumbai unos días y como la fuerza no llegaba, nunca llegamos a coincidir con él.

Quizás Mangalore no tiene esas palmeras infinitas que crecen de cara al océano, o una arena blanca e impoluta. Mangalore tampoco tiene aguas cristalinas de color turquesa con paisajes de postal, pero lo que sí tiene Mangalore es lo que veníamos buscando, buenas olas.

Tras ver lo que pasaba en Mangalore con las olas, debíamos movernos con más cuidado para acertar otra vez con el sitio. Avinash nos había comentado que, a estas alturas de diciembre, las olas estarían más cercanas al sur del país dado que la temporada empezaba precisamente en este mes. Nos dijo que miráramos las olas de Kovalam y tras informarnos un poco, decidimos ir a explorar.

Desgraciadamente, el tren se tenía que coger en el mismo centro de la ciudad, otra vez las malas caras, los desprecios… Teníamos claro que era llegar e irnos desde que pudiéramos. La chica que vendía *tickets* en una pequeña caseta de metal a las afueras de la estación de trenes parecía que tampoco le agradaba mucho atendernos. No le quedaba otra, pues Beni preguntaba y preguntaba mientras esta chica se limitaba a responder con un simple sí o no, o directamente empezaba a atender a las personas que se agrupaban ya detrás de nosotros. Al final nos vendió unos billetes para un tren que salía dentro de cuatro horas desde allí mismo rumbo a Trivandrum, donde podríamos coger seguidamente una guagua rumbo a Kovalam.

Kovalam y el extremo sur

Puntualmente, como casi siempre, el tren llegó a la estación, para alejarnos de allí y poner rumbo a Trivandrum. Una vez en el tren, nos dimos cuenta de que lo que realmente habíamos comprado o lo que la chica nos había vendido era un pasaje en tercera clase. Hasta ahí todo normal como siempre, lo que no habíamos calculado bien fueron las horas que tardaría el tren en llegar hasta Trivandrum y que pasaríamos toda la noche allí dentro.

—Ha sido el peor tren de nuestras vidas —nos dijimos como pudimos con la voz rota nada más bajarnos del tren, totalmente deshidratados, hambrientos y molidos, después de casi diecisiete infinitas horas allí metidos sin salir.

Por lo menos para mí sí que lo fue. Beni, aprovechando que unas chicas hindúes con las que habíamos hablado anteriormente en la estación le comentasen que era más seguro y cómodo para ella que fuera en el vagón especialmente reservado para mujeres, cogió sus cosas y se instaló allí dentro justo antes de que empezáramos a movernos. En mi vagón había más de cien personas, sin exagerar, y un total de sesenta asientos. Muchas personas se subían a los techos e improvisaban minicamas sobre las maletas que se ponían en lo alto, otros se sentaban en el suelo como podían, algunos más valientes o locos, según se mire, viajaban por fuera subidos al techo del vagón. El sudor condensado dentro, debido a la aglomeración de personas, goteaba desde lo alto del techo y por las paredes. Me costó horrores entrar en el vagón debido al agobio que me provocaba tan solo ver todo aquello. Tras pensarlo dos segundos entré allí como pude, bueno, más bien me empujaron sin yo poder remediarlo las decenas de personas que estaban justo detrás de mí esperando para entrar también al vagón.

Apretadísimo y casi sin poder moverme, me quitaron, literalmente hablando, mi maleta grande de los hombros y la colocaron arriba en el techo, sobre unas cajas, sirviendo a un chico que estaba en lo alto de almohada improvisada, no querían que ocupara espacio en el suelo. Los *buggies* y la otra maleta pequeña que llevaba conmigo preferí no soltarlos, resistiendo un poco los tirones de los pasajeros que ya estaban dentro y que pretendían colocarlos sobre unos sacos de paja y hierbas que estaban delante del todo para, de este modo, hacer hueco atrás, me decían. Demasiado lejos de donde yo estaba para poder controlarlos.

Las primeras horas se hicieron eternas. Al llegar a cualquier parada, se subían muchísimas más personas al tren, empujándonos a los que ya estábamos dentro para tratar de hacer hueco. Fueron varias las ocasiones en las que me veía levantado del suelo y con la cara contra la pared de la presión de la gente empujando para entrar. El *buggy* lo bloqueé como pude contra el marco de la puerta y escachados allí, resistíamos los dos.

Con el paso de las horas, el calor que había allí dentro, el cansancio, el hambre, la presión cada vez que paraba el tren, etc. casi pudieron conmigo, solo se me pasaba por la mente una y otra vez la misma frase: «¿Qué mierdas hago yo aquí dentro metido, en vez de estar en casa tranquilo viendo la televisión o haciendo lo que me dé la gana?». Si hubiera podido, me hubiese ido a mi casa en ese mismo momento sin importarme nada.

Cuando peor estaba, cuando ya casi empezaba a amanecer y mis fuerzas empezaban a fallar, me fijé en unos cinco chicos que se habían hecho con el pequeño pasillo que accedía al baño. Controlaban al mismo tiempo baño y pasillo para ellos, trabajando en equipo como si fueran una pequeña mafia y sin dejar entrar a nadie allí que ellos no autorizaran. No sé cómo fue realmente, quizás porque no paraba de mirarlos desde mi apretada esquina o porque era el único extranjero allí dentro y mi cara destrozada y a punto de llorar tenía que ser imposible de no ver, pero de repente uno de ellos empezó a hacerme gestos para que fuera a su pasillo y me pusiera con ellos. No me lo pensé ni un momento, era eso o seguir allí apretado y con el sudor cayéndome desde el techo. En una de las paradas que hizo el tren, me moví con el tumulto que salía del tren hasta llegar al pasillo y allí me dejaron entrar.

Nunca sabré si fue por pena o fue por echarse unas risas conmigo, ya que no paraban de preguntarme cosas, pero aquel pasillo de dos metros compartido entre seis personas, apestando a meadas, vómitos y lleno de bichos, fue lo único que evitó que me saliera de ese tren atestado de gente, abandonando a Beni, maletas, viaje, olas y todo en ese mismo momento, porque realmente no podía más y solo quería rendirme.

Era muy temprano en la mañana cuando llegamos a la estación de tren de Trivandrum. Deshidratados y exhaustos, buscamos el primer sitio para comer cerca de la estación. Apenas hablábamos entre nosotros, más que nada porque ya no nos quedaban más fuerzas. Tan solo le dije una vez y de forma clara:

—El peor viaje en tren de mi vida… Nunca más, lo prometo, nunca más…

Encontramos un lugar donde comer dentro de la misma estación de trenes: *naam, dhal* y *alo gobi* para repetir todas las veces que quieras hasta quedar lleno, justo lo que necesitábamos. El duro viaje en tren pronto estaría ya en el pasado. Salimos de la estación de trenes para buscar la guagua que nos llevó a Kovalam, a unos treinta minutos de allí, y luego, ya en la ciudad, un destartalado tuk-tuk nos llevó derechos hasta la playa de Kovalam, nuestro destino final.

De nuevo, el mar se extendía ante nosotros hasta donde nos alcanzaba la vista. Algunas olas pequeñas rompían en la playa principal, junto con algunos locales que remaban como locos para cogerlas. La cosa prometía, solo había que esperar al momento adecuado. Lo peor de Kovalam era que el turismo, con los años, había convertido una de las pocas playas bonitas de la India en un conjunto infinito de hostales, hoteles, *ashram*, etc., casi pegados unos con otros y sobre la misma orilla de la playa.

Recuerdos del primer viaje al sur de la India

El sur de la India había sido desde siempre un imán para mí, atrayéndome con sus kilómetros y kilómetros de costa virgen y con sus olas desconocidas. Cuando viajamos a la India en el año 2007, ya habíamos tanteado la posibilidad de bajar más hacia el sur, pero por la falta de tiempo, no tener una tabla con nosotros y que no habíamos planeado nada antes de salir de casa, supimos que quizás aquel no era el mejor momento para ir. Casualidades de la vida, en el siguiente viaje a la India junto con mi hermano Abraham y Ana, justo un año después de nuestra primera visita a este enorme país en el año 2007, decidimos ir a conocer un poco la otra costa de la India, la conocida como Tamil Nadu.

Aterrizamos en el viejo y casi surrealista aeropuerto de Chennai, la ciudad más grande de este lado de la India. Decimos surrealista, sobre todo, por cómo era posible que una ciudad tan grande tuviera un aeropuerto compuesto por un pequeño y viejo edificio pegado a la pista de aterrizaje sin casi ventanas y donde bichos, pájaros, perros callejeros y toda clase de animales caminaban a sus anchas dentro de él. Cierto es que la India es diferente a todo y es eso lo que la hace especial, pero surrealista fue ver como uno de los operarios del aeropuerto, que estaba dormido sobre la mesa que estaba junto a las maltrechas cintas de equipaje, cogía un palo de madera para trepar por el engranaje de estas y darle de palos a mi tabla de *bodyboard* hasta que esta cayera de golpe al suelo, desatascando así todas las maletas que estaban colapsando detrás de la mía.

Chennai, por aquel año 2008, era una ciudad devastadora. Si ya Mumbai nos había parecido destartalada y caótica, esta era igual o peor incluso, como si fuera más rural, con calles de tierra, arena por todas las paredes, animales de granja caminando a sus anchas, etc. Chennai parecía como sacada de un mundo futurista de posguerra. Aquello era la India en estado puro, con sus jaurías de perros caminando por las calles, los locales usando vestidos típicos de la región, comida ambulante, ruidos y olores por todos lados. Una vez más, o te gustaba aquella locura, o solo querías salir de allí corriendo.

El plan era subir un poco por la costa para mirar las olas en la ciudad Mahabalipuram, también conocida como la ciudad de los artistas. El viaje hasta allí decidimos hacerlo nada más salir del aeropuerto, no queríamos dormir en Chennai esa noche, con una fuerte lluvia sobre nosotros y montados en un pequeño tuk-tuk con su conductor, al que conseguimos convencer para que nos llevara durante el largo viaje nocturno. En realidad, lo que pasaba era que no teníamos ni idea de lo lejos que estaba Mahabalipuram de Chennai para hacerlo así de un tirón, nada más bajarnos del avión y de noche. Casi dos horas después, tras parar para protegernos de la fuerte lluvia, que no cesaba ni por un segundo, tomarnos un té chai calentito, estirar un poco y repostar gasolina, llegamos finalmente a la playa.

Los efectos del tsunami ocurrido en Tailandia en el año 2004 eran evidentes en este lugar remoto de la India. La arena de la playa estaba cortada en dos por un enorme escalón de varios metros de profundidad, fruto de las fuertes olas que habían llegado a esa parte de la India durante esos momentos. Algunas casas cercanas a la arena estaban derrumbadas por completo y otras, aún habitadas, se caían a cachos.

Las olas rompían sobre el fondo arenoso de la playa. Todo el litoral estaba totalmente expuesto, por lo que el viento era muy fuerte por allí. Aun así, tras dos días de fuertes lluvias, el viento aflojó un poco y nos dio una tregua, dejando entrar algunas series de olas con forma que rompían a escasos metros de la misma orilla. No lo dudamos mucho y saltamos con nuestra tabla por turnos, ya que solo teníamos una, a probar esas derechas que no paraban de caer sobre la arena. Quizás no tenían mucho tamaño, pero lo que sí tenían eran divertidas y rápidas rampas donde poder probar a hacer algo con mi tabla, como en casi cualquier playa de arena con olas. Nos pasamos el día turnándonos con la tabla, mientras algunos chicos locales se acercaban curiosos a ver qué estábamos haciendo y nos miraban atónitos.

Estábamos en plena temporada de monzón, las fuertes lluvias no paraban en ningún momento, día tras día y noche tras noche, todo hacía indicar que los días iban a estar así durante mucho tiempo. En realidad, era bastante incómodo de sobrellevar si no se estaba dentro del agua cogiendo olas. Todo estaba encharcado, húmedo y lleno de barro, el frío era palpable especialmente por la noche y nuestra casa, una diminuta habitación que habíamos encontrado cerca de la playa con ventanas abiertas y sin cristales tan solo tapadas por pequeñas telas, tenía goteras y la lluvia constante estaba ya mojándolo todo en el interior.

Entre los tres decidimos que ya era el momento de marcharnos de allí y buscar el sol. Sabíamos que los monzones tardarían aún varias semanas en llegar a la costa oeste de la India y también que esta era una oportunidad única de explorar el sur. El único problema eran los cientos de kilómetros que nos separaban de la otra orilla del país.

Unos días más tarde, después de conseguir atravesar la India de lado a lado, pasando por su corazón, la ciudad de Bangalore, estábamos ya mirando de frente al oeste. El lugar elegido por los tres fue Varkala, pues sus acantilados, sus playas y, sobre todo, sus olas nos habían convencido. Por estas fechas, no era tan fácil encontrar internet en cualquier lado, y menos wifi, por lo que debíamos fiarnos de lo que los libros decían sobre este lugar. Varkala no defraudó: altos acantilados bordeados por largas playas de arena y roca, donde las olas entraban casi por todos sitios, ríos llenos de larguísimas palmeras y templos sagrados al borde del océano. Tras encontrar un buen hostal en lo alto del acantilado donde quedarnos unas semanas, empezamos a buscar olas y conocer el lugar.

Varkala era otra India. Su playa principal era de arena limpia y de un color amarillo oscuro, también había una enorme Ganesha dibujada en la roca del acantilado, de la cual brotaba agua helada de manera muy rara y, en torno a la cual, algunos hindúes locales se reunían para hacer ofrendas de flores y Golosinas o para pedir guía en los difíciles e intricados caminos de cualquier habitante de por allí. La playa también tenía muy buenas olas justo detrás de la gran barra de arena, a unos doscientos metros de la orilla. Vigilada por un grupo de socorristas hindúes, de dudosa profesionalidad, Varkala era temible para cualquiera que se adentrara en sus aguas nerviosas y agitadas, las fuertes corrientes desplazaban cualquier cosa que flotara con una fuerza tal que, prácticamente, era imposible nadar más lejos de donde se hacía pie.

El primer día que usé mi tabla fue una mañana en la que el viento había cambiado de dirección y soplaba muy flojo de *off-shore*, o en contra de la ola, dejando a la ola romper lentamente, mientras abría el tubo hacia la derecha. Al principio los socorristas no eran muy partidarios de dejarme entrar al agua con mi tabla; es más, juraría que no habían visto una de esas por allí en su vida. Tras una pequeña conversación, finalmente me dejaron entrar.

La corriente era muy fuerte, empujándome hacia fuera y la derecha del acantilado a medida que remaba hacia el pico. Tras pasar la barra de arena que rompía como lo que entre surfistas conocemos como «lavadora» (rápida y continuamente, haciéndote girar en círculos bajo el agua si te caía encima), me di cuenta de que estaba bastante lejos de la playa. Empecé a remar tranquilamente de vuelta hasta colocarme en el sitio exacto donde se formaba la ola, el pico.

Los socorristas respiraron aliviados, supongo, cuando vieron que me sentaba sobre mi tabla a esperar la serie. Solo ahí fuera mientras llegaba mi ola, no podía quitarme de la cabeza dónde estaba realmente en ese preciso momento, haciendo *zoom* imaginario desde mi posición hasta el cielo y dibujándome un mapa del mundo en mi mente, con mi posición ahora mismo. Las olas fueron llegando, pequeñas quizás, pero perfectas para disfrutar haciendo maniobras, de bajada lenta, paredes verticales y algún que otro tubo, todo lo necesario para disfrutar haciendo lo que más me gusta. Pese a todo, pude realizar un par de rolos, subir contra el labio y, tras golpearlo, girar o hacer un *looping* para volver a caer dentro de la ola, algún aéreo pequeño, subir rápidamente contra el labio justo antes de que rompa la ola y del impulso salir disparado en el aire sacando todo tu cuerpo y tabla fuera del agua, giros tres sesenta, etc. Tras casi dos horas de baño, ya era hora de dejarle la tabla a mi hermano, que pacientemente esperaba en la arena de la playa su turno desde hacía un buen rato.

Al volver a la orilla, me di cuenta de que los socorristas habían avisado a más compañeros suyos e, incluso, a dos policías y que un par de ellos venía directos hacia mí antes de haber salido del agua siquiera, para hablar conmigo. Mi primer pensamiento fue que me iban a multar o a prohibir volver a coger olas allí. La Policía india es muy estricta incluso con los turistas cuando dicen que no, más te vale hacerles caso o te puede caer una lluvia de palos en las piernas. Como prueba, lo que le sucedió a mi hermano por encenderse un cigarrillo en la estación de trenes de Goa.

Cuando ya los tenía encima, me empezaron a dar palmadas en la espalda mientras algunos tocaban la tabla como para comprobar de qué estaba hecha.

—Bien hecho, *sir*, bien hecho… —me decían muy sorprendidos.

Había sido su distracción durante las dos horas que duró mi baño. Repetían con las manos algunas maniobras y sonreían a carcajadas. Luego le dejé la tabla a mi hermano para que siguiera entreteniendo a los socorristas.

Los días siguientes, las olas fueron cogiendo más y más tamaño, pero también iban perdiendo en calidad. Algunas series rozaban los tres metros de altura, pero rompían de manera desigual, lo que no dejaba tiempo a sacar el tubo de ninguna de las maneras, solamente a bajar y subir rápidamente contra el labio intentando salir despedido en algún aéreo, pero la velocidad con la que rompía la ola cada vez nos lo ponía más difícil. La corriente también iba subiendo en intensidad y la remada que había que hacer para llegar hasta el pico no justificaba la calidad de la ola. Por último, la ola se convirtió en una masa de espuma, como la «lavadora» pero desde fuera hasta dentro de la barra de arena, poniendo fin a nuestros días de surf en la costa suroeste de la India. Aprovechamos entonces para irnos de exploración a otras calas y zonas con posibilidades de olas, pero el mar ya no se volvió a calmar.

Así acabó nuestra expedición al sur de la India aquel año 2008. Ya en Chennai, los días previos a la salida de nuestro avión, durante el festival Diwali en Chennai, andábamos buscando un mercadillo de objetos y cosas varias que decían que se montaba en la misma playa principal de la ciudad, cuando de repente una imagen marcaría nuestra manera de ver las cosas para siempre.

La playa era una sucesión de plásticos, hogueras hechas con restos de basura, coches abandonados, cristales, perros, casetas… Es decir, no había rastro de arena. Delante, un mar de un color gris verdoso y sucio, lleno de miles de objetos flotantes casi imposibles de identificar, estaba soltando unas olas tan perfectas, grandes y lisas, formando unos tubos enormes con furiosos y largos sifones que rugían violentos al romper, tratando de sacudirse toda la basura que les arrojaban encima. Esa imagen nos dejaría en *shock* por algunos largos minutos.

—¡Qué olas! ¡Ufff, qué olas! —repetíamos sin parar una y otra vez.

La imagen era tan grotesca que dañaba la vista. Creo que estuvimos callados el resto del tiempo en la ciudad, solo los ensordecedores petardazos y la locura colectiva del Diwali en las calles de Chennai el último día nos sacaron de nuestro coma visual.

~

De nuevo de vuelta en Kovalam, Beni y yo, después de mucho preguntar y caminar en busca de un buen lugar, bueno, bonito y barato, donde quedarnos los próximos días, encontramos el sitio perfecto cerca de la playa y desde el cual podíamos ver las olas llegar a la orilla.

Ya habíamos intentado previamente contactar con un grupo de surferos locales, el Kovalam Surf Club, enviándoles algunos mensajes de Facebook. Los chicos nos explicaron que la mejor ola era la que entraba justo en la playa de Kovalam, izquierda y derecha, dependiendo de la dirección del *swell,* y que este mes era de los mejores para que se formaran grandes olas por la zona. Nos acercamos a su local, con el fin de sacar la mejor información y de investigar un poco sobre el resto de las olas de la zona. Al llegar, dos surferos locales, Jinson y Sunil, estaban en la puerta poniendo cera a sus tablas.

—*Hi, sir.* ¿Van a ir a surfear ahora? La marea empieza a bajar y es cuando mejor entra la ola —dijo Sunil, casi sin presentarnos aún.

Les explicamos qué hacíamos allí y nos dijeron que su comunidad era relativamente nueva, que casi todos sus miembros eran jóvenes que huían de la ciudad y venían hasta aquí para trabajar y aprender a surfear en la playa. En cuanto a las olas, casi todos ellos solo conocían la ola de la playa, derecha e izquierda, ambas localizadas a ambos lados de la misma, respectivamente.

La playa era una baja de arena que cerraba muy rápido, por lo menos por lo poco que la habíamos estado observando, casi sin darte opciones a nada. Quizás con una fuerza de mayor tamaño, la cosa cambiaría y la ola abriera más, pensábamos. Jinson, el mayor y más experimentado de los dos locales, nos comentó que en la otra playa de al lado también podíamos coger olas si el *swell* era lo suficientemente grande, pero que eso era muy raro de ver. Allí en el Surf Club también alquilaban viejas tablas de surf y daban clases para los turistas novatos que llegaban de todos lados del mundo.

Decidimos acompañar a Jinson y Sunil a coger olas esa misma tarde, quizás no había mucha fuerza metida, pero era una ocasión única de conocer a los locales y aprender un poco más sobre sus olas. Cuando llegamos a la playa, la pequeña ola estaba bastante concurrida, contamos hasta ocho locales, todos con tablas viejas y reparadas por todos lados. Ya en el agua, de nuevo, muchos de ellos se sorprendieron al ver la tabla de *bodyboard.*

La serie estaba muy tardona. Sunil tenía bastante desparpajo e intentaba toda clase de giros y maniobras con su tabla, pese a que la ola no empujaba mucho. El resto de los locales diría que estaban aprendiendo o apenas sabían coger olas. Eso se puede adivinar, sobre todo, por la forma de remar para coger la ola, pero también por la seguridad con la que se coloca uno en el pico cuando ve venir la serie. No tenía mucho para elegir, más bien, pude remar solo una o dos olas en solitario; las demás tenía que compartirlas con alguno de los locales que remaba delante de mí o que esperaba en la orilla, pero aun así pude surfear algunas olas decentes.

La primera toma de contacto con la ola de Kovalam fue al menos interesante. Pese a que estaba bastante pequeña, se podía apreciar a ojos de alguien con un poco de experiencia que cuando entrara fuerza, la ola podría ser bastante buena, sobre todo la derecha, que empezaba a formarse pegada a las piedras.

La playa de Kovalam era un laberinto de hostales, restaurantes, locales de ayurveda, masajes, etc. Kovalam y el sur de la India en general eran la cuna de este tipo de medicina utilizada durante miles de años y transmitida de generación en generación por los diferentes maestros. Eso era lo que había transformado principalmente la ciudad, atrayendo a cientos de turistas que venían curiosos a probar esta medicina milenaria. En una de las calles traseras del pueblo, encontramos una pequeña casa donde servían *thali*, un plato muy barato típico de esta región de la India compuesto por arroz, *dhal*, picante y algo de pescado frito. Nuestra economía no era muy brillante, así que si queríamos estar aquí mucho tiempo hasta que llegaran las olas, debíamos buscar los caminos del ahorro. Entre el *thali* por la tarde y noche y un supermercado que encontramos unas cuantas calles más arriba de nuestro hostal y en donde podíamos comprar yogur fresco y cereales para desayunar, conseguíamos ahorrar para pagarnos la habitación en Kovalam durante todo este tiempo.

Los días empezaban a pasar, sin apenas olas y con mucho tiempo para caminar por la playa e ir conociendo a los chicos locales, que en su mayoría trabajaban en alguna de las muchas tiendas de la zona. Poco a poco, íbamos entrando más y más en modo desconexión, y nos hacía falta después de estos últimos meses de viaje. El sitio era relativamente tranquilo, la comida estaba riquísima y la playa, aunque sin olas, era muy buena para bañarse, refrescarse y quitarse un poco toda la roña de las anteriores paradas en la India. Ya casi nos habíamos olvidado de mirar partes o preguntar a los locales sobre previsiones de olas, estábamos como de vacaciones, por primera vez en meses.

Todas las mañanas, muy temprano, de camino a comprar los yogures caseros al otro lado de Kovalam, pasábamos por la playa que nos había dicho Jinson. Ni rastro de olas. Lo más curioso de esta playa era ver cómo un grupo de más de veinte pescadores tiraban, divididos en dos grupos de trabajo, de los extremos de dos larguísimas cuerdas sujetas a una enorme red que abarcaba toda la bahía de agua que estaba enfrente de la playa, atrapando así a todo ser viviente que estaba en ese momento en el agua. Después de algunos días pasando por allí, una mañana antes de llegar a la tienda, nos pidieron ayuda para tirar de las cuerdas, ya que les faltaban varios miembros de su equipo habitual de trabajo. Entre risas, aceptamos. Lo que no imaginábamos era que terminaríamos casi dos horas después, con las manos rojas de tanto jalar de la cuerda y totalmente abatidos y sin fuerzas, ya que habíamos estado tirando y tirando de la cuerda durante horas sin desayunar.

Quizás a eso se le llamaría karma, pero justo al día siguiente, mientras recorríamos el mismo camino de siempre para poder comprar los yogures y desayunar, medio adormilados por la tranquilidad de los días pasados, casi no nos percatamos de que una espuma muy larga y grande estaba entrando por la playa de los pescadores hacia dentro. Eso solo podía significar una cosa: ¡las olas estaban de vuelta!

Compramos los yogures y desayunamos por el camino de vuelta a casa, estábamos impacientes por ver cómo estaba la playa de Kovalam. Al llegar, vimos que la ola estaba saliendo muy buena y bastante atrás. Tan solo dos o tres locales estaban en el agua, no es que la cosa estuviera muy seria, pero la mayoría de ellos estaban aprendiendo aún a surferar y ese día quizás no estaba para todos ellos.

Cogí mis cosas y corriendo salté al agua. Tenía que decidir, la izquierda era más larga pero menos tubera y fuerte, y la derecha salía fuerte y pegada a la roca, formando tubos que en su mayoría cerraban muy pronto. Casi instintivamente, remé hacia la derecha. A veces solo debes seguir tu instinto. No había nadie allí, en la derecha. La serie podía tener alrededor de dos metros de altura. Unos cuantos espectadores locales observaban desde la orilla. La remada era muy fácil por el canal de corriente que te sacaba hacia fuera, como en casi todas las bajas de arena, la bajada se hacía acariciando la pared de la ola para no caer de golpe y ya estabas dentro de un tubo color marrón claro, lo suficientemente transparente para apenas dejar pasar la luz del sol. Casi todas las que cogí cerraban muy rápido, dejándome tiempo solamente para alguna maniobra rápida y poco más. La marea estaba bajando muy rápido y la derecha cada vez rompía más seca y más fuertemente, sin tiempo para casi correr la ola. Era turno de moverse a probar la izquierda.

No me sorprendió ver a Sunil en el pico. Su desparpajo y sus ganas le pedían estar allí. Remaba las olas con seguridad y trataba siempre de acabar con alguna maniobra en el aire.

—¡Buen día de olas hoy, *sir!* ¡Hemos tenido mucha suerte y las olas van a estar así por aquí varios días! —Sus palabras sacaron una gran sonrisa en mi interior.

Por fin iba a tener olas seguidas y muy buenas. A Sunil le encantaba verme hacer los giros o los rolos en la ola justo antes de que esta rompiera, se quedaba esperando antes de remontar para verme coger mi ola.

Yo creo que la sesión duró alrededor de tres horas y media o así, solo recuerdo que Sunil y yo salimos al mismo tiempo y que al salir, algunos de los locales vinieron rápidamente a dar con nosotros entusiasmados. El pico de la derecha era ya, con esta marea tan baja, imposible de surfear, era una lavadora gigantesca que rompía constantemente contra el suelo. Por lo que esa tarde, después de comer, volvimos a la playa y, de nuevo, surfeamos la izquierda que caía debajo del gran faro rojo de la playa.

Ese día acabamos totalmente exhaustos después de estar todo el día, literalmente, metidos en el agua. Las previsiones que marcaban para los próximos días eran igual de buenas, quizás el único problema era que el viento iba a ir subiendo de fuerza y ya habíamos tenido problemas anteriormente con él.

Eran alrededor de las seis de la mañana cuando llegamos al día siguiente de nuevo a la playa. Juraríamos que allí el sol salía mucho más temprano que en otros lugares de la India. Habíamos comido algo de fruta por el camino hasta aquí. En el *line-up* (lugar donde te colocas para remar la ola), se veían dos tablas de chicos locales esperando la ola. El agua estaba de color oscuro debido a que el sol no había salido del todo aún, solo algunos rayos de sol lograban reflejarse en las olas que se formaban en la izquierda del faro. Yo, nuevamente, opté por irme a probar la derecha, que aunque más pequeña, sacaba tubos más largos. Allí estuve completamente solo durante prácticamente toda la mañana, cogiendo todo lo que venía decente. Era muy difícil sacar la ola limpia, cerraba muy rápido, pero te daba tiempo a correrla un poco hasta que la pared se te viniera encima y te comiera, ideal para tratar de volar por encima de ella.

Los curiosos volvían a acumularse en la orilla, entre ellos algunos policías de la zona que acudían a la playa a tomarse su té chai y vigilar la costa. Esa mañana Jinson probó también la derecha, más bien por ganas de surfear que por pericia.

—Hermano, está muy fuerte hoy el pico, ¿no? —alcanzó a decir cuando logró llegar hasta mi posición, tras una remada devastadora intentando pasar la lavadora de la orilla.

Jinson se quedó flotando un buen rato por fuera del *line-up*, descansando y esperando su ola. Entre serie y serie, hablábamos de la suerte que teníamos de poder disfrutar estas olas tan buenas:

—Llevábamos mucho tiempo sin tener olas de este estilo por aquí.

Una de las series entró un poco más abierta y Jinson lo vio claro, era su turno, su momento. Remó con todas sus fuerzas y se deslizó por la ola con bastante facilidad, tratando de mantenerse dentro de la misma hasta que la pared se le vino encima, tragándoselo a él y a su tabla durante unos largos segundos, junto a una masa de agua llena de arena y espuma color marrón oscuro. Esa fue la última vez que vería a Jinson en el pico esa mañana.

Con el paso de los días, el viento se iba haciendo más y más notable, especialmente desde mediodía hasta caer la noche. Nosotros, para evitarlo, nos despertábamos muy temprano y estábamos en la playa antes de que apareciera, dedicando el resto del día a comer *thali*, conocer la zona, darnos algún que otro masaje y dormir en nuestra casa. Con el viento, las olas se hacían menos tuberas, más desordenadas y más aptas para todos, también debido a que la fuerza iba bajando en intensidad a cada hora que pasaba, lo que hacía que más y más chicos locales y otros turistas se metieran en la playa. Los últimos días en Kovalam, el viento era casi constante todo el rato, desde por la mañana hasta por la tarde. Ya no había izquierda o derecha definida como tal en la playa, sino que te colocabas donde creías que iba a venir la ola, para tratar de remarla y coger lo que pudieras.

Los chicos locales y turistas se multiplicaban exponencialmente día tras día en el agua y la fuerza también lo hizo, pero en sentido contrario. Había sido casi una semana de muy buenas olas y era evidente que ya habíamos encontrado lo que buscábamos por Kovalam. Como en veces anteriores, tocaba decidir qué hacer y lo mejor era seguir nuestro camino hacia el sur, para seguir así disfrutando día a día de las sensaciones de la India y para planear nuestro próximo destino. Kovalam había sido mucho mejor destino de lo que esperábamos y sus olas nos dieron más razones aún para seguir buscando día tras día en lugares donde quizás otros no mirarían.

Madurai, el extremo sur

Habíamos oído hablar de una ciudad donde tu destino estaba escrito en hojas de palma centenarias, un lugar con un gran templo custodiado y defendido por un solitario elefante que vagaba por sus distintas salas. Este lugar era la ciudad de Madurai, ciudad a la cual llegamos casi de casualidad y en donde, una vez más, encontraríamos a la verdadera y auténtica India de nuevo.

Tras unas cuantas horas en tren desde Trivandrum, llegamos a la ciudad de Madurai. La principal y única razón de venir hasta aquí era para encontrar la manera más económica de saltar a Sri Lanka, nuestro próximo destino. Todo era exactamente igual que en cualquier otra ciudad hindú, salvo por la enorme pirámide que custodiaba la ciudad y que era visible desde muy lejos, llena de dioses y figuras hechas con yeso y mármol que adornaban por completo su fachada. Si analizabas piso por piso la pirámide, las figuras eran cada vez más y más impresionantes y coloridas a medida que ibas llegando a la punta más alta de la misma. Los fieles devotos caminaban en masa alrededor de esta, por una calle peatonal que la rodeaba en su totalidad y que fue construida exclusivamente con ese propósito, mientras repetían mantras o rezaban. Era una sensación de respeto, casi mística, que nos hacía sentir como intrusos allí. El olor a té chai y dulces hindúes fritos estaba por todos lados, habíamos encontrado la India nuevamente.

Desde nuestro hostal, situado en las periferias del templo, se podían oír los cánticos y mantras de los fieles durante todo el día. El dueño del hostal, un simpático anciano residente de la zona, nos dijo que algunas noches sacaban al elefante a pasear por las calles del templo y que los fieles le seguían los pasos desde una prudencial distancia, tirándole flores y dulces a su paso.

El majestuoso templo era el Sri Meenakshi, una auténtica maravilla para la vista de viajeros como nosotros, poco acostumbrados a este tipo de arquitectura. Sus puertas permanecían cerradas hasta casi caer la noche, momento en el que las abrían y en el que centenares de fieles corrían, literalmente, para llegar primeros y conseguir un buen lugar dentro del templo durante los rezos.

Esa misma tarde, ya habíamos comprado nuestros billetes de avión a Sri Lanka. Volar fue la opción más barata que encontramos de viajar a la isla en ese preciso momento, por lo que teníamos solo dos días para descubrir Madurai.

Entre puesto y puesto de comida callejera, llegamos a una de las puertas que daban acceso al interior del templo. Justo coincidíamos con la apertura de sus puertas y la cola no parecía demasiado larga aún. Pagamos y nos pusimos a esperar unos minutos en pie mientras las abrían, tiempo suficiente para que la cola de gente esperando se multiplicara por dos y luego por tres, y así sucesivamente. Con lo que no contábamos era con que, al abrir las puertas del templo y justo delante de nosotros, un largo y ancho pasillo conducía a una sucesión de puertas que te llevaban a las distintas zonas de adoración del templo. La gente de nuestra espalda empezó a correr y gritar mientras sujetaban sus ofrendas, nos pasaban como aviones por todos lados para tratar de llegar los primeros. Nos agarramos fuertemente entre nosotros y logramos ponernos a cubierto colocándonos detrás de una gran figura de Ganesha que teníamos cerca, esquivando de esta manera la avalancha humana que se nos venía encima procedente de las distintas puertas de acceso que tenía el templo. Los policías corrían también detrás de algunos de estos devotos tratando de reprimirlos, pero era evidente que no lo iban a conseguir.

Con el templo ya casi lleno, las aguas volvieron a su cauce y los rezos, junto con los cánticos, eran los únicos sonidos allí dentro. Pudimos contemplar cada estancia del templo y dejar nuestra pequeña ofrenda en la masificada sala central, no sin antes sudar, literalmente, para lograr entrar allí dentro. De repente un silencio sepulcral se hizo en todo el templo, un enorme elefante salió de entre las sombras de una de las salas y empezó a caminar lentamente guiado por su cuidador. El animal encarriló el pasillo que iba directo a la calle, para una vez fuera deleitar a los cientos de fieles que le esperaban ansiosos a las puertas del templo. Nosotros, que no somos *fans* de todo esto de usar animales sea para lo que sea, decidimos darnos la vuelta y salir por la parte de atrás del templo, evitando así otra posible avalancha humana.

Nuestro tiempo en India, de momento, se había terminado. Habíamos recorrido cientos de kilómetros de costa buscando olas por sus orillas, deleitándonos con sus peculiares platos de comida y sus sabrosísimos tés chai. Habíamos visto montañas, ríos, playas, templos enormes, ciudades caóticas, etc. Pero lo mejor, una vez más, había sido lo extremadamente auténtico de sus gentes y su cultura única, con sus trajes típicos llenos de color, su manera de hablarte, sus sonrisas, su desconfianza, etc. Eso era lo que había hecho la India aún más única para nosotros si cabía.

«En la India, o te dejas llevar, o estás perdido». Lo que está clarísimo es que no te dejará indiferente, te marcará para siempre. Quizás, muchas de las cosas que suceden durante tu viaje no te las puedas explicar al instante si piensas de una manera racional, pero cuando te vas de la India o te diriges a cualquier otro lugar del mundo, notarás que lo que viste allí, lo que sentiste, irá contigo a todas partes. Que tu alma ya no es la misma. Algo ha cobrado vida en tu interior y ahora forma parte de ti.

Recuerdos de nuestro primer viaje juntos a la India, año 2013

Apenas unos pocos meses después de conocernos, Beni y yo decidimos emprender un viaje juntos que nos llevaría hasta el corazón mismo de la propia India y que, más tarde, nos adentraría en las remotas y salvajes islas de Andaman, territorio hasta hace unos pocos años prohibido para los viajeros.

Era el año 2013 y los dos queríamos adentrarnos lo más posible en la India. Yo había estado allí ya en dos ocasiones previas con mi hermano, pero, aun así, estaba como loco por volver. Ella tenía esa persistente llamada interior que sufrimos algunos, que te dice que debes ir, verlo con tus propios ojos y sentirlo en tu propia carne.

El lugar elegido para empezar la aventura fue Calcuta, capital del estado este de Bengala Occidental. Todo lo que había visto en mis anteriores visitas a ciudades en este enorme país poco o nada tenía que ver con Calcuta. Lejos del crecimiento y modernización que lleva ligado el turismo en otras grandes capitales del país como Mumbai o Nueva Delhi, Calcuta se había detenido en el tiempo, nada había cambiado desde entonces. Bueno, sí, el número de habitantes, que se había multiplicado por miles en los últimos años.

Llegamos casi de madrugada, cuando la ciudad parecía dormida. Al salir del aeropuerto, conseguimos montarnos en un tuk-tuk que estaba parado justo por fuera del mismo. El conductor, adormilado, asentía con gestos de entender el lugar donde le estábamos indicando que nos llevara. Previamente a nuestra llegada a la India, ya habíamos buscado un hostal no muy lejos del aeropuerto donde pasar la noche y descansar un poco antes de empezar nuestra aventura.

El tuk-tuk se abría paso entre la penumbra de la madrugada india, los perros cruzaban por delante de nosotros, las maltrechas aceras estaban llenas de personas que dormían como podían sobre ellas usando cartones o grandes telas azules a modo de aislante, la basura se acumulaba en cada esquina… Yo miraba a Beni, como intentando leerle el pensamiento y tratar de adivinar qué se le pasaba por la mente en ese mismo momento. El conductor daba vueltas y vueltas tratando de encontrar nuestro lugar, pero no había forma de encontrarlo. Finalmente, entre las horas que eran y lo cansados que estábamos ya los tres, conductor incluido, optamos por quedarnos en un albergue que vimos en una de las calles por las que se había metido nuestro tuk-tuk.

Parecía limpio y eso era lo único que necesitábamos para descansar. Sacamos nuestra mosquitera, la cual llevaríamos y usaríamos en todos nuestros próximos viajes a partir de ahora, y nos quedamos dormidos al instante. De un tirón dormimos casi hasta la tarde del día siguiente. Cuando finalmente nos despertamos, hambrientos y medio desorientados por la falta de costumbre al *jet lag*, cogimos lo necesario para salir a la calle y enfrentarnos a ese gran mundo que teníamos fuera esperándonos. Con respeto, pero con muchas ganas, fuimos a conocer Calcuta. Cada paso que dábamos era un poco más de confianza que ganábamos para soltarnos y dejarnos llevar por nuestras emociones.

La ciudad era aún peor de día. Cientos de coches atravesados tratando de avanzar por las congestionadas calles, motos, ruidos de todo tipo, personas que vienen y van caminando por casi cualquier lado… Aquello era una auténtica y verdadera jungla, no imaginamos cómo alguien puede acostumbrarse a eso y vivir allí. Por suerte para nosotros, entre calle y calle encontramos un estrecho pasadizo que daba como a un patio interior, en el cual veíamos que muchas personas entraban y salían caminando. La curiosidad nos hizo seguirles y, de repente, nos encontrábamos dentro de un comedor de auténtica comida bengalí, lleno de mesas y con un olor a especias que nos estaba haciendo salivar inconscientemente como locos.

Nada más entrar, las miradas se clavaron directamente en nosotros dos, muchos incluso dejaron de comer solo para observarnos. Pronto un chico se nos acercó y nos guio hasta la que sería nuestra mesa esa tarde. Apenas podíamos comunicarnos bien con él, pues no hablaba mucho inglés, pero pronto empezó a traer todo lo que tenían disponible para comer ese día: salsas, minipescados fritos, verduras especiadas, vinagretas, *naan*, etc. Aquello parecía no tener fin, traía un plato tras otro casi sin darnos tregua. Solo cuando vio que realmente no podíamos comer más, dejó de traernos más platos. Este tipo de comida llamada bengalí se caracteriza, sobre todo, porque para su elaboración se usa un tipo de picante especial que convierte cualquier plato en fuego. Extrañamente, los que habíamos probado en este comedor de Calcuta estaban totalmente en su punto de picante para nosotros dos.

Tras la visita obligada a la tumba de la madre Teresa de Calcuta en el corazón de la ciudad, era momento de emprender nuestro camino hacia tierras más sagradas y remotas. Varanasi fue la segunda parada que hicimos en este viaje. Montados en el tren nocturno rumbo a la ciudad sagrada de Benarés, como la conocían los propios hindúes, nuestro tren se abría camino por las entrañas de la selva y las praderas kilométricas del interior. Unos enormes y oxidados ventiladores metálicos colocados en el techo funcionando a toda potencia aireaban, un poco al menos, los hacinados vagones llenos de literas de la Sleeper Class, donde nos encontrábamos. Tras una larga noche en la que no pudimos apenas pegar ojo, llegamos a nuestro destino muy temprano en la mañana.

Llovía mucho y el paisaje que veíamos desde nuestra ventana del ya casi vacío tren nocturno no tenía nada que ver con lo que habíamos imaginado anteriormente. Miles de personas en la calle, mucha basura, tráfico, etc. Muy parecido a Calcuta, parecía que no hubiéramos acertado con la elección del sitio.

Ya en la calle, mientras caminábamos por fuera de la estación de tren, todos miraban mi tabla de *bodyboard*, la cual cargaba conmigo, sabedor de que luego de estar en el interior de la India, iríamos a las islas y también porque no tenía más elección si quería seguir cogiendo olas. «¿Para qué sirve eso, *sir*? ¡Qué maleta más rara! ¿Pesa mucho?», me preguntaban continuamente todos los que se acercaban a nosotros, ya fuera para intentar que nos montáramos en su tuk-tuk o para, simplemente, hablar con nosotros. Podríamos jurar que, por su sorpresa, jamás habían visto algo parecido a mi maleta para el *buggy* por allí, pues nadie había sido lo bastante estúpido o apasionado de cargar su tabla por toda la India.

Caminando y caminando, de repente, casi sin darnos cuenta, todo había cambiado a nuestro alrededor. Las calles estaban empedradas, los perfumados templos se podían ver por todos lados, no había coches, las casas eran muy similares entre sí, construidas de color marrón oscuro… Casi podíamos respirar la espiritualidad del lugar. También había monjes, religiosos, lugares de culto en cada esquina, ofrendas e inciensos encendidos en cada puerta que veíamos. «Esto es lo que veníamos a buscar», nos dijimos con la mirada.

Varanasi era también conocida como la «ciudad crematorio» de la India. Situada a orillas del río Ganges, esta ciudad sagrada era el lugar donde muchos hindúes venían a morir, literalmente hablando. Miles de personas llegaban hasta aquí para, tras su muerte, ser incinerados y puestos en el río como cenizas, de esta manera creían que el fuego purificaba sus almas y así se podrían reencarnar más rápidamente. Partiendo de esa base, nuestro paso por la ciudad fue una continua reflexión sobre la vida, la muerte y cómo nos enfrentamos a cada una de sus partes.

Tuvimos la suerte de toparnos con Babur, un jovencísimo guía local que conocía cada rincón de la ciudad y, sobre todo, conocía lugares lejos de los focos más turísticos de la misma. Con Babur, entendimos lo que significa realmente este lugar para los hindúes que la visitan, y también cómo viven los auténticos habitantes de esta, donde cada día empieza con algún ritual religioso en el templo más cercano y acaba en la multitudinaria ofrenda a orillas del río Ganges con flores, cánticos y el siempre presente fuego purificador.

Babur nos consiguió una habitación en una de las zonas más bonitas de Varanasi, desde la cual podíamos ver todo el casco histórico y parte del río Ganges, pero eso sí, teníamos que estar siempre atentos a los muchos monos que patrullaban incansables los tejados en busca de alguna ventana abierta o algún acceso a las viviendas. Eran el auténtico temor de la ciudad.

Tras unos cuantos días disfrutando de Beranés, decidimos seguir nuestro camino hacia tierras más al norte, como teníamos planeado, pues nuestro tiempo era bastante limitado y queríamos visitar muchos más lugares en India. Nuestro próximo destino era Pushkar, un tranquilo pueblo enclavado a la orilla de un lago sagrado, compuesto por cincuenta y dos *ghats*, desde donde los devotos accedían al agua sagrada del mismo.

Por el camino tuvimos que hacer noche en la increíble Jaipur, una ciudad en mitad de la nada que se caracteriza porque la mayoría de sus edificios centenarios, sus templos y demás construcciones oficiales están pintados en un tono rosado claro. Ante tal belleza e historia, decidimos que, para lo que quedaba de día, contrataríamos los servicios de Jaffer, un loco buscavidas residente de Jaipur que tenía un tuk-tuk y que se dedicaba a recoger turistas y hacerles de guía por la ciudad.

—Esta es la ciudad más bonita de la India, *sir* —decía mientras nos metía por la entrada principal del Templo del Sol—. Tampoco he estado en otras ciudades de mi país, *sir* —soltaba a carcajadas *a posteriori*.

Jaffer era un auténtico buscavidas, sabía qué decir y cómo comportarse dependiendo de los viajeros a los que recogía para hacerles de guía en cada momento. Hasta tal punto se involucró con nosotros que, no sabemos muy bien cómo, acabé conduciendo yo su tuk-tuk un buen rato por las estrechas callejuelas de Jaipur.

A la mañana siguiente, tras un día apasionante en Jaipur, cogimos una guagua pública que nos acercaría a Pushkar. Tras muchas horas en la carretera, llegamos finalmente al lago sagrado y a todos los muchos templos que lo rodeaban. La imagen era casi mística, el lago estaba de un color anaranjado claro debido a los tenues rayos del sol, que empezaba a desaparecer entre las colinas que custodiaban la ciudad. El olor a incienso, junto con la humareda provocada por la quema masiva de estos y de otras hogueras de la zona, teñía el ambiente con una fina capa de humo blanco que daba, aún más si cabe, un aspecto solemne a este momento.

—No pudimos tener mejor recibimiento —asertó Beni.

Tras encontrar un buen lugar donde pasar unos días, decidimos descansar y coger fuerzas para lo que nos esperaba. La principal razón de nuestra visita a este lugar, aparte de explorar y descubrir la auténtica India, era practicar yoga con la ayuda de un auténtico maestro hindú. Nosotros veníamos practicando esta disciplina desde hacía muchos años, para mí siempre ha sido un complemento necesario para coger olas, por la flexibilidad que aporta, la resistencia, las torsiones, etc. Aunque siempre he estado en un nivel muy básico. Beni, por su parte, ha profundizado mucho en él, llegando a niveles más avanzados que conectan mente y cuerpo, algo que el yoga, practicado de una manera concienzuda y profunda, puede darte.

Ella fue la encargada de conocer a Kamal, un maestro de yoga y experto en ayurveda que conocimos casi de casualidad al estar siguiendo a un grupo de simpáticos monos que trepaban a lo que parecía un templo en ruinas. Dentro, tras una puerta semiabierta que no dudamos en cruzar, había un viejo cartel con las instrucciones para contactar con Kamal. Él nos hizo de profesor de yoga durante nuestras dos semanas en Pushkar y, aparte de todo eso, también nos ayudó en la búsqueda personal de cada uno.

Todas las mañanas muy temprano, antes de que amaneciera, nos citaba en la azotea del templo en ruinas para empezar el ritual de purificación, que consistía en verter agua tibia con sal por una de las fosas nasales hasta que el agua saliera limpia por la otra. Acto seguido, de otro cubo de agua aún con más sal, bebíamos vasos sin parar hasta que nuestro propio cuerpo decidiera expulsarlo todo, y cuando decimos todo es todo de manera literal. Luego teníamos una sesión práctica completa de yoga, almuerzo y otra vez práctica de yoga. Más tarde, ya casi oscureciendo, procedíamos a la lectura de unos libros muy viejos que Kamal guardaba con celo en su vivienda.

Kamal nos habló también de un pequeño templo que se encontraba cerca de Pushkar, en la cima de una montaña, el templo de Savitri, la que se conocía como la mujer de Shiva. La tradición decía que este templo tenía que ser visitado al amanecer, pero nosotros, desanimados por las lluvias que no cesaban ni un minuto, esperamos a que estas fueran menos intensas para poder ir a visitarlo. Por unos instantes, la tormenta parecía haber desaparecido y solo quedaba un poco de viento y algo de lluvia muy suave. Era el momento de subir a ver el templo.

El acceso al templo desde la base de la montaña se hace por una escalera que va recorriendo la misma hasta llegar a la cima. Por el camino, numerosos monos se nos acercaban para pedirnos comida o para jugar con nosotros. Tuvimos la suerte de que, debido a la lluvia anterior, no había nadie más subiendo al templo a esa hora. De repente el cielo se fue tornando gris oscuro por segundos, un fuerte viento se empezó a levantar y a nuestras espaldas, la imagen de una enorme tormenta eléctrica se presentaba ante nosotros.

Ya estábamos a mitad de camino cuando la lluvia y la tormenta nos alcanzaron. Volvernos no era opción porque una vez en la base no habría lugar donde meterse para refugiarnos y la ciudad quedaba a unos diez minutos en tuk-tuk o a más caminando. Decidimos seguir subiendo, aligerando el paso para que no nos pillara la peor parte de la tormenta. Los monos salían espantados gritando y buscando cobijo entre las grietas y cuevas de la colina, el viento ya era muy fuerte y la lluvia caía con violencia sobre nosotros. Quizás el terror de los relámpagos y el sonido de los truenos tan cercanos paralizaron a Beni, pero a pocos metros de la cima era incapaz de dar un paso más.

—¡Un poco más, ya casi estamos! —la animaba para que no se rindiera.

Las opciones eran mínimas: o llegábamos arriba al templo o sería peligroso estar a la intemperie. No sé cómo, pero lo conseguimos justo cuando los primeros rayos caían ya muy cerca. Los monjes del templo nos permitieron cobijarnos dentro del templo a puerta cerrada para que el viento no lo destrozara todo. Fueron unos minutos donde todo se movía, todo sonaba a roto y la lluvia no paraba de caer. Ya al rato, cuando la tormenta siguió su paso, respiramos aliviados. Mientras nos abrazábamos, supimos lo afortunados que habíamos sido y la increíble experiencia que habíamos vivido.

~

Al poco tiempo del regreso de ese viaje, empecé a soltar y soltar sangre cada vez que iba a hacer de vientre al baño, llegando a perder casi ocho kilos en los tres meses que tardaron en dar con el problema. Me había traído conmigo del viaje una extraña ameba en mi intestino. Tras varias colonoscopias, antibióticos y la ayuda de un profesor de la Universidad de La Laguna, experto en enfermedades tropicales, conseguimos matarla justo antes de emprender el largo viaje. Un extraño *souvenir* que me dejó la India.

ANDAMAN ISLAND

El rincón más remoto del Índico

Desde siempre una voz había sonado en nuestra cabeza, una voz suave que susurraba su nombre cada vez que tocaba movernos o buscar otro lugar que visitar. Como si de un imán se tratase, esas islas tenían algo que nos atraían hacia ellas, aun cuando no sabíamos colocarlas ni tan siquiera en el mapa. Perdidas en el más remoto sur del océano Índico, se encuentra este grupo de perlas aisladas del mundo exterior. Cerradas al público en general hasta hace solo unos pocos años, en ellas habitan aún tribus ancestrales que todavía no han tenido contacto con otras sociedades humanas. Sabíamos que tenían olas vírgenes, que había kilómetros de arrecife nuevos por explorar, playas de arena e infinidad de lagos y ríos que atravesaban por completo alguna de estas islas. Cuando decidimos ir a visitar este rincón literalmente perdido en medio del océano Índico, sabíamos que íbamos a vivir una auténtica aventura.

Nueva Delhi, tres y diez de la madrugada. Nuestro avión rumbo a Port Blair estaba a punto de despegar. Habíamos intentado ir en barco desde Chennai hasta las islas, pero el mal tiempo y los pocos barcos que hacían el trayecto imposibilitaron esta opción. El avión se retrasaba cada vez más y más. Nosotros andábamos muy pendientes de los monzones y cómo iban evolucionando, las noticias no eran nada buenas al respecto y presagiaban copiosas lluvias para los próximos días. Cruzábamos los dedos para poder llegar a tiempo a las islas y para que el monzón no nos pillara allí.

Mirábamos ansiosos por la ventana tratando de vislumbrar algo en el azul y denso océano cada vez que las enormes y amenazantes nubes nos daban un respiro. Mientras el avión se aproximaba a la isla principal, desde el aire podíamos ver algo como nunca antes habíamos visto. Aquello era brutal, un auténtico espectáculo para nuestros ojos. Un grupo de islas de caprichosas formas aparecían «pintadas» con brocha sobre un mar azul turquesa claro. Unos enormes corales bordeaban cada isla, llenando el mar con verdes, amarillos y rojos intensos. Las olas se podían ver romper desde el aire, abriéndose paso entre los coloridos corales. La selva era espesa y frondosa en cada una de las islas, había vida allí donde miraras. Pero lo mejor de todo era que no se veía ni rastro del ser humano en la mayoría de ellas.

Llegar a Port Blair fue como llegar a cualquier otra ciudad de la India, pero con el toque más sosegado y pausado de cualquier isla. Tuk-tuks, ruidos, olor a samosas fritas… Nada había cambiado en realidad, pero la vegetación era más densa y tropical. Se notaba que la mayoría de las casas construidas allí eran muy recientes y que la jungla aún estaba librando su lucha para mantener su sitio.

Las islas, según habíamos leído, habían sufrido con la llegada del turismo y de los propios hindúes. Se hablaba de malos tratos hacia algunas de las tribus y de safaris humanos. Y aunque ese no era nuestro objetivo ni de lejos, teníamos que ser respetuosos con estas personas y evitar tratarlos como una atracción. Es más, nuestro objetivo sería evitar cualquier tipo de contacto con ellos en la medida de lo posible, ya que estas son sus islas, y nosotros, sus invitados.

La llegada a Havelock

Nuestra idea era salir de Port Blair cuanto antes para perdernos por las diferentes islas. Desde el muelle principal salían barcos de pesca o de mercancías para los pocos lugares que estaban abiertos para el turismo. Nos fue fácil conseguir un sitio en uno de ellos y dirigirnos a la isla más conocida de todas ellas, la isla de Havelock.

Cuando llegamos al pequeño muelle de madera de Havelock, algunos de los locales, todos hindúes, nos recibieron como locos para convencernos de que fuéramos a cualquiera de los numerosos hostales que nos ofrecían. Finalmente, hicimos lo que hacíamos siempre que llegábamos a un lugar nuevo, salir caminando por nuestro pie hasta dejar atrás el muelle y, una vez más tranquilos y lejos del tumulto de ofertas, empezar a preguntar por lugares donde quedarnos.

Un tranquilo conductor de tuk-tuk que pasaba por allí se ofreció a llevarnos sin trucos a unas cabañas que él conocía cerca de la playa de Vijar Nagar. Havelock tenía únicamente dos carreteras, una que recorría el tramo más al norte de la costa este y otra que atravesaba la isla de lado a lado, para llegar a la conocida como Elephant Beach, famosa porque los primeros colonos hindúes que llegaron a la isla lo hicieron con numerosos elefantes traídos de la India que ayudaron a la construcción de las carreteras y de las casas de la zona, siendo en esta playa a donde, cada tarde, acudían con sus enormes paquidermos para que se refrescaran y disfrutaran un rato del merecido descanso. Todavía hoy en día hay algún que otro elefante domesticado por allí, por lo que, si te cuadra, podrías verlo disfrutar de un baño en el mar.

El precio que nos pedían por las cabañas era un poco elevado, pero tras preguntar en otros hostales de la zona, que no eran muy numerosos, nos pareció la mejor opción, ya que teníamos una franja de playa para nosotros solos justo enfrente de la misma cabaña, donde podíamos salir a bucear y quitarnos un poco la roña de todo este tiempo por las ciudades de la India.

Andábamos como locos tratando de localizar por *email* o por teléfono a un tal Muthu, un hindú afincado en Andaman que, supuestamente, conocía todas las olas de la zona. Buscábamos por internet o preguntábamos por la zona, pero de momento ni rastro de él. Al segundo día en la isla, tras descansar y comer bien, ya teníamos ganas de explorar un poco de nuevo.

Conseguimos una moto y fuimos recorriendo la carretera de la costa este, parando en cada trozo de arena que veíamos desde la moto. El azul turquesa del mar era deslumbrante. Las playas, en su mayoría desiertas, tenían una arena tan fina como el polvo e invitaban a quedarte en ellas hasta olvidarte de todo.

Ese mismo día, decidimos ir también a ver el atardecer en Elephant Beach. Con lo que no contábamos era con que nos separaban casi dos horas de camino por la única carretera que partía el norte de la isla en dos partes. Por supuesto, llegamos tarde y lo único que alcanzamos a ver ese día fueron las señoras que regentaban los puestos de comida o bebida justo al final de la carretera, en la misma entrada a la playa, recogiendo para volverse antes de que la oscuridad terminara de ocultar la serpenteante y solitaria carretera de regreso.

A la mañana siguiente, después de un atracón en uno de los pocos restaurantes regentados por auténticos locales de la isla cerca de nuestra cabaña, el Fat Billy, cogimos nuestra moto y nos fuimos cargados con nuestras gafas de buceo y las cámaras, directos a explorar la costa de Elephant Beach. En sí, esta playa no era más bonita que las de la otra cara de la isla, quizás más grande, pero lo que realmente queríamos era encontrar una pequeña cala, que según nos dijeron los dueños de la cabaña en la que dormíamos, estaba a pocos kilómetros a pie desde Elephant Beach.

El camino se hacía entre manglares y trozos de pura jungla, donde pudimos ver algunas cacas secas de algún elefante doméstico que pasó por allí no hacía mucho tiempo. Muchas de las veces, al atravesar el manglar para poder seguir caminando hacia la cala, se nos venían a la mente los enormes cocodrilos de agua salada que abundan y mucho por estas islas, cosa que no era muy extraña de imaginar, ya que en casi todas partes de la isla había carteles informativos que avisaban a los incautos de que el cocodrilo de agua salada podría llegar a medir de cuatro a siete metros y que vivían tanto en tierra, en el agua dulce del río o el agua salada del mar, siendo muy territoriales y más peligrosos que sus hermanos los cocodrilos de río. Esto, en principio, parecía que no nos afectaba.

—¿Bajamos más hacia la orilla del mar para que así podamos caminar más tranquilos? —preguntamos ambos a destiempo.

—No, ya casi estamos llegando, imagino… —Dábamos cada uno de nosotros dos como respuesta.

El caso es que no nos rendimos y seguimos caminando. En este punto, ya era más largo volver que seguir avanzando hacia delante.

De repente, empezamos a ver el azul del mar brillar entre las espesas y largas hojas de la maleza que formaba la jungla. Nos abrimos paso apartando las últimas ramas hasta llegar a ver con claridad, y al apartar la última rama, la vimos.

—¡¡La playa!! —gritamos, antes de quedarnos completamente mudos por la grandeza de lo que estábamos contemplando.

Una cala de no más de cien metros de largo en forma de medialuna, donde el mar dejaba de ser azul turquesa a medida que se acercaba a la orilla, para tornarse en un color verde brillante que se confundía con las mismísimas hojas de la jungla que caían suavemente sobre una arena tan blanca que encandilaba la vista. Daba la impresión de estar contemplando algo prohibido, solo reservado para unos pocos. Era tal la belleza de esta cala que nos quedamos sentados un largo rato bajo la primera palmera que encontramos a nuestro paso sin hablarnos, solo observando lo grandiosa que puede ser la naturaleza si no se le molesta.

Luego, después del subidón de endorfinas que aquella visión nos había dado, juraría que corrimos de lado a lado de la cala sin sentido y totalmente idos, embriagados por tanta belleza y también regañados con el sol, que se reflejaba sobre la brillante arena.

En una de las esquinas de la bahía en forma de luna, sobre los corales, estaba saliendo una diminuta pero perfecta ola que rompía suavemente de izquierda. Lástima que no había llevado la tabla de *bodyboard*, porque, sin duda, hubiéramos ido a probarla. Pese a que habíamos salido temprano en la mañana para aprovechar todo el día, era hora de empezar a volver hacia la moto, pues no nos agradaba mucho la idea de hacer el camino entre los manglares y la jungla a pie y a oscuras.

Contemplamos por última vez aquella escena paradisíaca, sabedores de que cuando se conozca un poco más, quizás cambie por completo su aspecto, y empezamos el camino de vuelta.

Cuando logramos llegar al lugar donde habíamos dejado nuestra moto aparcada, un grupo de vendedoras se nos acercó a ofrecernos agua de coco y trozos de piña pelada, para que recuperáramos el aliento. Tras contarle dónde habíamos estado, la más joven de ellas pareció muy sorprendida y asustada.

—*Sir...* Esa zona estaba cerrada temporalmente. Hace apenas un mes, una turista que estaba haciendo *snorkel* por la zona fue atacada por un enorme cocodrilo de agua salada y desapareció —nos dijo visiblemente apenada.

Este tipo de encuentros no suele ser muy usual, pero viendo los carteles de aviso que encontrabas casi por cualquier lado, era mejor que siguiéramos siempre alerta.

De vuelta a nuestra cabaña, conocimos a Amisha, una agradable señora que tenía montado en su humilde casa de madera un comedor donde algunos de los lugareños iban a comer la auténtica especialidad de la isla, pescado fresco con especias y frutas, envuelto en una hoja de plátano y colocado al fuego durante un buen rato, hasta que el pescado adquiría el sabor de la propia hoja de plátano. Amisha nos contó también mientras cenábamos lo peligrosos que eran realmente los cocodrilos de agua salada. Algunos miembros de su familia, pescadores en su mayoría, habían sido atacados por estos animales, llegando incluso a matar a alguno de ellos. El debate estaba entre quién tenía más derecho a vivir en la isla, los cocodrilos que habitaban allí desde el principio o los colonos hindúes que habían llegado hacía relativamente poco a trabajar la tierra y hacer de la isla su hogar. Lo más sorprendente era que Amisha resultó ser una ferviente defensora de los animales, incluido el cocodrilo de agua salada, pese a la larga historia que tenía detrás con estos animales.

Ya volvíamos a tener ganas de olas de nuevo. Andaman era muy grande para conformarnos solo con la pequeña isla de Havelock. Habíamos oído hablar de una isla al sur del archipiélago de Andaman, donde podríamos encontrar olas. Nos aseguramos bien mirando mapas y buscando información en internet antes de emprender el largo viaje en ferry hasta allí. La isla era conocida como Little Andaman, una isla con forma redondeada, bordeada literalmente por corales y donde se podía apreciar el efecto del océano Índico llegando a sus costas en los muchos mapas que encontramos de este lugar. Con esta información, teníamos que ir a explorar por nuestra cuenta la zona.

Little Andaman: la búsqueda

El camino era muy largo, desde Havelock teníamos que ir a la capital, Port Blair, y desde allí, montarnos en un barco que tardaría aproximadamente dos días para llegar a Little Andaman. Pero antes de nada tenía que encontrar a Muthu. No queríamos estar mucho tiempo en la capital, así que todo iba a depender de cuándo saliera el barco hacia Little Andaman y cuánto tardaría en encontrar a Muthu. Al llegar a Port Blair, conseguimos reservar una plaza en un viejo y enorme barco que salía esa misma madrugada hacia Little Andaman. Lo que significaba que tenía hasta esa hora para encontrarlo.

Preguntamos en el muelle, en alguno de los puestos callejeros de comida que había por la ciudad… Pero nada, nadie parecía conocerlo. Al rato, se había formado un pequeño revuelo por la zona entre tantas personas que sabían que andábamos buscándolo. Si algo tienen los hindúes es que si pueden ayudarte, lo harán sin ningún problema y hasta el final, es decir, hasta que no encontrasen a Muthu no iban a estar tranquilos.

Ya entrada la noche, cuando nos íbamos ya hacia el muelle a coger el barco, se nos acercó corriendo un chico con el teléfono móvil en la mano y gritando:

—¡¡Muthu, Muthu!! —Lo habían localizado.

Muthu resultó una decepción. Parecía estar más interesado en el dinero que podía sacar de nosotros que en escuchar lo que le estábamos diciendo. Al final, nos dijo que nos veríamos en Little Andaman y que allí hablaríamos mejor.

El barco que nos llevaría a la isla resultó ser un viejo crucero japonés totalmente desahuciado. Esto era muy común por este lado del mundo, los cruceros que ya no servían o se habían quedado anticuados en otros países como Japón, China o Rusia eran vendidos y usados aquí hasta prácticamente su total desintegración, sin preocuparse para nada de la seguridad o comodidad de los pasajeros que los usarían. Lo importante era llegar, imaginamos.

Lo primero que llamaba la atención en el barco éramos nosotros. No había ningún otro extranjero a bordo; es más, todos parecían muy extrañados de vernos allí dentro, hasta el punto de que muchos se acercaban y nos preguntaban qué íbamos a hacer allí en Andaman. En un momento de la travesía, se nos acercó Arshad, un amable señor de unos setenta años ofreciéndonos su casa para pasar nuestros días en la isla. También nos comentó que no conocía ningún sitio u hostal en la parte destinada a los hindúes donde poder pasar la noche.

Ya habíamos leído que tanto los hindúes como los extranjeros que visitasen la isla de Little Andaman solo se podían mover por una determinada zona de la misma; el resto pertenece a las tribus y etnias locales que viven allí. Así que, para evitar el confrontamiento entre todos, había partes de la isla que en teoría no se podían visitar, cosa que nos parecía correcto, aunque lo mejor era dejar a los auténticos locales y tribus de la zona tranquilos sin que nosotros ni nadie les molestara.

Caminar por dentro del viejo crucero lleno de anuncios y carteles informativos en japonés era un viaje al pasado imaginándote esos días de gloria del barco, abarrotado de gentes y todo de punta en blanco. Ahora todo estaba oxidado, roto, con basuras y plásticos por el suelo y, evidentemente, con un olor a comida hindú allá por dondequiera que caminases. El trayecto, aunque largo, no fue muy movido, el mar estuvo muy calmado.

Llegamos a Little Andaman muy temprano en la mañana. El tranquilo muelle donde nos bajamos no era más que un poco de cemento y rocas enormes pegadas entre sí, donde esperaba un reducido grupo de personas para ver a sus familiares. Detrás del muelle, solo se veía un tupido bosque y una carretera que se perdía bordeando la costa. Arshad, viendo nuestra cara de asombro al bajar del barco y no ver absolutamente nada allí —no se veían tuk-tuks o algún otro transporte libre que pudiéramos coger para movernos—, nos ofreció llevarnos en el tuk-tuk que había ido a buscarlo a él.

Muthu no había dado señales de vida por móvil ni tampoco había rastro de él por el muelle, por lo que aceptamos la invitación de nuestro nuevo amigo. La primera impresión al ir carretera arriba hasta la casa de Arshad era de estar en un sitio totalmente inexplorado, salvaje y virgen de verdad. Si mirabas hacia el interior, solo se veían los enormes árboles que formaban el bosque primigenio sobresalir en el cielo, cubriendo casi la totalidad de la isla; ni rastro de casas o construcción humana por ningún lado. Paramos a comer algo en un pequeño comedor que estaba a un lado de la carretera, justo en la única calle con casas que había a la salida del muelle. Las caras de asombro y sorpresa de todas las personas que estaban en el comedor eran más que evidentes.

Arshad saludó y habló con algunos de los que estaban almorzando, daba la impresión de que todo el mundo lo conocía. El menú era pescado frito con arroz o vegetales fritos con arroz. Durante la comida, Arshad nos dijo en tono sonriente:

—Sois los únicos extranjeros que estáis en la isla de momento…

Entre ellos, los hindúes que habitaban allí tenían todo controlado y vigilado. Si lo decía era porque era verdad. Tratamos de sacarle información sobre las olas, pero Arshad era un hombre de negocios que visitaba la isla cada cierto tiempo y no controlaba mucho ese tema.

Tras la comida, seguimos hasta llegar a su casa, situada justo enfrente de una enorme playa de arena marrón como el barro, donde se veían entrar algunas series orilleras. No habíamos ni sacado las cosas del tuk-tuk cuando apareció Muthu, seguramente le habrían dicho en el muelle a dónde nos dirigíamos. Nos pidió disculpas por quedarse dormido y nos dijo que fuéramos con él a un hostal que había reservado para nosotros dos. Arshad, sonriente, nos ofreció de nuevo dejarnos su tuk-tuk para que llegáramos hasta ese hostal, despidiéndose de nosotros con un «hasta la próxima vez».

Muthu era el ejemplo vivo de la palabra *desinterés*. Nuestras preguntas sobre las olas y los lugares para visitar en la isla sonaban vacías entre el ruido del tuk-tuk y la indiferencia de él. Su cara daba signos de que quizás no estuviera pasando por una buena racha, se podría llegar simplemente a pensar que había llegado al punto de que ya todo le daba igual, salvo porque su excesivo interés por los precios y el dinero que teníamos para pasar en Little Andaman los días lo delataba. Su largo y enredado pelo, efectivamente, indicaba que había sido un hombre de mar; sus manos curtidas y callosas debido a la pesca, probablemente, lo confirmaban. Pero esos habían sido otros tiempos, ahora vivía de acomodar a los hindúes que iban de viaje a la isla o personas como nosotros que le contactaban por teléfono para consejos o ayuda, pagándole su respectiva comisión. Pero había sido nuestra única opción y quizás podría aún darnos algún buen consejo para encontrar olas.

El hostal al que nos llevó resultó estar muy bien. Tres cabañas de madera, con un comedor común situado dentro de una humilde casa local regentada por una familia hindú, componían el lugar. También había muchos perros rondando por allí dentro a sus anchas, imaginamos que bajo la seguridad que les daba estar rodeados de humanos en una isla llena de tantos peligros, se sentirían más tranquilos. Peligros que poco a poco iríamos descubriendo.

Finalmente, Muthu habló sobre las olas:

—Hay muchas olas por aquí, olas igual de salvajes e indomables como la propia isla —nos dijo en un tono misterioso—. Muchas de ellas no han sido surfeadas aún. Hace muchos años vino por aquí un grupo de surfistas profesionales y alquilaron mi barco para ir a buscar olas por toda la isla, pero como la isla era tan inhóspita, no aguantaron mucho antes de irse de nuevo —comentó, justo antes de pedirnos el dinero por anticipado de las tres semanas que teníamos pensado, en principio, estar por allí.

Quedamos en volver a vernos al día siguiente e ir juntos a probar algunas olas. Dinero en mano, se fue por la puerta y jamás lo volvimos a ver.

Al día siguiente, allí mismo en el hostal, conseguimos que nos prestaran su moto para irnos a explorar hasta donde pudiéramos. La isla resultó ser agua y lagos por todos lados. Sus playas no eran quizás las más bonitas que habíamos visto, pero su lado salvaje las hacía increíblemente únicas. El bosque llegaba hasta la misma orilla de la playa y las huellas de cocodrilo en la arena dejaban claro quién mandaba allí.

Cada cosa que veíamos durante nuestro camino en moto nos parecía más increíble y única que la anterior. Lagartos gigantes cruzando la carretera, carteles de «peligro cocodrilos» por todos lados, ríos que desembocaban en la playa y en los cuales se podían ver los ojos de los enormes cocodrilos esperando a que cayera la noche para salir al mar, etc. La energía en la isla se notaba inquieta. A todos allí, personas y animales, se les notaba inquietos, como sabiendo que les vigilaban.

Nosotros, con todos nuestros sentidos abiertos al cien por cien, seguíamos buscando olas. La primera que vimos fue cerca de la playa en la que estaba nuestra cabaña, playa a la que estaba prohibidísimo ir desde que el sol se fuera.

—Ya saben por qué —nos decía Varun, que era la persona que estaba al cargo en las cabañas donde dormíamos.

Varun nos hacía el desayuno, nos preparaba la cena y avisaba a toda la isla de que estábamos por allí para que nos vigilaran, como temeroso de que nos pasara algo, pensábamos. Él era un hombre típico hindú, encargado del negocio, con semblante serio y no muy hablador, casado y con mujer e hijos. Una noche, mientras cenábamos los tres juntos, Varun se nos sinceró y nos dijo que había perdido a su hijo y a su primera mujer durante el gran tsunami del año 2004, que azotó muy fuertemente esta isla en particular.

En la playa, estaba saliendo una pequeña ola de fondo arenoso justo en la esquina izquierda de la misma. De color marrón oscuro y no con mucha fuerza, quizás con un buen viento y más fuerza, podía ser un buen descubrimiento.

Nos quedamos un buen rato sentados sobre la espesa arena, observando todo a nuestro alrededor con detalle.

—Nada a la vista, ¿no? —nos decíamos.

—El agua se ve clara, si algo se acerca lo veo venir desde aquí, estate atento a mí —apuntó Beni mientras vigilaba también nuestra espalda.

Creo que ese día salté al agua tan sugestionado que me costaba hasta remar para llegar al pico pese a que apenas tenía fuerza la ola. Una vez fuera, en el pico, casi no podía concentrarme en disfrutar de la ola. Muy probablemente, muy pocos o nadie había surfeado antes este rompiente. Con todo eso, no tardé mucho en salir del agua y remar hasta donde estaba Beni, que cuando me vio ya fuera, me confesó que no podía dejar de mirar hacia atrás por miedo a que le fueran por la espalda.

Decidimos seguir caminando un buen rato por esa costa hacia el norte, siguiendo la línea que dibujaba el coral detrás de las olas que rompían muy rápidamente y sin posibilidad de ser surfeadas. Estábamos buscando alguna esquina o parte de coral que tuviera buenas olas. Encontramos, al cabo de unos cuarenta minutos caminando, una pequeña izquierda que abría bien y parecía muy divertida desde donde nos encontrábamos. Quizás no tenía mucho tamaño, pero decidimos que había que probarla.

El agua se veía muy cristalina y los corales, en su mayoría totalmente vírgenes e intactos, se podían ver fácilmente mientras remabas a unos pocos centímetros de la superficie. Una vez dentro, aunque pequeñas, las olas rompían limpias y suavemente, dejándote el tiempo justo para salir del tubo. La marea terminó de bajar y el coral virgen y afilado ya empezaba a asomar sus dientes, marcando el final del baño por ahora.

Durante el camino de vuelta a la playa, cada tronco caído al mar, cada movimiento que aparecía en la maleza o cada sonido que escucháramos en el río, que también pasaba por allí, nos hacía, literalmente, saltar. El miedo puede llegar a sugestionarte tanto mientras viajas que puede arruinártelo por completo. Nosotros sabíamos que en las islas Andaman había cocodrilos de agua salada, pero lo que no sabíamos era que estaba plagada de ellos. Por la isla había un policía dedicado en exclusiva a vigilar y controlar a los cocodrilos. Estaba prohibido matarlos o cazarlos, cosa que estaba genial para conservarlos y que pudieran sobrevivir a la colonización. Mucha parte de la población local contaba cómo a alguno de sus familiares e incluso a ellos mismos, algún cocodrilo les había arrancado una pierna o mano mientras pescaban en el río o había terminado con la vida de algún ser querido drásticamente. Este era el caso del dueño de una pequeña tienda de víveres apostada a un lado de la carretera cerca del muelle, en la que paramos para comprar agua, que nos contó que un cocodrilo le había arrancado su brazo izquierdo mientras caminaba por la orilla de un enorme estanque de agua cerca de allí mismo. Pero eso no podía frenarnos, sabíamos que teníamos que estar mucho más atentos de lo normal, pero las ganas de buscar y surfear nuevas olas nos atraían demasiado como para desistir.

Tras llegar a la moto, empezamos a subir carretera hacia el norte hasta llegar a un punto en el que esta se iba adentrando cada vez más y más tierra adentro, convirtiéndose en un camino estrecho o vereda de tierra de apenas cincuenta centímetros de ancho, que se perdía maleza adentro. El viaje en moto hacia el norte había llegado a su fin.

A la vuelta, Varun nos había preparado un enorme bonito asado que él mismo había pescado unas cuantas horas atrás. Nos dijo, además, que nos había conseguido un par de cervezas bien frías para acompañarlo. Esa sería nuestra recompensa por las olas que habíamos encontrado ese día.

A la mañana siguiente tocaba conocer los secretos que había escondidos en la carretera hacia el sur. Este lado de la isla daba de frente al océano Índico y era donde más olas habíamos visto en los mapas que habíamos mirado antes de llegar a Little Andaman.

Tras dejar atrás el muelle, la carretera empezaba a ir paralela a la línea de la costa. Al instante, empezábamos a ver los primeros picos romper en el mar. Antes de tirarnos al agua, decidimos preguntar a una señora que estaba en la cocina de su casa haciendo dosas, típico pan hindú que se come con salsa picante, si podíamos desayunar allí. La casa tenía cuatro paredes de madera y un techo de plástico, todo lo demás era césped y atrabancos donde cerdos, patos y gallinas campaban a sus anchas. La señora al principio dudó si servirnos o no, éramos los primeros extranjeros que le pedíamos comer allí, y tampoco hablaba bien inglés, pero con gestos nos entendimos. Normalmente, servía dosas a pescadores que volvían de la mar o que iban a faenar, pero finalmente acabó cediendo y poniéndonos unos dosas enormes para que desayunáramos nosotros también. El horno era de barro y paja y su combustible eran cacas secas que conseguía de las vacas que también andaban por la zona.

Pronto apareció también el marido de la señora y se alegró muchísimo de vernos por allí comiendo en su casa. Él hablaba mejor inglés y nos dijo que nosotros éramos los primeros extranjeros que veía con tablas de surf por allí en mucho mucho tiempo. También, claro está, nos habló de los cocodrilos y de que podíamos estar tranquilos durante el día, ya que estos animales solo salían a mar abierto en la noche, buscando pescados desprevenidos que cazar. No nos pareció muy convincente, pero seguro que ese hombre conocía las costumbres de los cocodrilos mucho mejor que nosotros dos. Prometimos ir allí a desayunar dosas durante toda nuestra estancia en la isla, así repartiríamos más y mejor el dinero que teníamos previsto gastar en Little Andaman.

Tras desayunar, nos dio por meternos con nuestra moto por un claro que encontramos después de pasar un grupo de palmeras altas como edificios, un estrecho camino marrón serpenteaba por el césped hasta llegar a la misma arena de la playa. Allí, un grupo de barcos de pesca estaba amarrado en la arena y, a pocos metros de la orilla, una impresionante derecha rompía con fuerza contra el coral. La habíamos encontrado.

El miedo desapareció por unos minutos de nuestra mente. Sin pensarlo mucho más, saqué la tabla, las aletas, me puse la licra y salté al agua. Remé como un loco hasta el *line-out*, como si hubiera estado esperando este momento desde hacía mucho tiempo. Desde dentro se veía una ola un poco más complicada y rápida de surfear, que rompía sobre un coral muy afilado. Solo se podía coger ese día la segunda sección de la ola; la primera rompía demasiado rápido y seca. Quizás con otro viento y otra orientación de la fuerza, la derecha sería mucho más larga. De igual manera, aquello era más que suficiente para mí. Tubos con labios altos para probar hacer cualquier maniobra o simplemente para disfrutar unos segundos dentro de la ola. Parecía que habíamos encontrado lo que veníamos buscando desde que llegamos aquí.

A modo de broma y como no conocíamos el verdadero nombre de la ola —si es que lo tuviera, que lo dudamos mucho—, la bautizamos como Croc Point en honor a los verdaderos locales del pico. Después de una hora y pico surfeando, ya empezábamos a tener mucha hambre y dado que no había ningún sitio en kilómetros a la redonda donde pudiéramos comer algo, la señora de los dosas nos había comentado que solo servía comida muy temprano en la mañana, decidimos que era momento de volver otra vez al hostal y comer allí.

Esa noche le contamos a Varun nuestro descubrimiento y pareció disfrutar tanto como nosotros al escucharnos. Cuando le dijimos el nombre con el que habíamos bautizado la ola, pareció no gustarle demasiado, imaginamos que por el respeto que les tienen por esta isla a estos animales, pero aun así acabó aceptándonos tomar una cerveza con nosotros antes de irse a la cama.

Al día siguiente fuimos de nuevo con la moto a ver la ola que habíamos encontrado en la playa del norte, la de la arena marrón como el barro, pero los fuertes vientos que empezaban a soplar y el cambio de dirección del *swell*, nombre con que se conoce la fuerza o mar de fondo, habían transformado ese lado de la costa en un potaje de espuma y olas orilleras. Nos dimos la vuelta por donde mismo habíamos llegado y enfilamos la carretera hacia el sur. Para cuando llegamos, la ola de Croc Point estaba muy vacía y seca, prácticamente imposible de surfear.

Era el momento de seguir explorando un poco más lejos y hacer tiempo para que subiera la marea. La carretera se tornaba poco a poco en un camino estrecho de tierra y piedras que atravesaba el bosque, literalmente hablando. Al poco tiempo de estar conduciendo por esos caminos, empezamos a encontrarnos con personas que nada tenían que ver con los hindúes, tópica y físicamente hablando. Pelo rubio quemado por el sol, rizado y corto, con una piel morena, típica de cualquier aborigen del Pacífico. Preferimos no darle mucha más importancia, dado que estábamos concentrados en buscar alguna otra ola y seguimos avanzando. El camino dejó de ser transitable en moto, por lo que tuvimos que proseguir la marcha a pie, caminando por la misma costa y casi tocando el agua esta vez.

Las calas que íbamos encontrando a medida que avanzábamos eran de aguas calmadas y cristalinas, llenas de peces payaso y muchos corales. A lo lejos, el coral asomaba justo donde las olas rompían, no sabemos si por la marea, que estaba muy baja, o porque esa zona estaba llena de rocas, pero no nos merecía la pena acercarnos a comprobar si se podían coger olas allí, pues desde nuestra posición se veía que era imposible con esas rocas por fuera. Caminamos durante casi dos horas hasta llegar a un altísimo faro, provisto de unas oxidadas escaleras metálicas que accedían a lo más alto de este. Decidimos subir y, una vez arriba, pudimos ver toda la costa y hasta el inmenso bosque primigenio extenderse por toda la isla, dejando una imagen espectacular y salvaje en nuestra retina, al ver como los árboles dominaban absolutamente todo el paisaje.

La imagen de la barrera de coral desde arriba era brutal, se veían algunos tramos donde, posiblemente con un buen viento y una buena marea, saldrían olas impresionantes.

—Pero ¿cómo llegamos hasta allí nosotros? —preguntamos casi al mismo tiempo los dos.

Sin barcos de pescadores que nos acercaran ni carreteras, esas olas eran inalcanzables para nosotros dos en ese momento. Podía haber muchos kilómetros a pie por la costa y algunos tramos serían insalvables a pie. Tampoco el lugar se prestaba para hacer lo que más nos gustaba a nosotros, que era acampar en la playa para, de esta manera, poder ir avanzando día tras día.

A lo tonto, se nos estaba oscureciendo ya el día. Teníamos casi dos horas a pie hasta la moto y otra hora más en carretera para llegar a nuestra casa. Salimos a toda prisa del faro para empezar a hacer el camino de vuelta. Durante el mismo y casi sin darnos cuenta, un grupo de estos singulares locales se nos unió. Salieron de lo más espeso del bosque e iban provistos de fusiles de madera y redes para meterse en el mar a pescar.

—Yo creo que no son hindúes —me dijo Beni—. Ellos son los auténticos aborígenes de la isla.

La oscuridad empezaba a ser notable ya, cualquier tronco en mitad de la playa o roca de gran tamaño provocaba en nosotros un cierto grado de ansiedad. Llegamos a la moto casi a oscuras, pero aún nos quedaba salir del bosque en moto y la carretera de vuelta al hostal. Cuando finalmente conseguimos llegar al hostal, tras un buen rato conduciendo prácticamente a oscuras, tan solo alumbrados por la débil luz frontal de nuestra moto, Varun estaba más que preocupado. Ya había avisado a muchísimas personas para preguntarles por dónde nos habían visto por última vez. Cuando nos vio entrar por la puerta de su hostal, respiró muy aliviado.

Durante los días siguientes, el viento y la lluvia empezaron a ser muy fuertes en toda la isla. La época de los monzones estaba cerca y Little Andaman necesitaba mucha agua. Descansamos unos días en nuestra casa mientras, de paso, también ayudábamos a Varun en la cocina o a cualquier otro vecino que necesitara de ayuda. Con el paso de los días, el sol volvió a brillar de nuevo y el viento desapareció. Era el momento de volver al agua.

Antes de llegar a la ola de Croc Point, decidimos parar en la playa de enfrente de nuestro hostal para, de esta manera, poder comprobar también las olas que rompían en la esquina norte de la misma y hacernos una idea de cómo podrían estar las olas de grande ese día. Al caminar por la arena de la playa, aún húmeda por la fuerte lluvia caída los días anteriores, vimos como unas enormes huellas de cocodrilo salían del río, recorrían la playa y se perdían mar adentro. Esa terrorífica imagen marcaría el resto de nuestro viaje en Andaman. Las huellas eran casi dos veces el tamaño de una mano normal, con lo que parecían unas uñas larguísimas y afiladas. También pudimos comprobar que se trataba de dos grandes cocodrilos los que habían salido del río rumbo al inmenso océano.

Decidimos no tentar a la suerte y nos pusimos rumbo al otro lado de la isla. Al llegar, Croc Point estaba incluso mejor que el primer día que la vimos. Un poco más larga y lenta, perfecta para surfear. Ya llevaba casi media hora dentro del agua surfeando cuando de repente vi a Beni saltar y gritar desde la orilla, haciéndome gestos para que saliera del agua inmediatamente.

Remé con todas mis fuerzas la primera ola que vino, como si me fuera la vida en ello. Hice un recto sobre los afilados corales, magullando y arañando toda la fibra de la tabla por debajo hasta que me pude poner en pie y salir corriendo con las aletas puestas hasta llegar a la arena. Una vez sano y salvo en la orilla, nos dimos cuenta de que, en realidad, se trataba de un grupo de delfines que jugaban y saltaban a unos pocos metros del pico, moviéndose rápidamente de un lado a otro y dibujando manchas negras en el azul oscuro del mar, confundiendo a Beni desde la orilla.

Tras recuperarnos del susto y para no dejar que el miedo se apoderase nuevamente de nuestra mente, salté al agua tratando de coger las últimas olas antes de que la marea fuera demasiado baja. Esta vez sí, las series no paraban de llegar, y cada vez más limpias y formadas. No sé cuánto tiempo estuvimos allí esa tarde, pero eso era justo lo que necesitábamos, relajarnos y disfrutar de estas solitarias olas.

Poco a poco y con el paso de los días, Croc Point estaba siendo nuestra mejor opción para surfear buenas olas. Por el camino parábamos siempre donde la señora de los dosas, que cada vez nos los hacía más personalizados: el mío un poco más quemado y menos picante, y el de Beni, picante hasta matar y con más cilantro. Luego de desayunar, seguíamos conduciendo hasta llegar a la ola, en donde aparcábamos la moto cerca de los barcos pesqueros y luego caminábamos unos metros hasta llegar al rompiente. Algunos pescadores ya nos conocían de vernos por allí días anteriores y se quedaban un rato sentados mirando cómo me manejaba entre las olas y el coral; otros, sin embargo, se acercaban curiosos a Beni para preguntarle si estábamos casados, si teníamos hijos o qué se nos había perdido a nosotros por Little Andaman, eso sí, siempre sonrientes y amables.

Varun nos consiguió dos guías locales para que fuéramos a conocer el interior de la isla, donde, según él, podríamos ver una enorme cascada y numerosos lagos plagados de cocodrilos. Aceptamos pensando que no sería difícil llegar hasta allí y que, en todo momento, nuestros guías nos mantendrían a salvo… Nada más lejos de la realidad. Gran parte del camino se hacía en moto, atravesando literalmente el bosque a base de machetazos para cortar la maleza y abrirnos paso casi campo a través por la jungla o subiendo por resbaladizas pendientes de barro donde la moto caía y caía una y otra vez al suelo inevitablemente. El último tramo lo hicimos a pie, bordeando los lados del lago y subiendo río arriba como podíamos. Los guías, por su parte, no parecían nada convencidos de que no hubiera cocodrilos por allí y solo se preocupaban de estar y cruzar ellos a salvo las partes más difíciles de la caminata. Normal por otro lado, nosotros hubiéramos hecho lo mismo.

Nos advertían de no resbalar y caer al agua turbia y verdosa, pero era muy difícil caminar por las resbaladizas rocas del borde del río. Dejamos atrás el árbol más grande que habíamos visto hasta ese momento, el árbol del mundo lo llamaban. Entre los cuatro casi no podíamos rodearlo con los brazos abiertos.

Finalmente, tras mucho caminar, llegamos a una enorme cascada de varios afluentes que discurría entre rocas grises y troncos de árboles caídos que dotaban al lugar de un encanto indescriptiblemente mágico. Ahí sí, guiados por nuestros acompañantes, saltamos al agua todos y nadamos por unos minutos, olvidándonos de cocodrilos o de cualquier otra cosa que pudiera estropear nuestra merecida recompensa por haber conseguido llegar hasta este punto.

A nuestra vuelta al hostal, después de casi doce horas entre ir y venir a la cascada, no habíamos visto a ningún cocodrilo; seguramente, ellos a nosotros sí. Pero lo que sí vimos fueron las numerosas sanguijuelas que se nos habían colado sin darnos cuenta por los calcetines, camiseta o pantalones y chupaban ahora nuestra sangre a borbotones.

Otro día, estando en la cocina ayudando a Varun con la cena y comentándole que debíamos volver en los próximos días a Nueva Delhi a renovar nuestro visado, nos confirmó que habíamos sido los únicos extranjeros que estuvimos por la isla todas estas semanas anteriores. Una isla ya de por sí muy poco visitada por turistas. El propio Varun esperaba que, por su bien y el de los otros negocios locales, esto cambiara lo antes posible para que poco a poco los secretos de Little Andaman fueran atrayendo a más y más turistas y también a su dinero hasta aquí.

No sé si todos pensaban igual en Little Andaman. Los auténticos aborígenes de las islas y los enormes cocodrilos de agua salada seguro que desean seguir lejos de todo el ruido y los problemas que traen los turistas. Lo que teníamos claro nosotros es que las islas Andaman son y serán el más remoto y salvaje rincón del Índico, con los cocodrilos como guardianes y protectores de sus secretos. Esperamos que siga siendo así por mucho mucho tiempo más.

SRI LANKA

Un viaje fuera de ruta

El invierno había llegado, el frío empezaba a notarse y los *swells* y las tormentas procedentes del sur del océano Índico se alejaban poco a poco de las costas indias para poner rumbo a Sri Lanka, la maravilla de Asia, como les gusta llamarla a ellos mismos, y no era para menos. Tierra de animales salvajes en total libertad, junglas, montañas, bosques y kilómetros de costa repletos de arrecifes de coral cubiertos de vida y de olas. Sri Lanka era una total desconocida para nosotros, ni siquiera entraba en nuestro plan maestro de viaje, aquel que habíamos hecho antes de comenzar nuestro gran viaje, pero era nuestra mejor opción si queríamos perseguir olas.

Desde Madurai era bastante barato viajar a Colombo, la capital de Sri Lanka. Habíamos conseguido sacar nuestra visa electrónica, después de pagar casi sesenta dólares por la gestión *online,* y ahora ya teníamos treinta días por delante para perdernos libremente por donde quisiéramos.

Llegados a este punto del viaje, nuestros ahorros iban menguando cada vez más y pese a que nuestra manera de movernos y de dormir era la más barata posible, necesitaríamos encontrar alguna fórmula para mantenernos más tiempo. La solución, encontrar trabajo o hacer algún voluntariado donde pudiéramos. Con esto ganaríamos tiempo y podríamos estirar al máximo nuestro gran viaje.

Colombo no se diferenciaba en mucho a cualquier otra ciudad hindú que hubiéramos visitado anteriormente. Era exageradamente grande, desordenada y caótica para nosotros. Aunque tuviera su encanto y también mucha historia a sus espaldas, Colombo no era lo que veníamos buscando por aquí. Enseguida, tras esquivar un par de taxistas y conductores de tuk-tuk que nos ofrecían llevarnos con unos precios abusivos, encontramos una guagua que nos llevaría directos al sur de Sri Lanka, eso sí, aún no teníamos claro a qué parte del sur nos dirigiríamos. Sabíamos que queríamos evitar las zonas más turísticas como Mirissa o Weligama y que queríamos buscar olas en alguna parte de la costa más al sur de Sri Lanka, la que en teoría era la menos conocida, aunque por el sur de la isla, poco quedaba ya por encontrar.

Eran alrededor de las dos de la mañana cuando llegamos a la solitaria estación de Matara, tras un largo y apretado viaje desde la capital que duró casi seis horas entre recoger pasajeros, atascos en Colombo y paradas para comer. La guagua que cogimos resultó ser lo que por aquí se conocía como «propiedad del Gobierno», lo que venía a significar que era un transporte público en vez de privado, de ahí que tardara tanto. La otra opción, que valía casi siete veces más caro, era usar una privada o turística, que hacían el mismo recorrido, pero sin tantas paradas y a una velocidad para nada recomendada para estas sinuosas carreteras, aunque pronto también descubriríamos que la pública lo hacía igual, pero mucho más cargada.

Durante el trayecto, habíamos tenido tiempo de sobra para buscar un lugar donde empezar nuestra aventura por la isla. Encontramos una acogedora y bonita casa local muy cerca de la playa, en Madiha, un pequeño pueblo pesquero que, pese a contar con algunos hoteles o pensiones, aún estaba muy lejos de la masificación de otros destinos más conocidos en el sur de Sri Lanka. La casa tenía varias habitaciones para alquilar con cocina y baño compartido, que podían usar todos los habitantes de esta. Pero lo mejor es que, al parecer, allí mismo había un par de olas que con la fuerza adecuada podrían ser bastante buenas, según leímos mientras buscábamos información del lugar.

El camino hasta el hostal era largo y a esas horas de la noche tampoco había muchas opciones para conseguir un transporte que nos llevara. Imagino que debido a nuestra cara de desesperación tras mucho buscar por la zona un tuk-tuk, un simpático local, haciendo gala del carácter afable de los ceilandeses, nos ayudó a localizar uno y, de paso, también llamó a la casa donde íbamos a pasar estos días para que le explicaran cómo llegar. Finalmente, montados ya en el tuk-tuk, pusimos rumbo a Madiha. Teníamos muchas ganas de llegar, soltar nuestras maletas y descansar un poco después de tanta paliza en la guagua.

Como casi siempre había sucedido durante este viaje, el destino tenía otros planes para nosotros. La primera sorpresa nos la dieron el conductor del tuk-tuk y su amigo, al que había recogido unos pocos metros más adelante por fuera de la estación y que iba en la parte delantera junto a él. Los dos, con evidentes signos de estar bastante ebrios y desoyendo por completo nuestras indicaciones de cómo llegar, terminaron perdidos y dando vueltas por el pueblo sin saber a dónde ir. Hasta ahí todo normal, teniendo en cuenta que era sábado, día de descanso, y que, por ley, está prohibido beber o comprar alcohol los domingos, por lo que nuestro conductor y su amigo estaban disfrutando de su tiempo libre a su manera.

El problema llegó después, cuando se empeñaron en soltarnos en medio de la nada al no encontrar el sitio, cobrarnos casi tres veces más de lo que habíamos acordado en un principio e irse tan tranquilos a seguir bebiendo. En esas, Beni empezó a encararse con los dos reclamándoles la cara tan dura que tenían por dejarnos allí tirados y querer cobrarnos de más, mientras que yo, en un intento de calmar los ánimos, trataba de explicarles que debíamos estar muy cerca del hostal y que, una vez llegáramos, lo arreglaríamos de alguna manera, siempre atento a nuestras mochilas y tabla por si decidían darse a la fuga.

Si algo tienen los ceilandeses es que, como los hindúes, se agrupan rápidamente, y fue ahí cuando se torció todo de verdad. En mitad de la calle y rodeados por más de quince personas, muchos de ellos igual o más ebrios que el conductor y su amigo, empezaron a subir el tono de las acusaciones. Algunos nos defendían a nosotros y otros, suponemos que amigos o conocidos de estos, nos reclamaban pagarles y seguir caminando. Fue entonces cuando, atraído por el ruido, el dueño de un hotel que estaba por los alrededores se acercó a mediar entre todos nosotros. Tras explicarle nosotros y verlos a ellos, resolvió:

—Ellos pagan hasta aquí lo que habían acordado y ustedes pueden irse —dijo, refiriéndose al conductor y su amigo—. Yo los llevaré al hostal —terminó.

Seguramente todos lo conocían y respetaban por allí, porque aceptaron sin rechistar lo que decidió. Finalmente, como acordamos, pagamos el tuk-tuk y luego, con un refresco en la mano, cortesía de su hotel, y sentados en su enorme todoterreno, encontramos nuestra casa un par de calles más abajo.

Al llegar casi de amanecida a la casa, los dueños de esta, una chica de origen alemán junto con su socio ceilandés, ya estaban al tanto de todo lo que nos había pasado y entendieron que, después de ese largo viaje desde Colombo, lo único que queríamos era comer y dormir. Por ello, ya nos habían preparado unas riquísimas tortillas con arroz para acallar nuestros rugientes estómagos y, después de comer con las ganas que lo harías si llevaras casi un día sin probar comida decente, es decir, comida que no fueran papas fritas de paquete o algún dulce que nos ofrecían los vendedores que se colaban en la guagua, nos llevaron a nuestra habitación para que descansáramos.

El sur

La aventura no había hecho más que comenzar. A la mañana siguiente salimos a explorar el lugar. Madiha estaba llena de pequeñas casas locales agrupadas detrás de una playa con una franja de arena y piedras muy estrecha, pero llena de picos y olas surfeables por casi todos lados, eso sí, ninguno parecía ser muy exigente a simple vista. La zona estaba muy lejos de ser un centro turístico, como sí sucedía en muchas otras partes del sur de Sri Lanka. Alguna venta local, pescadores, sin ruidos o lugares de fiesta… Parecía que estábamos en el lugar adecuado. Pronto lo pudimos confirmar, cuando vimos a un enorme varano negro correr de un lado a otro de la calle y meterse por un pequeño riachuelo. Esto fue el primer aviso de lo realmente salvaje que es en realidad Sri Lanka fuera de las zonas turísticas.

Ese mismo día, junto con los compañeros belgas que compartían casa con nosotros, fuimos a probar alguno de los picos que salían en la playa de Madiha. El agua estaba muy clara y bastante tibia si la comparaba con nuestro último baño en el mar de la India. El pico hacia el que nadábamos, pese a que no era nada hueco, parecía bastante divertido, con algo de tamaño y la fuerza suficiente para desentumecer y estirar los músculos del cuerpo. Lo mejor era que, en ese rompiente, todo lo que venía era para nosotros solos. Un poco más lejos, otro grupo de unas cuatro personas surfeaba en otra ola completamente solos, luego otro grupo y así sucesivamente por los distintos picos de la costa de Madiha.

No llevábamos ni una hora dentro del agua surfeando cuando de la nada asomaron dos cabezas que trataban de tomar aire de la manera más rápida posible, inhalando ruidosamente una gran bocanada de aire, antes de volver a desaparecer bajo el manto azul del mar. Se iban dejando ver en diferentes sitios de la baja, moviéndose por debajo del agua y de nuevo volvían a desaparecer. Pronto descubrimos que se trataba de dos enormes tortugas marinas que estaban alimentándose de los corales situados justo debajo de nosotros. Aquello fue otra pequeña muestra de la gran cantidad de animales salvajes que viven en Sri Lanka.

Aquel primer baño en Madiha estuvo bien, pero necesitábamos seguir buscando y encontrar algo un poco más exigente. Sabíamos que por la costa sur podíamos encontrar muchísimas olas, algunas para principiantes, algunas más secas, otras sin nombre conocido, de arena o coral. Solo necesitábamos la manera de poder movernos libremente y probarlas.

Tras hablarlo con la dueña de la casa donde estábamos quedándonos, conseguimos una moto a un muy buen precio. También, debido a que nuestra situación económica se agravaba por días, nos ofrecimos para ayudar en cualquier cosa que hiciera falta: pintar, limpiar, recibir a los huéspedes, cocinar… El trato que les ofrecimos era sin compensación económica: nosotros trabajaríamos un par de horas al día y, a cambio, no pagaríamos la casa ni la comida. Pero esto no pareció gustarles mucho a los dueños, que rechazaron nuestra propuesta casi sin apenas poder explicarles los beneficios que ellos obtendrían del trato.

En la casa podíamos cocinar siempre que quisiéramos y un poco más arriba, en la ciudad, habíamos encontrado un supermercado donde comprar verduras y pescado bastante bien de precio. También justo enfrente de este, había un local autorizado para vender alcohol, donde podíamos comprar nuestras Lion, la cerveza típica del país.

Los partes indicaban que la fuerza iba a empezar a subir en los próximos días y queríamos saber a dónde teníamos que ir para poder aprovecharla al máximo. Con la moto empezamos a investigar un poco más lejos de Madiha, recorriendo la carretera sur, la misma por donde habíamos llegado hacía unos días en la guagua. Parábamos en cualquier sitio donde viéramos una ola romper.

Tras dejar atrás las arenosas playas de Mirissa, donde vimos alguna ola romper, pero superpoblada de surferos, nos adentramos un poco más en Midigama, nombre con el que se conoce esta parte de la costa. Con muchos más corales y olas rompiendo también por casi todos lados, derechas e izquierdas, teníamos claro que era aquí donde teníamos que esperar la primera gran fuerza que llegaría en los próximos días. Decidimos meternos a caminar por un camino de arena que llevaba directamente a unas rocas, desde donde pudimos ver una ola de derecha romper seca sobre el coral que empezaba a asomar por fuera del agua debido a lo bajo de la marea. Esa era la ola, pensamos casi automáticamente.

—Seguro que con más fuerza y mejor viento, sale una ola muy buena ahí —me sorprendió Beni.

Yo pensaba exactamente lo mismo, pero ese no era el camino correcto. La ola estaba un poco lejos para ir nadando desde allí y aunque eso no sería un gran problema para mí, la moto habría que dejarla aparcada en mitad de la carretera todo el tiempo que estuviéramos en la playa. Ya nos habían avisado de que, en ocasiones, se sabía del robo de motos a extranjeros que las dejaban aparcadas fuera de la vista de todos y que luego tenían que responder los mismos por ese robo, cosa que nosotros no podíamos permitirnos, por lo que teníamos que buscar otra manera de llegar hasta la ola.

Caminamos carretera arriba buscando acercarnos a la ola. Al cabo de un poquito, nos topamos con un hotel que tenía acceso directo a esta ola; es más, habían puesto un par de sillones y sillas viejas en una parte del jardín para que cualquiera pudiera sentarse allí y disfrutar del espectáculo de los surfers. El hotel resultó ser un antiguo hospital abandonado y reformado para hacer habitaciones, pero lo mejor era que tenía, según decían ellos, la mejor ola de Sri Lanka justo enfrente de sus instalaciones. Al dueño, un australiano de unos sesenta años, no le importó que aparcara dentro mi moto y que Beni se quedara sentada por allí buscando el mejor sitio para sacar fotos. Ese día fue de prueba y sirvió para conocer a Fabian, un surfero brasileño que, al igual que nosotros, había dejado todo para viajar por el mundo, quedándose fijo en Sri Lanka, surfeando en temporada y trabajando en el hotel.

—No se ven muchos bugueros por aquí, amigo —dijo mientras remábamos al pico juntos, una vez que la marea había llenado un poco—. En mi país tenemos muchas y buenas olas de playa para *buggy* —terminó.

Después de un par de pequeñas olas, el viento empezó a soplar muy fuertemente y pese a que la fuerza estaba empezando a subir, era casi imposible mantenerse en el pico. Fabian y yo salimos al mismo tiempo del agua. Durante el tiempo que estuvimos en el agua, le comenté nuestras peripecias por Madagascar e India, pero pareció casi más interesado en que le hablara de las olas de nuestra tierra, las islas Canarias. Luego me dijo en un tono muy bajo, como si me estuviera contando un secreto:

—Mañana, muy temprano, no habrá viento aquí y la ola estará fabulosa.

Yo asentí con la cabeza, confirmando mi asistencia. Eso era lo que necesitaba oír al llegar a esta increíble isla.

Cuando llegué a la zona de los sillones, Beni saboreaba un coco que había conseguido de alguno de los cocoteros de la zona y me dio toda clase de información sobre la ola.

—Se llama Ram's Right, funciona mejor a media marea subiendo y la fuerza con la que mejor sale es con sureste y viento *offshore* —dijo sonriente.

Toda la información se la había dicho el australiano dueño del hotel, que se había sentado un rato allí con ella a compartir las increíbles vistas, mientras se tomaba su cerveza.

El hambre empezaba a apretar y teníamos que encontrar un lugar donde comer asequible para nosotros. En el hotel tenían hamburguesas, bocadillos y otros platos occidentales, pero todos totalmente fuera de nuestro alcance económico. Arrancando la moto, apareció de nuevo Fabian, que había salido a comprar algo de beber. Fue él quien, tras comentarle si sabía de algún comedor local donde comer barato, nos dio la solución.

—Usted sigue por la carretera en esa dirección y verá un garaje con unos paraguas de Coca-Cola viejos por fuera. Entre y verá a la señora con los calderos —nos dijo, sonriente.

No entendimos muy bien a qué se refería con lo de los calderos, tampoco Fabian hablaba perfecto el español, pero era lo único que teníamos y moríamos de hambre.

Lo de los calderos era literal. Dentro de la casa había como unos cinco o seis calderos y detrás estaba la señora. La cosa consistía en que, tras pagar unas trescientas cincuenta rupias —unos dos euros, aproximadamente—, te daba un plato enorme lleno de arroz y tú podías ponerte lo que quisieras de cada caldero e incluso repetir alguno de ellos. Calabaza guisada, soja, verduras, habichuelas… Cada caldero tenía algo distinto. Si querías pescado o carne, lo pagabas aparte, pero para nosotros estaba genial así como estaba. Habíamos encontrado una buena ola y un lugar increíble donde comer, este había sido un buen día.

Las palabras de Fabian que predecían unos días muy buenos en Ram´s Right no paraban de sonar en nuestra cabeza. Habíamos visto varias olas, pero sin duda la de Ram´s Right era la mejor por allí. Amaneció sobre las cuatro y media de la mañana, la noche anterior casi no había pegado ojo pensando en cómo estarían las olas y en que tenía que llegar lo más temprano posible, antes de que el viento soplara para cambiarlo todo.

Durante el camino de unos treinta minutos en moto desde nuestra casa hasta Ram´s, se hacía notable que el mar estaba diferente esa mañana. No estaba claro como los días anteriores, unas enormes manchas marrones y blancas se extendían flotando mar adentro. Las líneas de olas se marcaban desde muy afuera, el mar de fondo se extendía por toda la costa. Pese a que aún el día no estaba claro del todo, se veían muchas motos de extranjeros con tablas de surf moviéndose a los distintos picos. Nosotros cruzábamos los dedos para que no les diera por probar Ram´s Right ese día.

Eran las cinco y poco de la mañana cuando lo teníamos todo preparado para saltar al agua. Beni prefirió quedarse en las rocas del otro día, desde allí tenía un mejor ángulo de la ola para las fotos. El agua estaba más fría de lo normal. Las arañas de mar, seguro que debido al intenso oleaje, estaban todas muy cerca de la orilla, listas para morderte nada más tocar el agua. «El precio a pagar por disfrutar de la ola», pensé.

Cuando me coloqué en el pico, Fabian ya estaba ahí desde hacía un buen rato.

—Desde que se podía ver, amigo —me dijo, riéndose.

Pero lo mejor estaba por venir. Realmente era una ola muy buena, entraba grande, con tamaño y pese a que la marea estaba subiendo aún y la baja estaba muy seca, enroscaba el tubo bastante ya. La última sección de la ola era la mejor, si conseguías salir con velocidad de la bajada, la pared hacía como un codo en forma de rampa donde podías probar de todo. Fabian era realmente bueno con el pico, no era fácil bajar esas olas así desde donde él estaba y meterse en el tubo con esa facilidad y clase, se notaba que también disfrutaba con todo esto.

Las olas no paraban e incluso diría que la fuerza fue subiendo con cada minuto que pasaba. Muchos eran los curiosos que desde el hotel o desde donde estaba Beni, a lo lejos, sacaban fotos o simplemente miraban el espectáculo. Con la subida total de la marea y, con ello, la mayor seguridad en el pico, entraron al agua muchísimos más surfistas que querían probar esa derecha. Fabian había salido del agua hacía poco totalmente exhausto, consciente de que a la tarde, con la marea baja de nuevo, habría otra vez muy buenas olas en Ram´s.

Era hora de remar de vuelta hasta donde estaba Beni para retirarme y recuperarme un poco físicamente. De los nervios apenas había desayunado y ya mis tripas estaban revolviéndose demasiado como para aguantar más sin comer dentro del agua. Esa primera sesión buena en Ram´s Right no fue del todo como yo lo esperaba. Medio desubicado, no terminaba de leer bien la ola y muchas de ellas o no las sacaba para llegar al codo, o me salía por completo de la misma, dejando atrás el tubo. Pero simplemente estar esa mañana allí, pudiendo disfrutar de una ola tan buena como esa, me hacía sentir mucho más que afortunado. De todas maneras, tenía casi tres días más de fuerza constante para poder probarme de nuevo en Sri Lanka.

Después de comer donde los calderos de nuevo, el viento ya era mucho más fuerte. Ram´s seguía saliendo, pero con casi el triple de gente y un viento que no dejaba abrir bien la ola. Decidimos entonces irnos a seguir conociendo el lugar.

Llegamos a Coconut Plantation y a Lazy Left y Right, dos picos que salen casi pegados a nuestra ola, pero estaban casi igual o peor de gente, por lo que seguimos nuestro camino carretera hacia arriba. Beni había visto, buscando en algunos mapas de internet, lo que parecían unos charcos naturales escondidos que estaban justo en una bahía por donde la carretera pasaba casi tocando la arena de la playa. Cuando llegamos y tras caminar un poco dejando atrás la playa y la carretera, los encontramos. Con coloridos corales en su interior, agua transparente y peces de colores, ya teníamos nuestro *jacuzzi* particular, perfecto para relajarnos y disfrutar de este increíble país.

Como es habitual por estas latitudes, el tiempo cambió en cuestión de minutos y lo que antes era un azulado y caluroso día se fue tornando en un gris negruzco, con enormes nubes que presagiaban una gran tormenta. Nos pusimos rápidamente en marcha para llegar a tiempo a casa, pues no habíamos traído nada para protegernos de la lluvia y viajábamos con todas nuestras cámaras y algo de efectivo encima, que podíamos perder si se mojaban.

Apenas habíamos arrancado la moto cuando el cielo empezó a caer sobre nuestras cabezas. La carretera empezó a ponerse impracticable para conducir un ciclomotor y no había signos de que fuera a parar, por lo menos a corto plazo. Teníamos que encontrar dónde meternos y tenía que ser rápido. Finalmente, a un margen de la carretera, encontramos una casa de madera totalmente destartalada, donde pudimos refugiarnos de la intensa lluvia. Casi una hora después, con el cielo un poco más claro ya, pudimos proseguir la marcha hasta nuestra casa, antes de que volviera la lluvia de nuevo.

Al llegar al hostal totalmente empapados por la lluvia, que nunca paró, nos metimos rápidamente en la habitación a cambiarnos y secarnos un poco, sin percatarnos que estábamos siendo vigilados desde lo alto, desde la claraboya que dejaba entrar la luz solar a la habitación. Un enorme varano de color negro clavaba sus rojizos ojos sobre nosotros. Daba la impresión de que llevaba allí mucho tiempo y que el techo era su guarida. Estos enormes lagartos se alimentan de serpientes, ratas y otros animales de la zona. Su carácter impredecible los hacía también peligrosos para nosotros, siendo mejor evitarlos si te los topabas por el jardín de la casa. Una tarde, de camino a la ducha común que estaba situada en el exterior de la casa, una serpiente de tamaño considerable trataba de escaparse por debajo de unas ramas que daban a la espesa jungla que aún rodeaba parte del hostal, mientras era perseguida por nuestro nuevo amigo. No sabemos cómo acabaría ese encuentro, pero los estruendos de ramas romperse y los chillidos de ambos hacían pensar que fue una gran pelea.

Los siguientes días en Ram´s Right fueron incluso mejores. Cada vez le iba cogiendo más el truco, cada vez apuraba más la bajada y en el labio de la ola. Estábamos allí mañana y tarde, cuando la marea era la ideal para surfear. Ya ni nos deteníamos a mirar el resto de las olas que pasábamos desde la carretera, sabedores de que Ram´s era la mejor opción, y más con esa fuerza. Uno de los días, estando allí con Fabian muy temprano en la mañana mientras entraban unas series muy buenas y consistentes, nos visitó un grupo de delfines que jugueteaban entre nosotros con saltos y movimientos muy rápidos, dejándonos una vez más boquiabiertos por lo realmente salvaje que era esta isla.

Tan solo una mañana que el mar amaneció visiblemente más calmado, pero aún con algo de fuerza, decidimos explorar un poco más profundamente por los alrededores de nuestra zona. Cerca de un templo budista, a unos quince minutos en moto desde nuestra casa conduciendo en dirección contraria a la ola de Ram´s, encontramos una zona de corales muy poco profunda donde vimos que rompía una pequeña pero perfecta ola de derecha. Lo difícil sería encontrar la manera de llegar hasta ella sin tener que caminar mucho por la angosta y pedregosa costa. La zona estaba rodeada de casas o huertas muy bien delimitadas por muros o vallas de metal que advertían de que no se podía pasar por allí.

En esas, un grupo de alumnos del templo budista, ataviados con sus trajes rojos y naranjas, pasaron por delante de nosotros. Su curiosidad dio paso a todo tipo de preguntas, sobre todo hacia Beni: «¿De dónde eres? ¿Cuánto tiempo llevas viajando? ¿Estás casada?». Beni, tras responder la rueda de preguntas, les comentó lo que queríamos hacer y les preguntó si conocían algún camino para llegar a esa parte de la costa. Los pequeños aspirantes a monjes budistas nos indicaron que la mejor manera de llegar, quizás, era nadando desde la playa que había un poco más lejos o pidiendo permiso a los dueños de alguno de esos solares para que nos dejaran entrar y cruzar hasta las rocas. Uno de estos jóvenes, tomando la iniciativa, saltó el muro que teníamos justo delante y se coló dentro del solar, abriéndonos la oxidada puerta que lo mantenía cerrado, tras liberar una de sus patas desde dentro.

Como imaginábamos, los muros solo estaban en el lado de la carretera, el frente estaba abierto hacia el mar. Metimos la moto dentro y nos empezamos a preparar para saltar al agua. Los chicos continuaron su camino dejándonos allí solos, hasta que al poco tiempo apareció en su moto un enfurecido señor que resultó ser el dueño del solar. El señor estaba enojado por cómo habíamos entrado a su propiedad, y con motivo, pero enseguida Beni consiguió calmarlo explicándole que queríamos encontrarle para que nos abriera la puerta, pero nos resultó imposible. Tras esto y tras explicarle lo que estábamos haciendo, el señor nos permitió aparcar allí y estar todo el tiempo que quisiéramos. La única condición era cerrar bien la oxidada puerta de metal al irnos.

La ola mereció tanto esfuerzo. Muy poco profunda, pero muy bien formada de derecha y soltando pequeños e interminables tubos cristalinos. La izquierda salía igual de buena y larga, pero en mitad de esta había una enorme roca que asomaba cada vez que rompía la ola. Lo mejor fue también cuando vimos que, muy cerca del coral, asomaron dos enormes tortugas marinas que se quedaron dando vueltas por allí un buen rato, comiendo y descansando en los grandes corales de la zona.

Repetimos los siguientes tres días en esa misma ola, que cada vez estaba más y más floja, pero igual de divertida, y siempre acompañados por las dos enormes tortugas marinas que iban a comer y descansar por la zona. Fue entonces, junto con el día que descubrimos al enorme varano y a las serpientes que merodeaban siempre por nuestra casa, cuando aprendimos una valiosa lección que usaríamos para el resto del viaje por Sri Lanka y por todos los demás países que visitaríamos: la mayoría de los animales que vemos salvajes por los lugares que vamos, como serpientes, arañas, lagartos, cocodrilos, tortugas, elefantes…, no están de paso o no están ahí de casualidad, como supondríamos en un principio. Estos animales salvajes viven allí, es decir, si los ves una vez en ese sitio, lo más normal es que vuelvan por allí pronto o que esa sea en realidad su casa.

El norte

Sería unos días después, mientras estábamos sentados en el comedor junto con algunos de nuestros compañeros de hostal celebrando la Nochebuena y bien acompañados por la exquisita cerveza ceilandés Lion, cuando decidimos seguir nuestra exploración por la isla, pero esta vez cogiendo rumbo hacia el norte. Nuestros compañeros de hostal y hasta el propio Fabian nos advirtieron de que quizás no sería una gran idea debido a los peligros y posibles inconvenientes de viajar por allí, pero no podíamos perdernos esta parte tan salvaje de la isla.

El norte, Jaffna, era una total desconocida para casi todos los viajeros que iban a Sri Lanka. En guerra civil durante muchos años entre ceilandeses y los llamados Tigres de Tamil, no era aconsejable ni seguro viajar por allí tan solo dos años atrás, pero ahora, después de ser militarizada y controlada supuestamente por el ejército de Sri Lanka, ya se podía visitar de nuevo y era más seguro ir.

En realidad, lo que nos llamaba la atención de este lugar era que estaba formado por miles de diminutas islas e islotes conectados entre sí por estrechas carreteras que atraviesan lagos enteros y que, a su vez, estas diminutas islas estaban también llenas de templos hindúes únicos y totalmente desconocidos. Por supuesto, como en todos los lugares que visitábamos, queríamos ver si había alguna ola escondida por allí cerca que pudiéramos surfear.

Desde hacía muy poco, un viejo tren de pasajeros salía de Colombo rumbo a Jaffna, ahora que los conflictos armados habían acabado, y se podía viajar libremente por el norte del país.

Compramos nuestro billete y emprendimos el viaje de unas nueve horas hasta esta región de la isla. Con lo que no contábamos ninguno de los dos era con que el tren en el que viajábamos estaría lleno a reventar de cucarachas que viajaban con nosotros también, saliendo de paredes, suelo o cualquier otra brecha en el vagón, paseándose entre nuestras maletas y por nuestras piernas sin ningún tipo de temor.

Jaffna era algo totalmente nuevo para nosotros dos, teníamos la sensación de que una energía muy rara estuviera aún presente en todas partes que mirábamos, el ambiente se notaba aún un poco enrarecido, como inquieto. Las miradas se clavaban en nosotros, pues resultábamos muy llamativos con nuestras grandes mochilas de montaña, las tablas y otras mochilas de mano que cargábamos encima. *A priori*, pensaríamos que la gente no era muy dada a ayudarnos, pues tras preguntar a varias personas cómo llegar a uno de los pocos hostales para turistas de la zona cuando nos bajamos en la estación de trenes de Jaffna, nadie parecía querer escucharnos o indicarnos. Luego, tras caminar un poco por las afueras de la estación, encontramos una pequeña furgoneta color gris oscuro que cubría la ruta por el centro de la ciudad y pasaba, según nos fijamos en el mapa, muy cerca de donde estaba nuestro hostal. De nuevo, una vez ya dentro de la furgoneta, sentados en nuestros respectivos asientos, la gente parecía querer esquivarnos y solo se limitaban a mirarnos fijamente. Los viejos fantasmas de Mangalore volvían a visitarnos nuevamente.

Al llegar finalmente a la que sería nuestra casa durante los próximos días, nos topamos con Iván, un joven español que, al igual que nosotros, estaba allí atraído por el misterio que Jaffna despertaba en los viajeros más curiosos.

—No son siempre así, lo que pasa es que la mayoría no habla inglés y les da mucha vergüenza hablar con los nuevos turistas —nos dijo Iván para presentarse, viendo con la desgana y la rapidez con la que nos había recibido el supuesto anfitrión y dueño del hostal.

Iván era un viajero experimentado en destinos extraños, como nosotros. Viajaba solo, pues decía que de esta manera no tenía que rendirle cuentas o darle explicaciones a nadie, lo que hacía entrever un pequeño abismo de rencor o malestar con algún viajero con el que solía viajar antiguamente. Iván llevaba allí ya varios días y ya había explorado un poco la zona y algunas islas de los alrededores. Nos dijo dónde conseguir una moto barata para movernos y nos recomendó alguno de los sitios que él había visitado. Estaríamos juntos los tres en el hostal hasta el día primero de enero, día que Iván se volvería a Colombo para coger el avión que lo regresaría a su casa.

Efectivamente, conseguimos una moto a muy buen precio donde nos dijo Iván y pudimos empezar a explorar por la zona. Todavía se podían ver las marcas de las balas en las paredes de algunas de las casas, así como otras casas totalmente destruidas o en ruinas, suponemos que por bombas o explosivos que lanzaron allí durante la guerra. Encontramos un estrecho puente que salía de la ciudad rumbo a los lagos, que en realidad no lo eran, sino que era el mar, que estaba atrapado entre las distintas islas que componían Jaffna. Tras cruzar el puente y meternos en el lago, el camino se transformaba en una carretera que circulaba casi a ras del agua e iba conectando las diferentes islas y penínsulas que estaban dentro de la enorme laguna de agua salada. La sensación de conducir por esa carretera a ras de mar, prácticamente desierta de coches o motos, rodeados de pelícanos, cigüeñas o gigantescos nenúfares verdes flotantes, con algunos pescadores que trataban de capturar algo sentados al borde mismo del asfalto, mientras nosotros, parados y sentados en nuestra moto, decidíamos a cuál isla dirigirnos ahora o qué dirección tomar, nos hacía sentir real e increíblemente libres, como nunca antes.

Cada lugar que visitábamos tenía algo distinto: un templo a Ganesha con enormes figuras en la entrada, una torre erigida al dios Shiva… Parábamos en algunas de las pocas tiendas improvisadas que encontrábamos por el camino para comprar agua si tenían, que no siempre era así, o para comprar algo de comer. La gente, efectivamente, como nos dijo Iván, era muy tímida y reacia a hablar con nosotros, por eso del idioma, pero aun así encontramos muchos de ellos que se alegraban muchísimo de vernos por allí e, incluso, casi sin hablarnos, nos sonreían sin parar mientras nos miraban de arriba abajo.

La noche empezaba a caer y no sabíamos muy bien dónde estábamos y cómo volver a casa, aquello era inmenso. Era hora de regresarnos a la ciudad deshaciendo el mismo camino por el que habíamos llegado hasta aquí. Tras un par de cambios de rumbo y un par de caminos sin salida, finalmente encontramos la carretera principal que nos llevaría hasta el puente que conectaba con la ciudad y nos regresaría de nuevo a la civilización. Pese a la hora que era, encontramos un pequeño pero muy acogedor comedor local, donde por muy poco dinero pudimos cenar y degustar algunos platos donde se mezclaba a la perfección la comida ceilandesa con la hindú, justo lo que necesitábamos para después de un día de tantas y variadas emociones.

Con cada excursión nueva que íbamos haciendo por el lago en los días siguientes, descubríamos algo nuevo y cada vez más interesante. Nos adentrábamos más y más por las distintas islas e islotes de la zona, caminando por senderos de arena y encontrando templos nuevos cada vez más grandes o decorados, en los cuales siempre éramos bienvenidos a entrar y observar lo que allí hacían. De vuelta a la ciudad, en cada excursión que hacíamos por el lago, parábamos siempre en el mismo comedor local para deleitarnos con la comida que preparaban, llegando a ser fijos de ese restaurante durante el servicio de cenas.

Iván había decidido descansar en casa hasta su partida hacia Colombo, días atrás había tenido una pequeña caída con la moto y quería recobrar fuerzas antes de coger el vuelo internacional que lo llevaría a su casa. El año llegaba a su fin y teníamos que prepararnos como nos fuera posible para celebrarlo los tres juntos. Todo cerraba ese día, así que si queríamos hacer algo, debíamos comprarlo y llevarlo a casa. Recorrimos la ciudad buscando cervezas, alguna botella de *whisky* y un postre con el que poder partir el año como es debido. El anfitrión de la casa nos dijo que prepararía algo de cenar especial para nosotros, así que solo debíamos conseguir todo lo demás.

Buscando dónde comprar algo de alcohol para celebrar el año nuevo, entramos a una casa de color verde con un llamativo cartel pegado por fuera que advertía de que las armas estaban prohibidas allí dentro. La casa tenía un enorme jardín en su interior con dos mesitas blancas y sillas, donde te podías sentar y tomarte una cerveza mientras disfrutabas del aroma de los muchos árboles que tenían plantados dentro. También, si querías, podías comprar las cervezas para llevar, justo lo que buscábamos nosotros. En las paredes del salón colgaban algunas fotos de la famosa Angelina Jolie con el dueño y con algunos niños de la zona rodeándola. Beni, curiosa por las mismas, le preguntó al dueño por estas.

—Suele venir por aquí de vez en cuando —nos dijo sonriente—. Se asegura de que los hospitales y centros para los que había dado dinero van progresando y siguen funcionando.

Para la noche de Fin de Año se nos recomendó encarecidamente que no saliéramos del hostal, puesto que con la confusión entre petardos, el alcohol y demás cosas, los rebeldes podrían aprovechar para hacer de las suyas. Nuestro anfitrión no se trabajó mucho la cena, lentejas frías y arroz, pero para nosotros fue más que suficiente. Esa noche, entre las cervezas y el resto de las bebidas que habíamos comprado para la ocasión, pasamos un rato muy divertido junto con Iván, que, como sospechábamos, nos confirmaría una de las razones de por qué estaba viajando solo ahora. El día 1 de enero lo pasamos tranquilamente en casa, organizándonos un poco el resto del viaje y planeando nuestra escapada para el día siguiente en busca del auténtico mar del norte de Sri Lanka.

Ese día, el día 2 de enero, habíamos decidido irnos directos al extremo norte de Jaffna, hacia Kankesantuari, para desde ahí recorrer toda la costa hacia el norte y volver por el otro extremo de la ciudad, haciendo un círculo hasta llegar a Jaffna de nuevo. En el plan también teníamos pensado buscar un barco e ir a mirar las diminutas islas que estaban enfrente de esa costa, ya dentro del océano Índico.

Kankesantuari era una ciudad totalmente militarizada. Encontrábamos militares patrullando sus derruidas calles, controles por todos lados e incluso zonas en las que no nos estaba permitido pasar si no era con un permiso militar. Realmente nos sentimos un poco inseguros allí, por lo que proseguimos rumbo a la costa sin detenernos mucho. Una enorme franja de arena amarilla, llena de todo tipo de desperdicios, se extendía hasta donde alcanzaba la vista. Sabíamos que si bajábamos más hacia el sur, después de esa enorme playa, habría otras mucho más limpias y preparadas para el turismo, pero nuestra ruta era distinta.

Un mar de un color marrón oscuro golpeaba, movido bruscamente por el viento, contra la orilla de la playa sin descanso. Sin duda, no era lo que esperábamos encontrar por aquí. Cierto es que este es un mar que cruza entre los dos países, India y Sri Lanka, muy rico en sedimentos, arenas o algas y donde desembocan muchas corrientes y ríos provenientes de ambos, de ahí su color y su fuerza. La imagen de la playa era reflejo de la escasa población costera que íbamos viendo por el camino. Casas derruidas, una enorme fábrica de cemento a orillas del mismo mar, que dicen que es la fábrica de cemento más antigua de Sri Lanka, chabolas de madera construidas en la arena y donde se agrupaban varias familias como buenamente podían abandonados a su suerte… Esta era una realidad muy poco conocida de la Sri Lanka menos turística, la que no te cuentan. Por el camino se nos cruzaban manadas de perros moribundos infectados, en su mayoría, por la sarna, que deambulaban entre los largos pastos inundados por el mar; imaginamos que habían llegado hasta allí tras huir de las ciudades en busca de comida. Tratábamos de ayudarlos como podíamos, ofreciéndoles la poca comida que llevábamos encima, pero sin duda alguna, era insuficiente.

Unas horas más tarde, circulando por la carretera hacia el norte, llegamos a una pequeña comunidad de casas custodiada por la figura de un enorme Shiva de color azul. La estatua era visible desde muy lejos, su llamativo color azul y sus largos brazos impresionaban desde la carretera. También aquí vimos los agujeros de las balas en algunas de las casas e incluso de la propia estatua. Decidimos pararnos a descansar un rato y comprar algo de agua y comida. Pese a que ya hacía tiempo que habíamos dejado atrás la gran playa, la costa por aquí tenía más o menos el mismo aspecto de mar revuelto y marrón que al principio, era como si el agua estuviera hirviendo y no pudiera parar de saltar agitadamente. De momento, ni rastro de pescadores o barcos pesqueros por la zona, también sería muy difícil y peligroso maniobrar un barco con esas condiciones.

Seguimos nuestro camino y un poco más adelante el agua, aunque agitada, parecía dar una pequeña tregua. Sería porque la costa, en esta parte, hacía como una pequeña bahía o refugio, frenando al impetuoso mar, que se desplazaba insistente hacia el sur. Fue allí donde también encontramos un grupo de hombres que, remangados hasta las rodillas y con el agua llegándoles casi hasta las mismas, lanzaban una y otra vez sin descanso unas mallas de pesca intentando atrapar los diminutos peces que también se refugiaban en la bahía.

Viendo cómo se movía el mar por allí, las fuertes corrientes y los vientos, habíamos descartado la posibilidad tan siquiera remota de encontrar alguna ola. Intentaríamos llegar a alguna de las islas, pero desde donde estábamos nos sería imposible. Seguimos avanzando por la carretera y ya empezábamos a entrar de nuevo en la carretera que bordeaba el lago cuando, junto a un grupo de casas, vimos un pequeño muelle con dos viejos barcos esperando para salir al mar. Resultó que ese era el punto de partida para ir a cualquiera de las otras islas que estaban por allí cerca y, pese a que no pudimos ir a la que nosotros queríamos visitar porque no había barco que hiciera esa ruta, fuimos a la isla de Nainativu, famoso lugar de culto para locales y ceilandeses de todas partes de la isla.

El viejo barco se abría camino entre el verdoso mar con firmeza e incansable, avanzando lentamente como buenamente podía para llegar hasta su destino a unos cientos de metros de allí. Fue entonces cuando comprendimos el porqué de la corriente marina tan fuerte que veíamos en la otra parte de la costa. Miles y miles de litros de agua eran sacados desde las tranquilas aguas interiores de las distintas islas que componían Jaffna, lo que nosotros llamábamos el lago, para juntarse con las corrientes de agua que venían de la parte oeste del estrecho que separaba India y Sri Lanka y bajar, dirigidos por los cambios de temperatura y fuertes vientos de la zona, por la costa este hacia el sur de Sri Lanka. El efecto era visible desde nuestro barco situado en mitad del mar, a medida que trataba de avanzar los últimos pocos metros que nos separaban de la isla de Nainativu.

La isla resultó ser un sinfín de esculturas y templos dedicados a los muchos dioses que tienen los hindúes, cada cual más decorado y cargado de figuras, especialmente el Amman Temple, con una enorme y colorida torre de varios pisos de altura y con pavos reales junto a otros animales vivos, campando sueltos por dentro del mismísimo templo. En la isla no había ni rastro de una ola como tal, diríamos que era imposible si tenemos en cuenta las condiciones del mar que rodeaba Nainativu. Tras visitar los distintos templos, cogimos el barco que partía de vuelta al pueblito donde habíamos dejado nuestra moto, para, de esta manera, dirigirnos posteriormente a nuestro hostal a pasar la noche y descansar después de casi diez horas en total de estar explorando por la zona.

Ese sería el último día que veríamos a nuestro amigo Iván, que ya había cogido rumbo a la ciudad de Colombo. Nosotros, por nuestra parte, decidimos que ya era hora de seguir también avanzando en nuestro plan de explorar la costa de Sri Lanka. Habíamos decidido ir con una moto que alquilaríamos desde Kuchchaveli al norte, bajar por la costa hasta Trinco-malee y luego seguir como pudiéramos a Arugam Bay. También sabíamos que no era la temporada de olas de la costa este y que se necesitaba una fuerte tormenta para que se moviera algo allí, cosa que no iba a pasar en los próximos días. Fue por esto por lo que decidimos adentrarnos en el corazón de la isla para visitar el interior, famoso por sus selvas, animales salvajes, montañas y plantaciones de té.

Las montañas del interior

El primer lugar que visitamos fue el Sigiriya. Habíamos hecho cálculos de nuevo y Sri Lanka se nos estaba saliendo de nuestro presupuesto diario, calculado eficientemente nada más empezar el viaje por Beni, que lo había fijado en unos ocho euros diarios dos personas, comida, casa y gastos varios, por lo que ya debíamos ser creativos para poder seguir viajando. El Sigiriya es una zona bastante frecuentada por turistas, comprensiblemente, debido a su gran belleza, con pocos hoteles, pero caros y con casi cualquier cosa más cara que en la verdadera Sri Lanka.

Al llegar, preguntábamos y preguntábamos, pero todo estaba fuera de nuestro alcance. De pronto, vimos una carretera de tierra a medio hacer que se adentraba en la selva con un cartel rumboso y visiblemente afectado por el tiempo y las condiciones meteorológicas de la zona, con un clima mucho más frío y húmedo que el de la costa, en el que se podía leer: «Aruna Home Stay».

Decidimos seguirlo y tras sortear una infinidad de charcos y rocas, llegamos a una pequeña y muy básica casa familiar en obras. Preguntamos por el lugar y Amaranath, como se llamaba el hombre de la casa, su mujer y sus dos hijos nos confirmaron que, efectivamente, ese era el hostal, pero ahora, debido a las inundaciones causadas por el monzón, estaban en obras para arreglar la casa principal, la carretera y los accesos al lugar. Nosotros podíamos dar fe de lo afectado que estaba el camino, ya que tardamos casi treinta minutos en llegar hasta la casa, sorteando charcos, rocas y todo tipo de trampas en el camino.

—De momento, no pueden quedarse aquí en nuestra casa, quizás en unas semanas estará lista de nuevo —dijo Amaranath amablemente.

Acto seguido, cogió un pesado saco de gravilla de la montaña que había hecho de este material justo detrás de la casa y lo soltó en uno de los charcos de la carretera para rellenarlo.

Fue entonces cuando, en un acto de corazón y casi sin pensarlo mucho, dijimos Beni y yo al mismo tiempo:

—¿Y si les ayudamos a reparar la carretera para que la tengan lista cuanto antes y a cambio nos dejan quedarnos solamente a dormir donde puedan?

El hombre pareció reírse por la oferta, pero su mujer enseguida supo ver el beneficio de nuestra oferta y, mirándonos a los ojos, aceptó sonriente. Habíamos encontrado una manera provisional de ahorrar algo de dinero y también de ayudar a esta familia que nos recibiría con los brazos abiertos.

Por las mañanas nos dedicábamos unas cuantas horas a llevar sacos de gravilla e ir tirándolos en la carretera inundada que daba acceso al hostal, para, de esta manera, ir avanzando y rellenando los agujeros llenos de agua que había en esta, hasta llegar a la carretera principal.

Beni, por su lado, ayudaba dentro de la casa o en lo que fuera. Sobre las diez u once de la mañana, salíamos a visitar el parque natural de Sigiriya siguiendo los consejos de nuestro amigo Amaranath sobre qué lugares debíamos visitar en el parque, así como las zonas de este que eran gratis para los visitantes. También nos dejaba usar su moto de vez en cuando, más que nada porque no tenía matrícula y estaba bastante destrozada como para usarla diariamente, pero si no íbamos muy lejos, era perfecta.

El parque natural Sigiriya está presidido por una gigantesca roca, la famosa Sigiriya Rock, que se eleva majestuosamente en mitad de la selva verde, con unas ruinas y un templo en lo más alto. Debido al precio de la entrada para subir al templo y la cantidad de turistas que acceden a la caminata de la roca diariamente, nosotros, sin embargo, aconsejados por nuestro amigo Amaranath, caminamos hasta la cima de Pinawella Rock, al otro lado del parque, desde donde pudimos disfrutar de las irreales vistas de toda la zona, incluida la famosa Sigiriya Rock emergiendo de la jungla. El parque del Sigiriya era increíble, conducíamos por las carreteras de tierra del interior inundadas y llenas de barro mientras, al pasar por entre árboles gigantes de la jungla, podíamos ver coloridos tucanes posados tranquilamente en las copas, mariposas del tamaño de un plato de postre revoloteando entre las hojas, varanos cruzándose por los caminos o a otros muchos animales salvajes aparecer de la maleza. Sin duda, este era un lugar único y salvaje, pero seguíamos sin poder ver, al menos de momento, al auténtico rey de Sri Lanka, el elefante salvaje. Toparnos de manera fortuita con los excrementos de estos animales esparcidos por la carretera y pensar que habían pasado por ahí no hacía mucho daba pie a imaginar un encuentro casual con ellos en mitad de esta jungla, mientras se nos erizaba la piel solamente al recrearlo mentalmente.

Poco a poco la carretera para el hostal de Amaranath estaba ya casi acabada y nosotros teníamos que poner rumbo a nuestro siguiente destino, pero antes queríamos ir a visitar una reserva natural de elefantes que estaba muy cerca de allí, para, de esta manera, poder ver de una vez por todas a los elefantes en estado salvaje y libre. Sería nuestra primera vez, la primera vez que íbamos a verlos tan de cerca y en su hábitat natural. Sentados en la parte de atrás de un viejo todoterreno militar, a una distancia prudencial y tras recorrer la reserva un buen rato, allí estaban todos juntos, como una gran familia. Aparecieron de entre la densa vegetación y empezaron a coger con sus largas trompas las hojas del borde de la pista de tierra, para luego empezar a comerlas lenta y plácidamente. El elefante de Sri Lanka es una subespecie del elefante asiático, más acostumbrado a caminar por el interior de la jungla y pasar desapercibido. Fue una sensación indescriptible poder ver a estos animales por primera vez a tan poca distancia de nosotros.

Después de Sigiriya, nos dirigimos a Kandy, ciudad cultural de la isla, para, desde ahí, poder llegar hasta nuestro próximo objetivo en las montañas, la caminata de ascenso al Pico de Adán. Justo por estas fechas del año, coincidía la migración anual de fieles que visitaban el lugar donde se dice que Adán pisó la tierra por primera vez para los cristianos y donde se encuentra, según los budistas, la auténtica huella de Lord Buddha.

La idea era estar en Kandy solo por un día y una noche mientras recolectábamos toda la información necesaria para llegar hasta la montaña de Adán. Preguntamos en el convento local si nos podían acoger por esa única noche, ya que habíamos oído que antiguamente algunos extranjeros eran bien recibidos a pasar la noche por allí, pero nosotros no tuvimos esa suerte y, de nuevo, nos tocó buscar y caminar para encontrar el albergue u hostal más barato de la ciudad. Finalmente, tras mucho caminar y caminar con nuestras cosas a cuesta, lo encontramos. Se trataba de una antigua casa lejos del centro de la ciudad, en el lago, donde por muy poco podíamos quedarnos a dormir y pasar el día.

Kandy resultó ser una ciudad llena de palacios, lugares sagrados y con un enorme lago central donde pudimos ver varanos y muchas aves, pero que poco a poco se iba tornando en un foco turístico con sus tiendas de *souvenirs*, restaurantes y mercados para los extranjeros. Nosotros aprovechamos para visitar la histórica librería budista de la ciudad y, de paso, conseguir algunos textos que llevaríamos con nosotros el resto del viaje.

Pico de Adán, el monte sagrado

Llegamos casi atardeciendo a Dalhousie, lugar desde donde se empezaba el ascenso hasta el Pico de Adán, tras un largo viaje por carreteras de montaña en guagua pública, con todo lo que eso conlleva: miles de paradas, lleno a reventar, incómodo, ruidoso… Pero así nos ahorrábamos casi tres veces lo que valía en transporte turístico. Este pueblo de montaña estaba lleno de hostales y hoteles donde dejar tus cosas y empezar la caminata hasta lo alto del templo.

Nosotros, un poco perdidos y abrumados por tanta gente debido a que era la peregrinación anual de fieles al lugar, optamos por seguir a una familia compuesta por una pareja y sus dos hijos pequeños, de unos tres o cuatro años la niña y unos siete el niño, que a su vez iban acompañados por un joven monje budista al que oíamos hablar en un perfecto inglés desde nuestra discreta posición.

Se adentraron en un humilde hostal guiados por el monje y fue ahí cuando Beni y yo decidimos acercarnos a ellos y presentarnos formalmente. Usando la excusa de preguntarles cómo era eso de viajar con dos niños, nos enzarzamos en una simpática conversación que terminó con la invitación de ambos progenitores a subir juntos al Pico:

—Pueden venir con nosotros si quieren, conocemos el camino, y cuantos más seamos, mejor y más divertido —dijeron sin pensarlo ni un minuto.

El joven monje budista, que andaba por allí también, enseguida vino a dar con nosotros y muy curioso nos preguntó acerca de nuestra vida.

—¿De dónde sois? —preguntó el joven monje.

—Islas Canarias, España —respondió Beni.

—¿También viajan con hijos? ¿Estáis casados? ¿Vienen a subir al templo?

Beni respondía como podía. Se puede decir que casi nos sometió a un interrogatorio. Luego, tras la ronda de preguntas, nos invitó también a acompañarlos en el ascenso.

—Pueden subir conmigo si quieren, conozco un lugar donde podemos dormir arriba en el templo y levantarnos temprano para ver el amanecer —nos ofreció.

Ese plan nos convenció del todo, ya que no nos sabíamos muy bien el camino y la idea de pernoctar arriba en el templo nos pareció una magnífica idea.

Nosotros estábamos sin descansar aún del largo viaje en guagua pública hasta allí, pero el monje y la familia, que habían llegado en transporte privado, iban a salir esa misma noche, es decir, en unas pocas horas. El plan era llegar arriba de madrugada, dormir un poco y levantarnos antes de que el sol saliera, para, de esta manera, ver amanecer desde la cima como dice la tradición y así ser bendecidos en nuestro viaje.

Dejamos nuestras cosas bajo llave en la habitación del hostal y empezamos la caminata hasta la cima de la montaña. Eran aproximadamente las ocho de la noche cuando comenzamos el ascenso desde el pueblo de Dalhousie. Tras cruzar unas enormes puertas de cemento que daban la bienvenida a los peregrinos y recibir las bendiciones de algunos monjes budistas que se apostaban a un lado del camino ofreciéndote pulseras de la suerte y collares, empezamos a enfilar la montaña como tal. El Pico de Adán es una montaña de unos dos mil quinientos metros de altura, coronada por el templo en su parte más alta, al que se accede tras ocho kilómetros y unos casi cinco mil seiscientos escalones. Cosa de la cual nosotros no teníamos ni idea, sinceramente.

Al principio del camino, íbamos todos juntos y confiados, escuchando algunas de las maravillosas historias que el monje nos contaba acerca de la vida en el monasterio y sus quehaceres diarios allí, mientras recorríamos los primeros kilómetros prácticamente llanos de la montaña. Íbamos parando cada cierto tiempo, a tomar un té caliente y conversar animadamente o para visitar algunos de los templos o santuarios que encontrábamos por el camino. El punto de inflexión del ascenso llegaría cuando nos paramos a descansar en el conocido como «río sagrado», en el cual los peregrinos más osados se daban un chapuzón en sus congeladas aguas de montaña, desafiando de esta manera al frío abrazo de la madrugada, que ya teníamos prácticamente encima. Allí vimos la magnitud de aquella peregrinación. Ancianos, niños, hombres y mujeres descalzos…, todos querían llegar al templo. Lo curioso es que casi todas las religiones estaban presentes en la montaña: budistas, queriendo ver la huella de Buda en la tierra, y cristianos e islamistas, queriendo llegar a donde los escritos y la leyenda dice que Adán pisó la tierra por primera vez. Nosotros, tras mojarnos tímidamente la cabeza y las manos, como nos indicó el monje, para purificarnos y ser dignos de acceder al templo, proseguimos con el ascenso.

Poco a poco, paso a paso y minuto a minuto, el camino se iba complicando. Enormes e interminables escaleras, en ocasiones casi perpendiculares y con escalones de todos los tamaños posibles, nos ponían a prueba. El grupo empezó a disgregarse a medida que íbamos ganando altura, ya no sabíamos dónde estaban ellos, y en las escaleras cada vez era más fácil ver a gente sentada cogiendo fuerzas para poder seguir. El monje budista se había perdido escaleras abajo junto con la madre de los niños. El padre, por su parte, parecía haber cogido fuerzas y, con el más pequeño a la espalda, parecía subir a buen ritmo las infinitas escaleras.

Los puestos de té eran cada vez más escasos, seguramente por la falta de espacio y la forma del terreno casi vertical a estas alturas del sendero. Decidimos hacer una pausa para calentarnos en el primer puesto de té que vimos tras casi dos horas sin ver nada más que escalones y gente. Allí dentro nos topamos de nuevo con el padre recuperando el aliento como podía y con los niños sentados en el suelo del improvisado local de té. No debía ser fácil subir con uno de ellos a la espalda y empujando con ánimos al otro. Tras calentarnos lo suficiente para continuar, los dejamos atrás para no enfriarnos mucho y seguimos con el ascenso, ya empezábamos a ver las luces del templo al final del camino.

—Un último tirón —nos decíamos para animarnos.

El dolor en las piernas era notable, no es lo mismo subir poco a poco mientras se avanza caminando que hacerlo escalón tras escalón, y menos para alguien tan poco acostumbrado al senderismo como nosotros, con el frío y con la humedad que calaba nuestra ropa para nada apta para este tipo de ejercicios.

La última escalera que accedía al templo atravesaba las habitaciones donde residían los monjes. Al final del todo, tras abrirnos paso entre la multitud que estaba allí descansando después del largo viaje, pudimos acceder al lugar exacto donde estaba la huella gigante de Buda y donde la leyenda dice que Adán pisó la tierra por primera vez. Se trataba de una pequeña estructura completamente acoplada a las rocas, de color blanco impoluto y con el tejado dorado como el sol, coronando la parte más alta de la montaña. Dentro de la misma, vimos la enorme huella de Buda llena de flores y ofrendas que le habían traído desde todas partes del mundo. La gente meditaba en la diminuta plaza que rodeaba el templo o simplemente caminaba en silencio dando vueltas alrededor. Poco a poco iban llegando más y más peregrinos, mientras otros, en cambio, empezaban ya a bajar de nuevo montaña abajo, pero de momento ni rastro del monje o de la amable familia.

No tardamos mucho en darnos cuenta de que estábamos solos. La idea de dormir en una habitación calentita junto con la familia y el monje era ya solo un recuerdo en nuestras cabezas. Realmente hacía frío esa noche allí arriba, quizás porque nuestras ropas no eran lo suficientemente apropiadas o simplemente porque estábamos a casi dos mil quinientos metros de altura en plena madrugada, pero estábamos congelados. Teníamos dos opciones: o bajar de nuevo, cosa a la que las piernas y todo el cuerpo se negaban rotundamente, o buscar un sitio cobijado donde poder dormir y calentarnos por allí.

No nos resultó muy difícil encontrar un lugar donde dormir. Justo debajo del templo, tallado dentro de la roca también, había un corredor que daba la vuelta entera a toda la cima de la montaña. En el interior de este, cientos de personas se apelotonaban unos contra otros, tapados con mantas, sacos y cartones para protegerse del frío. Nosotros, también cargados con varios cartones que repartían en una de las entradas del pasillo para que hicieran a su vez de aislante del frío suelo de cemento, caminamos entre la muchedumbre con mucho cuidado de no hacer ningún ruido y despertar a aquellos que ya dormían, para buscar donde poder ponernos. Justo en la mitad del corredor, encontramos nuestro sitio donde poner nuestros cartones y poder pasar así la noche. Cierto es que allí dentro, seguramente debido al gran número de personas y a que estábamos todos juntos, no se notaba tanto el frío.

Al cabo de un buen rato, vimos pasar a nuestro amigo el monje, el cual no mostró demasiada ilusión por vernos de nuevo arriba. Tan solo se apresuró a decirnos en voz muy baja:

—Abrigaos bien, el amanecer será dentro de muy poco —señaló antes de proseguir su camino a la salida del pasillo.

No le preguntamos nada acerca de ese lugar caliente para dormir del que nos había hablado al principio del camino, simplemente no nos pareció justo para con nuestros compañeros de pasillo. Pasamos la noche rodeados de fieles ceilandeses y tratando de mantener el calor como podíamos. Unos minutos antes del amanecer, un ruido se iba haciendo cada vez más y más fuerte en el interior del pasillo. Los fieles recogían sus cartones y pertenencias, para dirigirse al exterior y poder coger así un sitio privilegiado donde ver el amanecer.

Siguiendo la corriente, recogimos y fuimos a buscar el nuestro. Probamos en cada esquina del templo, en cada roca; todas estaban ya cogidas. El cielo cada vez era más naranja, pero nosotros no podíamos verlo en primera fila con claridad. En esas, un grupo de monjes que salían de sus habitaciones dejaron abierta una pequeña puerta de metal y nos dieron acceso directo a un balcón que miraba de frente al amanecer y a toda la vista de la montaña. No fuimos los únicos en darnos cuenta de esa nueva vía, pues un grupo de fieles corrió hacia la puerta para llegar al balcón los primeros. Al final, tanto ellos como nosotros pudimos hacernos con un hueco y disfrutar de las increíbles vistas ya anaranjadas por los rayos del sol saliente, mientras éramos bendecidos por la luz del nuevo día.

Nos apresuramos a empezar a bajar la montaña, pues teníamos bastante hambre, frío y estábamos cansados de no dormir apenas nada. Los primeros escalones estaban llenos de fieles que, parados y en silencio, contemplaban aún el cielo desde donde estaban. Era una sensación rara caminar y abrirse paso entre todas esas personas paradas y en silencio en mitad de la escalera. Los escalones se hacían difíciles de sortear con el cuerpo molido de dormir prácticamente en el suelo y del frío de la noche. A cada paso que dábamos se nos resentían las piernas un poco más.

El descenso fue incluso peor que la subida, habíamos olvidado todo lo que habíamos subido el día anterior. Los escalones se clavaban en las rodillas y muslos, teniendo que parar varias veces para no cargarlos demasiado. Ya no nos deteníamos a tomar té o hablar con otros peregrinos, solo queríamos llegar cuanto antes al pueblo. Nadie hablaba, nadie decía nada. La bajada, con el sol ya encima y las rodillas ardiendo, se nos hizo eterna.

Llegamos al pueblo casi cuatro horas después de salir del templo. Hambrientos y como zombis dirigidos por nuestros impulsos más primitivos, dimos buena cuenta del primer lugar de comidas que vimos abierto al llegar a Dalhousie, devorando como si hiciera días que no comiéramos, cosa que no iba muy desencaminada. Después, llegamos al hostal donde habíamos dejado las cosas. Ni rastro de nuestros amigos o del monje. El dueño nos dio dos opciones: pagábamos una noche más o nos teníamos que ir casi de inmediato. Ya no parecía tan simpático como el día anterior, aunque también era comprensible, pues querría tener habitaciones libres para alquilar a la siguiente horda de peregrinos que irán llegando a lo largo del día para subir al Pico de Adán.

Sin preguntarle a nuestras piernas y sin calcular bien las distancias y lo difícil de moverse por esas alturas, decidimos dejarles una nota de agradecimiento con nuestro contacto de *email* a la familia y el monje, para, de esta manera, poner rumbo a Haputale, nuestro próximo destino en las montañas.

Fuera o no fuera ese nuestro gran error, no descansar antes de seguir, lo cierto es que tardamos casi un día entero en llegar hasta allí. Tras la eterna guagua, un tuk-tuk y mucho caminar, llegamos finalmente a este frío pueblo de montaña en donde pareciera que no había absolutamente nada para el turista o viajero normal, pero que tenía la auténtica esencia de las montañas de Sri Lanka. Caminar por este pueblo era como hacerlo por un lugar totalmente distinto a lo que habíamos visto antes en la isla, literalmente hablando. Niebla, frío y llovizna parecían ser la tónica habitual por allí. Entramos en el único restaurante que vimos abierto en todo el pueblo, allí solo servían unas sopas cargadas de fideos, grasa y verduras.

—¡Lo mejor para entrar en calor! —nos gritaron sonrientes.

Era cierto, pues tras comerlas, estábamos ardiendo por dentro y acalorados por fuera. También encontramos un pequeño mercadillo local, donde compramos unas chaquetas y un chubasquero que jamás pensaríamos que necesitaríamos en la isla.

Las verdaderas razones por las que habíamos elegido el pueblo de Haputale eran: primera, ver de cerca las enormes plantaciones de té de Lipton, a unos pocos kilómetros de allí, y perdernos un poco por la montaña de paso, y la segunda razón, montarnos en el que llaman el tren más bonito del mundo, que recorre las montañas del centro de Sri Lanka entre precipicios, cascadas y naturaleza salvaje.

Para lo primero, habíamos llegado al lugar adecuado. Hicimos una visita de ida y vuelta de un día de duración, con una caminata de unas cuantas horas entre las plantaciones de té, conociendo de cerca a sus duros y sufridos trabajadores. Estos cobraban diariamente por kilo recogido, es decir, se perdían día tras día entre las distintas partes de la enorme plantación de té cargados con un saco y un cuchillo, seleccionando y cortando las mejores hojas, para después llevarlas cargando en su espalda hasta la fábrica.

Para lo segundo, nos habíamos equivocado y por mucho de lugar. Se trataba del tren que iba hasta Ela, no el que íbamos a coger nosotros, que iba desde Haputale, donde nos encontrábamos, hasta Nanu Oya; pero lo cierto es que, pese a todo, una vez cogimos ese tren y aun sin saber que estábamos equivocados de origen y destino, fue realmente impresionante. Recorrimos kilómetros y kilómetros de vías de tren atravesando varias montañas, altísimos puentes de madera que temblaban a nuestro paso, túneles, árboles inmensos… Antes de llegar a nuestro destino final y descubrir lo equivocados que estábamos.

El frío había hecho mella en nosotros, la montaña nos había descubierto una Sri Lanka que desconocíamos por completo, llena de pueblos únicos e increíblemente auténticos, pero ya era hora de volver a nuestro medio natural, la playa y el mar. Desde Ela, nos fue imposible conseguir llegar hasta Kuchchaveli, un pueblo en la costa y lugar desde el cual queríamos empezar a bajar hacia el sur. No había transporte o forma barata de llegar hasta allí.

Decidimos entonces cambiar de planes: empezaríamos desde Trincomalee, hasta donde sí podíamos llegar en guagua desde Ela, y una vez allí, iríamos primero a recorrer el norte, hasta Kuchchaveli, y luego volveríamos para seguir avanzando hasta Arugam Bay, donde sí esperábamos encontrar buenas olas.

Trincomalee

Trincomalee era conocida en toda Sri Lanka por ser punto habitual de avistamiento de grandes ballenas y delfines, pero lo que nosotros estábamos buscando estaba un poco más al norte y lejos, sus largas y agitadas playas desiertas. Nada más llegar, después de encontrar un buen lugar donde dormir y dejar nuestras cosas, alquilamos una moto y recorrimos los alrededores del hostal buscando tener una primera impresión de la zona en la que estábamos.

Esta caótica y pequeña ciudad costera estaba fuera del radar para casi cualquier turista que viaja al país. Aprovechamos el día para visitar el templo Thirukoneswaram, en donde, tras subir una pequeña colina con vistas a toda la ciudad, un enorme Shiva de varios metros de altura nos dio la bienvenida y, de paso, tratar de ver alguna ballena por la costa si el mar y el tiempo nos lo permitían, claro está, cosa que no ocurría hoy. El viento era fuertísimo y el mar, encrespado y oscuro, se agitaba nervioso de lado a lado mecido por el incesante viento. Un muy mal presagio para nuestro objetivo.

Al día siguiente nos levantamos casi amaneciendo, queríamos salir cuanto antes, pues según nuestros cálculos, necesitaríamos unas ocho horas en total para el viaje de ida y vuelta hasta Kuchchaveli. Tras dejar atrás la ruidosa y concurrida ciudad, condujimos varias horas por la única carretera que va paralela a la costa, recorriendo la isla de norte a sur por su lado este. Al momento, empezamos a ver largas playas de arena marrón como la tierra del bosque, azotadas duramente por el viento y castigadas duramente por las olas.

—Tal y como lo habíamos pensado ayer en el templo —le dije a Beni.

El viento era tan fuerte y cambiante que imposibilitaba la formación de cualquier tipo de ola más o menos potable para que yo pudiera probar suerte con mi tabla. Ya sabíamos que este lado de la isla alcanzaba su mejor versión a mediados de mayo y junio, con fuertes olas que baten toda la costa, por lo que nosotros habíamos ido totalmente fuera de temporada, pero no nos íbamos a rendir tan fácil. Ya estábamos allí, habíamos llegado dejándonos llevar tras visitar Madagascar e India, era nuestro momento y teníamos que seguir insistiendo. Aparte de todo eso, ya teníamos otros planes para esos meses específicos.

El camino en moto se hacía cruzando enormes puentes de metal, bordeando ríos, atravesando pequeños asentamientos pesqueros… Pero el viento no amainaba. La carretera se fue transformando poco a poco y casi sin darnos cuenta en un camino de tierra que se adentraba por extensos prados que discurrían paralelos al mar. La Sri Lanka más salvaje volvió a mostrarse de nuevo. Manadas de búfalos salvajes caminaban por la carretera de arena totalmente libres y ajenos a nosotros, que habilidosamente y sin molestarles mucho los esquivamos como buenamente podíamos, sabiendo del peligro que corríamos si uno de ellos se sintiera acosado. Un grupo de ciervos pastaba también a lo lejos pendientes de nuestros movimientos. De repente estábamos inmersos en la mismísima naturaleza, solo con mar, plantas, árboles y animales rodeándonos por todos lados. Aún no habíamos visto ni una ola decente, no pareciera tampoco que la íbamos a encontrar por allí, pero aquella escena de naturaleza tan salvaje y real nos valía como recompensa.

Decidimos darnos la vuelta tras casi cinco horas de travesía en moto solo de ida. No sabíamos muy bien si habíamos pasado ya Kuchchaveli o dónde estábamos exactamente, pero no quedaban sino unas horas para que empezara a oscurecer y queríamos volver a Trincomalee antes de que eso pasara, por lo de las locas guaguas y camiones que transitan por las carreteras de toda Sri Lanka, con la fea costumbre de ir a tope y no parar ante nada ni nadie. Comimos para coger un poco de fuerzas en un pequeño local situado en un cruce del camino y, desde ahí, emprendimos el camino de vuelta.

Eran alrededor de las diez de la noche cuando, finalmente, llegamos a nuestro hostal de Trincomalee. Los dueños ya se habían puesto un poco nerviosos por nuestra tardanza, pues no les habíamos avisado de nuestro recorrido y se preocuparon por si nos había pasado algo a nosotros o a la moto que les habíamos alquilado. Tras disfrutar de la cena fría que amablemente nos habían guardado para nosotros aunque llegáramos tarde, ya era hora de descansar y tratar de recobrar fuerzas para volver a salir a explorar mañana.

Al día siguiente, el plan era investigar un poco con la moto y encontrar la manera de empezar a viajar hasta Arugam Bay, situado más en el sur, recorriendo toda esa costa, pero visto lo que habíamos visto el día anterior, nos pensamos seriamente abandonar esa idea e ir directos a Arugam Bay, donde sabíamos que las condiciones para el surf y el viento serían mucho mejores. Con nuestra moto recorrimos unos cuantos kilómetros de esta carretera, pero dirección sur, hasta que descubrimos que, realmente, el mar y la costa cada vez quedaban más lejos, adentrándose mucho en el interior e imposibilitando comprobar *in situ* las condiciones de cada playa. Esto se debía a que, dado lo difícil del terreno por esta parte de la isla, con pantanos, lagos y enormes ríos por todos lados, la carretera cada vez se tenía que adentrar más y más tierra adentro para poder esquivarlos, dejando el mar a nuestra espalda. Sería en ese momento cuando, finalmente y un poco desanimados, decidiríamos que lo mejor y más sensato era saltarnos toda esa parte e ir directos en transporte público a Arugam Bay para ganar tiempo y poder estar varios días más.

Entregamos nuestra moto y nos fuimos del hostal en Trincomalee antes de lo previsto. Desde allí teníamos que emprender un largo y pesado viaje en transporte público con varios transbordos antes de llegar a nuestro destino, por lo que nos aprovisionamos de suficiente comida y agua y nos pusimos en camino. La guagua que nos llevaba hasta allí iba hasta los topes, pero el conductor parecía no tener reparos a la hora de acelerar a fondo en cada oportunidad que tenía para ello. Llegó un punto tal en el que la gente colgaba, literalmente hablando, de la puerta y de las ventanas delanteras de la guagua, iba tan llena que era prácticamente imposible para el cobrador moverse y coger el dinero de los *tickets* de cada pasajero que entraba nuevo a la guagua. Lo más curioso era que cada una de las personas que iban de pie en aquel pasillo o agarradas a las barras del techo de la guagua le daba su bolso, caja, maleta o lo que fuera que llevara consigo encima a la persona que estaba sentada a su lado para que se lo cargara, era algo muy usado y normal, nadie allí dentro parecía quejarse aunque llevara tres o más bolsos encima. Beni, con casi cinco bolsos encima y una caja en los pies, no podía ser menos. Al cabo de un par de buenas horas metidos y hacinados allí dentro, hicimos transbordo a otra guagua que nos llevaría definitivamente a Arugam Bay, esta vez mucho más vacía y tranquila, lo que nos hizo temer por un fácil y rápido regreso a Colombo cuando lo necesitáramos.

Arugam Bay era el nuevo descubrimiento de surf en Sri Lanka, famoso por sus grandes olas en la temporada correcta. Cientos de turistas dejan por unos días el confort de sus hoteles en el sur de la isla y vienen hasta aquí a probar sus salvajes olas. Por lo general, no estaban mucho tiempo, la fiesta, los bares y todas esas cosas que atraían a la gran mayoría de ellos aún no habían hecho estragos por aquí. Nosotros llegamos fuera de temporada y lo notábamos, todo estaba vacío o cerrado, y la mayoría de los hostales, pese a no ser muchos, no tenían a nadie trabajando o estaban en obras. Preguntamos en los pocos que vimos abiertos y todos nos resultaban carísimos, sobre todo teniendo en cuenta nuestra precaria situación económica. Finalmente, tras mucho regatearle a uno de ellos prometiéndole que no usaríamos el termo de agua caliente y que alquilaríamos su moto, conseguimos un muy buen precio para pasar allí una semana entera buscando olas.

Arugam Bay, exceptuando la zona de playa donde nos quedábamos y donde se concentraban todos los alojamientos, estaba aún totalmente salvaje y virgen. Con muchas zonas aptas para el surf, posibles bajas, enormes playas y casi delimitando con el parque natural Kumana, donde viven leopardos, cocodrilos, elefantes, serpientes y muchísimos otros animales salvajes y en libertad. Arugam Bay lo tenía todo para nosotros. Lo de salvaje se podía notar nada más salirse un poco de la zona turística. Algunas casas tenían cercas electrificadas para que no entrara ninguno de estos animales y les destrozaran todo. En muchas de las plantaciones de arroz o cereales que se veían por allí, había lo que ellos llamaban la «patrulla elefante», un grupo de granjeros que se iban rotando por turnos para hacer noche en una especie de torre en mitad del cultivo y que vigilaba durante todo el tiempo que no apareciera ningún elefante por la zona a comerse sus cosechas. Un solo elefante puede acabar en tan solo unas horas con el trabajo de meses de muchas familias. Cuando esto sucedía, el vigía avisaba rápidamente a sus compañeros, que acudían con calderos, petardos o, en algunas ocasiones, hasta con fuego para espantar al paquidermo.

Delante de nuestro hostal salía una pequeña y suave ola orillera que rompía sobre la fina y amarilla arena de la playa de Arugam Bay. Seguramente, con un buen *swell* y la fuerza adecuada, se podrían ver por aquí buenas series romper en la playa, pero eso solía suceder entre los meses de mayo o junio y nosotros no podíamos quedarnos por allí más de lo previsto, por lo que, con nuestra moto, pronto empezaríamos a movernos cada vez un poco más y más lejos en las diferentes direcciones posibles a explorar.

Habíamos leído que a unos pocos kilómetros al norte de la playa donde nos encontrábamos, había una ola conocida como Whisky Point, que solía salir bastante a menudo y casi todo el año. Después de un día de descanso y comiendo bien, emprendimos el viaje para tratar de encontrarla.

El camino pasaba por la pequeña ciudad de Arugam Bay, en donde había un minisupermercado y varios comedores locales con típica comida hindú, ambos perfectos para poder ayudar a nuestra ya maltrecha y escasa economía. En el comedor podíamos almorzar o desayunar arroz y cualquier otra cosa que tuvieran disponible por muy poco dinero, y en el supermercado, por el contrario, comprábamos yogures, pan de molde o agua para la cena en casa o para el almuerzo si queríamos irnos de excursión todo el día. Tras salir de la ciudad y dejarla varios kilómetros a nuestras espaldas, empezamos a meternos por un camino de tierra que atravesaba literalmente unas huertas enormes con apariencia de no tener nada plantado en ellas, pero lo que sí tenían eran decenas y decenas de aves y pájaros de la zona revoloteando sobre nosotros y por todas partes. Tras un par de vueltas y carambolas que dimos conduciendo nuestra moto tratando de dar con la playa y la ola, cruzando por las únicas casas que había, encontramos la vereda —porque aquello no era ni camino ni sendero ni nada parecido— que llegaba hasta la playa.

La vista no nos alcanzaba para abarcar toda la playa que teníamos justo delante de nosotros. Hacia ambos lados, esta se extendía sin nada que no fuera vegetación, arena y mar hasta llegar al horizonte de nuestra vista. Tan solo algunas pequeñas chabolas de madera, imaginamos que refugio de los pescadores que salían por esas costas a faenar, llamaban la atención entre estas tres cosas. Daba la impresión de que estábamos completamente solos en muchos kilómetros a la redonda, era una sensación de libertad tal que, de nuevo, para nosotros al menos, le daba sentido a toda esta locura de viaje en busca de nuevas olas. Me puse las aletas y la licra y salté al agua sin pensarlo ni dos veces. Las olas eran cortas y desordenadas, pero muy divertidas, como casi todas las olas de arena que habíamos visto hasta ahora. Teniendo en cuenta que no había nadie más en el agua y que todas las olas que llegaban eran única y exclusivamente para mí solo, una vez más, ya había merecido la pena llegar hasta aquí.

Después de unas horas de surf, vi que Beni venía de vuelta tras haber caminado un buen tramo hacia un extremo de la playa. Pero no venía sola, dos pequeños perros venían siguiéndola tímidamente a una corta distancia. Enseguida sacamos las galletas y el agua que teníamos en nuestra maleta y casi de manera automática, los perros pasaron a ser nuestros mejores amigos. No creo que fuera fácil para ellos encontrar comida por allí, seguro que venían de algún poblado pesquero cercano y al oler la comida o el nuevo olor de Beni se acercaron a curiosear.

Llamaba la atención que uno de ellos, el más pequeño de los dos, tenía la cara llena de unas miniarañas negras que le recorrían toda la cabeza y el hocico. Lo intentamos, pero no se dejaba coger, ni mucho menos tocar. Tratamos de conseguir que confiara en nosotros ofreciéndole comida para tratar de quitárselas con agua o con en el mar, pero fue imposible.

Ya por la tarde, cuando el sol no era tan fuerte, ambos fuimos caminando todo lo que pudimos hacia el otro extremo de la playa, donde parecía que se formaba otra ola que quizás se podría surfear también. Por el camino, la sensación de libertad y de estar completamente solos por kilómetros volvió a estar presente. El pico no era lo que esperábamos, tenía mucha corriente y rompía muy cerca de una zona con grandes rocas.

—No tienes necesidad de jugártela por esa pequeña ola —me dijo Beni.

Tras estar un rato más en la playa, nos fuimos de allí casi de noche, prometiéndoles a nuestros amigos que volveríamos al día siguiente para darles de nuevo comida y agua y para también, de paso, disfrutar de aquella ola y la enorme playa una vez más antes de irnos a explorar otras zonas.

Al día siguiente por la tarde, después de pasar todo el día surfeando y jugando con nuestros dos nuevos amigos en Whisky Point, como prometimos, y completamente enamorados de aquella Sri Lanka que habíamos encontrado en Arugam Bay, nos sentamos para hacer números seriamente.

Nuestra economía hacía aguas por todos lados, estábamos dentro del presupuesto diario que fijamos tiempo atrás y para el resto del viaje, pero, aun así, los números eran muy claros: con lo que teníamos ahora mismo, podíamos seguir viajando a este ritmo, mezclando algún voluntariado o trabajo a cambio de comida y cama, unos dos meses más, aproximadamente. Era difícil y triste asimilar que nuestra aventura, nuestro sueño, todo podía terminarse por culpa del dinero.

Después de esa tarde, dejamos claras dos cosas. La primera, si queríamos seguir viajando, nuestro próximo destino tenía que ser un lugar donde pudiéramos encontrar trabajo remunerado; si no, nos tendríamos que ir a casa y pidiendo dinero. La segunda cosa, nos gustaba esta forma de vida y tras todos estos meses de viaje, no nos íbamos a rendir tan fácil.

Curiosamente, esa noche cuando fuimos a la ciudad en busca de comida callejera o un comedor local barato donde cenar, vimos un local en la carretera principal que se estaba alquilando.

Simultáneamente, ambos dijimos en voz alta:

—Nos queda poco dinero para seguir viajando, nos gusta Sri Lanka y aquí, en temporada, podríamos sacar algo de dinero para sobrevivir e ir tirando el tiempo que quisiéramos permanecer en la isla. Un local de tortillas para llevar —propuso Beni.

Yo, en cambio, era más conservador y quizás más vago, por lo que pensé: «Surf y playa… Claramente, escuela de *bodyboard*, alquiler de tablas, guía de olas, etc.». Contactamos, tras mucho preguntar por la zona, con el dueño del local y fijamos ir a verlo al día siguiente por la tarde, después de volver de explorar.

Muy temprano al día siguiente, cogimos la moto y fuimos a intentar dar con la que algunos conocían como Crocodile Point y Elephant Point, dos olas que salían un poco más al sur, justo detrás de la bahía de Arugam. Calculando las distancias, después de dejar atrás la esquina sur de la bahía, empezamos a buscar el camino hasta la playa. De momento no dábamos con el camino, eso sí, cada vez estábamos más cerca de la reserva natural y se notaba. Carteles de «precaución elefantes salvajes» iban sucediéndose por la carretera. Preguntamos a los pocos ceilandeses que veíamos y solo uno de ellos, un señor mayor que descansaba bajo la sombra de un enorme árbol tras una dura jornada de trabajo, parecía saber dónde estaba el camino para llegar a esa playa.

—¿Ven los arbustos de allí delante en la esquina? Por ahí está la vereda. Atravesadlos y verán dónde empieza el camino que lleva a Elephant Beach —dijo totalmente convencido de lo que hablaba.

Efectivamente, buscando entre los arbustos que nos dijo el buen hombre, vimos un lugar por donde pasar nuestra moto. Detrás de los enormes arbustos, un serpenteante y estrecho camino de tierra iba sorteando y abriéndose paso entre toda una suerte de arbustos, árboles y piedras hasta llegar a la supuesta playa donde estaría la ola. Era difícil mantener el equilibrio en la moto, dado que gran parte del camino estaba anegado de agua y embarrado por las lluvias de los días anteriores. Pese a todo esto y para nuestra sorpresa, pudimos ver algunos excrementos de elefante bastante recientes a lo largo del camino, indicándonos que íbamos en la dirección correcta.

De repente, casi llegando a la mismísima arena de la playa, empezaron a aparecer y sucederse enormes e increíbles pisadas de elefantes tanto en el camino como en la arena de la playa. La búsqueda de olas quedó en un segundo plano, nos habíamos convertido en buscadores de elefantes salvajes. Nos imaginábamos un encuentro casual y totalmente natural con uno de ellos y se nos ponían los pelos de punta. Todas las señales que habíamos visto en la carretera, los excrementos recientes por el camino, las pisadas… Todo nos indicaba que podía pasar en cualquier momento. No miramos para el mar ni un segundo a ver si, efectivamente, había olas o no, dejamos la moto a un lado, cogimos nuestras cosas y fuimos siguiendo las pisadas que acababan en unas rocas enormes que estaban al final de la playa.

Entre esas rocas, vimos un excremento que, pese a no ser expertos en el tema, se notaba que no podía tener más de unas horas. La emoción iba creciendo paralelamente a nuestra imaginación. Trepamos a la roca más alta como pudimos para otear el horizonte, pero no hubo suerte. Habían desaparecido entre la maleza. El elefante de Sri Lanka no es el más grande de su familia, por lo que le resulta bastante fácil camuflarse entre lo tupido y denso de la jungla.

Después de un rato sin ver nada parecido a un elefante por allí, nos dio por mirar al mar. Al otro lado de la playa, una derecha espumosa, sin tubo, rompía solitaria en la orilla. Sin pensarlo mucho, salté enseguida a probarla, sin quitar ojo de la maleza por si los elefantes decidían volver a la playa. Estuvimos todo el día por allí, entre olas, baño y caminando de un lado a otro, pero ni rastro de ellos. El sol empezó a caer y era momento de volverse a casa, no solo por la cita que teníamos con el dueño del local, también porque no era buena idea atravesar aquel camino hasta la carretera principal a oscuras y tan embarrado como estaba.

Ya en nuestro hostal, un jovencísimo chico nos esperaba para ir a ver el local que pretendíamos alquilar como negocio. Como sospechábamos, el local no era de él, era de un adinerado ceilandés, afincado en Colombo y que tenía propiedades repartidas por toda la isla, esta entre ellas. El joven tenía permiso para negociar con nosotros, pero solo ciertas cosas; otros temas debían ser hablados y confirmados antes con el auténtico propietario. El local era mejor de lo que pensábamos, con una buhardilla arriba donde poder poner una cama para dormir y con espacio suficiente en la primera planta para montar una cocina de gas y preparar las tortillas. Todo parecía perfecto para nuestros planes, pero pronto nos dimos cuenta de que había algunos inconvenientes insalvables para nuestro objetivo. El primero era que no tenía licencia del Gobierno para poder montar un negocio de comida dentro, por lo que, si finalmente íbamos a hacer el negocio de las tortillas, primero deberíamos ir a Colombo y hacer todas las diligencias pertinentes para conseguir dicho permiso, con lo complicado que es para un extranjero meterse en estos tipos de menesteres en cualquier país extranjero. El segundo problema era que el techo estaba roto, con algunas humedades importantes y algunas entradas de agua que necesitaban ser reparadas de inmediato. Y el último y más importante de todos los problemas era el elevado precio que nos pedía por el alquiler.

Avisados estábamos de que este tipo de intermediarios, con todo el derecho del mundo por las molestias, suelen incrementar el precio del inmueble para, de esta manera, llevarse un extra, pero como dijimos al principio, nuestra economía no estaba para ningún tipo de excepciones. La negativa del joven se vio vencida por nuestra insistencia y finalmente accedió a llamar al verdadero dueño. El hombre se notaba acostumbrado a los negocios y no pareció importarle nada de lo que nosotros le decíamos. Nos escuchó casi sin decir nada y, acto seguido, pidió que le pasáramos al chico nuevamente el teléfono. Después de un rato de conversación, colgaron y lo único que nos dijo fue:

—Lo siento, es la última oferta.

Con esas últimas palabras, se esfumó nuestra idea de vivir allí una temporada y, de paso, también nos dimos cuenta de que, viendo lo visto, era mejor no darle nuestros últimos ahorros a este señor.

Con el disgusto ya mucho más digerido y empezando a asumir que, tristemente, nuestro viaje llegaría a su final más pronto de lo que pensábamos, al día siguiente muy temprano salimos a perdernos carretera hacia el sur en busca de elefantes salvajes y quizás, si teníamos suerte, algunas olas que pudiéramos surfear. Queríamos llegar hasta Okanda, pueblo este ya casi dentro de la mismísima reserva natural, pasando antes por Panama, localidad industrial a unas horas de Arugam Bay, donde también pensábamos que podíamos encontrar alguna ola decente donde tirarme con el *buggy*.

Unas cuantas horas más tarde, después de haber dejado atrás desde hacía tiempo la bahía de Arugam y habiendo atravesado ya unos cuantos puentes desde los cuales pudimos ver enormes manadas de búfalos de agua caminar y pastar tranquilos por las orillas de los ríos que íbamos cruzando, llegamos finalmente a Panama. Esta era una pequeña ciudad industrial, con fábricas y camiones cargados moviéndose por todos lados.

En su playa, volvimos a encontrarnos con nuestros antiguos fantasmas del pasado, la corriente y el fortísimo viento aparecían de nuevo. Lo más curioso era que, aparentemente, ocurría solamente allí, en ese punto, pues por el camino no había ni rastro de viento. El mar estaba enormemente agitado y de un color marrón oscuro debido a un enorme puerto que estaban construyendo cerca de donde estábamos mirando. La carretera que llegaba hasta la playa estaba también en obras y no podíamos movernos muy bien por la costa, así que cuando vimos el panorama, decidimos darnos la vuelta y poner rumbo directo a Okanda, en el extremo más sur de la isla.

Casi dos horas después, llegaríamos al final de la carretera asfaltada y un enorme cartel indicaba que nos adentrábamos en la reserva natural Kumana. El mismo cartel advertía también de los muchos peligros que podíamos encontrarnos si decidíamos continuar por ese camino, como animales salvajes, inundaciones o cortes en la carretera. Quizás no lo pensamos lo suficiente, pues nos había costado mucho llegar hasta allí y no teníamos pensado darnos la vuelta hasta llegar, al menos, a la playa que estaba unos pocos kilómetros más adelante. Al fijarnos un poco más detenidamente, vimos la silueta en forma de huellas de lo que parecían pisadas de enormes elefantes salvajes marcadas muy cerca del camino en que estábamos parados ahora mismo. Esa fue la señal que terminó de convencernos de seguir avanzando con nuestra moto hasta llegar a la playa.

La pista empezaba a adentrarse en la reserva natural, atravesando pantanos, árboles enormes y espesos matorrales. Al cabo de una hora y media de recorrido serpenteante, abatidos por la tensión de conducir por esa carretera llena de baches y piedras, junto con el ardiente sol del mediodía castigándonos sin piedad sobre nuestras cabezas, decidimos parar un rato y descansar. Un frondoso árbol situado en una pequeña franja elevada de tierra a un margen de la pista nos pareció el lugar perfecto para sacar nuestras botellas de agua y descansar un poco antes de proseguir. Justo enfrente de nosotros, un verdoso pantano y un grupo de ciervos salvajes jugando y pastando tranquilos en la otra orilla.

—Qué lugar tan bonito, ¿verdad? —le dije a Beni, antes de tumbarme en el sedoso césped debajo del árbol.

De esas cosas que pasan que dices luego: «¿Cómo me pudo pasar esto a mí?». Pues algo parecido nos sucedió a ambos cuando, vencidos por el cansancio, casi nos quedamos dormidos debajo de ese árbol. Yo ya casi me encontraba dormido cuando Beni exclamó:

—¡Corre, levántate! ¡Rápido!

Al incorporarme y ver dos enormes ojos negros que estaban acercándose sigilosamente a menos de tres metros de nosotros, no pude más que salir corriendo de allí como pude, dejando casco, maleta y todo en el suelo, tan solo agarrando a Beni de la mano para que corriéramos juntos. Quizás ese cocodrilo no hubiera sido capaz de subir la pequeña pendiente que formaba la franja de arena o tal vez sí, solo sabemos que si no llega a ser por Beni, siempre con un sexto sentido activado que se levantaba a vigilar que todo estaba en orden por allí, quizás el susto hubiera sido peor y quién sabe cómo habría acabado la cosa.

Luego, desde lejos y usando el *zoom* de nuestra cámara de fotos, comprobamos que el cocodrilo se dirigía ahora a la otra orilla, donde estaban los ciervos jugando, imaginamos que para ver si pillaba alguno despistado cerca del agua. Cogimos nuestras cosas del suelo y salimos pitando de aquel pantano con la lección aprendida y comprobando una vez más lo realmente salvaje que era Sri Lanka.

Emprendimos el camino hasta llegar a la playa de Okanda. También allí estaba la entrada oficial a la reserva, donde se pagaba y accedías con el todoterreno al parque natural, pero como comprobamos unos kilómetros atrás, nada frenaba la vida salvaje. La playa de Okanda estaba llena de huellas de elefantes que iban y venían en todas las direcciones. Un señor de la zona que estaba por allí caminando y que, curioso, se acercó a hablar con nosotros nos comentó que los elefantes solían bajar a la playa, sobre todo en verano para refrescarse del ardiente sol y jugar con el agua del mar. Desde la playa se podía ver todo el borde de la reserva, que delimitaba con el océano. «La de cosas que se podrán ver tan solo caminando por allí», pensamos. Realmente no era seguro bajar por esa costa y casi seguro que no era ni legal ni fácil de hacer.

En Okanda vimos una ola surfeable y más o menos decente en una de las playas. Eran tres en total las playas accesibles a las personas que había en esta localidad. La ola se formaba en una gran media luna de arena perfecta que se dibujaba en mitad de las otras dos playas, flanqueada por largas rocas grises que se perdían mar adentro. Había llegado hasta allí y pese a que la ola era bastante pequeña, es más, apenas tenía la fuerza suficiente para surfearla, salté al agua para probarla sin pensarlo demasiado. A lo lejos se veía la espesura de la jungla perderse tierra adentro y, desde el agua, no podía parar de imaginar la de animales que se escondían ahí ahora mismo. Los elefantes no aparecieron en toda la tarde y nosotros ya teníamos que volvernos a Arugam Bay. Ni de broma queríamos pasar por aquel camino de noche.

El camino de vuelta se hizo muy largo, nos cayó la noche encima sin haber llegado tan siquiera a la mitad de este. Enormes ranas salían por decenas a saltar delante de las luces de la moto en la carretera a mitad de recorrido entre Okanda y Panama. Las esquivábamos como podíamos, pero esto hacía que nos retrasáramos aún más. Finalmente, tras mucho conducir logramos llegar al hostal casi rozando la medianoche.

El día siguiente, aún baldados del largo viaje en moto hasta Okanda, decidimos descansar y simplemente estar por los alrededores haciendo el vago. En nuestro hostal nos habían hablado de un puente a la salida de la playa, donde de vez en cuando, al atardecer y protegidos por la oscuridad que va creciendo con el final del día, se podían ver a los elefantes salvajes bajar y beber agua en la orilla del río. Habíamos pasado por allí muchas veces cuando fuimos a Whisky Point a coger olas, quedaba bastante cerca del hostal, y también desde el puente tendríamos unas preciosas vistas al atardecer. Nos parecía el plan perfecto para nuestro día de descanso.

Llegamos puntuales al lugar y la hora, tal y como nos dijeron en el hostal esa mañana. Los minutos pasaban y pasaban y no logramos ver nada. Ya casi recogiendo y con el sol ya casi en el final de su ocaso diario, nos fijamos bien y, sorprendidos y casi en *shock*, vimos a un enorme elefante que se acercaba a una cerca donde, previamente, unos granjeros habían guardado a un grupo de búfalos de agua tras un día duro de trabajo. La distancia era considerable, pero, aun así, podíamos verlo moverse con rapidez entre los claros y la maleza. Al rato desapareció para no volver a salir más a donde fuera visible, al menos para nosotros dos. Había sido algo increíble poder ver, aunque fuera de lejos, a este precioso animal totalmente salvaje y libre corriendo por el bosque. De repente, cuando estábamos a punto de arrancar y volvernos a nuestro hostal, empezaron a sonar muy de cerca calderos, petardos y palos golpeando el suelo ruidosamente.

—¡Es la patrulla elefante, que ha visto algo! —dijimos gritando.

Arrancamos y condujimos rápidamente en dirección a los ruidos. Un poco más adelante, la patrulla elefante estaba en pie de guerra, pues el paquidermo que habíamos visto bajar por el río anteriormente se había metido en sus huertas, destrozando todo lo que encontraba en su camino antes de marcharse nuevamente de allí. Un pequeño grupo de ellos iba a recorrer la carretera dirección norte, hacia las otras cosechas que tenía allí cerca, por si el elefante quisiera poner rumbo hacia esa zona. Dejándonos llevar por la emoción del momento y como teníamos tantas ganas de ver a estos animales más de cerca, decidimos seguirlos un tramo de carretera hasta llegar a las huertas.

Pronto, la oscuridad de la noche hacía prácticamente imposible ver más lejos de las propias luces de la moto y el frontal que llevaba Beni en su cabeza. Fue entonces cuando decidimos que ya no íbamos a poder ver nada y era mejor darse la vuelta y volvernos al hostal.

Al instante, ya con la moto parada en la carretera y dados la vuelta para volvernos por donde habíamos venido, algo crujió fuertemente entre la espesa maleza que teníamos delante. Las maderas se partían y se movían a unos cinco metros de nuestra posición, justo a nuestro lado. Temblorosos, alumbramos el lugar de donde provenía el sonido, sin apagar la moto y con la mano puesta en el acelerador de esta, más por respeto que por miedo. Al alumbrar, un enorme elefante apareció entre la maleza con intenciones de cruzar la carretera y perderse por el otro margen de la misma, rumbo al sur. Su sorpresa al vernos fue casi igual que la nuestra, cruzamos miradas unos larguísimos segundos, antes de que se diera la vuelta y se volviera a perder de vuelta por donde mismo había aparecido, abriéndose paso de nuevo escandalosamente entre la maleza. Fueron unos segundos muy largos e intensos, pero probablemente sería uno de los mejores momentos de nuestro gran viaje por el mundo.

Después de ese encuentro, estábamos como en una nube. Los días siguientes volveríamos a Whisky Point y Elephant Beach, para tratar de coger olas y, de paso, ver si podíamos toparnos una última vez con ese majestuoso animal, salvaje y libre de nuevo, pero no tuvimos más oportunidades. Una de las noches, después de cenar y leyendo tranquilos en nuestra habitación antes de acostarnos, nos dio por revisar nuestro visado en el pasaporte para ver cuándo debíamos abandonar la isla, dándonos cuenta de que hacía varios días que había caducado y que debiéramos haber salido del país ya, por lo que muy a nuestro pesar, teníamos que irnos de Sri Lanka, aunque fuera solo de momento.

La guagua de vuelta a Colombo fue una auténtica pesadilla: a todo meter, sobrecargada de personas y maletas… Aquello no podía acabar bien. Por suerte, en alguna ciudad cercana a Colombo, no sabríamos decir cuál exactamente, la policía observó el espectáculo de personas colgando por las ventanas y el techo de esta y decidió poner fin, seguramente porque no accedieron a darle su parte al policía de turno.

Ya en Colombo, buscamos un lugar barato para dormir y poder planear de paso qué decirle al policía de turno en el aeropuerto cuando nos preguntara por nuestro visado caducado. La estrategia era fácil, pensábamos.

—Nos hacemos los locos, como si nos hubiéramos despistado, seguro que no nos dicen nada —acordamos.

Nada más lejos de la realidad. Una vez en el aeropuerto, un experimentado policía no se molestó ni en escucharnos. Nos llevó directamente ante la autoridad pertinente, que nos dio dos opciones: o pagábamos, o pagábamos lo que pudiéramos y nos ponían en la lista negra del país, negándonos así la entrada a Sri Lanka durante varios años, cosa que, después de lo vivido, no queríamos ni de broma.

Finalmente, pagamos lo que nos pedían por haber expirado nuestro visado, asestando un golpe mortal a nuestra ya maltrecha economía. Ahora teníamos claro que en nuestro próximo destino teníamos que trabajar sí o sí, o, de lo contrario, nos tendríamos que volver a casa pidiendo dinero prestado para ello. El destino elegido para ello fue Malasia, sobre todo por lo barato que resultaba viajar desde Colombo hasta allí y porque quizás en su ciudad Kuala Lumpur podríamos encontrar trabajo remunerado con más facilidad.

Sentados en el avión, viendo como dejábamos atrás las montañas y los corales de la hermosa Sri Lanka, comprendíamos ahora por qué la llaman la «isla maravilla», y teníamos claro una cosa: Sri Lanka te enamora, sus playas, sus olas, sus paisajes, sus gentes… Siempre tendrás ganas de más cuando viajes a Sri Lanka.

MALASIA

La otra cara del viaje

Habíamos llegado a Kuala Lumpur después de un corto viaje en avión desde Colombo. Atrás quedaban los elefantes, las selvas o las hermosas playas de arena y coral. Estábamos aquí con un claro y único objetivo, encontrar dinero para seguir viajando o, de lo contrario, tendríamos que volvernos a casa, y pidiendo dinero para ello.

Beni había contactado previamente con una simpática pareja que rentaba varias habitaciones de la preciosa casa terrera en la que vivían a las afueras de Kuala Lumpur. La razón por la que los eligió a ellos, aparte de por lo realmente barato que había conseguido la habitación, fue porque resulta que el chico, de nombre Pascal, había vivido muchos años en Las Palmas de Gran Canaria, lugar de nacimiento de Beni, y era un enamorado de nuestras islas. A partir de saber ese dato, en todas las conversaciones que tuvimos era como si nos conociéramos de toda la vida.

La misma noche que llegamos a su casa, Pascal y Salsa, que así se llama ella, indonesia de nacimiento, de la provincia de Banda Aceh, con una historia de superación personal muy grande a sus espaldas, casi tan grande como su enorme personalidad, nos trataron como si fuéramos sus amigos desde siempre, haciéndonos sentir realmente como si estuviéramos en nuestra propia casa. Esa sensación de estar en casa era algo que habíamos olvidado por completo. Por Madagascar, India, Sri Lanka, por ejemplo, habíamos pasado por cientos de hostales, casas, hoteles y pensiones, pero Pascal y Salsa tenían algo diferente, algo que los hacía realmente especiales.

Esa misma noche nos fuimos con ellos al mercado nocturno de la ciudad de Utara, ciudad donde residían Pascal y Salsa. Por el camino nos fuimos conociendo un poco más entre risas, platos callejeros típicos de Malasia y refrescantes zumos de coco natural. Resultó que Pascal era también un fanático del surf y por eso había elegido Las Palmas de Gran Canaria para estudiar y vivir durante sus años de estudiante de Erasmus. Este dato era el que ambos necesitamos escuchar, después de ahí, solo hablábamos de olas en Canarias, playas, restaurantes conocidos en Las Palmas… Al llegar a su casa de nuevo tras la visita al mercado, lo primero que hizo fue enseñarme sus tablas de surf, las mismas que usaba en la temporada de olas allí en la península de Malasia. Luego, empezamos como locos a mirar los partes y posibles lugares con olas para ir a visitar los próximos días al norte de Kuala Lumpur. Habíamos caído en el mejor lugar para nuestro viaje a Malasia.

Por la zona había muchos centros comerciales, tiendas y algunas oficinas. Los siguientes días en casa, nos la pasábamos enviando currículos, registrándonos en webs para encontrar trabajo en Malasia y rellenando los cientos de formularios que nos pedían las grandes multinacionales como Starbucks o McDonald's para poder aplicar en ellas, pero nada, no había respuesta.

Queríamos dedicar los primeros días a la búsqueda de trabajo y ofertas por internet, para luego ir en persona a los diferentes lugares elegidos y presentarnos, dejando nuestros currículos en mano.

Por las tardes, para desconectar un poco de tanto papeleo e internet, nos íbamos a hacer un poco de ejercicio o a correr por el parque que estaba cerca de la casa de Pascal y Salsa, pero si lo que nos apetecía era un poco de civilización, caminábamos un poco más hasta llegar a la autopista que había detrás de la zona residencial de la casa, la cruzábamos con cuatro ojos y nos plantábamos en la zona de los grandes supermercados, tiendas y bares de la ciudad, esta sí con enormes tiendas de comida, donde Beni y yo podíamos pasar horas mirando productos raros o completamente desconocidos para nosotros. También a veces, con un poco de suerte, había degustaciones gratuitas o pruebas de alguno de ellos dentro del propio supermercado.

Los días pasaron y llegó nuestro primer fin de semana en Malasia, para el cual Pascal y Salsa tenían grandes planes pensados para nosotros. La noche del viernes nos la pasamos comiendo burritos vegetales preparados por Beni y bebiéndonos unas cuantas botellas de Tiger bien fría, la cerveza por excelencia del país. Pascal y yo nos motivábamos viendo vídeos de surf y mirando los partes de olas para planificar nuestra próxima escapada de surf. Mientras, Beni le contaba a Salsa nuestras aventuras por los anteriores países que habíamos visitado hasta llegar aquí, y esta, a su vez, le hablaba de las maravillas de su país de nacimiento, Indonesia, lugar al que muy pronto, si todo salía bien, podríamos irnos para explorar y buscar olas de nuevo.

Nos citamos para ese sábado temprano en la mañana, en el comedor de la casa. Pascal tenía coche, por lo que movernos por Malasia debía ser relativamente fácil. Nuestra primera aventura por Kuala Lumpur sería la visita a las Batu Cave, una laberíntica y profunda cueva custodiada por un Shiva gigante de unos treinta metros de alto, dorado e imponente desde muy lejos, situado a los pies de unas largas y empinadas escaleras que accedían a la entrada principal de esta. La comunidad hindú es muy numerosa en este país, era muy fácil encontrar roti o té chai por casi cualquier lado. Muchos hindúes venían a Malasia atraídos por la relativa facilidad que tenían para encontrar trabajo en sectores como la construcción, limpieza o restauración, entre otros.

La verdadera razón de por qué Pascal y Salsa nos llevaron allí era porque, ese mes, se celebraba el festival del Thaipusam, una fiesta hindú que consiste en peregrinar a la cueva para llevar las ofrendas de frutas o leche a la misma. Lo más impactante para nosotros fue ver como muchos de los fieles que acudían a la cueva se atravesaban la boca, lengua, brazos, pecho o espalda con afiladas y enormes agujas o puntiagudos ganchos en los que colgaban sus ofrendas, mientras gritaban y caminaban escalera arriba, como si estuvieran poseídos. Ya dentro de la cueva, vimos varios templos hindúes y el lugar central donde se depositaban todas las ofrendas, lleno de fieles que descansaban tras una larga caminata.

La imagen de las Batu Caves nos teletransportó automáticamente a ambos a nuestra querida India, con sus olores, colores y con sus formas de ser y de vivir únicas en el mundo, recordándonos, una vez más, por qué habíamos repetido tantas veces nuestra visita a ese país.

Después de nuestra visita a la cueva y de disfrutar de la riquísima comida hindú que repartían en los alrededores, nuestros amigos nos llevaron a un tranquilo y enorme parque con lago cerca de allí, donde relajados y tumbados en el césped, disfrutamos de ver cómo cientos de malayos volaban sus cometas en el cielo, una actividad, por lo visto, muy popular los fines de semana en Kuala Lumpur. Al atardecer volvimos a casa con la idea de que no todo son tiendas y supermercados en esta ciudad.

El problema del dinero colgaba sobre nuestras cabezas como una espada afilada, amenazándonos con cortarnos las alas y obligándonos a volver a casa antes de tiempo. Decidimos entonces contárselo a nuestros amigos, por dos razones de peso. La primera era porque, quizás, con su ayuda y sus contactos podrían ayudarnos a conseguir trabajo más rápidamente. La segunda razón era porque se nos había ocurrido una idea que quizás podría interesarles.

Pascal y Salsa andaban siempre bastante ocupados todos los días, entre sus trabajos, recados y demás quehaceres, como para también sumarles tener que atender a los muchos huéspedes que llegaban cada día a su casa. Su casa era una de las más visitadas de la zona en Airbnb, por sus precios, la calidad y el confort de esta, pero, sobre todo, por lo bien que te hacen sentir ambos durante tu estancia en la misma. Esto atraía a muchos viajeros que tenían que pernoctar en Kuala Lumpur antes de seguir su viaje a cualquier otro rincón del mundo o que venían a visitar la ciudad unos días. El ajetreo de idas y venidas de viajeros era diario y constante en la casa y ellos llegaban corriendo para prepararlo todo y recibir a los viajeros antes de que llegaran. Eso podríamos hacerlo nosotros sin problemas.

Nuestra proposición era, básicamente, encargarnos de la casa y los huéspedes que iban llegando cada día, a cambio de ocupar las habitaciones que quedaban libres y, de este modo, poder seguir allí buscando trabajo y sin gastar mucho dinero. Limpiar las habitaciones, lavar la ropa, recibir a los huéspedes, orientarles por la zona, hacer la compra, fregar… Todo lo que les hiciera falta. Aceptaron casi con tanto entusiasmo como se lo dijimos nosotros.

—Así podríamos estar más tiempo juntos y podemos ir a coger olas —dijo Pascal con su enorme y característica sonrisa.

Esa noche fue como una celebración para todos. Tortillas de papas al estilo Beni, cervezas y muchas risas. En verdad, habíamos conectado muchísimo los cuatro en muy poco tiempo. Con este intercambio ahorraríamos muchísimo dinero, ya que teníamos cocina para hacernos la comida, cama donde dormir e internet para seguir buscando trabajo, algunas de las cosas más caras en una ciudad como esta.

Nosotros estábamos encantados de recibir a los nuevos huéspedes a su llegada a la casa, era como seguir viajando. Cada uno de ellos venía de un lugar distinto y lejano, por lo que aprovechábamos para recabar toda la información posible de sus países de origen, por si pasábamos por allí algún día, y también, lo mejor de todo, cada uno de los nuevos huéspedes que llegaban a la casa tenía una historia viajera distinta a sus espaldas, la cual escuchábamos con mucha atención, pues nos encantan las historias viajeras.

Uno de los días, recibimos a una joven pareja de rusos que viajaban por toda Asia con su monopatín y su mochila, visitando las mejores ciudades para patinar. También conocimos a un señor de Vietnam que venía a este Airbnb, única y exclusivamente, a comprar en el IKEA que habían abierto cerca de allí, uno de los pocos de Asia. También quedamos fascinados con una famosa cantante americana y su hijo, que habían dejado todo atrás para viajar por toda Asia juntos y así conocerse mucho mejor entre ellos. Todos fascinantes y especiales a su manera, nos contaban maravillas de sus lugares de origen o de donde venían anteriormente, lo que sería un increíble intercambio viajero.

También con ellos practicábamos inglés y, de paso, a los que estaban interesados, les enseñábamos español. Esto nos dio una idea que no se nos había ocurrido antes, ganar dinero enseñando español. Pusimos varios carteles hechos a mano por la zona, lo publicábamos en grupos de Facebook o cualquier red social que tuviéramos… Pero nada, no obteníamos respuesta. Alguno llamó preguntando, pero no parecían concretar cuándo empezaban. Tampoco el español estaba muy presente para los malayos.

Pascal y Salsa, sabedores de nuestra situación, nos ayudaron de la mejor manera posible. Pascal trabajaba en la universidad y conocía, aunque fuera de vista, a muchos españoles y extranjeros que residían en Kuala Lumpur. También le gustaba mucho ir, junto con Salsa, a las numerosas fiestas que este grupo de personas, conocidos como *expats*, daban casi cada fin de semana en los distintos edificios de la ciudad. Nos propusieron acompañarlos a las fiestas y, una vez allí, infiltrarnos y mezclarnos con los *expats* para conseguir contactos que nos ayudaran a encontrar trabajo más rápidamente. Imagino que los españoles somos así, estemos donde estemos, todo funciona si tienes contactos.

Llegaba el viernes por la noche, día de fiesta de *expats*. Esta vez, la fiesta era en un condo en el mismísimo centro de Kuala Lumpur. Condo era la palabra con la que denominan a los enormes edificios construidos en la mayoría de las ciudades de Asia, algunos de hasta cincuenta pisos de altura o más, todos con piscina, gimnasio y todas las comodidades posibles e imaginables. Nuestro vestuario no era para nada el más apropiado para poder camuflarnos entre ellos y así poder cumplir nuestro objetivo de conseguir un contacto importante en esa fiesta. Además, no podíamos permitirnos comprar ropa en estos momentos, por lo que Pascal y Salsa, una vez más, acudieron en nuestra ayuda.

Nosotros, desde el comienzo del viaje, llevábamos en la mochila una ropa a la que llamábamos «ropa para los aeropuertos». Esta era una ropa más o menos decente y un poco más elegante o formal, compuesta por un pantalón largo vaquero, una camisa limpia y algún calzado apropiado como tenis o botas, que solo usaríamos para movernos entre los aeropuertos y entrar o salir del país. Esto lo decidimos así desde un principio para, de este modo, evitar los posibles problemas a la llegada o salida de cualquier país que visitáramos, como podía ser que nos parasen, nos registrasen, nos interrogasen o lo que se les ocurriera cada vez que teníamos que coger un avión, que serían muchas veces.

Tristemente, en esto es en lo primero que se fija casi todo el mundo cuando te ven por primera vez, y vernos a nosotros caminando por el aeropuerto o pasar un control de seguridad en cholas, bermudas y camiseta de asillas, con el aspecto físico que se te queda después de simplemente tres meses recorriendo Madagascar de norte a sur, haría saltar todas las alarmas, imaginábamos. Esta ropa era un «disfraz» que llevábamos con nosotros para este y otros tipos de situaciones parecidas que irían apareciendo con los años de viaje. El problema era que, tras llenarse nuestras mochilas varias veces de agua de dudosa procedencia en los maleteros de las guaguas, tierra del taxi *brousse*, salitre de los barcos, basura de los trenes o, incluso, de lavarlos a mano en ríos o lavanderías de alguna calle perdida de alguna ciudad…, solo se salvaban —y por los pelos— el vaquero y los zapatos.

Tras la ayuda de los chicos, prestándonos algo de su ropa de armario, Beni estaba genial con un bonito traje que le había dejado Salsa; le quedaba como un guante, estaba imponentemente guapa. Pascal, por el contrario, mucho más alto que yo y con gustos de vestuario muy distintos a los míos, me prestó también la única camiseta que me podía servir más o menos para usar en la fiesta. Como contamos anteriormente, toda mi ropa estaba ya muy quemada de todos estos meses de viaje, rota, desvarada o manchada, ninguna serviría para nuestro propósito en la fiesta. La que me prestó Pascal era de varios colores y con efecto arrugado, esa antigua moda de hace ya algunos años que arrasó en todas las discotecas de nuestra isla, pero solo por un verano. No tenía más opciones.

Allí estábamos nosotros dos, sentados en la parte de atrás del coche de Pascal, con ropa prestada, oliendo a colonia prestada e ideando un plan para ver cómo podríamos entrar a la fiesta, ya que una de las condiciones para entrar a estas fiestas de *expats* en los condos era que tenías que dar tu nombre y una acreditación al segurata del edificio, para que te buscara en la lista y permitirte entrar. Si no estabas apuntado, no te dejarían entrar al edificio.

—Les decimos que os invitaron a última hora, y cuando llamen para comprobar, les decimos que sois amigos nuestros, para que os dejen entrar —dijo Salsa.

—Lo mejor sería que cuando le estemos dando nuestros nombres y acreditaciones al segurita, entréis por detrás rápido al abrir la puerta principal. No suelen salir nunca de su garita, ni os verán entrar —opinó Pascal.

Cada idea era más loca, pero nos divertíamos pensando cómo lo haríamos para colarnos sin ser invitados. Cuando llegamos y aparcamos, unos conocidos de Pascal estaban allí esperando para entrar también y tomando unas copas. Tras presentarnos y contarles lo que íbamos a hacer, nos ayudaron sin pensarlo demasiado.

Según nos advirtieron Pascal y Salsa, los *expats* suelen ser bastante estirados y medio *esnobs* con pasta, pero, claro, nunca se puede generalizar. Por ejemplo, este grupo de amigos de Pascal no era para nada así. Pronto se interesaron por nuestra historia y nuestro blog de viajes, ofreciéndose para ayudarnos en todo lo que buenamente pudieran durante la fiesta y así conseguir nuestro objetivo. Seguramente, algo influirían también las copas de más que se habían tomado antes.

De cualquier modo, se prestaron a ayudarnos a entrar al edificio. Ellos y Pascal se agruparon todos delante de la garita del segurata, dándoles nombres y acreditaciones todos al mismo tiempo. El segurita, agobiado, abrió la puerta y dijo:

—¿Cuántos son? Venga, entren, entren… —Así de fácil.

Nos fuimos directos al ascensor que nos llevaría a la planta cuarenta y nueve, la azotea, donde se celebraba la citada fiesta. Las vistas eran de película allí arriba, se veían casi todos los rascacielos del centro de la ciudad, luces de colores y las imponentes torres Petronas, el lugar más icónico de Kuala Lumpur, justo en frente de nosotros. Habría unas cincuenta personas o más en la fiesta, muchos se acercaban a saludar a Pascal y Salsa, pues los conocían de otras fiestas. Ellos aprovechaban para introducirnos y presentarnos, pero nosotros estábamos un poco desubicados, aquel no era ya nuestro elemento.

Por mi mente venían las imágenes del elefante que habíamos encontrado en mitad de la carretera de Sri Lanka, seguido del viaje en canoa hasta la solitaria ola del arrecife con nuestro amigo Patrick en Madagascar. No podía controlar mi mente y eso no dejaba que me concentrara en nuestro objetivo. A Beni le pasaba exactamente lo mismo. Callada y retraída, todo lo contrario a lo que era ella en realidad, estaba todo el rato pegada a Salsa, intentando pasar desapercibida. «¿Será que nos hemos vuelto auténticamente salvajes y todo esto nos sobra?», pensaba. Fuera como fuese, todo esto era necesario si queríamos seguir viajando.

Pascal nos cogió y nos sacó a un rincón de la azotea.

—Bueno, chicos, ¿qué os pasa? Debéis empezar ya, aquí podéis encontrar algo bueno —acertó con su permanente sonrisa.

Dicho y hecho. Beni y yo nos miramos y, sin hablar, entendimos el plan a la perfección. Cada uno por su lado, separados y solos, sin Pascal o Salsa para que nos hicieran la cobertura, empezamos a infiltrarnos entre la gente. Delante de nosotros iban pasando copas de vino y vasos con ron o *whisky* para los asistentes a la fiesta. Cogimos dos cada uno y de un buche los terminamos. Después cada uno fue por su lado.

—Impresionantes vistas, ¿eh? No me cansaría de mirarlas… —comenté para romper el hielo y colarme en algunos grupos que me iba encontrando por la azotea.

Luego, enseguida me presentaba y aprovechaba para decirles:

—Soy nuevo en Malasia, pero tengo pensado quedarme unos años viviendo por aquí, si encuentro trabajo primero, claro… —Directo y en frío, para no perder el tiempo.

Las respuestas que me iban dando eran de todo tipo: negativas, como «Uf, hace unos años seguro que encontrabas trabajo enseguida, pero tal y como está la situación ahora…», y positivas, como «Seguro que sí. ¿Ya has mirado por internet o enviado currículos?». Y las que más rabia me daban a mí personalmente: «Bueno, mucha suerte», decían, para acto seguido volver a cerrar el grupo y dejarme fuera de la conversación. Yo había trabajado muchos años de promociones en bares y discotecas de mi isla vendiendo y promocionando todo tipo de bebidas y tabacos, se suponía que esto tendría que dárseme mejor.

Beni iba por un camino más o menos parecido. Los grupos de chicos sí la aceptaban, pero mostraban otro tipo de interés que ella captaba enseguida, antes de despedirse amablemente y probar suerte en otro nuevo. Tras un par de intentonas más, se retiró a donde Salsa, que estaba sentada en un banco junto a otra amiga indonesia de ella, novia de uno de los asistentes a la fiesta. Yo no podía rendirme, no aún.

Un grupo de chicos que hablaba animadamente sobre los locales de fiesta en la ciudad y de cómo moverse barato por ella me brindó la mejor oportunidad de esa noche.

—Ah, sí, ¿eres nuevo? En la compañía en la que acabo de empezar a trabajar buscan hispanohablantes para la cartera de empresas latinas que tienen, podrías intentarlo ahí —dijo uno de ellos.

Tras una pequeña conversación de cómo de duro es tener a un jefe malayo sobre ti todo el día, cosa que a mí no me preocupaba demasiado, pues tenía claro que al par de meses los dejaría y nos iríamos a gastarnos el dinero viajando de nuevo, volví a preguntarles:

—¿Me podrías dejar tu *email* o el de la empresa para enviarles mi currículo?

Lo anoté en mis notas y se lo envié enseguida por WhatsApp a Beni, a Pascal y hasta a mi madre, creo, todo con tal de no perderlo. Me quedé con ellos un rato más hablando de todo un poco, hasta que lentamente me fui retirando sin hacer mucho ruido. Ya tenía un *email* directo, el objetivo había sido completado.

Cuando les conté a los chicos mis peripecias por la azotea, sonrieron ruidosamente. Beni, por su parte, también había conseguido un teléfono de un amigo de la amiga de Salsa, que trabajaba en la ciudad y solía buscar españoles para cubrir algunos puestos de trabajo. Al menos, nuestra primera noche de caza por Kuala Lumpur no había sido en vano. Ahora ya podíamos relajarnos un poco y simplemente disfrutar de la fiesta.

El problema con la cerveza es que cuando bebes mucha y muy seguido, enseguida te dan ganas de ir al baño. La azotea de este condo tenía de todo, pero le faltaba lo más esencial si montabas una fiesta, un baño o algún lugar cercano parecido. Lo que la organizadora de la fiesta e inquilina del condo estaba haciendo cada vez que alguien necesitaba usar el servicio era darle las llaves de su propia casa al necesitado e indicarle cómo llegar a su vivienda, situada varias plantas más abajo. Ahí podían usar el servicio y volver a subir, pues se suponía que todos eran de su confianza y no iban a hacer nada raro.

El problema que yo tenía era que a mí no me conocía y la opción de salir y orinar fuera en la calle, que es lo que muchos optaban por hacer, tampoco era viable por lo del segurata y la lista de invitados. Pascal, no sé muy bien cómo, me consiguió la llave, me dio una tarjeta para activar el ascensor, las indicaciones de cómo llegar hasta el piso de la chica y se volvió corriendo a la fiesta.

«Piso veinticuatro, pinchar botón y pasar tarjeta. Habitación 2016…», repetía para mí mismo mientras esperaba el ascensor. Entré casi sin mirar y en lo que tardaba en encontrar el botón número veinticuatro, el ascensor empezó a bajar rápidamente. Lo peor fue que ese botón no estaba allí y la tarjeta, o yo la estaba pasando mal o no funcionaba. Lógicamente, me había equivocado de ascensor. Por lo visto, había dos ascensores, y los dos llegaban hasta la azotea, pero uno de ellos era para los pisos pares y otro para los impares, así se evitaban las largas esperas de los usuarios, pero eso lo vine a saber mucho más tarde. Al abrirse la puerta de mi ascensor, una familia de japoneses que vivía allí me miró con cara de asombro, pues imagino que no me esperaban allí dentro y sin ningún botón marcado. «Si sigo bajando, el segurata me va a ver y me pedirá identificación», pensé mientras decidía si me bajaba del ascensor o seguía dentro.

Casi como un impulso involuntario, mi reacción fue salir de allí y caminar por el pasillo como si esa fuera la planta que realmente había marcado y supiera a dónde iba. Acto seguido, la familia entró y se fueron con el ascensor.

Allí estaba yo, orinándome a reventar, perdido en alguna planta del condo y sin saber qué hacer. Probé varias veces, pero mi tarjeta no funcionaba para llamar a ese ascensor, ni lo activaba siquiera. Observando un poco más lentamente, justo a mi lado, encontré la puerta que daba a las escaleras de incendio, me metí por ellas y pensé: «¡Salvado! Ya solo tengo que subir o bajar un piso y puedo coger el ascensor correcto de vuelta al piso veinticuatro». La sorpresa fue que tras probar en ambas puertas, todas estaban cerradas con llave. ¡No podía abrirlas desde dentro, tan solo la del mismo piso donde me había bajado y porque no se cerró del todo!

Nervioso por cómo salir de allí, empecé a probar en todas y cada una de las puertas que me iba encontrando a medida que subía corriendo por las escaleras, pero todas estaban igual de cerradas. La idea de llegar hasta la azotea y tener que hacer ruido hasta que alguien me oyera y abriera la puerta desde fuera hizo que mi cuerpo no aguantara más. Allí mismo, en una esquina de la escalera, tuve que orinar mientras, avergonzado, oía cómo el pis caía escaleras abajo. Ya solo podía rezar por que nadie me descubriera allí y haciendo eso. Finalmente, unos cuantos pisos más arriba, al fin, una puerta se abrió, corrí al ascensor y tras comprobar que mi llave funcionaba, respiré aliviado.

Cuando se abrió la puerta, varias personas que iban dentro del ascensor y rumbo a la azotea me miraron un poco desconcertados tras reconocerme, pues ya había hablado con alguno de ellos previamente en la fiesta, viéndome esperando el ascensor en esa planta sin sentido. Yo simplemente permanecí callado y sin decir nada esta vez.

No sé por qué, pero opté por darle la llave del piso y del ascensor a Pascal de vuelta y no contarle nada. Creo, sin duda, que se hubiera reído, pero todavía no teníamos tanta confianza. Un ratito después escuché aliviado a Salsa proponer irnos ya de la fiesta, estaba cansada y mañana quería hacer cosas en casa. Enseguida apoyé su decisión, pues quería irme de allí cuanto antes, por si alguien veía u olía algo.

Al día siguiente mandamos los currículos al *email* que me habían dado en la fiesta y con ayuda de Salsa, tras llamar al teléfono que le dio su amiga a Beni, también a la dirección de correo electrónico del señor que contrataba hispanohablantes. Ya solo quedaba esperar.

La semana empezaba de nuevo y animados por los resultados de la fiesta, decidimos ir al centro de la ciudad a poner más currículos y de paso darnos una vuelta por las torres Petronas para verlas de cerca. Aún no le había contado a Beni lo de mi secreto, sabía que desde que lo supiera, a modo de risas, se lo iba a contar a su amiga Salsa y aún no estaba preparado para ello, supongo. Aprovechando el bono que nos habían dado nuestros amigos para poder movernos por la ciudad, esperamos la guagua y, puntual, como indicaba en su letrero minuto a minuto, llegó la nuestra, la que nos llevaría al mismísimo centro de la ciudad.

No sabíamos muy bien dónde bajarnos, ni tampoco sabíamos si habíamos llegado ya o no al centro, hubo un momento que todo era edificios, tiendas, personas, rascacielos… Sería el conductor quien tras parar a un lado de un altísimo edificio gritó «centro de ciudad, centro de ciudad…», mientras miraba por el rabillo del ojo que nos bajáramos.

Totalmente perdidos, entramos por la puerta principal de un centro comercial que encontramos en la primera planta del edificio. Aprovechamos para dejar algunos currículos en las tiendas de ropa, deportes o cualquiera que viéramos por allí y seguimos adentrándonos en el submundo que recorría las entrañas de Kuala Lumpur. Jamás hubiéramos imaginado aquello, resultó que ese centro comercial conectaba subterráneamente con otro, y este, a su vez, con otro y con otro, así sucesivamente, formando una auténtica ciudad subterránea, con sus terrazas, bares y tiendas. En algunos tramos incluso había auténticas calles abiertas, iluminadas con la luz que entraba por las enormes claraboyas del techo, con sus puestos callejeros de comida y ropa. Aquello era inmenso, nunca habíamos visto nada igual. Los carteles te guiaban a todos lados, incluidas las mismísimas torres Petronas. Los seguimos y tras caminar un buen rato, nos encontrábamos justo debajo de ellas. Aquí ya sí decidimos salir al exterior como fuera para sacar la foto de rigor y contemplar las torres desde la calle. Dos torres enormes e idénticas se abrían camino hasta el cielo, para, en lo más alto, conectarse ambas por un estrecho puente de cristal.

La noche empezó a caer y las luces de la ciudad empezaban a dejarse ver. Las torres Petronas se iluminaban piso por piso con unas luces led que las hacían parecer como dibujadas en el oscuro cielo de la noche malaya. El resto de los edificios y rascacielos de alrededor también estaban increíblemente iluminados y coloridos. Justo detrás de las torres encontramos un pequeño parque donde pudimos descansar un poco, mientras veíamos el espectáculo de colores de la fuente de las Petronas. Sinceramente, y aunque nos cueste un poco reconocerlo por eso que siempre pensamos de que «no se nos ha perdido nada en las ciudades», aquello era distinto, era extrañamente hermoso y acogedor.

Volvimos a la casa bastante tarde, Pascal y Salsa ya dormían, así que sin hacer mucho ruido, cenamos y nos fuimos a la cama. Mañana teníamos preparado volver al centro, pero pasando por otros puntos y dejando los currículos en otros lugares nuevos.

Los días seguían pasando imparables, nosotros continuábamos enviando *emails* y entregando currículos, pero nada de nada. Menos mal que, de momento, nuestros gastos se habían reducido prácticamente a cero y con lo que teníamos aún podíamos aguantar a este ritmo un poco más, hasta ver qué podíamos hacer cuando llegara el momento de irnos de Malasia.

Pascal se había pedido dos días libres en su trabajo en el laboratorio de la universidad de la ciudad; habíamos visto que entraba la primera gran fuerza del año en la costa este y queríamos ir a surfear. Eso eran grandes noticias para Beni y para mí, pues haríamos nuestro primer viaje fuera de Kuala Lumpur para buscar olas, pero antes teníamos preparada otra fiesta de *expats* cerca de allí en la que intentar conseguir trabajo y así continuar viajando más adelante.

La fiesta era en un enorme chalet en una zona residencial de Kuala Lumpur. Esta vez no habría tantos problemas para entrar, sin seguridad, solo un control de acceso en la entrada a la zona residencial donde chequearon el número de la matrícula. Se suponía que debía ser más fácil acceder a la fiesta. Llegó el día, viernes por la noche. Nos arreglamos un poco —bueno, en verdad nos pusimos exactamente la misma ropa que para la fiesta anterior— y pusimos rumbo al chalet. Yo andaba un poco nervioso por si alguien mencionaba algo sobre el asunto de la escalera de incendios de la anterior fiesta o por si la dueña del piso hubiera atado cabos e investigado un poco, hasta descubrir quién había sido la persona que orinó dentro del edificio.

Pasamos el control como si nada y aparcamos en la puerta de la casa. Las cosas estaban claras esta vez: entrar, atacar lo más rápido posible e irnos a casa antes de las dos de la mañana, ya que teníamos planes de salir hacia Cherating, que así se llamaba el lugar donde nos iba a llevar Pascal, temprano en la mañana del día siguiente, a eso de las seis o cinco, para llegar a tiempo a coger la marea buena. De nuevo en la fiesta, esta vez ya con la lección aprendida de la vez anterior, no forzaríamos nada, al contrario, nos dejaríamos llevar y confiaríamos en que la oportunidad se presentaría sola.

Salsa y Pascal estaban bastante animados, pues los dueños de esta casa, Pedro y Ana, una pareja de españoles que llevaban unos meses viviendo y trabajando en Malasia, habían hecho muy buenas migas con ellos dos, hasta el punto de que en alguna ocasión habían quedado para hablar en un bar o para ir de viaje juntos.

—¡Qué ganas de verlos! —repetía Salsa.

Esto nos facilitó mucho la integración a la fiesta. Ana, de la mano de Salsa, nos fue presentando una a una a todas las personas que se acercaban a saludarles o preguntarles cualquier cosa, como si nos conociera de toda la vida.

Todo este buen rollo entre Pedro, Ana y nosotros cuatro, junto a nuestro nuevo plan de dejarnos llevar y que las oportunidades llegaran solas, se fue torciendo cada vez un poco más y más, proporcionalmente al número de chupitos que Ana nos hacía beber cada vez que sonaba alguna canción que le gustara mucho o, simplemente, cuando pasábamos cerca de la mesa de las bebidas. Así el panorama, la cosa se descontroló un poco. Solo Salsa, que no bebía bajo ningún concepto —tampoco le hacía falta para ser el alma de la fiesta con su carismático carácter y su sentido del humor—, puso algo de cordura cuando, viéndonos a los cincos pegados a un micrófono y dejándonos literalmente la voz cantando una famosa canción de Julio Iglesias al ritmo del karaoke de Ana y Pedro alrededor de las cuatro de la madrugada y con la fiesta prácticamente vacía, dijo:

—Chicos, creo que es hora de irnos si queremos salir de viaje mañana.

Salsa nos llevó de vuelta a nuestra casa. Una vez allí, viendo las condiciones en las que llegamos, decidimos acostarnos sin poner hora de salida para nuestro viaje a Cherating.

Eran como unas cuatro horas en coche si cogíamos la autopista de peaje para llegar hasta Cherating. Salimos de Kuala Lumpur alrededor de las diez de la mañana y nuestras caras reflejaban la animada fiesta de la pasada noche. Salsa, en cambio, estaba como si nada e igual de enérgica que siempre. Fue ella quien condujo el coche hasta las afueras de la ciudad y, una vez allí, sería mi turno de conducir. Esa era una de las condiciones para ir, yo hacía el camino de ida y Pascal el de vuelta. Cuando acepté ese orden, no pensé ni por un momento lo que podría llegar a pasar en la fiesta de los *expats*.

Beni había conseguido un par de perfiles de Facebook de algunos invitados a la fiesta, por lo que les enviamos nuestros dos currículos y nuestra entera disposición para empezar a trabajar desde que nos avisaran. No habíamos tenido noticias aún de ninguno de los otros *emails* que habíamos enviado anteriormente y las esperanzas de encontrar un trabajo en Malasia con Pascal y Salsa empezaban a diluirse, no por ganas, que teníamos muchas, sino por las barreras y el círculo tan cerrado de los *expats* en este país. Puede que quizás no lo habíamos planteado correctamente y algo estábamos haciendo mal, pero no lográbamos los resultados que necesitábamos desesperadamente.

Llegamos al primer peaje para salir a la autopista comarcal y me puse a los mandos del pequeño Suzuki azul marino de Pascal. Salsa le tenía auténtico pánico a esa autopista, y no era para menos: coches adelantando por todos lados, motos… Pero para nosotros, después de pasar por la India, esto era bastante flojo. Cherating estaba a unas tres horas de distancia de allí. Pascal, Beni y ahora Salsa dormían tranquilamente mientras yo solo tenía que avanzar recto durante horas hasta llegar a la salida que marcaba el GPS. En algunos tramos de la autopista, se podía ver el mar y las fuertes olas romper sobre la orilla, tal y como había pronosticado Pascal días atrás.

Llegamos a la entrada que marcaba el dispositivo y Pascal se puso al volante para recorrer los últimos kilómetros hasta el pueblo. Poco a poco pudimos ver y comprender la razón por la cual Pascal nos había llevado hasta allí. Cherating era un pequeño pueblo costero al más puro estilo malayo, es decir, tradicional y conservador, donde la playa en sí, salvo para unos pocos pescadores, no era lo más importante para los locales que allí vivían. Aquí se congregaban un par de restaurantes y hostales a los pies de una enorme y ancha playa de arena que era el centro de todo. Con el agua de color marrón oscuro debido, en gran medida, a la desembocadura de un río que la atravesaba cuando las lluvias eran abundantes, Cherating tenía un extraño y viejo encanto parecido al que desprenden las cosas antiguas y ya en desuso que guardamos con nosotros celosamente, para reconfortarnos cada vez que recordamos que las tenemos guardadas. Pascal conocía un lugar donde poder pasar la noche a un precio muy económico, así que fuimos para allí directos. Total, ya se nos había pasado la marea buena para surfear.

Tras instalarnos y dejar nuestras cosas en las respectivas habitaciones, fuimos corriendo a ver la ola. En el lado izquierdo de la playa, detrás de un acantilado, salía una ola que rompía de izquierda y de color marrón tierra, muy larga, no muy tubera, pero sí con bastante tamaño, perfecta para quitarnos las telas de araña de estas semanas atrás en la ciudad. Había un gran grupo de locales intentando colocarse en el pico, luchando contra la fuerte corriente que los arrastraba playa adentro; solo tres o cuatro de ellos estaban ya colocados y esperando la serie. Pascal y yo, pese a que la marea no era la adecuada, nos cambiamos y saltamos con la misma al agua para probarla y antes de que se fueran los últimos rayos de sol y sin prestar mucha atención a este detalle de la corriente. El resultado de ese primer baño, sin dormir, después de la fiesta, tras casi cinco horas de carretera y sin comer bien, fue que los dos acabamos en mitad de la playa cogiendo los restos, como se le llama a la ola ya floja y rota que viene desde el pico, sin fuerzas para tan siquiera intentar colocarnos en el pico.

Tras reponer energías en un restaurante local ubicado en la misma arena de la playa, celebrando que estábamos allí los cuatro en nuestro primer viaje juntos alrededor de Malasia, nos fuimos directos a la cama totalmente destrozados. Mañana se esperaba lo mejor y teníamos que estar preparados para los dos días enteros de surf que teníamos por delante.

Con los primeros rayos de sol y con la marea subiendo, aquello tenía muy buen aspecto. Muchos locales estaban ya sobre la arena preparándose para saltar al agua. Los más madrugadores ya estaban bajando las primeras series. Beni, cámara en mano, se abrió camino como pudo por el acantilado para llegar hasta unas rocas elevadas situadas justo en el borde y así poder sacar buenas fotos de la sesión. Todo parecía estar dispuesto para un gran día de olas. Esta vez sí alcanzamos el pico sin mucho esfuerzo. La ola seguía sin abrir demasiado, pero estaba aún más grande que el día anterior, bombeando sin parar una ola tras otra.

Un poco más al interior, salía otra ola un poco más hueca, pero no mucho mejor que la que estábamos surfeando. Pascal me dijo que se llamaba Cloud Med. Para probarme, remé con todas mis fuerzas para intentar llegar hasta ella superando la fuerte corriente que literalmente jalaba de mí hacia el interior de la playa. Cogí la primera ola que me vino, mientras veía el labio marrón de la ola pasar sobre mi cabeza cubriéndome por unos instantes y tapando por completo los aún débiles rayos de sol de la mañana.

El esfuerzo para llegar hasta Cloud Med no tenía tanta recompensa como para intentarlo más veces. De todas maneras, la izquierda del acantilado, donde estábamos colocados ahora, funcionaba bastante bien ese día. Según los locales que estaban colocados en el pico junto a nosotros: «Para lo que suele caer por allí, hoy está siendo un muy buen día».

Pasamos el día entero en la playa, solo salimos para comer y para irnos a casa ya muy entrada la tarde. Cherating había sido un oasis en nuestra ya larga estancia en Malasia. Pese a que sus olas no eran nada del otro mundo o que su playa y el color del agua distaban y mucho de otros paradisíacos lugares que habíamos visitado anteriormente, aquí habíamos encontrado algo distinto y refrescante con ese encanto viejo que descubrimos nada más llegar al pueblo.

De vuelta a Kuala Lumpur, esta vez con Pascal de piloto, paramos para comer en un bar que estaba dentro de la misma gasolinera donde habíamos repostado antes de proseguir con la ruta. Aquí, entre risas mientras nos contábamos cuáles eran nuestros sueños en la vida, como por ejemplo el mío de montar un *surf camp* en algún lugar del mundo, o el de Beni de crear su Árbol de la Vida, un lugar donde poder sanarte y encontrarte a ti mismo al mismo tiempo, surgió una gran idea.

—¿Por qué no nos vamos a mi casa en Indonesia? Hay olas para hacer surf, y eso sí es una playa de verdad. Desde Kuala Lumpur hay ofertas de apenas veinte euros para viajar, y luego allí no pagaríamos nada porque está mi familia —propuso Salsa.

Pascal, Beni y yo nos miramos como incrédulos, pero emocionados por la posibilidad de hacerlo. Beni y yo sabíamos que otro desembolso así sería el fin de nuestro viaje, pero la idea de acabarlo en Indonesia tampoco nos desagradaba del todo.

Los siguientes días pasaron muy lentamente. Nosotros nos dedicábamos a trabajar en el Airbnb de Pascal y Salsa, limpiando, recibiendo a los huéspedes, haciendo alguna ruta con ellos en guagua o a pie… Y cuando teníamos nuestro descanso o por la tarde, hacíamos otra vez envío masivo de currículos, pero el resultado seguía siendo el silencio. Tan solo una empresa de atención al cliente a las afueras de Kuala Lumpur llamó a Beni para una segunda entrevista, pero después, una vez que ella contestó e hizo esta, de nuevo el silencio.

Los partes volvían a enseñarnos buenas olas en los próximos días. Esta vez, Pascal y yo queríamos explorar la costa norte realmente. Esa misma semana, el miércoles por la tarde, acompañamos a Pascal a su trabajo en la universidad de Kuala Lumpur, donde trabajaba como investigador. En uno de sus descansos para comer, empezamos a mirar mapas y lugares con posibilidades para el surf cerca de Cherating u otro lugar cercano a donde señalaba la fuerza. Esta vez sería una excursión de dos días solamente y el plan era recorrer con el coche la línea de la costa desde Cherating hasta Kampung Darat Sungai, una ciudad muy grande situada más al sur. Usando Google Maps vimos muchos lugares donde parecía que había rompientes y bajas de arena, así como alguna que otra bahía con marcas de olas en sus extremos. También teníamos la posibilidad de irnos más al norte, donde estaba Marang, más conocido por algunas de sus olas, pero ese lugar lo dejaríamos para otro día.

Esta vez Salsa no podía acompañarnos, era entre semana y tenía mucho trabajo acumulado. Salimos muy muy temprano en la mañana y condujimos durante varias horas. Una vez en la carretera que bordeaba la costa y cerca del área que habíamos elegido para explorar, empezamos a ver olas entrar, iguales o mejores que la pasada vez en Cherating. El problema era de logística más bien.

—¿Cómo llegaremos? —preguntó Beni al ver que la carretera por la que circulábamos se elevaba sobre la ciudad de Kampung Darat, para salir justo por detrás de donde nosotros queríamos llegar.

El GPS tampoco ayudaba mucho, pues no había nada por allí que pudiéramos marcar como referencia. Dando vueltas por el pueblo y preguntando a los pocos malayos que querían ayudarnos o que hablaban inglés, nos hablaron de un antiguo hotel abandonado que estaba allí, justo en la punta donde queríamos llegar, el Hotel Sanctuary. Lo malo era que este hotel estaba a lo alto del acantilado, no a pie de costa. Pero, bueno, algo era algo. Lo marcamos en el GPS y finalmente logramos llegar hasta donde la carretera empezaba a ascender para dirigirse al antiguo hotel abandonado. Ahí decidimos dejar nuestro coche, cargarnos nuestras tablas a la espalda y, cámara en mano los tres, empezamos a caminar por la orilla hasta estar lo más cerca de la ola que supuestamente rompería en la punta de la bahía.

Una media hora después, caminando entre piedras desgastadas, arena mojada y charcos de agua, llegamos casi hasta la mismísima punta del extremo de la bahía. Estábamos de suerte, la marea estaba muy baja y podíamos caminar sin ningún problema. El peligro era que la marea subiera y nosotros estuviéramos aún allí. Por las marcas en las piedras que íbamos pasando, el agua podía llegar a cubrir más de dos metros sobre nosotros. En realidad, no fuimos conscientes de esto hasta que llevábamos un buen rato allí sentados observando cómo se formaba la ola. ¡Íbamos a probar una ola nueva en Malasia! La emoción nos impedía estar atentos a todos esos detalles, pero hubiera sido muy peligroso no darnos cuenta a tiempo.

La ola que íbamos a probar era una izquierda que entraba con fuerza y tamaño desde la punta de la bahía hasta ir poco a poco perdiendo intensidad y forma a medida que se diluía dentro de la misma y bastante cerca de la orilla. Desde nuestra posición solo veíamos romper la mejor parte de la ola, la primera sección; el resto era una espuma enorme que, como dijimos, perdía intensidad a medida que avanzaba playa adentro sin nada más que llamara nuestra atención.

Pascal no esperó ni a que me pusiera mi vieja licra, la que llevaba cargando conmigo desde Madagascar. Saltó el primero y sin mirar atrás. Nada más tocar el agua, como si de un corcho a la deriva se tratara, la corriente lo alejó a gran velocidad costa adentro colocándolo a más de cien metros de donde estaba la primera sesión de la ola y sin posibilidad de avanzar hasta el pico de nuevo. Justo en la punta y enfrente de mí, una bonita ola rompía limpia, bastante hueca y con unos dos metros aproximadamente de tamaño, totalmente solitaria. Su color marrón oscuro, como el de Cherating, la hacía poco atractiva, pero eso era algo con lo que ya contábamos antes de venir.

Salté y remé con todas mis fuerzas intentando no correr la misma suerte que mi amigo Pascal, que de lo lejos que estaba, casi ni se le veía desde mi posición. Las aletas de un *bodyboard* suelen dar un mayor empuje en situaciones como esta, pero es cierto que aquí era casi como no llevarlas. Me arrastraba lentamente y sin poder evitarlo hacia dentro de la bahía, alejándome poco a poco, remada tras remada, del bonito pico que había visto romper delante de mí antes de saltar. El cansancio iba aumentando al mismo tiempo que disminuía la intensidad en la remada, como era lógico. Con un último empujón conseguí avanzar en diagonal unos buenos metros casi hasta colocarme cerca del rompiente. Sin perder mucho tiempo, me giré para remar la única ola que probaría cerca de la punta. Tras esa única y corta ola, Pascal y yo nos quedaríamos un rato a mitad de la bahía, cogiendo las sobras que llegaban desde la punta, una espuma larga, casi hasta donde quisieras llegar, pero sin pared ni posibilidad de nada más que empujarte.

Salimos antes de que la marea subiera mucho más, con una sensación un tanto agridulce. Por un lado, habíamos experimentado de nuevo la sensación de entrar a una ola nueva y remota, esta vez acompañados y motivados por nuestro amigo Pascal, pero, por otro lado, la impotencia de no poder llegar a colocarnos bien, el cansancio de dejarte la vida intentándolo y verla ahí tan cerca de nosotros rompiendo sola nos hacían sentir raros, como si no lo hubiéramos conseguido. Esta sensación no debía ser nueva para nosotros en realidad, lo que buscábamos en el viaje era precisamente esto, encontrar el camino, probar suerte y disfrutar intentándolo. Ahora, tras volver al coche y comer algo, tocaba ir a buscar un lugar cercano donde pasar la noche antes de volvernos al día siguiente de nuevo a Kuala Lumpur. Elegimos entonces irnos a Cherating, así podríamos surfear unas cuantas olas en la mañana antes de emprender el camino de vuelta.

Seguíamos sin noticias de ningún trabajo o entrada de dinero, por lo que optamos por quedarnos muy quietos en casa de Pascal y Salsa, simplemente haciendo nuestras tareas en el hostal y enviando currículos por internet. Esta era la mejor manera de mantener el gasto cero que nos habíamos propuesto hacía ya tiempo y así poder alargar el viaje lo máximo posible hasta que alguien nos diera una oportunidad.

De nuevo, tras comentarles cómo iba nuestra búsqueda de trabajo por Malasia, los chicos pensaron que si íbamos de visita a una ciudad llamada Malaca, también conocida como la ciudad de los artistas y nombrada Patrimonio de la Humanidad recientemente debido, en gran medida, a sus murales callejeros, sus casas y sus calles empedradas que transpiraban historia por todos lados, quizás nos podríamos sentir mejor y, quién sabe, allí con tantos hostales y hoteles podríamos encontrar trabajo.

Malaca era exactamente como nos la imaginábamos. Llena de vida, callejuelas estrechas, murales, actuaciones en directo, mercados, comida callejera… Perfecta para olvidarnos por un día de nuestra realidad económica. Pascal alquiló unas bicicletas para todos y en ellas recorrimos la ciudad de cabo a rabo, degustando el *lacksa*, una extraña sopa de fideos muy picante que servían en el mercado por muy poco dinero, y viendo esa misma noche los escandalosos y extravagantes triciclos de Malaca, decorados con cientos de muñecos y con la música sonando a tope haciendo las delicias de los muchísimos turistas que por allí paseaban.

Nos vino muy bien salir un poco del día a día al que nos habíamos sometido nosotros mismos en Kuala Lumpur. En Malaca nos ofrecieron quedarnos y ayudar allí en varios hostales, pero no nos darían dinero a cambio, simplemente comida y cama, lo mismo que ya teníamos con nuestros amigos en Kuala Lumpur.

Nos tocaba volver a la realidad y afrontarla ahora con un poco más de fuerza y con las pilas recargadas después de este viaje entre amigos. Ya íbamos asumiendo que tendríamos que volvernos a casa pronto y que lo mejor era no pensarlo más y tratar de disfrutar lo máximo posible el tiempo que nos quedaba, sin dejar de seguir intentándolo hasta nuestro último segundo.

Los días seguían pasando muy lentamente en casa de nuestros amigos, parecía como si ya el viaje hubiera terminado para nosotros. Trabajábamos en la casa durante unas horas en la mañana y luego otra vez a enviar currículos y contactar con empresas de trabajo locales hasta que se hiciera de noche y ya irnos a dormir. ¿Y para qué? ¿Para simplemente recibir llamadas de estas empresas confirmándonos lo que ya sabíamos? Que sin visa de trabajo, poco o nada íbamos a conseguir, que no estaban interesados… Necesitábamos salir de esa dinámica en la que estábamos metidos o íbamos a terminar abatidos.

Con el poco dinero que nos quedaba teníamos varias opciones: gastarlo lentamente mientras seguíamos ayudando en casa de Pascal y Salsa, de los que ya habíamos abusado bastante, y pese a que ellos insistieran en que nos quedáramos y en ayudarnos, ya teníamos claro que no podíamos estar más tiempo allí, viviendo en su casa; pedir algo de dinero prestado a nuestros familiares y juntarlo con el que nos quedaba a nosotros, que eran aproximadamente, entre las dos riñoneras de seguridad que llevábamos los dos, dinero sin cambiar y *ringgit,* la moneda de Malasia, carteras y tarjetas, unos doscientos cincuenta euros, para comprar los billetes de vuelta a casa; o la opción que más nos gustaba y que sería la mejor despedida posible para este largo viaje, coger todo ese dinero que nos quedaba e irnos al lugar más barato posible desde Kuala Lumpur en avión, barco o guagua, para gastarnos hasta el último céntimo viajando, y luego ya se vería cómo volveríamos a casa.

En uno de sus arrebatos de improvisación que tantas otras veces nos habían llevado a sitios increíbles en lugares remotos, Beni entró en la página web donde solíamos comprar los billetes de avión cada vez que nos movíamos de un lugar a otro y tras buscar el más barato posible para las próximas semanas, me dijo:

—¡Nos vamos a Tailandia! Yo sé que tú querías olas, pero por solamente once euros, nos vamos a Tailandia en avión y allí ya se verá. —Así de directo y así de fácil.

Nuestro vuelo al final de nuestro viaje sería en ocho días. Se lo dijimos a los chicos y, aunque tristes por nuestra marcha después de todo este tiempo tan intenso y divertido juntos, estaban muy felices de que optáramos por la tercera opción, que era la que más nos merecíamos Beni y yo.

Pascal, que había estado mirando en los partes cómo una potente tormenta se aproximaba en los próximos días a Marang, al norte de Malasia, dijo:

—Nos despediremos como nos merecemos todos, ¡una excursión a la bellísima isla de Kapas!

Ellos dos ya habían estado allí y Salsa enseguida aceptó. Lo que no sabíamos, incluido yo, hasta que Pascal me lo dijo, era que con esa tormenta, la peculiar forma de la isla con pequeñas colinas y acantilados que la protegían de los fuertes vientos de la propia tormenta y los virginísimos corales que había en la parte de atrás de la isla podían formar unas olas muy buenas para nosotros. En verdad omitió ese dato al principio porque sabía que Salsa prefería pasar nuestros últimos días juntos, por el momento, en una playa tranquila y relajada en la que poder bañarnos plácidamente, pero desde que lo supo un poco más tarde, se mostró igual de entusiasmada que al principio.

Los dos se pidieron sendos días libres en el trabajo para coincidir con los mejores días de la tormenta y, al cabo de dos días, pusimos rumbo al puerto de Marang, donde podríamos coger el pequeño barco que nos llevaría a la isla de Kapas, a una hora aproximadamente mar adentro desde allí. Por el camino, el cielo gris y la llovizna hacían presagiar que, efectivamente, la tormenta estaba bastante cerca. En el puerto donde supuestamente se cogía el ferry para llegar a Kapas —bueno, en realidad era una pequeña fueraborda, techada y reforzada para hacer esa travesía—, nos terminaron de confirmar que, efectivamente, la tormenta estaba muy cerca y que lo peor de esta aún estaba por llegar.

—Lo siento, señor. El último barco que viajaba a la isla acaba de llegar y el capitán no tiene previsto salir más hasta que amaine la tormenta, quizás mañana —le dijeron a Pascal en el puesto donde se vendían los *tickets* para este viaje.

Él, lejos de aceptar y sabedor de que debíamos estar allí en la isla antes de que la peor parte de la tormenta llegara si queríamos coger buenas olas, se enfrascó en una discusión con el vendedor de los *tickets*.

—Hemos venido aquí muchas veces, nuestros amigos están ya en la isla esperándonos, no podemos quedarnos aquí en tierra hasta mañana. ¡Necesito hablar con el capitán del ferry! —le contestó Pascal en un tono serio y rudo, como nunca antes lo había visto.

Tras un par de llamadas, finalmente Pascal pudo hablar con el capitán para explicarle lo mismo que le dijo al vendedor de *tickets* y recalcando que, ahora mismo, el mar no se veía tan movido. «Qué sabremos nosotros de este mar», pensé yo de manera automática, «pero si cuela…».

Al poco se presentó allí el capitán del barco y, con tono serio y preocupado, nos ofreció que si pagábamos un poco más, nos llevaría a la isla. Había tres o cuatro pasajeros más allí sentados que, resignados, habían aceptado las explicaciones del vendedor de *tickets*. Pascal les dijo la nueva oferta y todos aceptaron muy alegres, salvo uno de ellos, quizás el más inteligente de todos nosotros, que dijo que prefería esperar a mañana para ir.

Nos montamos en el barco y enfilamos a gran velocidad la bocana del puerto para entrar, acto seguido, a mar abierto. El capitán, sin dudarlo un segundo, frenó la marcha justo en ese mismo momento, dejándonos casi quietos flotando cerca de la boca del puerto y protegidos por el último tramo de la escollera de rocas que componía el interior del puerto, mientras nosotros, asustados, veíamos como un mar encrespado, marrón y furioso formaba olas gigantescas que pasaban ante nosotros, pero sin poder entrar a puerto. El capitán observaba algo, imaginamos que esperaba a que pasara la serie de olas más grandes antes de continuar, no teníamos muy claro qué era, pero sin previo aviso, se colocó bien su gorra y aceleró de nuevo el barco casi a máxima potencia para sacarnos de allí cuanto antes, empujándonos irremediablemente a todos los ocupantes que estábamos dentro hacia atrás de la fuerte tracción.

Las primeras olas pasaban por debajo del ferry, salpicándonos y golpeán-donos con fuerza. Casi ya fuera del puerto, una gran ola se levantó justo frente a nuestra barca, el capitán viró un poco el timón de la embarcación para no cogerla de frente y, poco después, el barco y todos nosotros estábamos en el aire literalmente. El golpe fue muy duro, pero por suerte nadie cayó al agua.

No había tiempo para comprobar nada, otra ola de gran tamaño se apro-ximaba rápidamente, y detrás de esta otra y luego otra. El capitán no tenía cara de tener para nada la situación bajo control. Salto tras salto, nos íbamos mojando cada vez más y más. Salsa, con un considerable respeto al mar, más teniendo en cuenta lo sucedido en el pasado, comenzó a llorar sin parar. Los demás estábamos bastante asustados, la situación pasó a ser bastante peligrosa. No fue hasta pasados unos buenos minutos cuando ya estábamos mar adentro y protegidos por la isla, que hacía de freno parcial a las grandes olas, cuando pudimos recomponernos y consolar a nuestra amiga.

La isla nada tenía que ver con lo que habíamos visto de momento en la Malasia peninsular. Playas de fina y blanca arena, palmeras y cocoteros verdes sobresaliendo de la espesa jungla del interior y un mar turquesa azulado, pese a estar más oscuro de lo normal por la tormenta que teníamos prácticamente encima. Los chicos, con Salsa ya recuperada, nos llevaron al único y bonito hostal de toda la isla, ubicado en la parte protegida de la misma. Con una bonita playa de aguas calmadas justo enfrente y con habitaciones compartidas a un precio bastante económico, si le sumamos que los dueños conocían a Pascal y nos aplicaron el descuento de amigo, el hostal era perfecto para estos días de despedida.

Nosotros fuimos casi automáticamente a buscar olas a la otra parte de la isla, donde el mar chino, que era el que rodeaba a esta isla, golpeaba con más fuerza. Habíamos visto previamente en el mapa todas las zonas de la isla con potencialidad de tener olas; Kapas se podía recorrer de punta a punta en menos de cuarenta minutos, no era realmente grande. Las posibles olas estarían en la parte justo detrás de nuestro hostal, totalmente expuesta a la fuerza de las olas y al viento también, o en la esquina norte de la misma, donde las pequeñas colinas podían hacer de ventana para parar el viento y donde la fuerza también estaría llegando, aunque en menor medida tal vez. Para llegar hasta ahí, primero subimos unos afilados acantilados cargados con nuestras tablas y en bañador, luego nos abrimos paso entre la maleza hasta llegar al agua y, una vez allí, acortamos camino nadando unos cuantos metros sobre nuestra tabla de *bodyboard* para llegar justo a la playa desde donde se accedía a la ola.

Subidos a una enorme piedra que estaba en la orilla y antes de saltar al agua, pudimos contemplar Pascal y yo el espectáculo que estaba ocurriendo allí mismo, delante de nosotros. Nuestros gritos de alegría mientras saltábamos emocionados y sin control eran silenciados solo por el viento, que soplaba moderado desde el otro lado de la colina dirección al mar, formando al contacto con el agua de las olas que entraban pegadas al acantilado preciosos y largos tubos cristalinos que rompían solitarios sobre un manto de coral amarillo y verde. ¡No lo podíamos creer, lo habíamos conseguido y eran solo para nosotros!

Automáticamente, ya estábamos vestidos y listos con nuestra cámara para ir a probar esa nueva ola. Cámara en mano, sin preocuparnos de si se mojaba o no, nadábamos con decisión hacia el pico que salía en el extremo más saliente del acantilado, había que inmortalizar ese momento como fuera. Las series, de unos dos metros aproximadamente de tamaño, rompían lenta y limpiamente contra el coral, apenas tapado por la marea aún. Pascal se colocó más por fuera, pues no es fácil manejarse en una ola nueva y de esas características con una tabla de surf y con el coral asomando prácticamente por fuera del agua. Yo tomé un par de fotos para el recuerdo y volví remando con todas mis fuerzas a la orilla para dejar mi cámara y volver al pico de nuevo, ya libre y sin más preocupación que meterme dentro de uno de esos tubos.

La remada era fácil, ligera, al primer recorte ya estabas dentro del tubo. Casi todas las olas más grandes cerraban un poco más adelante, dejándote solo unos pocos segundos dentro del tubo; las medianas o las que entraban más pegadas a la punta, no. Pese a ser de izquierda, mi peor lado, podía hacer giros y recortes muy fácilmente. Pasamos allí horas, hasta que prácticamente anocheció y era hora de volver a casa.

Al llegar, le contamos a Salsa, la única que no quiso venir con nosotros esa tarde, lo que había pasado casi sin creérnoslo nosotros mismos. Los amigos de Pascal, dueños del hostal, al escucharnos nos dijeron que en muy raras y contadas ocasiones se ven a algunos locales llegar a la isla con tablas de surf y surfear también ese lugar. Seguramente no fuéramos los primeros en coger olas allí, pero estamos seguros de que esta joya estaba muy fuera de la mayoría de los radares del surf mundial, y tiene su explicación, porque solo funcionaría si cuadran todas las condiciones que se nos estaban dando a nosotros esos días: una megatormenta muy cerca, viento fuerte y dirección de olas correcta. Pero lo que sí estaba claro era que, para nosotros, este era, y con diferencia, el mayor descubrimiento que habíamos tenido durante todo este tiempo explorando en Malasia. Después de la cena nos fuimos directos a la cama, pues queríamos repetir mañana desde muy temprano.

Antes de que saliera el sol, estábamos los cuatro ya andando rumbo a la playa de nuevo. Una odisea más tarde, peor que la de ayer, llegamos. Las olas seguían bombeando igual de perfectas, aunque más pequeñas. Nuestros gritos y la alegría por surfear en esa ola se escuchaban desde la orilla, nos dijeron más tarde las chicas. Después de nuestro segundo baño allí solos los cuatro, con la marea ya casi alta del todo, apareció un viejo y ruidoso barco pesquero que se abría paso entre las olas de alta mar hasta colocarse cerca del pico, muy cerca de nosotros. Cargado con cinco surferos malayos y sus tablas, se cambiaron y saltaron al agua desde el barco. Se les notaba sorprendidos de ver extranjeros por allí, especialmente un día como ese, con esa tormenta y en

pleno mes de lluvias monzónicas en Malasia. Compartieron este secreto con nosotros sin ningún problema. Poco a poco fuimos entrando en confianza y nos comentaron que habían ido desde Marang hasta allí porque sabían que habría buenas olas, que solían venir cuando esto ocurría. También nos hablaron de otras dos olas que salían en el puerto de Marang, izquierda y derecha respectivamente, a ambos lados de la bahía cuando este tipo de tormentas se formaba tan cerca, pero que el viento solía no dejar que se formasen muy bien las olas. Al final, ya como amigos del mar, terminamos intercambiándonos los contactos, e incluso fueron a buscar a Beni a la orilla con el barco para que pudiera sacar buenas fotos desde dentro. Mejor imposible.

La vuelta al puerto de Marang dos días después, cuando ya no quedaba ni rastro de las olas y nuestra joya era ahora un jardín de coral, tranquilo y perfecto para bucear con gafas y tubo, fue mucho más tranquila. Tocaba ya pensar en irnos de Malasia y despedirnos, al menos por el momento, de nuestros amigos.

Llegó el día y los cuatro preferimos no hacerlo más doloroso. Prometiéndonos volver a vernos pronto por allí o por donde fuera, cogimos la guagua para ir al aeropuerto y dormir allí esa noche, pues nuestro vuelo era a primera hora de la mañana y las colas para llegar al aeropuerto podrían hacernos perder el avión.

Fue el destino quien nos llevó a Malasia en plena época de monzones para encontrar todas esas olas. Fue el destino también el que quiso que conociéramos a Pascal y a Salsa, ahora amigos para siempre y quienes nos enseñaron algunos de los rincones más bonitos de Malasia. Y fue el destino, sin duda, quien quiso que no encontráramos trabajo allí y tuviéramos que volver a casa así, de golpe… O, al menos, eso pensábamos nosotros.

TAILANDIA

La mejor alternativa

—Dicho y hecho —soltó Beni nada más bajarnos del avión en el aeropuerto internacional de Bangkok.

Aquel arrebato de ella en casa de Pascal y Salsa nos había traído hasta Tailandia. Allí estábamos los dos, parados frente a la puerta de salida del aeropuerto internacional, cargados con nuestras maletas, sin nada planeado, lo cual no era nuevo para nosotros, con apenas doscientos y pocos euros para aguantar y sobrevivir lo que pudiéramos y luego ya se vería… Esta era una frase que nos decíamos una y otra vez, sin saber muy bien qué significaba o qué quería decir realmente, pero que usábamos, yo creo, para darnos fuerzas y ánimos suficientes pensando que algo bueno podía pasar aún y para que no nos rindiéramos todavía porque el universo estaba de nuestro lado. En realidad, no teníamos miedo. Cierto es que la situación pintaba bastante fea para nosotros dos, es decir, teníamos ya un pie y medio en casa, pero seguíamos disfrutando como el primer día que aterrizamos en Nossy Be, con las mismas ganas.

Buscamos en internet la forma más barata de llegar a la que se suponía que era la parte de Bangkok más barata para dormir y quedarse unos cuantos días mientras hacíamos turismo por la ciudad. El lugar elegido era Silom, un barrio bien conectado por metro con el centro, con monorraíl y muy barato comparado con otras partes de la ciudad. Lo mejor, teníamos un mercado nocturno justo en la calle de atrás donde comer y beber por muy poco dinero, esto era algo que también nos llamaba mucho la atención de esta ciudad. Pese a ser muy turística y conocida mundialmente, Bangkok estaba llena de puestos callejeros donde comer *pad thai, satay* o *mango rice,* entre otras muchas cosas, y todo por menos de un euro el plato si hacemos la comparativa.

Encontramos lo que se conocía en Tailandia como «cabinas» o «cubos» para dormir por tan solo unos pocos bahts al día. Esto era un miniespacio equivalente al tamaño del colchón donde dormíamos y unas cuantas repisas más colocadas en la pared. No te podías poner de pie y, para acceder, usábamos unas escaleras, ya que teníamos otros muchos vecinos que ocupaban otras cabinas situadas en la misma pared que la nuestra. El baño era compartido y teníamos una taquilla donde podíamos dejar nuestras maletas. Sinceramente, estaba mucho mejor de lo que aparentaba cuando lo vimos por primera vez.

Todos los céntimos contaban para nosotros. Según nuestros cálculos, teníamos a este ritmo para unas dos o tres semanas de viaje si no gastábamos nada más que lo estrictamente necesario y acordado. Nosotros veníamos ya con rodaje de otros lugares en gastar lo mínimo y sobrevivir al acoso al turista, pero este último, en Bangkok y Tailandia en general, empezábamos a notar que era exagerado. Teníamos pensado movernos por Bangkok unos días y luego subir al norte en tren para tratar de salirnos de los lugares más turísticos y concurridos, cosa difícil en este país, ya que casi todo está pensado y hecho para eso, pero lo intentaríamos.

En nuestra casa de Tenerife ya estaban pendientes de nuestra precaria situación económica actual. Nosotros teníamos claro que no íbamos a pedir dinero a nadie, era nuestra máxima para hacer este viaje. No sabíamos cómo íbamos a volver a casa cuando se acabara el dinero que teníamos, quizás ahora podíamos aceptar algo de dinero prestado, al menos para comprar los billetes de vuelta a casa, o usar alguna tarjeta de crédito de algún banco, pero ni lo pensábamos realmente, confiábamos en que todo iba a salir bien y que algo extraordinario pasaría para sacarnos de esta situación.

Nosotros seguíamos como si no hubiera un mañana intentando ser realmente felices durante este viaje a Tailandia, que era la razón principal de hacer el mismo y, pese a juzgarla mal al principio, Bangkok era el sitio ideal para ello. Una de las ciudades más grandes y famosas de todo el sudeste asiático, con grandes rascacielos, metro, enormes centros comerciales... Pero también con un algo que la hacía única. Por eso no era de extrañar que aquí se concentrasen miles y miles de personas de todo el mundo para pasar uno o dos días durante sus vacaciones.

Mercadillos nocturnos, comida callejera, barcos haciendo de guagua para llevarte de un lado a otro de la ciudad por el río, miles de personas abarrotando sus calles, etc. En definitiva, Bangkok tiene una personalidad arrolladora y cautivadora con ese toque que solo encuentras en Asia.

Cada día que iba pasando, pese a que solo gastábamos unos pocos baths diarios en comer, transporte y poco más, el dinero iba desapareciendo. Si queríamos irnos al norte, debíamos irnos ya. Nuestro objetivo era llegar a

Chang Mai y desde allí movernos en moto lo más lejos posible hasta encontrar algún pueblo perdido que eligiéramos previamente en el mapa.

Tras muchas horas en tren para llegar a Chang Mai de la manera más barata posible, cansados y hambrientos después de tanto viaje, nos encontramos con el primer gran problema: los alojamientos por aquí, en la zona vieja del pueblo, eran muy caros, y por los alrededores, aunque pareciera extraño, no había nada. Quizás era un truco para que todo turista que llegase a la ciudad se quedara en la zona antigua de la misma, más bonita, llena de bares y hostales y totalmente enfocada al turismo con tiendas, mercado, exhibiciones… Nosotros no podíamos permitirnos eso en estos momentos, así que nos tocó preguntar y preguntar uno por uno en todos los lugares que veíamos, contándoles nuestra historia y que podíamos, a cambio, ayudar con lo que fuera que necesitaran. Nadie quería realmente escucharnos. Por lo general, el turista que llega hasta aquí lo hace dispuesto a dejarse mucho dinero, comiendo, durmiendo cómodamente y sin importarle mucho nada más, pero ese no era nuestro caso.

Encontramos una bonita casa familiar que estaba escondida al fondo de una callejuela estrecha, a la cual pudimos llegar siguiendo las indicaciones de un ruinoso cartel apoyado en la pared de uno de los muchos restaurantes que había en las principales calles del casco antiguo de Chang Mai. La señora, dueña de la casa y madre de tres niños pequeños que jugaban en el jardín que daba acceso a la casa, nos escuchó atentamente, mientras Beni le contaba todo. Acto seguido, sonriente nos preguntó:

—¿Cuánto pueden pagar por noche?

Tras esa pregunta, Beni, que ya había hecho los cálculos previos, le dijo:

—Ciento cincuenta baths por noche, y si tiene disponibles, también le alquilamos una moto.

Eso eran unos cinco euros en total, aproximadamente. La señora hizo lo que cualquiera en su lugar hubiera hecho si comparamos con los precios de los alrededores, echarse a reír sin parar. Ya después de un rato riéndose, nos dijo:

—Está bien, está bien. En total, trescientos por las dos cosas, pero mínimo una semana aquí.

Habíamos conseguido una semana allí con moto y cama por muy poco dinero y, lo mejor, ayudaríamos a la señora en lo que hiciera falta y a cambio ella nos haría un rico desayuno típico tailandés todos los días, así podríamos aguantar hasta la tarde-noche sin comer nada más, cuando cenaríamos y nos iríamos a dormir, ahorrándonos casi a diario el almuerzo. De igual forma, conociendo esto, la señora se apresuró a llenar un bote enorme de galletas de arroz que podíamos coger cuando quisiéramos para matar el hambre durante el camino.

En nuestro primer día de excursión con la moto, visitamos el templo de Wat Phrathat Doi y el Palacio Phu Ping, a unos pocos minutos de carretera de nuestro hostal, en las montañas. Nada de lo que buscábamos realmente, seguía estando lleno de turistas y guaguas que los soltaban allí. Decidimos entonces tratar de perdernos un poco con nuestra moto, aún era temprano y teníamos suficiente gasolina en el tanque. Seguimos conduciendo por la estrecha carretera del bosque, después del templo, tratando de dejar atrás todo el ruido turístico, y llegamos a un supuesto poblado tribal. Realmente era un pueblo convertido en circo, para los miles de turistas que iban en viaje organizado hasta allí buscando supuestos poblados tribales. Esto hizo que ni nos bajáramos de la moto, seguimos acelerando y conduciendo hasta que entramos en una pista de tierra lo suficientemente estrecha para que estas enormes guaguas turísticas no pasasen por allí aún. Al cabo de un rato atravesando el bosque, mientras subíamos montaña arriba, llegamos, según nuestro GPS, al poblado tribal de Khun Chiang Hmong, aún sin apenas visitas turísticas, lleno de almendros y árboles que adornaban sus calles de tierra con una armonía mágica. Aquí pudimos sentir un poco la auténtica Tailandia, mientras nos relajábamos tomando un poco de agua de coco que nos dieron unos niños.

Volvimos a la casa totalmente de noche ya, la señora nos esperaba visiblemente preocupada, más que por nosotros, por si hubiéramos decidido huir y llevarnos la moto. Le explicamos los lugares que visitamos ese día y nos aconsejó algunos otros que podíamos visitar también más cerca, a pie o a unos minutos en moto. Los siguientes días los dedicamos, vencidos, a empezar a buscar billetes de avión de vuelta a casa en Tenerife, pese a que no teníamos suficiente dinero para ello, pero queríamos saber cuánto dinero aproximado nos hacía falta para poder volver. También aprovechamos para ordenar todas las cosas de nuestro viaje, es decir, fotos, vídeos y apuntes, y ayudamos a la señora a limpiar su casa y organizar mejor el jardín.

El jueves por la mañana nos despertamos bastante tarde, no teníamos ningún plan o salida programada para ese día. Nuestro día iba a ser supuestamente tranquilo, ayudando a la señora en la casa en sus tareas, paseando por las calles peatonales del casco antiguo, llevándoles galletas de arroz a un grupo de perros callejeros y sus crías, que habíamos visto los días anteriores cerca de la casa, y poco más. «Algo relajado y tranquilo», pensábamos.

Cuando encendimos nuestros móviles, empezaron a saltar mensajes con varias llamadas perdidas desde Tenerife. Enseguida el corazón nos dio un vuelco. Eso no había sucedido antes nunca, siempre eran guasaps o *emails*, ¿pero llamadas? Algo raro había pasado, pensamos los dos mientras nos mirábamos con las caras desencajadas por lo que cada uno de nosotros podría imaginar. Desde luego, algo teníamos claro: no serían buenas noticias.

Lo siguiente que hicimos fue mirar los mensajes recibidos. Ahí empezamos a darnos cuenta de que, quizás, no eran tan malas noticias. El primer mensaje era de la hermana de Beni, Jazmina, pidiéndonos que nos conectáramos cuando pudiéramos porque tenía algo bueno que decirnos. «Lo siento por tantas llamadas, no se asusten, solo quería contarles en primera persona la gran noticia, llámenme cuando puedan», decía en su mensaje. También teníamos una llamada de mi hermano Abraham, que me había llamado junto con mi madre para hablar con nosotros.

Después de leer todos los mensajes que habíamos recibido nos quedamos mucho más tranquilos, pero expectantes de qué podía ser lo que realmente sucedía. Las horas parecían no pasar tan rápido como de costumbre. Habíamos acordado hacer una videollamada con Jazmina a la tarde, para cuando fuera ya más de día en Canarias. De este modo, nos enteraríamos del porqué de tanto mensaje y llamada. Para ser sinceros, algo nos imaginábamos tras descartar malas noticias. Seguramente, enterados de nuestra situación y después de todo este tiempo fuera de casa, querrían que volviéramos cuanto antes a nuestra isla e incluso, quizás, ya nos hubieran comprado un billete de vuelta o tal vez llamaban para decirnos que ellos nos prestaban el dinero para ello.

Llegó la hora de la videollamada. Beni y yo ya estábamos cenados y sentados delante de mi ordenador portátil, espantando a los muchos mosquitos que venían atraídos por la luz de la pantalla. No hacía mucho que habíamos conectado con ella, quizás dos o tres semanas atrás, cuando aún estábamos en casa de Pascal y Salsa. Entonces, conectó y apareció la cara sonriente de la hermana de Beni.

—¡Hola! ¿Cómo están? ¿Dónde andan metidos ahora? —empezó preguntando Jazmina.

Cualquier llamada de un familiar que habíamos recibido durante todos estos meses anteriores de viaje era como un paréntesis de nuestra actual realidad viajera, como un oasis, es decir, podíamos estar en mitad de algún pueblo perdido o alejado de la mano de Dios, metidos en un cuchitril barato lleno de cucarachas en alguna ciudad con nombre imposible de pronunciar o compartiendo casa con alguna familia local, daba igual; si teníamos buena señal de internet y podíamos hacer una videollamada, todo eso, de repente, dejaba de existir por un tiempo. Nos poníamos al día con lo que había pasado en la isla, algún chisme que debiéramos saber, nuevo restaurante vegetariano que abrió hace muy poco, las luces de este año de Navidad de nuestro pueblo… Nos evadíamos completamente por el tiempo que duraba la llamada. Era como si nos teletransportáramos a casa.

Muchas veces, después de un duro y largo camino para llegar a los lugares que queríamos llegar, después de horas o incluso días sin comer bien o simplemente sin ducharnos o lavarnos la cara con agua limpia, estas llamadas, no sé por qué razón, nos llenaban de fuerzas nuevas y ganas renovadas para seguir adelante. Escuchar una voz conocida que no fueran las nuestras e historias que nos transmitían tranquilidad y normalidad momentánea quizás era lo que anhelábamos escuchar realmente después de días como esos sin parar de movernos.

Fuera como fuese, esta llamada iba a ser distinta. El semblante de Jazmina, alegre y nervioso, dejaba entrever que iba a ser así. Ni siquiera quiso esperar a nuestra respuesta.

—Estamos bien, acabamos de llegar a… —dijo Beni, antes de que la hermana la interrumpiera.

—¡No puedo esperar más! ¿Saben qué ha pasado? ¡Ni se lo esperan! Bueno, esto ha sido idea de las dos partes, las dos familias… Bueno, que me lío —prosiguió contando Jazmina, antes de que la emoción se lo impidiera—. Hemos sabido de su actual situación, por eso entre todos hemos juntado un poco de dinero para enviárselos por Western Union cuando ustedes puedan recibirlo, pero solo hay una condición que tienen que aceptar y es la única condición —terminó diciendo entre risas.

Beni y yo nos miramos incrédulos, nos iban a dejar prestado dinero para volver a casa y no sabíamos si eso, en realidad, eran buenas o malas noticias, pero ¿qué más opciones teníamos? Debíamos volver a casa, no nos quedaba más dinero y las cosas iban a ponerse muy feas por allí sin dinero y sin realmente un plan B para escapar.

Jazmina enseguida supo interpretar nuestras caras, que debían ser como un libro abierto en ese momento.

—Ay, qué pena me va a dar no verles por aquí aún —dijo sonriendo. Sí, habíamos oído bien, ¡no íbamos a casa!—. La condición de este dinero prestado es que lo intenten un poco más, que no se rindan aún. Desde casa todos estamos con ustedes, todos les seguimos cada día y sabemos que aún no es tiempo de volver. Llegará ese día, pero aún no ha llegado —dijo casi llorando.

Nosotros no sabíamos muy bien cómo había pasado todo esto. El amor tan grande y lo afortunados que nos sentíamos por este regalo y, sobre todo, por sus claras instrucciones, las cuales íbamos a seguir hasta la última coma. Después de esto, la videoconferencia fue una fiesta de risas y anécdotas por las dos partes. La tranquilidad que recibíamos después de cada llamada, esta vez, fue casi lo contrario. Los nervios de qué hacer, a dónde ir, consejos y posible último destino para encontrar trabajo volaban de lado a lado. Al final, nosotros celebrándolo con las cervezas que había ido a comprar a la tienda cerca de allí y Jazmina terminando de desayunar, nos despedimos dándole las gracias infinitas y diciéndole que les contaríamos cuál sería nuestro plan para que el viaje no acabara aún.

Después de mandar muchos mensajes de vídeo a mi madre, mis hermanos, el padre y a la madre de Beni, etc., volvimos a la realidad. Sí, teníamos un poco más de dinero, pero estábamos en Tailandia y teníamos que tomar una decisión. Los dos teníamos claro que no sería irnos a viajar y ya, no podíamos fallarles a todos nuestros seres queridos, que habían apostado una vez más por nosotros. Si queríamos viajar por mucho más tiempo y devolverles el dinero prestado, era necesario encontrar trabajo en algún país de Asia, pero esta vez todo sería distinto.

Unos días después de la noticia y de recibir el dinero por Western Union, decidimos seguir con nuestro viaje por Tailandia tal y como lo teníamos planeado, ajustándonos al mismo presupuesto marcado. Seguir viajando nos vendría bien para pensar a dónde ir y cómo hacer para, esta vez sí, no fallar en la búsqueda de trabajo. La cantidad era la suficiente para comprar unos nuevos billetes de avión e irnos a un último destino a buscar trabajo y para poder aguantar a nuestro actual ritmo de gasto entre un mes a un mes y medio aproximadamente, tiempo necesario para encontrar un trabajo en Asia.

Desde Chang Mai, decidimos ir bastante más lejos con nuestra moto alquilada. Después de un largo camino de unas cinco horas entre carreteras y pistas de montaña, llegamos al pueblo de Pai, un enclave rústico y de granjas donde se asienta una pequeña comunidad *hippy* que vive un poco al margen de todo, es decir, cultivan sus propios alimentos y cuidan a sus animales, y también, pese a que había tiendas donde podías pagar con dinero, existía el intercambio. Vamos, todo lo que una comunidad como tal representa, incluida la fiesta. Podías encontrar una en casi cualquier casa con granja o solar de la zona, y en todas éramos bienvenidos a entrar y beber con ellos. Esto último, pese a que a nosotros nos gustaba tanto una fiesta como a cualquier otra persona, distorsionaba el verdadero sentido de la comunidad, no por el hecho de hacer fiestas, que no era el problema, sino que de hacer tantas y cada vez más famosas, poco a poco iban atrayendo a más y más personas al pueblo, muchas de las cuales venían aquí de ida y vuelta, solo para pasarlo bien y emborracharse hasta caer rendidas sin importarles nada más y sin aportar más que residuos a la comunidad.

En Pai, vimos también un puente milenario custodiado por auténticos militares y el magnífico cañón de Pui, con piscinas naturales en su interior y lleno de flora y fauna autóctona de la zona. Aparte, también visitamos muchas granjas de fresas, cascadas, templos…

Ya de vuelta en Chang Mai, seguíamos sin poder encontrar la auténtica Tailandia, la que no fuera del todo turística. Fue entonces cuando, con un mapa del norte de Tailandia en la mano y a ojo, elegimos un punto al azar para ir a explorar. El lugar elegido fue Ban Saeo, una provincia al norte de Chang Rai, a unas cuantas horas desde Chang Mai. En algún momento se nos pasó por la mente cruzar la frontera y entrar a Myanmar desde aquí, pero teníamos una misión, nuestro dinero era muy limitado y no nos podíamos permitir hacer eso ahora mismo.

También, las últimas noticias que llegaban sobre Myanmar no eran muy alentadoras. La guerra civil estaba comenzando de nuevo. Unos días más tarde, nos enteraríamos de los genocidios y problemas tan graves que había en el país durante esas semanas, por lo que supimos que habíamos tomado la decisión correcta al no entrar a Myanmar de momento. La otra opción era Laos, que la teníamos justo enfrente también, pero de momento también íbamos a dejar ese país para más adelante.

En Ban Saeo encontramos un bonito aunque medio abandonado hostal, justo situado sobre la misma orilla del río Mekong, con Laos en la otra orilla y de frente a nosotros. Desde allí nos dedicamos a recorrer, en la vieja moto que habíamos conseguido alquilar, los distintos pueblos y aldeas cercanas. Cerca de nuestro hostal, encontramos una pequeña comunidad de las famosas mujeres cuello largo, conocidas por adornar sus cuellos con anillos dorados hasta tal punto que llegan a estirarlos de una manera casi sobrenatural. Aquí, pese a estar lejos del circo de otras comunidades similares en el resto del país, se notaba también como estaba todo preparado y dispuesto para el turista, haciéndote dudar si realmente aquello era consentido por esas mujeres o si había algo de obligación por parte del Gobierno. También con la moto visitamos algunos templos de la zona, siempre abiertos a los visitantes y donde podíamos encontrar puestos de comida callejera muy barata.

La imagen del legendario río Mekong, con sus aguas turbias y tranquilas al atardecer, mientras el sol tornaba el verde de la vegetación colindante en tonos anaranjados y verdosos, sirvió de lugar perfecto para trazar nuestro plan.

—¿Dónde necesitan realmente españoles en sus empresas? —preguntó Beni, pese a que ella ya sabía la respuesta.

En realidad, yo no tenía ni idea y me limité a, simplemente, buscar en internet.

—Los *call centers* que tienen empresas latinas o españolas en sus carteras necesitan muchos hispanohablantes. Si buscamos los países con más *call centers* de Asia, encontraremos trabajo —acertó Beni totalmente convencida.

En mi búsqueda por internet, destacaban India y Filipinas como países asiáticos con más número de *call centers*. Ahora bien, ¿cuál sería el correcto para encontrar trabajo? Allí mismo, con esa impresionante estampa del río Mekong, Laos y el atardecer, tomamos la decisión. Nos la íbamos a jugar a todo o nada en Manila, Filipinas. Influyó bastante el hecho de que encontráramos pasajes de avión casi por menos de cien dólares cada uno desde Kuala Lumpur y que, claro está, si queríamos seguir buscando olas, nuestro destino era Filipinas, ya que veníamos de estar un largo tiempo en India, pero eso era otra historia.

Esa misma noche, decidimos llamar a nuestros amigos Pascal y Salsa para contarles todo lo que había pasado estos días en Tailandia y también para que supieran que íbamos a volver a Kuala Lumpur y volar desde ahí hasta Manila. La videollamada se alargó durante horas. Nos pusimos al día por ambas partes, realmente no hacía tanto que nos habíamos visto, pero habían pasado muchas cosas tanto en Malasia como en Tailandia. Finalmente, emocionados y muy contentos porque nos íbamos a volver a ver pronto, propusimos una pequeña locura.

—¿Se acuerdan de aquel día que fuimos a la playa y dijimos de irnos los cuatro de viaje a Indonesia? ¿Por qué no vamos? —soltó así de repente Salsa, como quien no quería la cosa.

Fue aquel día que estábamos contando cuáles eran nuestros sueños o deseos de vida cuando Salsa nos había invitado a pasar unos días en su provincia de Banda Aceh. Había que seguir nuestro plan, no podíamos gastar innecesariamente el poco dinero que nos quedaba, pero realmente nos apetecía tanto viajar con ellos que todo lo demás quedó momentáneamente olvidado. Como locos, nos pusimos a buscar los cuatro en la misma videollamada billetes baratos desde Kuala Lumpur hasta Indonesia para ver si realmente podíamos ir o no. Banda Aceh era imposible para las próximas semanas y pese a que el vuelo a Manila estaba más o menos igual de precio durante las próximas tres semanas, debíamos comprarlo también cuanto antes o luego se pondría ya por encima de los doscientos euros cada uno. Tras mirar y rebuscar un buen rato cada uno por su lado, todo Indonesia estaba bastante más caro a como imaginábamos. Solo un lugar estaba dentro de nuestras posibilidades y casi regalado de precio, Yakarta.

Realmente, si fuéramos a viajar por el país durante meses, sería perfecto. Un viaje barato a Yakarta, la capital del país, y ya, desde ahí, nos moveríamos en ferry, guagua o tren a cualquier lado, pudiendo recorrer sin prisas y hasta donde quisiéramos Indonesia, pero ese no era el plan. Teníamos claro lo de Manila, nuestros familiares habían confiado en nosotros y querían que viajáramos, que no nos rindiéramos aún, pero la única manera de ser fiel a eso y a nosotros mismos era encontrando trabajo en Asia para, de este modo, poder viajar por mucho más tiempo y por muchos más lugares.

Ya casi descartada la idea de Indonesia, Salsa volvió a decir:

—Mi amiga Via está viviendo allí, así que podemos utilizar su coche para ir a algún lugar cercano que nos guste a todos.

Pascal y yo tomamos la iniciativa de la conversación y casi automáticamente dijimos:

—Seguro que hay buenas olas no muy lejos de Yakarta.

Al final, entre risas, terminamos comprando los billetes para ir a Yakarta. Ahora solo nos faltaban los de Manila y, sobre todo, los de vuelta a Kuala Lumpur. Esa misma noche y después de cenar, compramos el billete de vuelta a Kuala Lumpur al mismo buen precio que el de ida, unos once euros al cambio cada uno. Ahora teníamos cinco días por delante para seguir viajando y explorando Tailandia antes de nuestro vuelo.

Ya teníamos ganas de agua marina, sol y arena nuevamente. No es que no nos gustara lo que estábamos viendo en el interior del país, sino que nosotros, como isleños que somos, somos de mar. Así que teníamos cinco días por delante para irnos a buscar alguna playa o isla al sur del país, pero una cosa teníamos muy clara, debía ser un lugar barato, no turístico y tranquilo, difícil combinación para tratarse de Tailandia.

Para acabar nuestro corto viaje por Tailandia, decidimos irnos a la isla de Kho Jum, según leímos por internet, aún lejos de la masificación turística. Después de un largo viaje en guagua desde Chiang Rai, llegamos al puerto Krabi y, desde allí, cogimos el ferry para llegar a la isla.

Bueno, en realidad, el ferry paró en mitad del mar justo delante de Kho Jum y allí nos fueron a buscar otros barcos más pequeños para dejarnos en tierra firme, cerca del hostal u hotel que tuviéramos reservado. Las caras de asombro de los tripulantes del pequeño barco cuando les decíamos que no teníamos nada reservado y que ni sabíamos cómo se llamaban los hoteles nos hacían sospechar que, quizás, aquí tampoco encontraríamos esa zona menos turística que estábamos buscando.

Al llegar a la playa vimos que a simple vista solo había cuatro lugares para elegir, un gran hotel con piscina y restaurante, dos hostales con cabañas de madera y terraza y un *camping* al aire libre. Por descarte, preguntamos en el *camping,* que estaba ubicado en la misma orilla de la playa, pero su elevado precio nos espantó. Decidimos entonces caminar un poco más para alejarnos de esa zona de la isla y mirar en otro lado. A mitad de camino nos encontramos un sendero que apuntaba desde la playa hacia el interior de la isla. Tras recorrer el mismo durante unos cuantos metros, encontramos nuestro hostal. Unas pequeñas cabañas de madera y un comedor central, regentados por una amable familia tailandesa que nos dio un muy buen precio por quedarnos unos días allí con ellos.

La isla era realmente tranquila, diríamos que esta vez lo habíamos conseguido, habíamos encontrado un lugar no masivamente turístico en Tailandia. La cara este o posterior de Kho Jum tenía también playas que, aunque no eran tan bonitas como la playa principal de arena fina y blanca y en donde estaban concentrados todos los hostales y hoteles, servían de hogar a los muchos monos salvajes que aún vivían allí y que bajaban a las mismas para refrescarse y jugar al atardecer.

Precisamente estos, los atardeceres, eran especialmente espectaculares en Kho Jum. El tiempo se había parado para nosotros, ni siquiera mirábamos el reloj o el móvil, solo nos dejábamos llevar por el mar y las mareas. Aprovechamos para lavar toda nuestra maltrecha ropa antes de emprender el viaje de vuelta a Kuala Lumpur, hacer copias de seguridad de las fotos y vídeos, escribir y ordenar las cosas en la mochila. El resto todo era ir a bañarnos al mar, nadar, dormir, comer y descansar en la bonita isla de Kho Jum.

La isla tenía lo que veníamos buscando desde que aterrizamos en el país. En nuestro hostal conocimos a Jean, un joven francés experto en viajar por Tailandia. Jean llevaba años trabajando y viviendo por allí. Se dedicaba a arreglar suelos, techos, escaleras…, todo lo que tuviera que ver con el bambú o con la madera.

—Es una suerte que acabarais en Kho Jum desde el principio. Normalmente la gente viene dos o tres veces a Tailandia antes de dar con esta isla —bromeaba.

Él nos contó más sobre lugares secretos y poco conocidos de Tailandia y también nos ayudó a volver a Krabi de la mejor y más barata manera posible, con el barco de mercancías que hacía la ruta por todas las islas cada semana.

A nuestra vuelta a Bangkok, teníamos la sensación de que quizás podíamos haber encontrado algo más en Tailandia. Nuestra llegada a este país fue de casualidad y nuestras condiciones económicas al principio del viaje quizás no nos dejaron disfrutar del todo el gran abanico de posibilidades que teníamos ante nosotros. Nuestro viaje por Tailandia fue corto pero intenso. Habíamos ido con una idea preconcebida sobre Tailandia, decíamos que estaba hecho por y para el turismo, cosa que seguíamos pensando aún. También decíamos que, quizás, no tendría nada que pudiera realmente sorprendernos u ofrecernos a dos viajeros como nosotros, punto este en el que estábamos bastante equivocados, y más después de oír las historias de nuestro amigo Jean. En estas semanas viajando por el país, descubrimos ese algo que la hacía única. Como dijimos de Bangkok nada más llegar, algo que atraía a millones de personas de todo el mundo hasta aquí. En definitiva, algo que solo puedes encontrar en Tailandia.

INDONESIA

Una forma distinta de viajar

Habíamos llegado de nuevo a casa de nuestros amigos Pascal y Salsa en Kuala Lumpur. Esa noche celebramos por todo lo alto volvernos a ver tan pronto, aunque fuera por lo que había sido. Beni y yo no teníamos planes de volver a Malasia, pero como siempre dijimos, «luego ya se vería...». Ahí estábamos los cuatro de nuevo, tomando Tigers, la cerveza por excelencia de Malasia, y comiendo en el mercado nocturno que estaba cerca de la casa de nuestros amigos en Utama.

Allí mismo, un poco perjudicados por las Tigers que nos habíamos bebido, empezamos a planear nuestro viaje a Indonesia, ya teníamos muchas ganas de irnos de viaje juntos. Habíamos comprado unos billetes para Yakarta y nuestro avión salía en dos días. Pascal y yo ya habíamos estado mirando lugares cerca de Yakarta que tuvieran buenas olas. La isla de Panaitan era la que más cerca estaba, pero el barco y lo caro de los alojamientos hicieron que, de momento, Panaitan tuviera que esperar.

Encontramos un lugar llamado Cimaja mientras buscábamos puntos con olas en la isla de Java. Estaba a pocas horas en coche desde la capital y tenía kilómetros de costa para explorar. Investigando un poco más en profundidad, encontramos que allí había una ola que se llamaba igual que el lugar, Cimaja Point, de derecha, fuerte y tubera. También encontramos otra ola un poco más arriba del río que cruzaba Cimaja y que era más seca y potente, terminando sobre unas rocas muy afiladas, conocida como Alicator Point. Este era el escenario perfecto para Pascal y para mí, amantes de las olas de derechas. La excursión desde Kuala Lumpur hasta West Java se antojaba épica, solo podíamos visitar un lugar, sabíamos que allí se encontraban algunas de las mejores olas del mundo (Turtle, Sawarna, Sunset, Secret, etc.), pero nosotros fuimos a por Cimaja Point y, una vez allí, exploraríamos los alrededores.

Aterrizamos en el aeropuerto internacional de Yakarta muy temprano en la mañana. Salsa llamaba como loca a su amiga Via para saber dónde estaba aparcada, aquello era enorme y no sería fácil encontrarnos. Al final, tras mucho caminar de un lado a otro, la encontramos sentada en su enorme Jeep de color negro metalizado. Via bajó del coche corriendo a los brazos de su gran amiga Salsa, hacía muchísimo tiempo que no se reunían. Via era una chica bastante menuda, de ojos grandes y negros, piel muy blanca y pelo moreno, siempre ataviada con alguno de los muchos pañuelos de colores que usaba para cubrir su pelo y sus hombros y que guardaba con mucho celo en su bolso. Más tarde, cuando tomamos confianza con Via, descubriríamos que esos pañuelos eran de marca y que costaban un dineral, según nos explicó la propia Via.

Teníamos tan solo cuatro días por delante para disfrutar de esta aventura por Indonesia. Esta vez, se suponía que el viaje iba a ser mucho más cómodo, en coche, tranquilos, sin tener que hacer colas o ir apretados en el tren o guagua de turno y sin preocuparnos por nuestras maletas, una forma de viajar a la que no estábamos acostumbrados por este tipo de países.

El GPS del coche marcaba que tan solo nos separaban de nuestro destino unas seis horas de carretera. «Algo sencillo para lo que estamos acostumbrados», pensábamos. El viaje se hizo mucho más difícil de lo esperado. Era la época de monzones, con las lluvias y mal tiempo que esto conlleva. Había que atravesar las faldas de un volcán enorme, bajar una montaña entera, cruzar puentes de madera, etc. Y todo esto por las típicas carreteras indonesias, es decir, baches, arena, rocas caídas y también, en este caso, ríos de agua…

Via parecía desenvolverse bien conduciendo por aquí. De todas maneras, con el GPS guiándonos, tan solo debíamos tener cuidado de no meternos en el río. Tras unas horas de carretera, ella y Salsa dieron la orden de parar en seco cuando vieron un Makan-Makan, que por lo visto anunciaba uno de sus platos favoritos, el pollo frito. Estos curiosos restaurantes, los conocidos como Makan-Makan, que traducido sería 'comer-comer', ofrecen arroz y verduras ilimitados por muy poco dinero, junto a pescado, carne, fritos o cualquier otro plato que desees, que, en ese caso, se pagarían aparte, pero también por muy poco dinero. Estos lugares serían la solución perfecta para viajar barato por el país.

Viajando con Salsa y Via, locales de Indonesia como ya dijimos, aprendíamos a cada minuto que pasábamos juntos. Nos recomendaban plantas para probar, nos enseñaban palabras en Bahasa, el idioma oficial de Indonesia, lo que significaban algunas expresiones o gestos de los locales… En definitiva, era como viajar con un guía que sabía todo lo que realmente queríamos saber sobre Indonesia.

Recuerdos de mi primer viaje a Indonesia, 2009

Después de nuestro viaje a la India, nos dimos cuenta de que Asia nos había enamorado completamente. Era el año 2009 cuando mi hermano Abraham, Miguel, un amigo de Tenerife con el que por aquel entonces pasaba días y días enteros cruzando y recorriendo la isla de lado a lado buscando olas, Anna, la azafata con la que habíamos viajado ya a India en dos ocasiones y con la que hicimos nuestro primer gran viaje a Brasil, y yo decidimos irnos a explorar el archipiélago de Indonesia.

Yo era el encargado de hacer la ruta en esta ocasión. Era nuestro primer viaje a Indonesia, pero yo ya pensaba en hacer un viaje distinto. Había visto que Indonesia era el objetivo de cualquier amante de las olas y el mar, con miles de islas, playas, corales… Y con lo más importante para, al menos, tres de nosotros: miles de lugares para practicar surf y muchos picos para elegir. ¡Este país lo tenía todo!

Busqué por todos lados, miré mapas, usé internet, etc. De repente, lo vi claro, la isla de Roti en Timor era la gran inexplorada por aquel entonces: remota, poco conocida y con muchas posibilidades para nuevas olas.

Casi cuatro días después de lo que habíamos planeado, nuestro avión procedente de Seúl tomó tierra en Yakarta muy entrada la madrugada. Mi hermano y Ana, que salieron de la isla de Gran Canaria rumbo a Indonesia, llevaban ya unos cuantos días esperándonos en la ciudad capitalina. A nosotros dos, por el contrario, nos habían robado, literalmente, nuestros billetes de avión para ir en la fecha que habíamos comprado meses atrás todos juntos. Resultó que el que nos vendió los billetes de avión a nosotros dos era un timador y se quedó con nuestro dinero tras cancelar el nuestro y otros muchos billetes que había vendido en su agencia de viajes, desapareciendo para siempre.

Tras pasar la primera noche en el peculiar barrio de Jalan Jacksa, sitio por antonomasia de mochileros y viajeros de paso en Indonesia —o eso había leído yo, porque en realidad era una sola calle llena de bares, restaurantes y discotecas—, nos dirigimos a la Lion Air Tower, sede oficial de dicha compañía aérea en la ciudad, para comprar los billetes de avión y poner rumbo a Kupang, primer paso para llegar a nuestro objetivo final en este viaje, la isla de Roti.

Kupang era una ciudad que acababa de salir de una larga guerra civil, por lo que empezamos a pensar que solo encontraríamos hostilidad y rechazo una vez llegáramos allí. Aterrizamos sobre las dos de la madrugada, y cuando logramos salir del destartalado aeropuerto, conseguimos coger un viejo tuk-tuk cuyo conductor se ofreció para llevarnos a donde le dijéramos. El problema era que él fue más listo que nosotros, o es que veníamos adormilados y cansados de tantas horas de avión desde casa y sin poder descansar bien. El conductor condujo un par de curvas, enfiló una calle y nos soltó en el centro de la ciudad diciendo que allí encontraríamos muchos lugares donde poder dormir, luego cogió su dinero y se perdió en la oscuridad de la noche.

Ahí estábamos nosotros cuatro de madrugada en el centro de Kupang, con ni un solo alma en la calle, todo en silencio y a oscuras. Solamente algunos perros callejeros salían a nuestro paso para ver si teníamos algo de comer que darles.

—¿Qué hacemos? —dijimos casi al unísono.

Habíamos tocado en muchos locales que veíamos cerrados, pero nadie nos abría pese a levantarse a ver quiénes éramos, o directamente ni se asomaban. Cuando ya todo apuntaba a que íbamos a pasar la noche al raso, una silueta de un hombre apareció de la nada y nos ofreció ayuda. Titubeamos un poco en aceptar o no su ayuda, ya que su imagen *a priori* no parecía muy amistosa. Él, al vernos dubitativos, nos dijo en un inglés muy raro:

—Síganme, síganme.

Realmente, era nuestra única opción de no acabar durmiendo en la calle esa noche, por lo que, finalmente, decidimos seguirle y que fuera lo que Dios quisiera.

Este señor tan enigmático iba delante caminando, marcando el paso. Nosotros cuatro lo seguíamos a una distancia prudencial, por si acaso ocurriese algo inesperado. Desde nuestra posición podíamos ver asomar la empuñadura de un enorme machete que guardaba atado con una cuerda a sus pantalones, entre la camisa y el pantalón. Nuestra desconfianza hacia este señor se hizo aún más grande si cabe, pero nadie se atrevía a decir nada, solo a seguirlo esperando que todo acabara bien lo antes posible.

Finalmente, tras callejear un poco detrás de este señor durante un buen rato, nos llevó a casa de un primo suyo, al que despertó con sonoros alaridos y golpes en la puerta. Su primo salió adormilado y un poco sorprendido por nuestra visita a esas horas de la madrugada. Tan solo nos indicó dónde podíamos dejar las cosas, ducharnos y dormir, para, acto seguido, volver a su cama, de la cual le habíamos sacado con nuestra llegada sorpresa. Finalmente, este generoso señor tan enigmático que nos había guiado hasta allí se marchó calle abajo sin hacer mucho ruido, demostrándonos lo equivocados que estábamos en un principio, ya que no nos pidió nada a cambio de guiarnos y por conseguirnos un sitio donde dormir unas cuantas horas. Tampoco teníamos obligación de pagar, ya que le dijo a su primo que no nos cobrara nada por esas pocas horas allí. Por si esto fuera poco, nos prometió y consiguió un transporte para ir a la mañana siguiente al puerto a coger el barco que nos llevaría a la isla de Roti.

El mar estaba muy calmado esa mañana, algo bastante tranquilizador, ya que había leído días atrás algunas historias de otros barcos que se habían hundido haciendo este mismo viaje a la isla, debido al fuerte oleaje y a lo sobrecargados que suelen ir estos. Una larga pero tranquila travesía después, llegamos a nuestro objetivo. Atracamos en Roti, que se presentaba como una isla perdida y poco conocida aún, llena de espectaculares rompientes para todos los gustos y con mucho por ofrecernos a unos viajeros como nosotros.

La isla no tenía apenas carreteras de asfalto. Un grupo de conductores de tuk-tuk que esperaban a la salida del improvisado muelle ya sabían que iríamos directos a Nemberala, un pequeño pueblo en la costa noreste de la isla donde se escondía el mejor y más conocido rompiente de toda la isla, T-Land. Nos apretamos como pudimos en el tuk-tuk y nos pusimos en marcha. Nemberala parecía un pueblo fantasma, aún estaba latente el último tsunami que arrasó toda la costa hacía muy poco y que había destruido muchas de las infraestructuras de la isla. Muchas casas estaban totalmente destrozadas y algunas otras apenas se mantenían en pie. Los más afortunados empezaban a construir de nuevo en sus terrenos o solares, ya con miras puestas en el inminente *boom* turístico que más tarde o más temprano llegaría a Roti. Solo un enorme y totalmente fuera de lugar resort de lujo parecía haber resistido a la fuerza del mar. Muy por encima de nuestros bolsillos y lejos de lo que nosotros entendemos como viaje de olas, empezamos a preguntar a los locales por dónde podíamos pasar unos días.

Finalmente, con la ayuda de estos, encontramos donde acomodarnos los próximos veinte días sin tener que pagar una millonada. Era la casa de Mama Tina, como conocían a esta señora por la isla, una amable mujer de unos sesenta y pocos años, carácter rudo y experimentada en mil batallas, que había enviudado después del fuerte tsunami y que ahora, junto a algunos miembros de su amable familia, luchaba por poder sobrevivir allí. Ella nos ofreció, tras fijar un precio justo, una pequeña habitación que había podido construir recientemente por fuera de la casa familiar tras el tsunami, donde podríamos pasar el tiempo que quisiéramos. Las comidas las hacíamos todos juntos en el comedor familiar: galletas de arroz llenas de hormigas, arroz lleno de hormigas que se guardaba hasta que no quedara más —daba igual los días que llevara hecho— y alguna verdura guisada que conseguía en el mercado local. Tan solo ocasionalmente, también teníamos un rico y delicioso pescado que conseguía su hijo, el cual tenía una barca con la que salir a pescar y que estaba aprendiendo a surfear también, por lo que tras coger confianza con él, nos acercaría muchas veces al pico de T-Land y a otras olas en su barca.

En la isla no había electricidad, solo en momentos puntuales y por corto plazo, generalmente por la noche. El agua dulce, la que usábamos para bañarnos o para lavar la ropa, había que sacarla de un pozo cercano, ya bastante profundo de cavar y cavar en busca de agua, cada vez más difícil de encontrar en la seca Roti. Fue ahí cuando comprendimos lo realmente dura que podía ser la vida en la isla, especialmente en el interior, donde la mayoría de los pozos se habían secado ya y no quedaba agua. Nosotros, por nuestra parte, no bebíamos el agua que cogíamos del pozo, no es muy recomendado, ya que suele estar bastante contaminada para unos estómagos como los nuestros. Solamente alguna vez lo hicimos, pero tras hervirla y enfriarla, porque estábamos realmente sedientos. Nosotros bebíamos el agua que comprábamos en botellas o garrafas enormes de plástico que traían desde Kupang, muy difíciles de encontrar por otro lado, pues no las vendían en casi ningún sitio y teníamos que caminar mucho para poder conseguirlas. Si a esto le sumábamos que las que conseguíamos comprar estaban calientes a más no poder durante el día, imagínate lo deshidratados que llegamos a estar tras solamente dos semanas en la isla.

Nos movíamos por la isla a pie, habíamos oído que la causa más común de muerte en Roti era la causada por caída de coco desde la palmera, cosa normal dado el gran número de palmeras altísimas que estaban por todos lados de la isla, con sus cocos grandes y verdes apuntando como proyectiles hacia el suelo. En principio y con la ayuda ocasional del hijo de Mama Tina, algunas veces, íbamos solo a los picos más cercanos a nuestro hostal, como por ejemplo a T-Land, una ola que rompía justo delante de nuestra habitación y a la que accedíamos tras una larga remada de más de trescientos metros desde la orilla de la playa, a no ser que nos llevara algún pescador de la zona en su barco a cambio de unas cuantas rupias. T-Land era una izquierda muy larga, con tres secciones tuberas y que aguantaba cualquier fuerza del *swell* que le llegara. Sin embargo, esperábamos a la marea baja para poder sacarle el máximo partido a los largos tubos que formaba esta ola, ya que con mucha mar, el tubo era más difícil de pasar o no se formaba bien del todo.

Estuvimos días y días allí surfeando solos hasta que aparecieron dos surferos australianos que se alojaban en el resort de lujo y que también conocían muy bien la calidad de esta izquierda tan larga. Delante de Nemberala, justo en medio de la playa, rompía también otra ola sobre una enorme roca situada en alta mar, pero en todo el tiempo que estuvimos allí, no la vimos funcionar lo suficientemente bien como para quedarnos e ir a probarla con nuestras tablas, pese a que muchas veces nos acercábamos en nuestro camino remando hacia T-Land.

Con el paso de los días fuimos explorando un poco más toda la costa. El hijo de Mama Tina nos prestó un día su moto y la de un amigo para irnos a comprar agua al mercado del pueblo y, de paso, aprovechar a mirar otra ola que él decía que rompía cerca de este.

—Boá, así se llama la ola. Díganle esto a la gente que vean si se pierden —nos dijo antes de irnos.

Llegar hasta allí fue difícil. Las resbaladizas y peligrosas carreteras de arena y piedras de la isla se cobraron su peaje cuando Miguel, colocado de pie mientras conducía su moto para intentar ver alguna ola romper por la playa que estábamos atravesando, frenó sin darse cuenta con su freno delantero, con el consecuente derrape y la caída posterior. Gracias a Dios, no fue más que la herida superficial de su rodilla y pudimos seguir nuestro camino.

Finalmente, llegamos a la ola que nos había dicho el hijo de Mama Tina. En mitad de una playa totalmente desierta donde solo algunos cerdos y sus crías se bañaban en las calmadas aguas de la orilla, salía una ola de derecha hueca, seca y rápida… Algo con lo que cualquier *bodyboard* soñaría. Los tres corrimos como locos hacia el agua y sin pensarlo dos veces saltamos remando hacia el pico sin importarnos nada más. En ese preciso momento y a pocos metros de donde rompía la ola enfrente de nosotros, una enorme y espigada aleta blanca se abrió paso entre el agua y la superficie para volver a desaparecer, pocos segundos después, bajo el gran manto azul del mar. Los tres nos paramos en seco y nos pusimos de pie sobre la baja coralina que teníamos debajo, aún estábamos muy cerca de la orilla.

—Sería una ballena —dijo Miguel.

—No, seguro que era un delfín o algo así —contestó mi hermano.

Lo que estaba claro es que los tres no queríamos pensar nada raro y autoconvencernos para poder disfrutar de esa joya que estaba rompiendo justo delante de nosotros.

Finalmente, tras mucho dudarlo, decidimos darnos la vuelta e irnos por donde mismo vinimos, solamente con los tobillos mojados y un poco confusos. Habíamos dejado escapar una verdadera maravilla, y para nosotros solos. Cuando le contamos a Mama Tina y su hijo lo que habíamos visto, estos nos dijeron que si alguna vez se podían ver tiburones por allí, lo más normal era que fuera otra cosa.

Mi hermano y Ana tenían ya que volverse a Yakarta, pues en breve empezaban a trabajar y era el momento de emprender el camino de vuelta. Miguel y yo decidimos quedarnos unos cuantos días más por allí, aprovechando que parecía que las olas iban creciendo a medida que pasaban los días. Un poco después y con la ayuda del hijo de Mama Tina, volvimos a probar la ola de Boá, pero las condiciones no eran las mismas. Pese a que la ola seguía formándose, el fuerte viento no dejaba que se aguantara lo suficiente como para poder sacar un tubo tan largo como el de la vez anterior. Aun así, lo pasamos en grande probando esa solitaria ola que rompía de derecha en el pueblo cercano a Nemberala, y más después de todos estos días tirados en la izquierda de T-Land.

Los efectos del calor, la deshidratación, la falta de agua dulce y, especialmente para Miguel, la toma masiva de pastillas antimaláricas hicieron que adelantáramos nuestra vuelta a Yakarta. Nos despedimos de Mama Tina y su familia como si fuera la nuestra propia, cantando y bailando después de una larga cena todos juntos en el comedor de la casa familiar. Nos prometimos que volveríamos a vernos pronto. Con ellos aprendimos a ver Roti como lo que era, todo un paraíso alejado de la mano de Dios y de turistas de masas, uno de los lugares más auténticos que habíamos conocido hasta ese momento, con unas olas espectaculares.

La sonrisa permanente de sus locales, los simpáticos pescadores de Nemberala, los atardeceres perfectos, lo curioso de ver cómo algunos animales salvajes como cerdos, perros o cabras, que bajaban al atardecer a refrescarse al mar, te miraban extrañados, haciéndote saber que realmente allí nosotros éramos los extraños y, sobre todo, lo realmente salvaje y único del lugar hicieron de Roti el mejor primer viaje a Indonesia posible.

~

Volviendo a nuestro viaje con Pascal, Salsa y Via en busca de olas por Cimaja, tras un par de paradas más para descansar o tomar algo, finalmente llegamos a nuestro destino. Cimaja era en realidad un pequeño poblado de playa, con preciosos campos de arroz que lo envolvían por ambos lados, lleno de Makan-Makan a lo largo de la carretera general que lo cruzaba por completo rumbo al sur de Java y algún que otro resort de lujo con todo incluido que desentonaba mucho con el paisaje natural de Cimaja. La playa principal, de arena negra volcánica, no estaba muy limpia a simple vista, no por lo menos por esta época del año, la de los monzones y las fuertes lluvias. Muchos ríos que cruzan Cimaja van llenos de agua con maderas, plásticos, botellas, árboles, hojas, etc., que arrastraban río abajo, dejándolos luego en la arena de la playa.

No terminábamos de encontrar la ola de la cual tanto habíamos leído antes de venir hasta aquí. Nos tiramos en la misma playa de arena que teníamos delante, en otra ola que vimos y que salía entre dos rocas enormes, en una playa que estaba casi tocando la carretera general… En todos lados, pero no encontrábamos la verdadera ola de Cimaja.

—Debimos elegir otro lugar —me soltó Pascal en mitad de la playa cuando estábamos de regreso a nuestro hostal.

La lluvia caía especialmente fuerte ese día. El cielo era de color gris y apenas corría nada de viento, por lo que la sensación de calor y humedad era una locura. Yo ya empezaba a pensar lo mismo que Pascal.

Entramos en una tienda local a comprar algo de comer, pues estábamos hambrientos después de tanto buscar y probar olas por Cimaja. Las chicas se habían quedado en el hostal, no estaba siendo un viaje especialmente bueno para ellas tampoco, por lo malo del clima. En la tienda, al vernos con las tablas, el dependiente, un chico llamado Dicky, nos preguntó bastante sorprendido:

—¿De dónde vienen?

Cansados, hambrientos y un poco desilusionados, pues no teníamos muchos días más por delante y las olas no eran lo que esperábamos, Pascal respondió con un simple:

—Bueno, de coger olas y tal…

Dicky resultó ser un surfero local de Cimaja. Sonriente y tomándonos por novatos, que tampoco es que fuéramos profesionales de este deporte ni mucho menos, pero sí que llevamos varios años metidos en esto, madrugando, observando cientos de olas y con muchas caídas a la espalda. Al menos te sientes ofendido cuando te dicen «novato», aunque quizás sí que lo fuéramos realmente. Sonriente, volvió a decirnos:

—Bueno, si quieren un poco más de olas de verdad, hay un pico Cimaja Point, al que suelen ir los extranjeros y nosotros los locales. Rompe de derecha y es de lo mejor de por aquí para surfear.

Nuestro rostro tuvo que ser como un libro abierto, porque enseguida Dicky nos ofreció su ayuda para llegar hasta la ola. Habíamos quedado a la mañana siguiente en esa misma tienda muy temprano para ir a surfear juntos.

Esa noche, junto con las chicas, fuimos a tomarnos una cerveza en un resort de la zona. Una vez más, Salsa y Via, haciéndonos de guía cultural del país, nos presentaron a los muchos locales surferos que había en ese bar. Luego de un par de cervezas, resultó que ellos también iban al día siguiente temprano y que conocían a Dicky, el chico de la tienda. No quisimos extendernos mucho más en aquel bar con ellos porque, si no, no seríamos capaces de levantarnos temprano para ir a surfear, que era lo que realmente queríamos.

Puntuales a nuestra cita, allí estábamos Pascal, Beni y yo, emocionados ante el hecho de surfear una nueva ola. Al momento llegó Dicky con su moto, acompañado por otro colega más que le seguía de cerca.

—Venga, móntense, ahora está subiendo la marea, llegamos un poco tarde —dijo nada más parar su moto delante de nosotros.

Nos apretujamos como pudimos repartidos en las dos motos y nos pusimos en camino. Tras poco más de cinco minutos, Dicky paró en seco, puso la pata, soltó su tabla y sin tan siquiera decirnos nada, salió corriendo por un camino que se perdía entre la espesa maleza. Nosotros tres lo seguimos como pudimos.

Después de sortear los primeros árboles, llegamos a un pequeño río donde los mosquitos parecían esperarnos ansiosos para picarnos. Desde allí pudimos ver la primera serie entrar en el verdadero y legendario Cimaja Point. Pascal y yo no pudimos sino reírnos en aquel momento. Beni ni siquiera se paró a observar, pues los mosquitos tienen especial predilección por ella desde siempre, y prefirió salirse de la zona del río para seguir caminando hasta llegar a la playa.

La serie marcaba unas cuatro o cinco olas, de buen tamaño y apenas con viento. El fondo era una mezcla entre *reef* de coral y rocas que sobresalen del agua amenazantes. La primera sección, la que más abría, empezaba sobre unas rocas enormes, para, poco a poco, ir rompiendo de derecha, formando un tubo largo y limpio que acababa suavemente al final de la baja una vez se salía de esta y entraba de nuevo en aguas más profundas. La mayoría de los locales estaban colocados en la segunda sección de la ola, una vez pasadas las piedras.

Dicky y su amigo saltaron rápidamente al agua, pues sabían que en cualquier momento aquello se podía llenar de turistas y más locales que quizás no eran tan madrugadores. Pascal y yo, tras cambiarnos lo más rápidamente que pudimos, los seguimos. Remando hacia el pico, podíamos ver el color marrón verdoso de las olas al romper. Llovía sin parar, Beni había conseguido hacerse un hueco bajo un pequeño techo de cemento construido a modo de mirador para fotógrafos, que ahora estaba ocupado por otros locales que aún no se decidían a tirarse u otros que estaban tan solo mirando las olas romper. Un poco más lejos, más arriba de la ola, un enorme río bajaba potentemente hasta la playa, formando una ola enorme, pero no surfeable, en el punto que se encontraba con el mar, cerca de la orilla.

El río también arrastraba árboles, troncos y otras cosas enormes, para escupirlas luego al mar. El agua donde estábamos nosotros surfeando, justo donde se formaba el pico de la ola, en cuestión de segundos se transformaba repentinamente, volviéndose aún más oscura y turbia, cambiando hasta su temperatura en función de lo que escupía el río. Incluso algún varano llegamos a ver nadando tranquilamente mar adentro en busca de comida.

Me coloqué yo solo en el primer pico, el más pegado a la piedra, esperando a la serie llegar. Cuando entró, la remé como si me fuera la vida en ello, llevaba bastante tiempo sin surfear una ola de este tipo y no quería fallar. El tubo, de un color marrón oscuro con las manchas blancas flotantes provocadas por la acumulación de espuma y sedimentos del río, enseguida cubrió mi cabeza haciendo que el sol y su potente luz desaparecieran de repente y por unos segundos de mi posición en el interior. Tras salir de la ola, Dicky, que lo había visto todo mientras remontaba desde la orilla, me gritó emocionado:

—¡¡Gran tubo, hermano!!

Llegó el turno de Pascal, que pese a no estar tan metido en el pico, consiguió remar una buena pared y sacarla limpia hasta el final.

Nos lo pasamos en grande allí dentro esa mañana. Poco a poco, se cumplieron las expectativas de Dicky y la ola se fue llenando de locales y de unos cuantos surferos extranjeros, al mismo tiempo que lo hacía la marea y la ola perdía calidad. Ya era hora de volvernos a casa, habíamos podido coger muy buenas olas y teníamos la sensación, una vez más, de haberlo conseguido de nuevo, habíamos encontrado nuestra ola en Cimaja.

El camino de vuelta, pese a que los mosquitos prácticamente nos estaban devorando —literalmente, eran capaces de atravesar nuestras licras—, lo hicimos hablando y con pausas para comentar algunas de las olas que habíamos surfeado esa mañana, salvo Beni, que de nuevo corrió hasta estar a salvo en la moto del ataque de estos molestos insectos voladores. En ese mismo momento, esperando en la moto para volvernos a la tienda, nos dimos cuenta de que si lo que queríamos era aprovechar bien los pocos días que nos quedaban, debíamos estar más cerca de la ola. Justo enfrente de Cimaja Point había un hotel formado por varias casitas individuales y con un bar que miraba justo de frente al mar. Era perfecto para nosotros. Beni enseguida se adelantó a preguntar y tras percatarse de que el hotel estaba totalmente vacío —allí durante la época de monzones y lluvias no suele ir mucho turista—, lo vio claro. Ella, experta en negociaciones y regateadora oficial durante este viaje, costara lo que costara, iba a conseguir un descuento para nosotros cinco.

Desde fuera la veíamos hablando y gesticulando con el que parecía el encargado del hotel, un señor de unos sesenta y pocos años, de pelo blanco y piel arrugada por el sol. Seguramente, un extranjero que llegaría aquí hace muchos años y enamorado de la ola y de sus gentes, decidió quedarse para siempre.

—Ya está hecho —nos dijo cuando volvió a la moto.

Beni consiguió una habitación para compartir todos, casi más barata que en la que nos estábamos quedando ahora mismo. Tras esto, Pascal entró primero a dejar su tabla dentro de la habitación antes de volvernos a por nuestras cosas, y el supuesto encargado del hotel enseguida le hizo una radiografía de la misma.

—Buen peso, seis punto siete de largo, corte agresivo… Seguro que te viene bien para esta ola —asertó con un tono de experto en la materia que estaría al alcance de muy pocos.

Pascal, sonriente, se limitó a confirmar lo expuesto por el supuesto encargado, añadiendo solamente:

—Bueno, es nueva, aún no la he probado con olas muy grandes, hoy ha sido el día más fuerte… —Ahí se quedaron los dos hablando durante un buen rato sobre tablas, olas y cómo había evolucionado el surf durante los últimos años desde el *longboard* hasta la tabla corta de hoy en día.

Esa misma noche nos mudamos al hotel. La habitación era lo suficientemente grande para todos, dispusimos unos cuantos colchones y mantas por el suelo y listo. Íbamos a dormir todos juntos, como una gran familia. Desde la misma habitación podíamos oír el mar romper a lo lejos y el agua del río bajar fuertemente por el otro lado. Nuestra primera noche en el hotel se nos complicó más de lo que esperábamos, pues el dueño del hotel nos invitó a un par de cervezas en su bar mientras nos enseñaba unas cuantas fotos de sus trabajos abriendo acueductos por todo el territorio de Papúa Nueva Guinea hacía ya varios años.

—Un lugar realmente salvaje y peligroso —decía una y otra vez.

Fue él quien nos hablaría también de algunas otras olas cercanas, entre ellas la que ya habíamos oído, la peligrosa Indicator Point.

—Esta es una baja de coral muy seca que si además le añadimos numerosas piedras que salen por la zona, la hacen un poquito más peligrosa aún —dijo tras una larga pausa y hablando desde su experiencia propia—. Pero, eso sí, es la más tubera y radical de todas las olas de Cimaja si te cuadra el día, aprovechen con la marea alta —concluyó.

Finalmente, tras un par de Bintang más, la cerveza elaborada en Indonesia más famosa, nos retiramos todos a la cama, pues la intención seguía siendo estar a primera hora de la mañana en el agua.

Por la mañana, extrañamente, Pascal y yo estábamos como nuevos, habíamos dormido lo suficiente para recuperarnos y las ganas hacían el resto, supongo. Beni nos acompañó y bajamos caminando hasta la ola nuevamente. Las condiciones eran casi idénticas a las de ayer, pero el número de surferos se había multiplicado exageradamente. Por lo menos contábamos quince o más en el agua y, por fuera, un gran tumulto de locales y extranjeros se preparaban para saltar al pico o acababan de salir del agua. Las palabras de nuestro amigo anoche en el bar empezaron a resonar en nuestras cabezas.

—¿Y si vamos a buscar la ola de Indicator? ¿Has visto cómo está la espuma en la esquina? Seguro que está saliendo también —nos dijo Pascal con la boca chica, como contándonos su mejor secreto.

Efectivamente, Indicator Point estaba al otro lado de Cimaja Point y desde donde estábamos ahora podíamos ver la espuma romper en la punta, lo que no se podía apreciar era si estaba abriendo o simplemente rompía contra el coral sin mucha forma. Los dos, mirándonos durante unos segundos, afirmamos con la cabeza y nos pusimos de acuerdo de manera automática.

Luego, poco a poco y sin levantar mucho ruido por si decidían seguirnos, nos volvimos al hotel para coger camino hasta Indicator Point.

Había dos caminos posibles para llegar hasta la ola. El primero era atravesar el río que estaba detrás de Cimaja Point, el que escupía grandes troncos de árboles, plásticos y todo lo que pillara, y el segundo camino era ir por la carretera hasta el pueblo situado justo enfrente del rompiente e ir bajando recto entre los arrozales hasta llegar a la costa. La inexperiencia y el miedo por poder ser arrastrados por el río nos hicieron optar por la segunda opción, *a priori* más fácil y rápida que la otra. El problema era que los arrozales suelen ser el lugar perfecto para que vivan las serpientes, por otro lado muy abundantes y venenosas aquí en Cimaja. Si a esto también le sumamos que realmente los arrozales no tienen un camino, sino que se camina por las veredas o pisando el propio arrozal, íbamos literalmente como tres tortugas, asegurando cada paso que dábamos, sudando de una manera exagerada, pues esa mañana la humedad y el calor eran muy fuertes, y cambiando de camino a cada rato, pues también nos perdíamos con mucha facilidad.

Con mucho esfuerzo y un buen rato después logramos llegar hasta la orilla donde estaba rompiendo la ola. Solitaria, potente y ruidosa, Indicator Point nos enseñó sus cartas nada más vernos. Aún teníamos un poco de marea, no estaba abriendo mucho y las enormes piedras asomaban prácticamente en mitad de la ola, pero nos lanzamos a probarla. Pascal se quedó más por fuera del pico, quería ir conociéndola poco a poco. Las series rompían muy rápido, imposibles de sacar sin comerte la roca. Esperé a la entreserie y remé la primera ola que vi posible con mucha decisión. Al bajarla podía sentir las rocas que iba dejando atrás a medida que el tubo empezaba a caer sobre mi tabla. Si fallaba ahí, lo más probable era que tocara las rocas, así que agarré la punta del *buggy* firmemente, asegurándome de que no hubiera ningún fallo hasta estar fuera de la ola. Pascal fue entrando en confianza poco a poco, era normal, el tiempo que él perdía en ponerse en pie sobre su tabla, sumado a la velocidad de la ola, podía jugarle una mala pasada. Despacito pero con decisión fue colocándose a mi lado.

Solos allí Pascal y yo, dejando pasar las olas más grandes, pues cerraban violentamente contra las rocas, cogimos todo lo que entraba entre medias. Intentando no cometer errores y muy concentrados en lo que hacíamos, nos pasamos cerca de una hora surfeando los dos solos, con Beni inmortalizando todo con su cámara desde la orilla. Todas las olas abrían lo suficiente para pasar y sacar el tubo hasta el final. Lentamente la marea empezó a bajar dejando aún más rocas y corales al descubierto delante de nosotros, cada ola que cogíamos era jugársela a cara o cruz prácticamente, así que decidimos salir del agua antes de que se nos fuera de las manos.

Reventados físicamente después de tanta adrenalina y esfuerzo por la concentración que nos había exigido Indicator Point, no podíamos volver por el mismo camino, por lo que nos acercamos al río a ver si podíamos ver algún lugar seguro para cruzar. Beni iba delante. En principio, el río parecía más tranquilo cauce arriba, pero no podíamos fiarnos del todo, no se veían ni puentes ni cuerdas por ningún lado. Cuando ya nos íbamos a retirar por donde mismo habíamos venido, desanimados por no encontrar el lugar correcto donde poder cruzar, un grupo de unos diez niños y niñas de la zona, que nos habían estado observando desde hacía un rato, nos ayudaron desde el otro lado del río.

Los niños caminaban en fila de a uno, cada uno pisaba donde pisaba el otro sin desviarse, algunos se daban la mano para seguir la trazada, y en la zona más profunda, comprobamos que el agua no les pasaba de la cintura. Cuando llegaron hasta nuestra posición, nos sacamos un par de fotos con ellos, como era normal, y tras indicarnos por dónde debíamos ir, empezamos a cruzar. Todo bien, la corriente iba aumentando de fuerza a medida que nos adentrábamos en el río. Beni, con la cámara sujeta en la cabeza, y yo nos ayudábamos mutuamente a cruzar cogidos de la mano y pisando el suelo como podíamos sin dejar que el agua nos levantara. La corriente llegó a su punto más fuerte cuando estábamos justo en la mitad del camino. Los niños nos gritaban ahora desde la seguridad de la otra orilla por algún motivo, ima-ginamos que por la fuerte corriente. Poco a poco, paso a paso, nos habíamos desviado del camino marcado por ellos anteriormente.

Pascal, golpeado más duramente por la corriente debido a que su tabla rozaba continuamente el agua, estaba un par de buenos metros más lejos de nosotros, como cerca de la desembocadura del río y con el agua casi llegán-dole al abdomen. Todo parecía presagiar una tragedia inminente. Finalmente y tras unos angustiosos minutos, Pascal, totalmente vencido y cansado por la corriente, se montó en su tabla y se dejó llevar río abajo. Desde donde estábamos nosotros, solo podíamos ver el amarillo de la tabla de Pascal subir y bajar por las olas marrones que se formaban en la desembocadura del río. Bastante teníamos nosotros con intentar no tener la misma suerte. Un par de pasos más firmes y logramos ponernos a salvo en la otra orilla. Los niños ya estaban situados al final del río gritándole y animando a Pascal, pero poco podía hacer cualquiera de nosotros por él.

No sabemos muy bien cómo, pero escapó sin un rasguño, tan solo al-gunos golpes en su tabla, pero nada comparado a lo que podría haber sido. Nos lo encontramos bastante cansado y agotado subiendo por las piedras de la orilla, cerca de Cimaja Point, pero aún sonriente y maldiciendo en tono de humor:

—¡Hijo puta el río! Cómo me tragó el condenado…

Los tres fuimos a ducharnos, comer y descansar un poco después de la agitada mañana y, pese a que estábamos totalmente agotados, esa misma tarde nos tiramos de nuevo en Cimaja Point, inflados de confianza después de las olas de esa mañana, a marea baja en Indicator Point.

La fuerza había bajado considerablemente, pero aun así la serie entraba bastante bien colocada, larga y abriendo en la última sección de la ola. Lo mejor de todo era ver la de colores que se reflejaban en el agua color marrón cada vez más claro, debido a que no había llovido mucho y el agua del río no arrastraba muchos sedimentos, durante el atardecer. Una mezcla de naranjas, verdes, azules y blancos que envolvían Cimaja Point con un aire de misticismo casi hipnótico para los que estábamos en el agua.

Aún nos quedaban dos días más por delante de viaje por Cimaja antes de volvernos a Yakarta, por lo que íbamos a aprovechar al máximo las olas que nos quedaban por allí. Por la mañana, de nuevo los tres fuimos a Indicator Point. Esta vez, decidimos acercarnos al río primero a ver si podíamos cruzar de nuevo. Pascal no parecía muy preocupado al respecto; es más, propuso tirarse al mar e ir remando, pero no creo que calculase bien los efectos de la corriente en contra. No había llovido mucho durante la noche y no tenía pinta de que fuera a hacerlo ahora, por lo menos no de momento, por lo que el río no debería llevar mucha agua. Nos acercamos hasta este intentando buscar un paso por el que cruzar más arriba del que usamos ayer, menos profundo y más seguro. El agua se veía más en calma y menos furiosa que días anteriores, así que, finalmente, dado que era la parte más corta por la que cruzar, nos la jugamos por el mismo lugar de la última vez, pero, esta vez sí, caminando en diagonal hacia arriba para poder evitar el empuje del agua.

Lo conseguimos, estábamos a salvo, habíamos cruzado y esta vez sin ningún tipo de problema. Desde el otro lado del río habíamos visto las olas romper en Indicator Point, pero no fue hasta llegar justo enfrente de la misma cuando vimos lo bien colocadas que estaban saliendo. Sin apenas viento y muy ordenados, Indicator Point estaba sacando unos tubos muy buenos, no muy grandes, pero mucho más abiertos y fáciles de sacar que el día anterior. Justo antes de saltar al agua, un surfero local que acababa de llegar nos silbaba desde su posición, haciendo una clara referencia a la buena pinta que tenían las olas ese día. Los tres estuvimos compartiendo olas durante todo el tiempo que duró la marea. Durante serie y serie, hablábamos de otros picos de la zona o cercanos a Cimaja, como Turtle o Sawarna, ambos a unas horas en coche desde allí. Incluso nos nombró una ola que llamaban Secret, pero que solo se podía ir en barco. Por esta vez, con solo un día más por delante, nos quedaríamos solo en Cimaja a surfear y disfrutar todos juntos. Via, Beni y Salsa llegaron hasta Indicator Point un par de horas después. Habían cruzado el río sin ningún tipo de complicaciones. Después de surfear la marea, nos quedamos disfrutando de la playa y del lugar para nosotros solos durante todo el día.

Nuestro último día en Cimaja antes de volver a Yakarta lo pasamos delante de nuestro hotel, en Cimaja Point. Llovía intensamente esa mañana, las series se iban poniendo cada vez más y más gordas en el rompiente y los locales aún no habían aparecido por el agua. Las previsiones no paraban de dar buenos partes hasta dentro de una semana o más. Ese último baño con el agua color marrón oscuro, rodeados de troncos y todo tipo de objetos que arrastraba el río, esta vez completamente lleno de sedimentos, se antojó épico. Cada ola que remábamos era un tubo que acaba al otro lado de la playa. «Rápido y fácil», como decía Pascal. Sin darnos cuenta, aquella sería esa «última vez» que siempre recuerdas al par de años diciendo: «¿Te acuerdas de cuál fue nuestro último baño en Cimaja?».

Beni y las otras chicas se quedaron a prepararlo todo para el camino de vuelta a Yakarta. Nos esperaban unas buenas cuantas horas de nuevo en la carretera hasta llegar al aeropuerto.

Cimaja se despidió de nosotros igual que nos dio la bienvenida hacía unos cuantos días atrás, lloviendo a mares y con el cielo gris oscuro. El olor a hierba mojada y a tierra de la jungla se podía sentir por toda la carretera de vuelta a la ciudad. Los cinco teníamos claro que este era uno de esos lugares a los que debes ir. Sus olas marrones por el agua oscura del río, salvajes, llenas de vida y movidas por la fuerte corriente del mismo, sus gentes y su deliciosa comida… Un viaje, en principio, mucho más cómodo a lo que estábamos acostumbrados gracias a Via y a Salsa, pero a un lugar salvaje y auténtico como ninguno.

Fueron pocos pero intensos los días juntos en Cimaja buscando olas. Como una familia, cada uno de nosotros aportaba la mejor versión de sí mismo en cada momento. Sin forzar, sino porque así lo sentíamos. Es curioso sentarse y pensar cómo ocurren esas cosas, si realmente todo está conectado y predestinado o somos nosotros quienes marcamos nuestro camino con las decisiones que vamos tomando. Pascal y Salsa habían aparecido en nuestras vidas en el momento que más lo necesitábamos y serían ellos quienes nos darían la fuerza necesaria para no rendirnos y seguir persiguiendo nuestros sueños de viajar y buscar olas por el mundo. No sabíamos cuándo nos íbamos a volver a ver después de este viaje a Indonesia, pero tras montarnos en el avión rumbo a Malasia de nuevo y antes de irnos a Filipinas, sabíamos que sería tarde o temprano.

FILIPINAS

Un cambio de vida

Un avión más, otro más entre los muchos que ya habíamos cogido en el último año, pensábamos. Los nervios, la ansiedad y los escalofríos nos delataban, esta vez todo era distinto para nosotros. El trayecto duró apenas cinco horas desde Kuala Lumpur hasta Manila, pero nunca antes se nos había hecho un viaje tan largo como este. Los dos íbamos en silencio, meditabundos y pensativos, ninguno hablaba y para nada parecía un viaje a la aventura o a buscar olas, más bien todo lo contrario. No queríamos volvernos a casa, no aún, eso lo teníamos muy claro los dos.

«Todo a una carta», o encontrábamos trabajo o, esta vez sí que sí, nos íbamos a casa. Habíamos elegido Filipinas porque sabíamos que aquí había numerosos *call centers* y pensábamos que, de este modo, nos resultaría más fácil encontrar un trabajo. Esta vez no queríamos cometer los mismos errores que en Malasia, donde estuvimos meses buscando trabajo hasta que casi no nos quedaba dinero. Aquí teníamos que pelear y movernos en cada edificio, cada casa o por cualquier otro lugar donde pudiéramos encontrar trabajo para así poder seguir viajando.

Tras tomar tierra en el aeropuerto internacional de Ninoy Aquino de Manila, recoger nuestras maltrechas mochilas y las tablas de *bodyboard* en la cinta de equipajes, nos paramos en seco justo antes de llegar a la puerta que daba salida a la calle. Los dos nos miramos sonrientes al fin el uno al otro y, sin decirnos nada, solo con la mirada, nos calmamos mutuamente. Cogidos de la mano cruzamos la puerta de salida al exterior mientras éramos abrazados por un calor y una humedad completamente nuevos para nosotros dos. Ambos sabíamos que, pasase lo que pasase, todo iba a estar bien, solo teníamos que mantenernos juntos y luchar por tener la vida que queríamos tener. Ese cálido abrazo que nos dio Filipinas a modo de bienvenida nada más abrirse la puerta y salir a la calle se convertiría mucho más tarde y sin casi darnos cuenta en un sentimiento de amor y lealtad hacia Filipinas y sus gentes, nuestra segunda casa en el mundo.

Coger un taxi en las alocadas calles de Manila, y más siendo hora punta, puede considerarse un deporte de riesgo para cualquiera, incluso para nosotros, que veníamos ya con mucha cuerda de otros países anteriores. Los pocos taxis que nos paraban no querían poner el taxímetro, sino cobrarnos a ojo dependiendo del tráfico que encontráramos por el camino; otros, en cambio, querían cobrarnos cuatro veces más caro de lo normal antes siquiera de montarnos dentro. El resto eran taxistas piratas o taxis que directamente no paraban al vernos. Una verdadera locura. Finalmente y tras casi más de una hora deambulando por las calles de la urbanización que estaba justo enfrente del aeropuerto en busca de un taxista honesto, ya que coger un taxi dentro del aeropuerto suponía casi dos horas de larga espera, conseguimos montarnos en uno que parecía legal. Este puso su taxímetro a cero y pudimos salir de allí rumbo a nuestra nueva casa en Malate.

Llegada a Malate

¿Por qué Malate? Bueno, una buena razón sería porque esta parte de la ciudad es una de las más baratas y míticas de todo Manila, y otra, quizás más sentimental por decirlo de alguna manera, seria porque aquí estuvimos mi hermano Abraham, Miguel y yo unos cuantos días antes y después de irnos a surfear al mítico *spot* de Cloud Nine, en Siargao, por aquel año 2010. Malate, situada justo enfrente de las contaminadas aguas de la bahía de Manila, en donde algunos valientes o desdichados, según se vea, se atreven a bañarse e incluso a pescar allí cada día, y rodeada por otros barrios interesantes o ba-rangay, como se diría en tagalog, como son Ermita, Pasay o Binondo, entre otros, era uno de los pocos lugares que aún conservaban algo de la Manila de verdad, la real. Una ciudad inmensa, superpoblada, contaminada y llena de injusticias, adonde miles de personas de otras partes de Filipinas llegan día a día buscando una mejor vida, atraídos por los salarios más altos que ofrecen en la capital y las pocas posibilidades que tienen de progresar en sus provincias natales, el consumismo masivo que existe en Manila o para tratar de conseguir un futuro mejor para su familia o para ellos mismos.

Nuestro taxi nos dejó justo enfrente del edificio donde estaba la habita-ción de Airbnb que habíamos reservado previamente, durante nuestro largo recorrido en coche hasta llegar a Malate. Aquí aprendimos otra realidad de la ciudad: pese a que el aeropuerto y Malate apenas están separados por unos cuantos kilómetros, lo que normalmente serían unos treinta minutos de recorrido fueron casi dos horas metidos dentro del taxi.

—Hora punta, *sir*—repetía cansado el conductor una y otra vez, durante todo el trayecto.

La realidad es que es tanta la población de la ciudad y tanto el número de coches que circulan por sus carreteras que, junto a la inexistencia de rutas alternativas fiables o más rápidas, cualquier hora del día era hora punta, siem-pre estaba infestada de coches fueras por donde fueras, peor que en cualquier ciudad de la India o de otro lugar que hubieras visitado previamente.

Nuestro edificio estaba parcialmente pintado de verde una parte y de gris la otra. Nada más entrar por la puerta con nuestras maletas, vimos a nuestro *kuya* de seguridad, es decir, a la persona que controlaba quién entraba y quién salía del edificio. La palabra *kuya* es usada en Filipinas como señal de respeto hacia personas de mayor edad o experiencia, como haciendo referencia a 'hermano mayor'. Tras interrogarnos nos dijo que Bob, como se llamaba el chico con el que íbamos a compartir casa, estaba en la tercera planta. Por las escaleras, un grupo bastante nutrido de cucarachas revoloteaba a sus anchas por los escalones y paredes del edificio, y pese a que ya veníamos más que acostumbrados a este tipo de cosas —habíamos visto cucarachas gigantes en los bosques de Madagascar, cucarachas del desierto, cucarachas blancas de la India, cucarachas de playa, etc.—, nos pareció mucho para nada más llegar a la que sería nuestra casa hasta conseguir un trabajo en Manila. Cierto es que no teníamos más opciones, estábamos allí por lo que estábamos y teníamos clara nuestra misión, no podíamos gastar más dinero del que teníamos presupuestado cada día.

Un chico de largas rastas, sin camisa y bastante flaco nos abrió la puerta. Era Bob.

—Bienvenidos, chicos, estáis en vuestra casa. Pasen, pasen —dijo sonriente, mientras nos invitaba a pasar dentro.

Nada más cruzarnos las miradas, ambos sabíamos que los dos éramos hombres de agua, sospecha que se confirmó cuando vio mi tabla y gritó:

—¡Guau! Buscando olas, ¿eh?

Bob era de la isla de Negros, al sur de Filipinas, pero se había mudado a Manila por temas de trabajo. En cuanto tenía oportunidad, se escapaba a San Juan, un *spot* cercano a Manila, famoso por sus olas y ambiente surfero. La casa tenía una bañera llena de agua justo en la entrada, donde Bob había puesto varios peces bastante grandes a los que alimentaba con las cucarachas de la vivienda, dicho por él mismo a menos de diez minutos de conocernos. Imaginábamos que esto sería algo normal y común para él.

Bob nos enseñó la que sería nuestra habitación y, mientras buscamos un buen lugar donde poder enganchar nuestra mosquitera a prueba de todo tipo de bichos, empezamos a negociar precios. La cosa era que no sabíamos exactamente cuánto tiempo íbamos a estar por la casa, lo habíamos reservado por Airbnb, pero no lo pagamos aún, sino que le ofrecimos hacerlo «pirata», sin comisiones para él ni para nosotros, entregando el dinero en mano y en efectivo. Tras explicarle nuestras intenciones, nos ofreció un muy buen precio para estar allí al menos un mes, pudiendo usar su lavadora una vez en semana, su cocina y su baño. La casa era enorme. La otra puerta justo enfrente del pasillo también era de Bob, con más habitaciones, cocina y baño para alquilar también. En aquel momento parecía que éramos los únicos allí viviendo, pero con el devenir de la noche empezaron a aparecer criaturas de la noche y otras cuantas personas en la pensión de Bob.

Estas criaturas salían de sus habitaciones cuando caía el sol y, solos o acompañados por su «víctima» de la pasada noche, se perdían de nuevo por las locas y ruidosas calles de Malate, para volver a casa de nuevo al rato con una nueva presa. Se alimentaban de la pobreza y la desdicha de chicas, chicos, niños y niñas que habían caído en la desgracia y en el olvido absoluto, teniendo que malvivir en las calles de Malate, buscándose la vida y haciendo lo que fuera para sobrevivir y subsistir cada día, incluida la prostitución.

Nosotros, ajenos a todo esto, tratábamos de no mezclarnos mucho con los distintos visitantes que acudían a la pensión de Bob cada día, solo hablábamos con su hermano pequeño, Gian, y su primo Axel. Poco a poco y viendo que nosotros éramos distintos a los demás visitantes, nos fuimos haciendo amigos y aprendiendo costumbres y cosas importantes de Filipinas, aparte, claro está, de embriagarnos alguna que otra noche y pasar largas horas jugando al ajedrez en la otra parte de la casa, juego este muy popular en Filipinas.

Malate empezó a mostrarnos otra cara con el paso de los días. Aún no habíamos empezado a movernos físicamente para presentarnos en las empresas donde podríamos encontrar trabajo, pero ya estábamos haciendo el trabajo de campo necesario para ello, que era localizar todos los *call centers* de la ciudad, apuntar cómo llegar y filtrarlos por posibilidades de que nos contratasen a nosotros. Justo en la acera de enfrente de la pensión de Bob, había un pequeño lugar de comidas caseras, también conocido como *karinderia* en Filipinas. Sus dueños y trabajadores eran de la región de Bicol, que comprendía las islas del sur de Luzón, Catanduanes, Masbate y Sorsogon. Esta región también es muy famosa por sus recetas y por sus platos típicos, como el adobo, el *bicol express* o la sopa de pescado. Aquí, en esta *karinderia*, también aprendimos una de las claves para sobrevivir en Filipinas sin gastar demasiado.

El arroz es la base de cualquier comida filipina, luego se acompaña de cualquier otra cosa, en nuestro caso, pescado, verduras, sopa, huevos… En las *karinderias* normalmente se paga por el plato que elijas y el arroz te lo suelen incluir. Por ejemplo, pedíamos *tawilis*, un pescado pequeño frito típico de Manila, y junto con el arroz, nos salía sobre los setenta y cinco pesos filipinos, unos dos euros aproximadamente. Luego, si nos quedábamos con más hambre o queríamos comer más, podíamos pedir extra de arroz por unos diez pesos filipinos más. Aquí aprendimos cómo funcionan estos lugares y cuál era su precio real, al mismo tiempo que íbamos probando la increíblemente sabrosa comida bicolana. Por las noches solíamos cocinar en casa; eso sí, no era muy fácil debido a la gran cantidad de cucarachas que andaban a sus anchas por la cocina, por lo que normalmente eran o espaguetis con salsa de bote, o sopas de fideos instantáneas a las que solo teníamos que añadir el agua caliente antes de comerlas.

También en Malate descubrimos una de las maneras más comunes que tienen los habitantes de Manila de pasar su tiempo libre, que no es otra que ir al centro comercial. Poco a poco descubrimos que estaba llena de centros comerciales enormes; es más, cerca de Malate se encontraba el Mall of Asia, el que estaba considerado como el mayor centro comercial de toda Asia. *Plagada* sería la palabra correcta, así está Manila de centros comerciales. Casi a cada poco encontrábamos uno, ya fuera lleno de tiendas y restaurantes o solo de comida y bares. También, considerando lo difícil que era moverse por la ciudad con la locura de tráfico, la contaminación, el calor y los ruidos, era normal que la gente, incluidos nosotros mismos, acudiera a estos lugares para pasar el rato, estar frescos con el aire acondicionado, caminar sin coches o ruidos, tomar un café…

Al vernos a diario por casa de Bob entrando o saliendo, poco a poco íbamos cogiendo confianza con alguno de los muchos chicos que dormían en la acera. Uno de ellos, de unos cuarenta años de edad y con un enorme bulto sobresaliente en su cabeza, el cual trataba de disimular con pañuelos o gorras, nos ayudaba siempre a parar un tuck-tuck o un taxi en la calle principal, tarea esta nada fácil debido a lo de siempre: nos querían cobrar más o, directamente, estafarnos. Muchas veces a la vuelta, le dábamos dinero o le llevábamos comida para él y para los que vivían también en la acera.

Habíamos llegado a Filipinas en plenas elecciones generales y esto se notaba en las calles de Malate. Según nos comentaban en la *karinderia* o el propio Bob, se había presentado por primera vez en la historia del país un candidato que venía de muy abajo, con raíces y familia muy humildes y que prometía un gran cambio político después de algunos años de dictadura y otros tantos de corrupción y robos descarados por parte de las autoridades gubernamentales. Pero lo más importante era que también prometía acabar con las drogas de una vez por todas, un problema grave y extendido en las calles de Manila. Nosotros no teníamos ni idea de nada de esto, pero nos vimos sumergidos de lleno por todo el revuelo que generaron estas elecciones presidenciales.

El ambiente estaba enrarecido los días previos a la elección del presidente. Nunca antes los filipinos habían acudido en masa a votar, pero esta vez se esperaba que así fuera. Durante el periodo de reflexión todo permanecía cerrado, no se permitía la venta de alcohol, las fiestas ni cualquier otro tipo de celebración en la calles, solamente se veían marchas y manifestaciones a favor de unos y otros partidos políticos. Finalmente, Duterte, que era como se llamaba esta persona, salió elegido, para la alegría de unos y los miedos de otros, empezando «una nueva Manila», en palabras de nuestro amigo Bob, que se vería afectado de alguna forma por esta manía del presidente de acabar con las drogas.

El paso de los días trajo también mi trigésimo segundo cumpleaños. Nuestra situación económica no dejaba mucho margen para grandes celebraciones, por lo que ese día fuimos caminando hasta Intramuros, una de las muchas herencias que dejaron los españoles en su colonización, por decirlo de alguna manera suave, del archipiélago de las Filipinas. Se trataba de una ciudad amurallada muy pintoresca, llena de iglesias y catedrales, casas de la época y callejuelas; eso sí, al más puro estilo filipino, es decir, llena de gente viviendo en sus calles, caballos, tuk-tuks… Cuando el calor se hizo ya insoportable, hasta el punto de que no podíamos caminar bajo el sol, y la contaminación había empapado nuestra piel y ropas hasta dejarlas llenas de hollín, decidimos coger un taxi e irnos al centro comercial a terminar de celebrar allí mi aniversario. Esa noche, sentados sobre unas rocas donde golpeaba el mar de la bahía de Manila, detrás del parque de atracciones del gigantesco Mall of Asia, con una magdalena y una vela encendida, soplé la vela y pedí mi deseo de cumpleaños.

El bucle sin fin

Ya con los deberes hechos, debíamos pasar a la acción, pues el tiempo empezaba a correr en nuestra contra. Siguiendo el plan trazado en los anteriores días, empezamos a ir a visitar las distintas empresas clasificadas según nuestra posibilidad de conseguir trabajo en ellas. La primera fue Maersk Line, la gigante danesa que operaba con barcos y contenedores por todo el mundo. Aquí Beni había hecho, hacía ya más de cinco años y a través de internet, una primera entrevista de la cual nunca obtuvo respuesta. Ya sabíamos cómo llegar usando el atestado metro de Manila, teníamos los currículos impresos y todo listo, solo nos faltaba algo muy importante: ¿qué ropa llevábamos para las entrevistas?

No sabemos realmente por qué no habíamos comprado algo de ropa decente para las entrevistas. Seguro que no era porque no confiáramos en que íbamos a conseguir trabajo, suponemos que más bien era por miedo a gastar en algo tan poco útil para viajar como ropa o porque simplemente nos olvidamos. Por suerte para nosotros, durante nuestra última noche en casa de Pascal y Salsa, volvimos a intercambiar algo de ropa con ellos nuevamente y llevábamos con nosotros un par de camisas más o menos decentes para ir a buscar trabajo por la ciudad.

Salimos de nuestra casa cerca de las siete de la mañana. Después de casi tres horas, llegábamos finalmente al barangay Kapitolyo, en donde se encontraban las oficinas de Maersk Line. Sudados y exhaustos después del extenuante y eterno viaje hasta aquí, entre metros, caminar por carreteras sin apenas aceras, triciclo…, vimos que justo debajo, en la primera planta, había un Coffe Bean, perfecto para refrescarnos bajo el estridente aire acondicionado del local y, de este modo, recomponernos un poco antes de subir a las oficinas de Maersk.

Esa era otra de las cosas que habíamos aprendido de Manila en el poco tiempo que llevábamos en la ciudad. Manila, aparte de estar llena de centros comerciales, también estaba plagada de franquicias. En cada calle o en cada barangay de la ciudad, siempre era fácil encontrar dos o más McDonald's, Starbucks, Coffe Bean, Burger King, KFC o la empresa de comida rápida por excelencia en Filipinas, Jollibee, donde se mezclan el pollo frito con arroz, los espaguetis o las hamburguesas a la perfección. La cosa era que también dentro de los centros comerciales se encontraban las mismas franquicias de comida y restaurantes. En verdad era como estar metido en un bucle de comida basura sin fin.

Tras recuperarnos un poco y asearnos, subimos a la séptima planta, donde se encontraba la administración de Maersk Line. Entramos pensando que sería simplemente presentarnos, entregar nuestros currículos e irnos para esperar a que nos llamaran otro día, como era lo normal para nosotros, pero no, las empresas en Manila, especialmente los *call-centers*, al ser tantos los empleados que necesitan continuamente, hacen procesos de selección de personal casi a diario. El seguridad nos apuntó en una lista, recogió nuestros currículos y nos invitó a sentarnos junto a otros muchos candidatos que estaban allí esperando su turno.

Sentados allí los dos, nos miramos bien por primera vez desde que habíamos salido de casa de Bob. Un poco desconcertados y tratando de contener la risa, nos dimos cuenta de las pintas que llevábamos, realmente parecíamos dos cantantes de *country* americano. La camiseta que me había dejado Pascal me quedaba bastante larga y estaba muy arrugada; los pantalones vaqueros que llevaba puestos estaban desgastados y se notaba que bastante pasados también; mis tenis, los mismos con los que había visitado el bosque de lémures en Madagascar o los que usé para subir al Pico de Adán en Sri Lanka, entre otras muchas cosas, tenían partes tan desgastadas que apenas se adivinaba el color que tuvieron algún día. Por su lado, Beni, que llevaba una camisa de botones muy desgastada y descolorida debido, sobre todo, al uso que hizo de ella durante nuestro paso por la India, con sus vaqueros igual de maltrechos y estropeados que la camisa y con unos zapatos que, al igual que los míos, también usó para las caminatas por los bosques o la montaña durante los pasados meses de viaje, no se quedaba atrás con sus pintas. Pareciera que iba conjuntada conmigo, formando los dos un auténtico dúo musical de *country* clásico americano.

Al poco nos llamaron para la primera parte de la prueba, un test psicológico. Nos metieron en una sala con solo un lápiz y varios folios llenos de preguntas en inglés, tipo: «El tiempo de vida de un perro y de su dueño era de noventa y seis años en total. El dueño vivió tres veces más tiempo que su perro. ¿Cuántos años vivió el dueño?». A continuación, nos daban una serie de respuestas a cada pregunta, de las cuales tenías que elegir una.

Casi tres hojas así y solo quince minutos para responder todas las que pudieras. Después de esta primera prueba, la cual se ve que superamos, porque eran eliminatorias y había gente a la cual le decían que no la habían superado y tenían que marcharse, pasamos a la segunda parte. Esta vez era un test de velocidad de escritura a ordenador, responder llamadas en inglés y uso de Excel.

Esta vez pasamos por los pelos, sobre todo la parte de escritura, ya que al ser en inglés, especialmente a mí me costó muchísimo. Por suerte, los que nos vigilaban estaban distraídos y pudimos hacer un poco de trampa. La última y definitiva prueba constaba, en nuestro caso, de dos entrevistas, una para comprobar nuestro nivel de español, ya que el puesto al que aplicábamos era para hispanohablantes, y otra, ya más específica, con el *manager* del equipo que buscaba incorporar a alguien.

Al final habíamos pasado casi dos horas allí dentro entre pruebas y esperas, pero las sensaciones eran muy buenas, o eso pensábamos. Salimos de allí y tras buscar alguna *karinderia* cercana para comer algo rápido, nos fuimos a por la siguiente empresa de nuestra lista, Accenture, en Makati.

Makati era de las zonas más ricas de la ciudad. Eso se notaba nada más bajarse en alguna de sus paradas de metro. Llena de rascacielos altísimos, con aceras, papeleras, semáforos, pasos elevados y cosas así, cosas que no verías ni de casualidad en otra parte de Manila. En una de las esquinas, vimos otra gran oportunidad de conseguir trabajo: el Instituto Cervantes de Manila. Allí daban clases de español a todos los niveles para cualquier filipino que quisiera aprender el idioma. Entramos decididos a dejarles nuestros currículos, pero la mujer, Ana, nos puso los pies en el suelo al instante.

—Ya esa época pasó, chicos. Ahora necesitan un título oficial de profesor de lengua extranjera (ELE) para poder dar clases aquí —dijo en un tono un poco sobrado, como sorprendida de que no lo supiéramos.

Luego nos remató ofreciéndonos hacer el curso allí con ellos, curso que duraba tres meses y que era exageradamente caro para nuestras posibilidades en esos momentos. Nos dimos media vuelta y sin hacer mucho ruido nos fuimos por donde habíamos venido.

Fue al salir cuando vimos colgado en la puerta principal el anuncio de que venía la escritora española Marta Sanz esa misma noche a dar unas charlas en el Instituto Cervantes. Los dos nos miramos a los ojos casi automáticamente.Viejos fantasmas del pasado, concretamente de cuando estuvimos por Malasia, volvieron a nosotros.

—Seguro que habrá muchos españoles esta noche aquí y quizás a Marta le interese nuestra historia y nos echa un cable de alguna manera, ¿no? —dijo Beni, sin detenerse demasiado a pensarlo fríamente.

Las charlas empezaban en tres horas, por lo que sabiendo lo que sabíamos sobre los procesos de selección aquí en Manila, lo mejor, si queríamos asistir al coloquio, era dejar Accenture para mañana, con más tiempo y más ánimos.

Decidimos dar una vuelta por Makati, descubriendo nuevas empresas a las que presentar nuestra candidatura, apuntábamos sus nombres y los poníamos en nuestra lista para el próximo día. Puntuales a la cita, allí estábamos Beni y yo de nuevo, en la puerta del Instituto Cervantes de Manila esperando ansiosos a que empezaran las charlas de Marta Sanz, pero no porque fuéramos *fans* suyos, sinceramente, ni siquiera habíamos leído u oído nada sobre sus obras hasta ese día, tampoco nosotros éramos unos eruditos en la literatura española, ni mucho menos. Nosotros estábamos allí con un propósito, la supervivencia, poder seguir viajando y siendo lo que siempre quisimos ser, viajeros del mundo.

Al rato, empezaron a llegar los primeros invitados y asistentes a las charlas. Nos íbamos presentando uno por uno, intentando buscar alguna excusa para desviar la conversación hacia la búsqueda de trabajo en Manila sin que pareciéramos muy locos. Gente del consulado, empresarios, trabajadores, profesores…, de todo tipo de personas, la mayoría españoles que habían asistido allí para escuchar a Marta Sanz. Quizás fueran nuestros vestidos de cantantes de *country* o el poco tiempo del que disponíamos para conocernos antes de que Marta hiciera acto de presencia en la sala, pero no conseguimos nada en absoluto, ni uno solo de ellos se interesó lo más mínimo cuando decíamos: «Bueno, acabamos de llegar a Manila y estamos intentando conseguir trabajo». Se alejaban de nosotros diciendo las típicas coletillas de «suerte», «verás que sí», «ánimo»…

Cuando entró Marta Sanz, enseguida empezó a hablar de su pasión por la escritura, de cómo había llegado a ser la famosa escritora que es hoy en día e incluso habló de sus viajes por Filipinas. Luego, presentó uno de sus últimos libros y terminó invitando a que se acercaran hasta su mesa para que les firmara alguno de sus ejemplares publicados.

La mayoría de los allí presentes tenía uno y empezaron a formar una cola para llegar hasta Marta y, de este modo, obtener la ansiada firma. Nosotros, viendo como la cola se formaba, nos pusimos a esperar también nuestro turno pacientemente.

—No tenemos libro ni tenemos nada. ¿Qué le vamos a decir? —preguntaba Beni.

Entre los dos preparamos algo rápido para llegar allí y explicarle a Marta Sanz qué hacíamos en sus charlas. Nuestro turno llegó y Marta, bolígrafo en mano, nos miró sonriente, esperando nuestra reacción al ver que no teníamos libro alguno con nosotros.

—Hola, Marta. Aún no hemos podido leer tu libro, pero seguro que después de lo que nos has contado lo leeremos. Nosotros en realidad estamos de paso por Manila, llevamos mucho tiempo de viaje y ahora estamos aquí intentando encontrar trabajo en Filipinas, para así poder seguir un poco más con este sueño… —soltó Beni, incluso antes de que yo pudiera decir algo.

Sus palabras sonaron tan sinceras y reales que hasta a mí me sorprendieron. Marta Sanz la miró y, tras preguntarle cómo se llamaba, le dijo en un tono igual de sincero y real:

—No os rindáis, lo conseguiréis. Y luego quién sabe, hasta podríais escribir vuestras experiencias en un libro.

Marta Sanz, que poco o nada más podía hacer por nosotros en esos momentos, en realidad nos dio una fuerza y unos ánimos con esas pocas palabras que nos dijo que fue como si nos dijera lo que en el fondo, en lo más profundo de nuestro ser, necesitáramos escuchar para empujar un poco más hasta conseguirlo. Quizás fue el tono o la sinceridad de sus palabras, pero salimos de allí reconfortados y con ganas de volver a intentarlo mañana de nuevo en alguna otra empresa de nuestra lista.

Cuando regresamos a nuestra casa en Malate esa misma noche, nos aguardaba una inquietante sorpresa en la escalera. Habíamos visto muchas ratas antes y de todos los tamaños, pero nunca, durante el viaje, una que nos bajara de frente por las escaleras en un cuarto piso, justo el piso anterior al de casa de Bob. Optamos por retroceder lentamente dejándole espacio para que pudiera huir por un enorme hueco en la pared. Cuando se lo contamos a Bob, sonrió tranquilamente normalizando la situación. Algunas criaturas de la noche que empezaban a asomar y escucharon nuestro relato parecían no preocuparse demasiado, seguramente estarían ocupados en otros menesteres más sucios aún.

Los días siguientes, incluso semanas, las entrevistas y las idas y venidas a las empresas no pararon, era como estar en un bucle que parecía no tener fin. Bueno, sí, el que pondría nuestro dinero pronto. Fuimos a una entrevista en un piso setenta y dos en Makati. Por lo visto buscaban españoles para un *call center* que tenían en otra parte de la ciudad. Lo más curioso es que aquí, un poco desconfiados de nuestra supuesta lengua materna, nos hicieron un examen de español con verbos, preguntas, frases a rellenar, etc. Lo peor fue que, en muchos casos, no sabíamos la respuesta correcta, era como estar en un examen de lenguaje del instituto nuevamente.

En otra entrevista, esta vez en las torres gemelas de Ortigas, cerca de Kapitolyo, tras mucho esperar, nos metieron en una diminuta sala con otros cuatro aspirantes más. La entrevistadora empezó la ronda de preguntas, que consistía en ir uno por uno presentándote en inglés, hablando un poco de ti y respondiendo a las preguntas que ella te hiciera. Empezó Beni, sentada en la primera silla de la derecha.

—Hola, soy Benayga, española. Acabamos de llegar a la ciudad y estamos buscando trabajo como *spanish speaker* o cualquier otro que tenga como requisito hablar español —dijo Beni en un perfecto inglés.

Luego fue mi turno. Me defendí como pude, repitiendo las palabras de Beni y añadiendo algunas que ya tenía preparadas. La entrevistadora nos preguntó qué habíamos estudiado y cuánto tiempo íbamos a estar en Filipinas. Claramente, mentimos en nuestras intenciones en cuanto al tiempo que íbamos a estar en Manila, pues de lo contrario, no nos contratarían.

Después de mí, le tocó el turno a un chico bastante más joven que el resto de los que estábamos en la sala. Tras una brevísima introducción de su persona, se giró hacia nosotros y dijo:

—Bueno, yo estudié también Ingeniería Mecánica en la universidad, pero la mayoría de los puestos de trabajo a los que podría optar con esa titulación se los dan a extranjeros que vienen a Manila, por lo que la única opción que tengo de trabajar son los *call centers*.

La entrevista siguió como si nada, solamente al final, cuando habíamos hecho ya todas las pruebas, la entrevistadora se dirigió a nosotros para decirnos que no se lo tuviéramos en cuenta, cosa que ya habíamos hecho.

Otro día fuimos a la famosa Cognizant, gigante asiático de selección de personal para *call centers*. Como siempre en este tipo de empresas, tras dejar los currículos y apuntarnos, empezamos las pruebas. Test psicotécnicos, pruebas de escritura, teléfono, examen de inglés y español… Se nos hicieron las doce de la mañana y aún nos quedaba una serie de entrevistas personales con varias personas más del departamento. Total, salimos de allí casi a las cuatro de la tarde, para recibir un triste «ya te llamaremos», cosa que nunca sucedió.

En muchas otras, tras pasar las pruebas y esperar por horas, me decían que mi nivel de inglés no era el que ellos buscaban. «¿No pueden decírmelo antes de pasar todo el proceso?», pensaba.

Otra cosa que teníamos muy presente era el tema de la visa de trabajo. Muchas empresas, no todas, no te hacían la visa de trabajo, sino que debías pagarla tú. Este era un tema muy sensible, ya que la visa de trabajo podría salirte sobre los mil euros o más, dependiendo. Por eso, en aquellas empresas en las que veíamos que podíamos tener más posibilidades, comentábamos que, llegado el caso, si teníamos que pagarnos nosotros la visa de trabajo, nos la podían ir descontando de nuestro sueldo mes a mes o por alguna otra fórmula.

Las entrevistas, el metro, la ciudad, los rechazos y la presión invisible del dinero, que se esfumaba día a día, hacían que el bucle empezara a desgastarnos. Parecía como si el viaje quedara ya muy lejos, nuestros ánimos estaban bastante bajos después de más de un mes saliendo a diario a buscar trabajo a cada punta de la ciudad. ¿Realmente estábamos haciendo lo correcto? El nivel de agotamiento era tanto que Beni y yo nos enfadábamos a la mínima.

En una ocasión, después de una agotadora entrevista en GreenHills para una empresa que había llamado a Beni el día anterior, salimos dispuestos a ir a comer algo a alguna *karinderia* de la zona y seguir después con la siguiente entrevista que teníamos programada a las cuatro de la tarde. Eran las doce del mediodía, el sol estaba totalmente perpendicular sobre nosotros, el asfalto literalmente ardía de calor. Le propuse montarnos en un *jeepney* para ir barato y más rápido a comer y, por qué no decirlo, para salirnos, aunque fuera solo por unos minutos, del bucle. Lo cierto era que aún no controlábamos muy bien cómo funcionaban estos transportes públicos únicos en Filipinas, y eso tuvo sus consecuencias.

Los *jeepneys* son de por sí una aventura dentro de la ciudad. En su origen, eran vehículos reformados de la Segunda Guerra Mundial usados en Filipinas para el transporte de pasajeros, con largos asientos a ambos lados, disponiendo a los pasajeros cara a cara. Hoy en día son un símbolo nacional de Filipinas. Customizados con coloridos cromados, llamativos dibujos o imposibles alerones, según el gusto de su dueño, estos peculiares transportes públicos son totalmente diferentes y únicos por cada uno de ellos. Normalmente, iban llenos a reventar y se movían por las venas de la ciudad con bastante facilidad. Cuando te quieres bajar, solamente debes golpear el techo y el conductor parará donde pueda para soltarte y seguir raudo con su carrera particular. Lo único que debes tener claro es la ruta que va a seguir, cosa esta que, como decimos, aún no teníamos nada claro.

Los *jeepneys* suelen tener las distintas partes de la ciudad por las que pasan escritas en el cristal delantero del mismo, indicando así la ruta que va a seguir, pero aun así es muy difícil saber por dónde va a ir si no lo has cogido en otras ocasiones. Nosotros, siguiendo mi impulso, nos metimos en el que yo pensé que nos llevaría a Ayala de nuevo, para así poder almorzar algo y prepararnos para la siguiente entrevista. Bueno, al final el *jeepney* se desvió por tantos barrios que ya no sabíamos dónde estábamos exactamente. El conductor no hablaba nada de inglés o, simplemente, no le apetecía, y solamente gracias a uno de los pasajeros que viajaba con nosotros desde el principio, que nos indicó que ese *jeepney* no pasaba por Ayala y que ya estábamos muy lejos de esa zona, nos dimos cuenta de lo perdidos que realmente estábamos.

Esta sería una de esas cosas que ponen punto y final, llenan el vaso o encienden la mecha, pero Beni y yo empezamos a discutir y decirnos cosas en mitad de la carretera. Era como si hubiéramos explotado liberando tanta paciencia con entrevistadores pesados o maleducados, largas colas, exámenes absurdos… Tal fue el tamaño de esta discusión que cada uno se fue por un camino diferente, totalmente hartos. Al poco, tras volver a ser yo, decidí ir corriendo sobre mis pasos a buscarla. Al llegar donde nos había dejado el *jeepney* la vi sentada bajo la sombra con una botella de agua en la mano descansando, mientras me miraba sonriente. Yo no pude evitar reírme también mientras me sentaba a su lado. Luego de un buen rato hablando y conversando ambos, decidimos que el resto del día lo dedicaríamos a explorar un poco el barrio donde sin querer nos habíamos metido, antes de coger un taxi para que nos llevara de vuelta a nuestra casa en Malate.

El día siguiente nos lo pasamos en casa descansando, teléfono en mano, esperando la llamada de alguna de las muchas empresas a las que habíamos ido en anteriores ocasiones. El enfado de ayer nos sirvió para darnos cuenta de que necesitábamos salir de la ciudad y del bucle en el que estábamos metidos. Después de casi un mes en Manila haciendo cada día lo mismo, teníamos ganas de aventuras en la naturaleza, de volver a caminar horas por senderos solitarios, de guaguas interminables que nos llevaran a sitios increíbles y de ver cosas por primera vez cada día. Habíamos hecho más de una veintena de entrevistas, nos habíamos apuntado a decenas de trabajos y solamente estábamos a la espera de que nos llamaran para confirmarnos que empezábamos a trabajar donde fuera. Sí, podíamos seguir aplicando en más empresas, pero siendo realistas, ya habíamos aplicado en las que tendríamos más posibilidades, así que, ¿por qué no viajar aunque fuera un poco en lo que esperábamos esa llamada y recargarnos de vida nuevamente?

Se nos presentaba aquí un primer dilema. Habíamos entrado en el país con el visado de turista, lo que suponía que teníamos solamente treinta días de permanencia en el mismo, tiempo que ya casi habíamos agotado entre entrevistas y búsqueda de trabajo. Ahora teníamos dos opciones: salir de Filipinas y volver a entrar para obtener un nuevo visado de un mes gratis o renovar dicho visado por dos, tres o seis meses más.

Estábamos convencidos de que íbamos a conseguir trabajo pronto, por lo que irnos no era opción. Salir y volver a entrar del país para tener otro mes gratis de visado tampoco era la opción más barata, pues teníamos que conseguir los vuelos, pagar la noche en el lugar que fuéramos y luego volver a Manila. Demasiado jaleo para tan solo otro mes más gratis. Optamos por la segunda opción, renovar nuestro visado por dos meses más. No sabíamos si el dinero que teníamos con nosotros iba a ser suficiente para tanto tiempo, pero estábamos lanzando una señal al universo de que queríamos quedarnos allí.

Dicho y hecho. Fuimos directos a la oficina de inmigración en Malate, cerca de casa de Bob, y tras una larga mañana de colas, papeles y demás burocracia filipina, obtuvimos nuestro nuevo visado para los próximos dos meses. El coste era un poco elevado para nuestra maltrecha economía, unos sesenta euros por persona, entre fotos, pagar a los funcionarios, formularios... Pero confiábamos en que tendríamos trabajo pronto y todo sería diferente.

Norte, la ruta de la costa

«El norte tiene algo distinto», nos dijeron nuestros ya casi amigos Mike, el hermano de Bob, y el propio Bob nada más llegar a su casa en Manila. Nos hablaron de arrozales infinitos, paisajes sobrecogedores, inhóspitas montañas, gentes increíbles y, lo más importante para nosotros, costa, kilómetros de ella para recorrer tanto al este como al oeste, con playas y corales que aún guardan ese toque salvaje y virgen que tanto nos gustaba.

En realidad, era la única opción asequible para nuestro presupuesto. No podíamos pagarnos un avión para viajar a cualquiera de las muchas islas que componen Filipinas, pero desde Manila y a un precio muy bajo, salían numerosas guaguas públicas con destino a casi cualquier lugar del norte de Luzón.

Teníamos ganas de ver y sentir el mar de nuevo, lo necesitábamos realmente. Por eso decidimos que nuestra primera y obligatoria parada sería La Unión, meca del surf en Filipinas. Según nos dijo Bob, un fijo de esta playa, el surf llegó a este país por esas playas. Olas, playa, aire limpio… Este nos pareció un buen lugar para empezar nuestro viaje al norte.

Aquí empezaríamos a comprender un poco más cómo funcionan las cosas por Filipinas si quieres viajar por el país. Vayas a donde vayas, si sales de Manila debes hacerlo de madrugada para evitar, al menos, una cierta parte del caótico y lento tráfico de la ciudad. Por ejemplo, si quisieras ir a la playa de La Unión, en una situación normal tardarías de dos a tres horas aproximadamente. Aquí, saliendo de Manila es imposible. Tras casi seis horas en guagua desde la caótica estación de guaguas de Cubao, en el corazón de Manila, llegamos a nuestro destino final. Realmente, de esas seis horas en guagua hasta aquí, más de la mitad fueron para simplemente lograr salir de la ciudad, y eso que salimos de madrugada.

Al bajarnos, vimos una playa enorme de arena negra con dos rompientes en ambos lados, derecha e izquierda. Ese día la fuerza era muy poca y apenas se levantaba una ola decente. Pese a ello, había muchos surferos locales en el agua esperando pacientemente su ola. El ambiente cargadamente surfero de la playa nos sobrecogió un poco. Escuelas de surf por todos lados, restaurantes con estrambóticos nombres, hoteles enterrados prácticamente en la arena de la playa, etc. Demasiado incluso para nosotros, que llevábamos más de un mes metidos entre cemento y asfalto. Buscando un poco más de tranquilidad, caminamos hacia el extremo norte de la playa para encontrar el lugar que nos había recomendado el propio Bob. Por el camino, los locales, más que acostumbrados al turismo, nos ofrecían hacer *tours* a las cascadas o a otras playas cercanas a La Unión. Al poco rato, encontramos el hostal que nos había dicho Bob, justo enfrente de la arena y alejado de todo el ruido de la playa principal.

Los dos dejamos las cosas en la habitación y corriendo bajamos a tocar el mar después de tanto tiempo. La sensación fue como de conexión total, sentíamos que volvíamos a estar de viaje nuevamente. Quizás este no era el paraíso que estábamos buscando en Filipinas, pero por esos momentos era nuestro oasis de calma y resurrección. Saltábamos y nos hundíamos juntos bajo el manto azul del mar intentando aguantar lo máximo posible debajo de él, tratando así de liberarnos de las pesadas entrevistas, los humos y el tráfico de Manila. Por un momento sentíamos que estábamos donde teníamos que estar.

Por la noche el ambiente era bastante fiestero, con locales y turistas yendo y viniendo de un lugar a otro, pero nosotros no podíamos permitirnos irnos a comer a ninguno de los restaurantes de la playa principal o tomarnos una copa en alguno de los muchos bares que veíamos. Con ayuda de algunos locales a los que preguntamos, encontramos una *karinderia* donde solían comer los conductores de las guaguas, los de los tuk-tuks y muchos otros, eso nos facilitó mucho las cosas para poder estar al menos unos días en La Unión.

La alergia de Beni, después de todo este tiempo metidos en Manila, había empeorado muchísimo. Al poco tiempo de que su piel entrara en contacto con el sol, las inflamaciones salían por todo su costado y sus piernas, teniendo que pasar la mayoría del tiempo dentro de casa, para su desgracia. Como ya habíamos dicho, ya sabíamos que debía exponerse gradualmente al sol para que la alergia fuera desapareciendo poco a poco y así pudiera estar tranquilamente bajo el sol, y así fue como lo hicimos. Los primeros días nos bañábamos por la tarde, cuando el sol ya no tenía mucha fuerza, y luego, poco a poco, pudo ir saliendo bajo el sol de manera normal.

—Solo hay que tener paciencia —decía ella, sabia y pacientemente.

Las olas nunca llegaron. Ya Bob nos había advertido que la temporada allí era de noviembre a febrero, cuando los tifones sacuden la costa oeste del país, pero, aun así, debía intentarlo, quizás sería mi última oportunidad de surfear en La Unión. Solo pude tirarme muy muy temprano en la ola de derecha que salía justo enfrente del hotel Mona Lisa y que llevaba su mismo nombre, a marea baja para intentar surfear alguna ola más o menos potable. Al cabo de unas horas, ese mismo pico estaba lleno de surferos locales y extranjeros, y en realidad no había olas para tantas personas, por lo que me di la vuelta y remé hasta la orilla de la playa, en donde me esperaba Beni bajo el sol.

Tras esos días en La Unión y aún sin recibir ninguna llamada interesante desde Manila, teníamos muchas ganas de seguir conociendo Filipinas, por lo que seguimos nuestro camino hacia el norte, hacia la desconocida provincia de Pagudpud, en el norte más extremo de Luzón, obviando así otras posibles zonas e islas con posibles olas que encontraríamos durante el camino. Las previsiones de olas no eran nada buenas para estos días a este lado del archipiélago filipino, bañado por el inmenso mar chino, por lo que Pagudpud, afectado por un *swell* y una dirección de la fuerza diferente, sería la mejor opción para encontrar algo surfeable.

Nos pusimos en la carretera principal, justo enfrente de la playa, cargados con todas nuestras cosas y tablas a esperar alguna guagua que subiera hasta el norte. Muchas pasaban, pero ninguna iba hasta tan lejos. Los conductores nos ofrecían ir hasta un punto, luego transbordar desde allí hacia otro y después, con otra guagua más, llegar a Pagudpud. Esto, conociendo lo poco que conocíamos de cómo funcionaban las guaguas por allí, no nos convenció en absoluto, por lo que optamos por seguir esperando la línea correcta. Al cabo de unas cuantas horas apareció la que sería la nuestra. Iba directa a Pagudpud, pero primero pararía en Vigan unas cinco horas antes de seguir hacia el norte, nada de cambiar de guagua o transbordos raros.

Una vez llegamos a Vigan, la mayoría de los pasajeros había llegado a su destino final. Nosotros convencimos a nuestro chófer para poder dejar las cosas en la guagua, ya que hizo salir a todo el mundo, fuera o no fuera esa su parada final, y nos fuimos a conocer Vigan durante esas cinco horas que teníamos hasta que él volviera de echarse una siesta. Estábamos muy cansados y no habíamos podido dormir nada, pero queríamos aprovechar esas cinco horas para caminar por la ciudad y ver lo máximo que pudiéramos.

Caminando por Vigan, teníamos la sensación como de volver atrás en el tiempo. Carrozas, casas de piedra, tiendas de antigüedades, plazas de adoquines… Todo era de la época de los colonos españoles, que hicieron de Vigan un lugar de encuentro para la gente pudiente de aquella época. Su calle principal era de adoquines de piedra muy antiguos y estaba llena de casas muy antiguas construidas con grandes rocas. Las callejuelas que la iban cruzando de lado a lado, a medida que caminábamos por ella, estaban llenas de rincones escondidos con mucho encanto. En la plaza principal, pudimos probar la famosa empanada de Vigan y el riquísimo *poqui-poqui*, una mezcla de fideos, huevo y verduras cocidos en una salsa especial. Tras un par de horas más caminando, volvimos de nuevo a la guagua para poner rumbo a Pagudpud, con la esperanza de descubrir buenas olas por sus afiladas costas.

Después de un larguísimo camino en guagua de casi unas quince horas en total, agotados y sin dormir prácticamente nada, el chófer nos indicó que nos bajáramos, pues habíamos llegado a nuestra parada final. Al pisar la carretera y ya con todas nuestras maletas encima, nos quedamos un buen rato en *shock* por lo que estábamos viendo. La carretera donde estábamos parados estaba completamente llena de hostales y pensiones de todo tipo casi hasta donde alcanzaba nuestra vista. Uno tras otro se repetían, casi idénticos, pared con pared, como si fuera una pesadilla que no tenía fin, y justo delante de todos ellos, una enorme playa privada en la cual debíamos pagar si queríamos acceder, especialmente nosotros los extranjeros. Nada del paraíso que andábamos buscando, ni mucho menos lo que esperábamos encontrar por allí, en el norte más alejado de Luzón, y, por supuesto, ni rastro de olas en esa enorme playa de arena blanca.

Tras querer sacarnos los ojos en varios hostales en los que preguntamos previamente, encontramos a una señora con criterio que, viendo que todos por allí estaban prácticamente vacíos, supo ver que mejor era ganar algo de dinero más la comida que no ganar nada. En casi todos los demás hostales que preguntamos nos pedían unos precios completamente desorbitados y cuando tratábamos de explicarles que, si estaban vacíos desde hacía días, mejor era ganar algo de dinero que no ganar nada, enseguida nos decían que no, que nos fuéramos. En fin, distintos puntos de vista.

Cuando un precio es justo y real, ni siquiera nos planteamos negociar, aceptamos y punto, pero cuando te intentan sacar más dinero por ser extranjero o por cualquier otra causa, normalmente en tono de broma, recurrimos a lo que llamamos «psicología del dinero», es decir, explicar que mejor ganar, por ejemplo, trescientos pesos por día, más comidas y quizás alquiler de motocicleta durante una semana, que no ganar nada de nada, sabiendo que lo más probable es que estés vacío durante todo ese tiempo.

Nuestra habitación era diminuta, pero tenía justo lo que necesitábamos para pasar unos días de playa y olas, si es que las encontrábamos. La señora nos preparó un desayuno especial para nosotros sabiendo que llegábamos hambrientos después del larguísimo trayecto en guagua. También nos consiguió una motocicleta y nos contó que, más al norte, siguiendo la carretera de la costa, había mucho más oleaje y playas. Las palabras mágicas para nosotros.

Salimos muy temprano en la mañana, queríamos llegar lo más lejos posible con nuestra moto alquilada. Conduciendo por la carretera principal, la que va pegada a la costa, y unos cuantos minutos después de dejar atrás la playa privada que estaba enfrente de nuestro hostal, todo empezó a cambiar. De vez en cuando la espesa maleza de la zona dejaba entrever algunas calas de arena blanca y mar color azul turquesa que parecían no saber nada de todo el ruido que había un par de kilómetros más atrás. Investigamos un poco y encontramos la manera de acceder a algunas de ellas, siguiendo algún camino o sendero de tierra que nos llevaba hasta prácticamente el mismo agua de la playa. También empezamos a ver las primeras olas que rompían suavemente contra alguna baja de coral que estaba cerca de la orilla. De momento, solo optábamos por bañarnos o bucear con nuestras gafas y tubo. Las olas eran demasiado pequeñas para surfearlas con mi tabla, pese a que dejaban entrever que, con un poco más de fuerza, podían ser muy buenas olas. Visto el supuesto potencial que tenían esas bajas de coral que habíamos encontrado, nos propusimos venir los días siguientes a comprobar si las condiciones y las olas habían mejorado para poder surfearlas. Lo mejor de todo era que por estas calas y bajas de coral, solo te topabas, y de casualidad, con algún pescador o con alguna *banka*, como se le dice al típico barco pesquero artesanal filipino, que estaba de paso por la zona. Tras pasar allí todo el día prácticamente solos entre cala y cala, volvimos a casa dejando el resto del norte para los siguientes días.

Con el paso de los días nos íbamos alejando cada vez más y más hacia el norte, cargados ya con nuestra tienda de acampada por si se nos hacía demasiado tarde o encontrábamos algún lugar donde quedarnos a pasar la noche. Cada día empezábamos justo donde nos habíamos dado la vuelta el día anterior, así hasta alejarnos casi a más de cinco horas desde casa con nuestra moto. Playas secretas, colinas redondas y diminutas de un color verde intenso, bajas de coral y pequeñas calas de fina arena blanca, esto era lo que estábamos encontrando en Pagudpud, y nos tenía enamorados.

Cerca de la tristemente famosa Blue Lagoon, una preciosa playa de arena blanca con un mar de un color azul turquesa intenso situado dentro de una bahía en forma de laguna, tuve la oportunidad de coger mi primera ola en Pagudpud. Una ola de izquierda que salía justo donde acababa la bahía y que rompía suave y lentamente contra el fondo poco profundo de arena y rocas, en un paisaje idílico, como casi todos por aquí. Situados justo detrás de la misma ola, unas enormes rocas de caprichosas formas que salían de lo más profundo del mar para enmarcar, aún más si cabe, aquel lugar paradisíaco. Lástima que la playa estuviera saqueada por el turismo local masivo, no paraban de llegar guaguas cargadas de viajeros, coches, motos… Era como si todo el mundo hubiera elegido aquel lugar para pasar el día. Por lo visto, era siempre así en verano. Por suerte, nuestra ola estaba alejada de la arena y nadie se acercaba tan a la punta de la bahía, solo algunos pocos curiosos para ver las rocas de más cerca.

Lo mejor aún estaba por venir. Con nuestra moto alcanzamos, tras bordear unas pequeñas colinas, unos acantilados de no mucha altura que estaban a unas cuantas buenas horas desde nuestro hostal. Allí, a sus faldas, pudimos encontrar un verdadero paraíso para cualquier buscador de olas. Las bajas coralinas se repetían una tras otra hasta el final del acantilado prácticamente. Más largas, más pequeñas, profundas o con las piedras y corales prácticamente asomando… Todas formaban olas, eso era lo que veníamos buscando. Ya sabíamos que la temporada de olas por aquí aún no había llegado, pero pese a eso, algunas bajas estaban formando olas bastante decentes.

Sin pensarlo mucho, me tiré en la que mejor pinta tenía desde arriba. Accedimos por una playa cercana y esquivando rocas y corales, me coloqué en el pico. La serie tendría aproximadamente un metro y medio, no más, pero el fondo y el poco viento que hacía ese día la convertían en una derecha rápida y hueca, y lo mejor de todo, solo para nosotros. Tras unas cuantas olas más o menos decentes, la serie empezó a tardar mucho en venir y, tras casi una hora, apareció también el viento para escachar y deformar la ola. Desmotivado y cansado de nuestro fiel acompañante el viento, decidí salir y buscar a Beni en la orilla de la playa.

Un joven de la zona estaba ya allí sentado junto a ella. Tras presentarnos y preguntarnos sobre nosotros, conseguimos que nos hablara de Pagudpud y sus olas.

—Normalmente por aquí vienen algunos pocos extranjeros a practicar *kitesurf* o *windsurf*. Bueno, más bien en la otra punta de allí —señaló, haciendo referencia a una playa de arena que se veía al final del acantilado a lo lejos, con una discreta casa situada justo entre la vegetación y la arena—. Eso creo que es un hotel que abrieron hace poco. Durante los meses de mucho viento, es cuando más tablas se ven en el agua —confirmó.

Nosotros queríamos saber más sobre estas bajas del acantilado y si durante el año se veían olas por aquí, pero olas de surf.

—En esa parte de ahí —dijo señalando a la baja que estaba a nuestra espalda— he visto algunos chicos locales con sus tablas, pero muy pocas veces. Es más, juraría que fue hace ya mucho tiempo.

Con ese dato que nos dio nuestro nuevo amigo, nos quedaba aún más claro el verdadero potencial de esas bajas que acabábamos de encontrar. Seguro que con el viento adecuado, el *swell* del norte bombeando con la fuerza suficiente y la marea correcta, por allí se debían ver muy buenas olas para surfear.

Al día siguiente volvimos al acantilado y estaba saliendo una ola bastante buena sobre la misma baja que nos había dicho nuestro amigo el día anterior. Una derecha bastante larga y tubera, muy seca, pero con la fuerza que había ese día, se podía surfear sin problemas. Cuando salté al agua, apareció un chico con su tabla de surf que nadaba hacia el mismo pico que yo. Parecía bastante sorprendido de verme allí.

—¡Hoy puede ser un gran día! —me dijo sonriente, antes de virarse y remar la primera ola que le vino.

Las olas no paraban de llegar. La remabas y después de la bajada y el control, estabas dentro del tubo. Con mi tabla de *bodyboard* podía meterme más adentro aún de la ola, pudiendo así sacar tubos más largos. Entre ola y ola, este chico y yo estuvimos hablando de todo un poco. Me comentó que vivía a unas cuantas horas de donde estábamos surfeando ahora y que nunca o casi nunca encontraba otros surferos por estas olas.

—Se ven muchos extranjeros por la otra playa con tablas de *windsurf* o cometas, pero con tablas de surf, muy pocos —dijo.

La baja la llamaban King-Fisher y, según me contaba, con buenas condiciones, «allí se formaba una derecha de revista», dijo literalmente.

—También en las otras bajas rompen olas buenas los días de más fuerza, cuando King-Fisher esté impracticable —señaló—. En realidad siempre hay olas, el norte nunca está quieto, el problema es el viento —explicó antes de remar otra ola que le venía.

Como habíamos visto ya, por lo general, la zona era bastante ventosa, pero cuando el viento aflojaba, como era el caso, simplemente debías estar en el agua esperando.

Con el paso del tiempo y los días, el viento fue subiendo muchísimo en Pagudpud y los alrededores, tanto que decidimos apartar las olas por un tiempo y quedarnos por las calas que habíamos visto cerca de nuestro hostal a descansar y pensar en qué hacer a continuación.

Seguíamos sin tener noticias de Manila y la cuestión ahora era si decidíamos volver a la ciudad o seguir viajando por Luzón un poco más. En realidad, después de todas las entrevistas y el envío masivo de currículos a las empresas, lo que nos quedaba era esperar. Si lo hacíamos en casa de Bob, debíamos pagar la habitación y los gastos que tuviéramos allí. Si, por el contrario, invertíamos ese dinero en seguir viajando un poco más hasta que nos llamaran de alguna empresa en Manila, el gasto sería el mismo o incluso menos, ya que en las provincias la comida era mucho más barata. La decisión estaba clara: si teníamos que gastar, lo haríamos viajando.

La mayoría del año, Pagudpud es un lugar ideal para el *windsurf* debido a sus fuertes vientos del norte; eso sí, cuando este viento cambia debido a las bajas presiones de los numerosos tifones que por aquí pasan cada año, todo cambia. Las olas pueden llegar a ser enormes y poderosamente perfectas. Playas secretas, diminutas colinas de color verde intenso, corales y playas de fina arena blanca por todos lados, esto descubrimos en Pagudpud.

Con la decisión tomada, miramos la previsión para la otra costa. Queríamos cruzar por Santa Ana, una provincia situada en el extremo más noreste de Luzón, e ir bajando desde el norte por la que llamaban la «costa salvaje» hasta Baler, otro de los puntos más famosos de surf de Filipinas. Preguntando por Pagudpud e informándonos un poco en internet, nos dimos cuenta de que esto era exageradamente caro y difícil de hacer, debido en gran medida a las escarpadas montañas del centro de Luzón, que hacían de barrera natural a esta costa, y por lo salvaje de la zona, pues no había carreteras que pasaran por allí y muchos tramos se hacían en avioneta o en barco. Con este escenario y viendo las previsiones de olas bastante flojas que marcaban para la costa pacífica en los próximos días, nos fuimos a esperar la llamada entre las altas montañas de la provincia de Cordillera, la sierra madre de Luzón.

Las montañas

¿Quién dijo que en Filipinas solo hay playa? Dejamos los bañadores y cholas al fondo de nuestras pesadas maletas, el *buggy* bien guardado en su forro y sacamos los abrigos, los tenis de caminar y los calcetines gordos. Habíamos planeado perdernos por estas montañas unas semanas, en lo que las previsiones de olas mejoraban para Baler o en lo que nos llamaban de alguna empresa en Manila para empezar a trabajar, seguíamos confiando en ello. Tras hacer las primeras investigaciones antes de dejar Pagudpud, nos dimos cuenta de que las montañas tienen una única puerta de entrada, y esa es Baguio, ciudad en lo alto de la montaña desde donde parten todos las guaguas y *vans* para cada uno de los pueblos que componen la provincia de Cordillera.

Tardamos unas nueve horas en llegar hasta Baguio desde nuestro hostal en Pagudpud y el paisaje había cambiado por completo, tanto que realmente no parecía la Filipinas que nos habíamos imaginado. Nos bajamos en la estación central de guaguas dispuestos a conocer esta desconocida provincia montañosa y, nada más poner los pies en el suelo, ya empezamos a sentir el frío y la humedad del bosque. Caminando por los alrededores de la estación en busca de algo para comer, nos topamos sin casi quererlo con los que serían nuestros mejores aliados para combatir el frío de las montañas. En un pequeño puesto callejero, una señora vendía por muy poco dinero unos cuencos con arroz caldo, *goto* o *lugaw*, tres platos calientes muy famosos por aquí, compuestos a base de caldo de verdura hirviendo, arroz y otros ingredientes como huevo, cebolla o carne, entre otros. Nuestro favorito, el arroz caldo con huevo, calentito y con un sabor a ajo frito que hacía de él el mejor remedio para entrar en calor rápidamente.

Poco a poco, y a medida que nos alejábamos de la estación, fuimos conociendo la Baguio más contaminada por el masivo turismo local que venía desde Manila. Vimos una universidad, muchos grandes centros comerciales, tiendas de marca, locales de comida basura… No sentíamos que estábamos en la montaña en absoluto, salvo por el frío y la humedad. De todas maneras, pese a que estábamos bastante cansados, no íbamos a estar mucho tiempo en Baguio, lo mejor era seguir un poco más e irnos a otro lugar más barato y tranquilo.

De regreso a la estación, nos montamos en la primera guagua que salía hacia las montañas y que pasara por nuestro destino o cerca. Habíamos elegido Kabayan como primer punto que explorar en Cordillera, pero realmente no sabíamos qué íbamos a encontrar allí o dónde debíamos bajarnos. Después de un kilométrico y serpenteante camino entre las montañas a bordo de una destartalada y vieja guagua que necesitaba parar cada cierto tiempo a enfriar los frenos con el agua que cogían de alguna manguera colocada estratégicamente en la carretera, de repente, tras una curva, el conductor paró en seco, mientras el resto de los pasajeros se giró hacia nosotros y dijo:

—Esto es Kabayan.

Una calle no más larga de trescientos metros, con casitas construidas a ambos lados de esta y huertas plantadas de coliflor o zanahoria a la falda de la montaña, eso era Kabayan. Las pocas personas que estaban en ese momento en la calle nos miraban un poco extrañados, quizás por vernos tan cargados o porque, realmente, no pasaban muchos extranjeros por su pueblo. La provincia de Cordillera tenía tres lugares famosos o más visitados, esos eran Baguio, de donde veníamos, Sagada, famosa por sus ataúdes colgantes, y los campos de arroz de Banaue, donde todos los extranjeros iban a sacarse fotos. El resto de los pueblos, directamente, no estaban en el mapa.

Entre todo esto, nosotros necesitábamos un sitio para pasar la noche. Preguntamos en el único hostal que vimos por la zona, cerca de donde nos había dejado la guagua. El lugar era una pequeña casa de dos plantas con dos grandes ventanales mirando a las montañas. Su precio nos pareció abusivo, aparte de que no podíamos pagarlo.

—Nos toca preguntar casa por casa —dijo Beni, en tono de broma, cuando salíamos del hostal.

Dicho y hecho. Preguntamos en todas las casas que veíamos abiertas, preguntándoles si, por favor, podíamos poner nuestra tienda de acampada en su terraza o en su patio tan solo por un día y pasar allí la noche. También preguntamos a unas señoras que vimos en la calle, pero nadie parecía querer acogernos, imagino que quizás no les generábamos bastante confianza como para meternos en su casa. Una de las señoras nos habló de una pareja que tenía antiguamente un hostal para visitantes locales al principio de la carretera, por lo que fuimos preguntando carretera abajo hasta dar con ellos.

Se llamaban Teresita y James, un matrimonio de unos setenta años, propietarios de una preciosa casa de madera muy antigua, con un bonito jardín en su parte delantera. Entre los dos, hacía ya muchos años, regentaron el único hostal del pueblo orientado por aquel entonces sobre todo a locales que iban al pueblo a trabajar en las huertas o que simplemente estaban de paso por Kabayan, como nosotros. Con el paso de los años, no supieron o no podían adaptarse a los nuevos días y a la llegada de turistas extranjeros a la zona, dejando el hostal poco a poco abandonado, para atender ahora una pequeña pero acogedora tienda y comedor, que tenían montada en la cocina de su propia casa.

Reacios al principio a aceptarnos en su casa, sobre todo y en gran medida porque la casa de invitados, situada en la planta alta de su misma vivienda, estaba un poco abandonada por el desuso y porque ninguno de los dos hablaba muy bien inglés. Finalmente, Beni les explicó con total sinceridad por qué les habíamos elegido a ellos y también que los ayudaríamos con todo lo que hiciera falta para dejar a punto nuestra habitación: limpiar, barrer, fregar… Con la ayuda de un vecino que les hacía de traductor, pudieron entender qué hacíamos allí plantados con todas nuestras maletas delante de su casa, y sonrientes aceptaron acogernos de nuevo en su hostal.

Desde el primer día, tras limpiar todo y disponer de la habitación para nosotros, supimos que estábamos en el lugar correcto. Teresita y James, junto a su preciosa casa llena de plantas, su cocina con artilugios realmente sacados de otra época, su perro Cokis y los numerosos niños que iban a diario a comprar y comer a su tienda, se convirtieron en casi una familia postiza para nosotros. Nos cuidaban constantemente casi como si fuéramos sus nietos, preocupándose por si habíamos comido ya, preparándonos deliciosas comidas especialmente para nosotros dos, contándonos increíbles y antiguas historias sobre las montañas durante las cenas todos juntos o acompañándonos a la tienda a comprar. De alguna extraña manera, sentíamos que eran parte de nuestra familia. Debido a todo esto, decidimos quedarnos un poco más en Kabayan.

A los dos días de estar en su casa, James nos presentó a Timy, un amigo de la familia que conocía las montañas y la zona a la perfección.

—Si quieren perderse por la montaña, yo soy su guía… Eso sí, espero que no tengan miedo de las serpientes, porque yo sí lo tengo —se presentó Timy.

Siendo sinceros, nos pareció un poco loco para meternos con él por las montañas, pero ¿qué podíamos perder?

James y Teresita nos contaron que en esta región de Cordillera, antiguamente a los muertos no los enterraban, sino que los momificaban para posteriormente ponerlos en las cuevas que estaban situadas en lo alto de la montaña que teníamos justo enfrente de nuestra casa. Estas tumbas eran raramente visitadas por extranjeros, dado que la mayoría no sabía ni que existían. Con la ayuda de Timy, nuestro nuevo guía, nos fuimos a buscarlas.

A la mañana siguiente habíamos quedado justo delante de nuestro hostal con él para empezar la caminata. Puntual como acordamos, empezamos a caminar montaña arriba, cruzando primero el cauce del pequeño barranco que teníamos a un lado de la carretera. Timy iba delante, marcando el paso.

—A este paso, serán solo unas cuantas horas —decía.

El camino llegaba al fin, tras atravesar el barranco, a la base de la montaña. Ahí pudimos ver la primera gran roca, con algunas tumbas y con momias en su interior. Timy nos dijo que no estaríamos mucho tiempo viendo esa roca, pues era mejor subir antes de que el sol fuera más fuerte y el ascenso fuera más complicado. El camino poco a poco empezaba a subir montaña arriba siguiendo un ancho y despejado sendero que había sido creado recientemente por los camiones de obra utilizados en la construcción de la nueva carretera de la montaña. Estas moles se abrían paso montaña arriba por las empinadas carreteras de tierra, destrozando y aplanando el suelo que pisaban. Por lo visto había planes de hacer una carretera que llegase hasta lo más alto de la montaña, para así hacer el camino más fácil y absurdo a los futuros visitantes provenientes de Manila, que, supuestamente, acudirían más a menudo y en masa cuando supieran que allí arriba estaban las momias y que no tenían que sudar para llegar hasta ellas.

Timy no era partidario de esta monstruosidad.

—Las momias y la montaña no quieren que se les moleste. Esto es malo, muy malo… —nos contaba, apenado.

Él tenía otra ruta para nosotros, más corta pero más empinada, lejos de todos estos camiones y este caos.

Agotados después de casi cuatro horas de pura subida, llegamos. Se respiraba paz y silencio allí arriba.

—Estas son las cuevas de Tibac, un lugar sagrado desde la época de mis ancestros —dijo Timy, antes de pedir que lo esperásemos allí sentado a la sombra.

Para acceder a las cuevas, había que pedirle las llaves al guardián de las momias que vivía en lo alto de la montaña. Este guardián pertenecía a una larga familia de guardianes anteriores, es decir, su padre fue el guardián de las llaves en otra época, así como lo fue su abuelo y el abuelo de su abuelo, hasta llegar a tiempos ancestrales. Tras pedirle las llaves al guardián, pudimos acceder a las cuevas.

Muy respetuosamente, Timy nos fue mostrando algunas de las cuevas. Muchas de ellas estaban completamente repletas de momias metidas en cajas de madera o dispuestas sobre alguna tabla, pero casi todas estaban en perfecto estado de conservación. Timy nos contó que algunas de ellas contaban con más de trescientos años de antigüedad. Nos explicó también que el ritual de momificación era muy complicado: a los pocos días de morir el difunto y dependiendo de su estatus en la tribu, lo sentaban en una silla y le sacaban todos los órganos y tejidos vivos (ojos, lengua, etc.); tras coserlo, le aplicaban cremas a base de hierbas por todo el cuerpo y le metían humo de tabaco por la boca durante días o semanas hasta que el cuerpo quedaba momificado y listo para subir a las cuevas.

Cuando ya nos íbamos y Timy le estaba entregando de nuevo las llaves al guardián, nos sentíamos raros y afortunados por poder contemplar este trozo de historia reciente de la montaña, antes de que fuera convertido en lo que nunca debería ser, un circo de visitantes, guaguas, ruidos…

Un buen rato después, al llegar a nuestra casa de nuevo tras bajar de la montaña, Timy aún se reservaba una sorpresa para nosotros.

—Síganme, les quiero enseñar una cosa. Es aquí al lado —dijo mientras caminaba calle abajo.

Nosotros, reventados de la subida a la montaña y de la bajada, no sabíamos si ir o no.

—Timy, no será muy lejos, ¿no? Estamos para que nos arrastren —dijimos los dos, mientras recuperábamos el aliento sentados en el jardín de la casa.

Empezó a meterse y caminar entre algunas de las casas que estaban a un margen de la carretera. Todo el mundo conocía a Timy por allí. Tras entrar al patio de una de las casas y bajar unas escaleritas, vimos otra cueva. Dentro, los cráneos humanos se contaban por cientos apilados uno tras otro por toda la cueva. Según nos contó Timy, los locales los almacenaron allí tras la

Segunda Guerra Mundial y bajo la creencia de no enterrar a los muertos, sino de conservarlos.

El último día de nuestra visita a Kabayan lo utilizamos para devolver, de alguna manera, todo lo que Teresita y James habían hecho por nosotros. Sabiendo cómo cambiaría el pueblo una vez la carretera de la montaña estuviera lista y las momias saltaran a la fama, tras preguntarles si querrían volver a tener su hostal y su comedor lleno con visitas y funcionando como antes, les creamos un perfil de Airbnb con toda la información en inglés y español, los precios, cómo llegar, etc. También los pusimos en la página de Booking y alguna otra más con el nombre que tenían antiguamente, Home Stay Chogon. Luego los ayudamos a limpiar un poco la cocina y las otras habitaciones de la planta de arriba para poder recibir a los nuevos huéspedes en condiciones. Quedaron muy emocionados con la idea de poder recibir turistas de todas partes del mundo en su casa, reviviendo días pasados.

Nuestra siguiente parada era Sagada, un pueblo de montaña muy conocido por los viajeros que solían venir en masa, directos desde Manila. El trayecto en guagua duró apenas tres horas por las empinadas carreteras de montaña de la provincia. Cuando llegamos a Sagada ya sabíamos que, pese a estar muy cerca de Kabayan, estábamos en un lugar totalmente distinto. Por aquí las creencias y la historia eran otras, dado que eran tribus o etnias totalmente diferentes. En Sagada los muertos se colocaban lo más cerca del cielo posible, para que así el alma tuviera un camino más fácil hasta llegar a él. Es decir, en Sagada, a los muertos los colocaban colgando dentro de sus ataúdes sobre altísimos e inaccesibles desfiladeros a las faldas de la montaña.

Cuando llegamos al pueblo, ya se notaba el efecto de este turismo masivo. Los precios de los hostales por las nubes, resorts de lujo, restaurantes de franquicia, taxistas… Nada que ver con la, de momento, tranquila Kabayan. Nosotros hicimos lo que siempre hacíamos en estos casos, caminar para alejarnos de todo ese jaleo y así poder encontrar algo más económico y sosegado. En las afueras de Sagada, por la misma carretera que pasamos cuando veníamos en la guagua hacia aquí, vimos un par de hostales que anunciaban precios muy baratos en comparación con los que había en el centro, así que, deshaciendo el camino andando, fuimos a comprobarlo. Preguntamos a varios de ellos antes de dar con el bueno.

El bueno era una señora que tenía una enorme casa de madera llena de habitaciones y que alquilaba camas independientes, es decir, en una misma habitación había tres o cuatro camas que se compartían entre distintos viajeros a un precio muy bajo. Lo mejor, que como era relativamente nuevo y poco conocido aún, estaba completamente vacío ese día, por lo que realmente teníamos toda la casa para nosotros solos. La señora también nos dejaba usar su lavadora y su cocina, por lo que íbamos a poder ahorrar aún más lavando nosotros mismos nuestra ropa después de todos estos días por la montaña y la costa de Pagudpud. El único contra o problema que había con esta casa era que estábamos a un largo paseo andando de distancia hasta el centro del pueblo. No teníamos muchas intenciones de visitar el centro, realmente lo que queríamos hacer en Sagada eran solamente dos cosas, ver los ataúdes colgantes y explorar alguna de sus numerosas cuevas subterráneas, algunas de ellas consideradas de las más largas del sudeste asiático.

Mientras tanto, seguíamos sin noticias o llamada alguna desde Manila. Poco a poco íbamos haciéndonos a la idea de que este iba a ser nuestro último viaje, pero lejos de desanimarnos, esto hacía que cada día viviéramos las cosas más intensamente y disfrutando cada minuto.

Si queríamos visitar cualquier lugar de Sagada, primero debíamos acudir al centro del pueblo, más concretamente a la oficina turística para contratar a un guía. Como ya habíamos visto en otros lugares anteriormente, no podías hacerlo por tu cuenta, daba igual si eran veinte minutos de caminata fácil o cinco horas, era obligatorio tener un guía contratado. Nuestra economía no podía permitirse pagar muchas cosas más, por lo que debíamos negociar al máximo si queríamos ver las dos cosas que queríamos ver en Sagada.

Caminamos hasta la oficina de turismo y ya por fuera veíamos a todos los guías oficiales esperando ser contratados. El precio que nos pedían era abusivo.

—¿Mil quinientos pesos por cada uno para ir a ver las cuevas y otros mil para ver los ataúdes colgantes? ¿No les parece demasiado? —le dijimos a la encargada de la oficina de turismo.

Siempre estamos de acuerdo en pagar a los guías y las autoridades locales para así ayudar al desarrollo y la vida de las personas en los pueblos que visitamos, pero lo que no nos gusta son las injusticias y el abuso hacia los extranjeros, quienes, en muchos casos, somos tratados como bobos y monederos andantes.

Salimos de allí convencidos de que no veríamos nada en Sagada y que tendríamos que irnos a otro lugar. Cuando ya estábamos fuera de la plaza, uno de los guías se nos acercó y nos preguntó si no íbamos a hacer la excursión. Tras contarle que nos parecía un abuso y que no disponíamos de tanto dinero, nos ofreció ser nuestro guía por setecientos pesos cada uno, consiente de que muchos turistas se iban cuando les decían el elevado precio que tenían que pagar por ver las cuevas y los ataúdes colgantes. A cambio, debíamos comprarle su comida y su agua y también haríamos la caminata de los ataúdes colgantes solos, es decir, él pasaría el control con nosotros, pero luego nos esperaría arriba sentado hasta que los viéramos y volviéramos a donde él estaba; cuestión de no caminar más de la cuenta, suponemos.

Esa misma tarde fuimos a ver nuestro primer lugar en Sagada. La caminata hacia los ataúdes colgantes era corta pero bastante empinada. Tal y como habíamos pactado, nuestro guía nos esperó arriba y nosotros bajamos a verlos de cerca. Impresionaba mucho ver los ataúdes allí colgando en la escarpada pared vertical de la montaña. Algunos tenían muchísimos años de antigüedad y se podía apreciar su estado de conservación; otros, por el contrario, estaban casi intactos. Como nos dijo el guía, los colocaban allí en las alturas con la creencia de que así el alma, al contrario de si estaban enterrados o metidos en una cueva, tenía más fácil llegar al cielo, pues su camino estaba libre de obstáculos. Pese a que ya no se lleva a cabo esta práctica en el pueblo, dependiendo de qué familia y del dinero que poseyeran, aún te podían poner colgando de la pared una vez muerto. Durante nuestra visita, el último ataúd había sido puesto en el año 2005.

Al día siguiente nos levantamos mucho más temprano para poder visitar las cuevas con tiempo suficiente. Habíamos pactado con nuestro guía hacer la conexión, esto consistía básicamente en entrar a la cueva por una de las entradas y salir por otra. Cuando llegamos a la entrada de la cueva acompañados por nuestro guía no había nadie más u otro grupo preparándose para hacer el mismo recorrido. La entrada de la cueva también tenía varios ataúdes apilados en sus paredes, dándole, si cabe, un aspecto más tétrico al momento. Poco a poco, mientras avanzábamos, se iba haciendo más y más oscuro hasta casi no poder ver la luz del sol, entonces nuestro guía se paró y sacó su equipo pesado, lámpara de aceite, reflectantes, frontales y linternas. A continuación desaparecimos, literalmente, bajo tierra durante horas, guiados por nuestro guía, que iba en cabeza, y caminando en fila de uno.

Un entramado de pasadizos, canales de agua helada, cascadas subterráneas… Estuvimos allí abajo casi cuatro horas. El silencio y la oscuridad eran máximos, solo algunos murciélagos, gusanos de agua y algunos otros bichos extraños vivían allí abajo. Congelados por la fría agua que emanaba desde las mismísimas entrañas de la tierra, respiramos aliviados cuando vimos los primeros rayos solares en horas aparecer a lo lejos y de forma muy débil al final de la cueva.

Ahora pudimos entender el gran trabajo que hacía nuestro guía, jugándose la vida en cada visita que hacía a las cuevas, velando por nuestra seguridad y sacándonos de allí sanos y salvos.

Cuando llegamos al pueblo de nuevo, ya muy entrada la tarde, lo invitamos a cenar con nosotros y le dimos algo más de propina por el gran trabajo que había hecho.

Ya era hora de irnos de Sagada, nuestro presupuesto no daba para más y en aquel lugar tenías que pagar casi por todo. Habíamos leído acerca de una anciana tatuadora que vivía en una de las aldeas más remotas y de difícil acceso de la provincia de Cordillera. Cuando nos informamos un poco más y vimos cómo vivían por allí, lo lejos que estaban de todo y lo autosuficientes que eran, decidimos ir a visitar su pueblo antes de que saltara a la fama o se enterasen en Manila y se perdiera toda su esencia y espíritu viajero.

Teníamos que llegar a Bontoc, un perdido pueblo de montaña, y una vez allí informarnos de todas las posibles maneras de llegar hasta la aldea donde vivía la anciana tatuadora. También queríamos visitar las otras aldeas de los alrededores, que se contaban por decenas y que eran igual de remotas. Cuando buscábamos información sobre esta zona de cordillera, encontramos también que muchas de las aldeas y etnias más antiguas de Filipinas, se encuentran y viven aquí. Guerreros cortacabezas, tribus que resistieron a las múltiples y sanguinarias guerras ocurridas en Filipinas, poblados a los que solo podías llegar caminando durante horas, etc. Era nuestra oportunidad de conocer aún más la historia que esconden estas montañas.

Volvimos a Baguio para buscar el *jeepney* que más nos acercara a Buscalan, nombre con el que se conoce la aldea de la anciana tatuadora. Algo me había sentado fatal durante el trayecto y lo que iba a ser una parada de unas horas en la ciudad se convirtió en dos días de cagaleras intensas, malestar y dolor muscular. Cuando ya me encontraba recuperado del todo, encontramos la manera de llegar hasta la tatuadora. La idea era llegar hasta Bontoc, como habíamos dicho, y una vez allí, resulta que había un *jeepney* que subía por la empinada montaña hasta un pequeño poblado cercano, desde donde, posteriormente, podíamos alcanzar Buscalan a pie.

El *jeepney* que nos acercaría a la aldea desde donde podríamos alcanzar Buscalan a pie iba completamente lleno debido a que solo salía unas pocas veces al día y eran muchas las personas que usaban esa ruta. Finalmente, nos fue imposible conseguir un asiento dentro, pero aún no estaba todo perdido. Una vez lleno, los más jóvenes se empezaban a subir al techo y ocupar un espacio en los hierros que cubrían el mismo, entre equipajes y cajas. No nos lo pensamos mucho y subimos nosotros también. Amablemente, nos hicieron un hueco en una de las partes más seguras y en donde podíamos agarrarnos con las manos al suelo del techo.

El *jeepney* arrancó y empezó a abrirse camino entre las serpenteantes y pronunciadas carreteras de la montaña. Desde el techo podíamos ver los profundos ríos, la belleza de los enormes campos de arroz o las altas cumbres que rodeaban todo el paisaje. Por el camino cruzábamos los dedos para que no lloviera, pues sentados allí arriba y agarrados como podíamos para no caernos del vehículo, no sería nada bueno que nos empapara la lluvia y lo complicase todo un poco más aún.

Llegamos a la última parada y nada más bajarnos, un par de motoristas nos ofrecieron llevarnos hasta donde empezaba el camino hacia Buscalan. Los rechazamos, pues teníamos mucho tiempo y poco dinero. El principio del camino era una ancha carretera de arena, la cual estaban arreglando para que pasaran coches y guaguas en un futuro. Esta primera parte se nos hizo fácil de recorrer, de nuevo el progreso y el turismo de Manila estaba presente en las lejanas montañas. Tras dos horas de caminata por esa carretera de arena, llegamos al comienzo del camino que nos llevaría hasta la aldea.

—¿Allí arriba es a donde vamos? —preguntó Beni, señalando lo que parecía un pequeño pueblo en lo alto de la montaña.

El sendero se iba adentrando por la montaña mientras pasábamos por encima de canaletas de agua para el riego de los campos de arroz o improvisados puentes de bambú para salvar pequeños riachuelos. Lo peor que hicimos fue hacer este camino con todas nuestras maletas, es decir, llevábamos dos mochilas de unos veinticinco kilos cada una a la espalda, mi forro del *buggy* con dos tablas y dos pequeñas maletas más en el pecho con el ordenador, mapas, guías, etc. Después de pasar por una pequeña cascada en donde un grupo de niños saltaban y gritaban en su interior, el camino se transformó en unas escaleras infinitas cada vez más y más empinadas hasta llegar a la entrada de Buscalan.

Paramos en más de una ocasión durante el ascenso por las duras escaleras para coger fuerzas y poder seguir cargando como buenamente podíamos nuestras cosas escaleras arriba. Las íbamos moviendo una a una, por pasos, como si de una partida de Tetris se tratara. Finalmente, unos chicos de la propia aldea nos vieron y nos echaron un cable para poder llegar hasta arriba. Una vez allí y tras hidratarnos y comer algo, pudimos ver dónde estábamos realmente.

La mayoría de las mujeres adultas y ancianas de Buscalan tenían sus brazos y cuellos tatuados de arriba abajo. Las pieles arrugadas y maltratadas por el duro trabajo en el campo que realizaban estas señoras, siempre bajo un sol de justicia, mostraban estos curiosos tatuajes, algunos de ellos tan largos como el propio brazo y todos con algún significado concreto.

El viajero, las montañas, el río, la rana, la fertilidad… eran alguno de los muchos tatuajes kalinga, como se llamaba esta tribu, que se veían por Buscalan. Todos con un significado especial y distinto. Nos quedamos en la misma casa donde vivía la persona más famosa y buscada de toda la aldea e, incluso, diríamos que de todas las montañas, Whang Od, la anciana tatuadora de casi cien años de edad que tatuó, junto a su maestro, a algunos de los antiguos guerreros de las montañas. Junto a nosotros había también algunos otros turistas que venían buscando lo mismo, llevarse un autógrafo de este tesoro nacional viviente.

Dejamos nuestras cosas en una de las habitaciones de la casa, situada justo encima de donde cada día Whang Od, su nieta y una aprendiz tatuaban a los que por allí se acercaban. Decidimos dar un paseo por la aldea para hacernos una idea de dónde estábamos metidos realmente. Las casas, todas muy rústicas y de madera, estaban muy juntas unas a otras, solamente dejaban en medio estrechos caminos o escaleras para poder transitar por dentro de la aldea, como si de un fortín se tratara. Buscalan es una piña, la mayoría son familia y viven juntos, así, familia tras familia.

Entre escalera y escalera, tras doblar en la esquina de una de las casas más grandes que habíamos visto hasta el momento por Buscalan, llegamos a una plaza abierta, con vistas a los campos de arroz y con una pequeña capilla a un lado. Eso no era lo que más nos llamó la atención de aquel lugar. Fue inevitable observar boquiabiertos como las señoras arrojaban al suelo enormes sacos cargados de marihuana, poniéndolos al sol para secar, mientras, sonrientes, nos miraban y nos preguntaban de dónde éramos y si ya nos habíamos tatuado. Lo mejor era no preguntar y seguir con nuestra ruta turística por Buscalan.

Las señoras nos explicaron cómo llegar a los campos de arroz de la parte más alta de la aldea, en donde empezaban también los otros caminos para visitar las demás aldeas de la zona, accesibles solamente a pie, como Buscalan. Cuando llegamos al lugar que nos indicaron las señoras, enormes y verdes campos de arroz se perdían montaña abajo por el otro lado de la ladera. Algunos trabajadores que estaban allí trabajando, plantando, recogiendo el arroz o limpiando las terrazas pararon por unos pocos segundos para saludarnos desde la distancia y asegurarse, o al menos esa era nuestra sensación, de que tenían controlados todos nuestros movimientos por allí arriba.

Durante la cena, como cada comida que hicimos en Buscalan, habichuelas con arroz y café. Pudimos conocer a una pareja de catalanes que también estaban deseosos de tener un autógrafo de la anciana tatuadora.

Muy temprano en la mañana, después de nuestra ración de habichuelas con arroz y café muy espeso marca de la casa, bajamos para, por fin, poder conocer a Whang Od, la anciana tatuadora kalinga. Los clientes empezaban a llegar poco a poco hasta la abierta cabaña donde ella, su sobrina nieta y una aprendiz atendían a los mismos, la mayoría provenientes de Manila en un viaje de ida y vuelta. Las dos jóvenes, con la habitual energía de una persona de veinte años, ya llevaban hechos algunos tatuajes. La gente solía elegirlas a ellas sabedores de que la anciana, como es normal, no tendría el mismo pulso que cuando empezó en esto de los tatuajes, pero aun así querían llevarse su firma, por lo que cuando las chicas acababan con ellos, se ponían a un lado a esperar que llegara la maestra para que les grabase su firma.

De repente, caminando casi de cuclillas, salió de su pequeña habitación en un anexo construido de madera cerca de la casa principal, cargando un minitaburete de madera en la mano, vestida con una camiseta rosa fosforita de manga corta, con los dos brazos y el cuello completamente tatuados, el pelo recogido, en cholas y con un pantalón de chándal azul. La maestra, la mismísima Whang Od. Sonriente, se detuvo para vacilarles y jugar un poco con unos niños pequeños, de entre dos o tres años, seguramente familia de ella, que jugaban en el diminuto pasillo que llevaba desde su habitación al cubo donde estábamos todos nosotros esperando. Sonriente, con la tranquilidad y sabiduría que tiene una persona que ha visto, vivido y hecho mucho en la vida, nos miró a todos. No hablaba nada de inglés, pero no hizo falta, ya nos había conquistado a todos con su carisma natural.

—¡No puedo creer que la estemos viendo! Esta mujer ha visto cabezas cortadas y ha tatuado a salvajes guerreros de la montaña —Fue lo primero que dijo Beni, tras el largo silencio que prosiguió a la llegada de la última tatuadora kalinga.

Con ella venía su traductor, familia de ella también, que nos explicó cómo funcionaba todo.

—Hay dos maneras de hacerse el tatuaje —nos dijo el traductor—. Eliges uno de la tabla de ahí o dejas que ella elija uno por ti después de explicarle un poco qué es lo que buscas —prosiguió.

Nosotros lo teníamos claro, le explicamos al traductor que queríamos algo que significara movimiento, viajar, descubrir… Él, tras traducirle nuestras palabras a la anciana, nos dijo que ella tenía claro que debía ser el símbolo kalinga del viajero o visitante. El traductor, acostumbrado a tratar con turistas, accedió a explicarnos un poco más sobre el origen y el significado de los tatuajes tribales de Kalinga.

—Los tatuajes tradicionales kalingas son muy sencillos, pero siempre tienen significado —explicó—. Por ejemplo, el símbolo del escorpión significa la potencia del guerrero, o tatuarse águilas en el pecho era algo que hacían los guerreros que habían matado a algún soldado japonés en la Segunda Guerra Mundial. Por el contrario, las mujeres se protegían con el tatuaje de la serpiente… —nos comentó.

Y así con todos los de la tabla. El nuestro, el del viajero, para los kalingas significaba aquellas personas que estaban de paso por su aldea o que viajaban largos años por todas las montañas del país, perfecto para nosotros.

Colocando su diminuto taburete en el suelo cerca de nosotros, finalmente se sentó y nos sonrió. Tras coger un trozo de la mitad de un coco seco que hacía de cuenco para las muchas púas de espino negro que tenía dentro, seleccionó con cuál de ellas iba a tatuarnos. Luego, tras empapar un tallo de arroz en la otra mitad del coco seco que estaba lleno de la tinta que utilizaba en cada uno de sus tatuajes, mezcla hecha con carbón vegetal, agua y un poco de caña de azúcar, nos dijo algo en su lengua nativa, mientras montó la púa en una larga vara de madera que usaba para tatuar. El traductor sonrió y dijo:

—Ha dicho que, si puede ser, el chico guapo primero —refiriéndose a nuestro amigo catalán—. Whang Od vacila a todos —explicó el traductor mientras se encendía un cigarrillo.

Era algo de lo que enseguida nos dimos cuenta, cuando le pidió al mismo chico si podía enseñarle los tatuajes de debajo de su camisa. Seguramente, ese carisma y humor, entre otras muchas cosas buenas de Buscalan, habían sido clave para llegar a su edad de esa manera.

La técnica *batok*, que significa 'golpear', es la que usan en Buscalan. Consiste en dibujar el patrón con el tallo de arroz empapado en la tinta para, luego, golpe a golpe con dos varas de madera, ir insertando la tinta debajo de la piel. Un poco doloroso quizás, pero es de las pocas maneras artesanales de tatuar que quedan en el mundo.

Después de nuestro amigo, llegó el turno de Beni.

—No me puedo creer que tenga tantos años, está usted mejor que muchos de nuestra edad —le dijo a la anciana.

El traductor le explicó a la tatuadora, quien miró a los ojos a Beni y le acarició la cara mientras sonreía. En el momento que la tatuadora se retiró un instante a beber un poco de agua dentro de la casa, antes de empezar con Beni, aproveché para quitar la púa de espino negro que había utilizado anteriormente, aún ensangrentada, de la vara de madera. Cuando Whang Od regresó, extrañada, no tuvo más remedio que usar una púa nueva antes de empezar a tatuar.

Quizás por su edad o por lo que estaba acostumbrada a hacer tras toda una vida tatuando en Buscalan, sus cuidados con las infecciones o de higiene eran bastante escasos. No así los de su sobrina nieta o su aprendiz, que cambiaban y limpiaban todo con cada nuevo cliente. Fuera como fuese, no podíamos jugárnosla así de esa manera, pues no sabíamos si ella iba a usar la misma púa o no y tampoco queríamos ofenderla de alguna manera cuestionando sus métodos.

Después de que Beni eligiera el lugar donde se iba a hacer su tatuaje, el tobillo, Whang Od empezó a golpear la piel suavemente con su vara y su palo de madera. Se notaba que estaba tratando de tener mucho más cuidado que las veces anteriores, y Beni lo agradeció muchísimo. Mientras, yo intentaba saber más acerca de los kalingas y su historia preguntándole a su traductor más cosas sobre su aldea. Me contó que anteriormente, después de las guerras y los guerreros, los tatuajes se hacían por intercambio, es decir, ella tatuaba a cambio de cerdos, gallinas, trigo... Ahora el dinero lo controlaba todo y hacía falta para comprar esas cosas.

En poco más de veinte minutos, Beni estaba lista con su nuevo tatuaje; eso sí, un poco inflamado y ensangrentado aún. Llegaba ahora mi turno. El mismo signo, el viajero, pero en la espalda y más grande. Cuando Whang Od vio los otros tatuajes que tengo al levantarme la camiseta, incluido el de la flor que tengo en la parte baja del abdomen, no dudó en vacilarme. El traductor, riendo a carcajadas, me tradujo lo que acababa de decir:

—Qué suerte tuvo el que hizo esa flor en esa parte del cuerpo.

Todos rompimos a reír, como era de esperar. También preguntó muy curiosa de dónde éramos todos nosotros.

—Me encanta que me visite gente de todo el mundo y se lleven uno de mis tatuajes, eso es lo que me da la vida —nos explicó.

Dejando a un lado sus chistes y bromas, agarró su vara de madera con una destreza y firmeza única y empezó a golpearme fuertemente mientras iba clavando la púa en mi espalda.

Mentiríamos si dijéramos que no nos dolió, si dijéramos que no nos asustaba un poco el tema de la higiene y la limpieza, pero a veces, especialmente cuando estás de viaje, hay decisiones que tienes que tomar y solo tienes una oportunidad que jamás se volverá a repetir, y esta era una de esas veces.

Esos días en Buscalan habían hecho que nos olvidáramos por completo de Manila, de nuestros problemas con el dinero y el trabajo, pero eso no hacía que desaparecieran. Nos deshicimos, al menos de momento, de nuestros planes de visitar las otras aldeas de las montañas y nos pusimos en marcha. Era hora de volver, al menos, a Baguio, donde podíamos tener conexión y mirar los mensajes y *emails* que nos hubieran enviado estos días atrás y que esperábamos con muchas ganas. Era hora de regresar a la realidad.

Meternos por Cordillera después de nuestro paso por la costa no presentaba, *a priori*, nada realmente interesante para nosotros, pero a cada paso que nos adentrábamos más y más en estas profundas y viejas montañas, descubríamos una Filipinas diferente, muy lejos del sol y la playa con los que todo el mundo la asocia. Meternos por Cordillera fue ir un paso más lejos en cuanto a aventura se refiere, visitando y comprendiendo el pasado de este complejo archipiélago del Pacífico.

Un largo y agotador viaje después de muchas horas en *jeepney* y guagua, estábamos en Baguio por tercera vez consecutiva. Fuimos directos a por nuestro arroz caldo de confianza y empezamos a revisar nuestros móviles y *emails*. Se me tuvo que notar en la cara, porque Beni enseguida paró lo que estaba haciendo y me preguntó qué sucedía. Tenía una llamada de las oficinas de Maersk ayer al mediodía. Menos mal, aún estaba a tiempo de cualquier cosa y, si me lo proponían, podía estar al día siguiente en Manila.

Buscamos un lugar más tranquilo, alejado del ruido del puesto de comida de la señora de los arroces, y les devolví la llamada.

—Buenas tardes. Tengo una llamada de teléfono perdida de ustedes. Soy Alexis Jonay, ayer no me funcionaba el móvil y no pude contestarles. Había aplicado para trabajar en su empresa —les dije en un tono un poco agitado, mientras Beni me hacía signos de que me relajara.

—Sí, no le pudimos localizar ayer. Era para hacerle unas preguntas acerca de usted, ¿puede hablar ahora? —respondió ella.

Al final, tras unas cuantas preguntas en inglés y español sobre qué había estudiado, mi disponibilidad y mi anterior trabajo, prácticamente las mismas que cuando estuvimos por sus oficinas, me dieron cita para otra entrevista personal en sus oficinas, pero esta sería dentro de más de una semana.

Estábamos muy contentos por tener otra entrevista, seguro que era la definitiva, lo íbamos a conseguir. El problema era qué hacer, si irnos a Manila a esperar o aprovechar donde nos encontrábamos para seguir explorando un poco más.

—¡Bendito problema! —djimos casi al mismo tiempo.

Con la misma, nos pusimos a mirar partes de olas para ver qué hacíamos; tras nuestro paso por las montañas, ya teníamos ganas de volver al agua. Marcaba algo de fuerza por la costa pacífica en los próximos días, más concretamente en Baler, uno de los puntos clave de olas de Luzón y Filipinas en general, por lo que podíamos acercarnos a explorar.

Este era uno de los grandes objetivos de mi paso por estas islas, buscar olas escondidas por la escarpada costa pacífica de Filipinas. Desde hacía mucho tiempo, yo ya había mirado posibles lugares por aquí, y la provincia de

Aurora y, en especial, Baler eran un buen punto de partida para empezar la expedición. A los dos nos pareció buena idea que esta fuera nuestra última parada por Luzón antes de volver a Manila.

La primera vez en la costa pacífica

Mes de mayo, mi hermano Abraham y yo, nuevamente impacientes, empezábamos a planear un viaje a un destino distinto. Buscábamos algo nuevo o, por lo menos, que no fuera muy conocido. Era el año 2010, poco o nada se sabía aún sobre una ola de perfección mecánica que rompía en una diminuta isla al sur de Filipinas. Nos informamos un poco más y encontramos el lugar perfecto... Nos sonaba lejano, exótico y, sobre todo, único.

El día de nuestro ansiado viaje finalmente llegó. Nuestro amigo Miguel se nos unió en esta aventura. Los tres buscábamos lo mismo, entubarnos en alguna gran ola del Pacífico sur. Ya en Manila, de madrugada, como casi todos los vuelos internacionales que llegaban a la ciudad, salimos a la calle a buscar dónde pasar la noche. Nuestro vuelo hacia el sur, más concretamente a la isla de Cebu, salía en la tarde del día siguiente. Un taxista que nos recogió en el mismo aeropuerto nos recomendó pasar la noche en un hostal cercano, para así estar a pocos minutos del aeropuerto. Dicho y hecho. Nos soltó en un cuchitril donde compartimos cama con casi otras veinte personas, con el baño al aire libre, literalmente, dentro de la misma habitación y con numerosos ventiladores en el techo. La combinación de cosas perfecta para no pegar ojo en toda la noche.

Al día siguiente salimos de allí como habíamos llegado, reventados por no dormir absolutamente nada. Cogimos nuestro avión rumbo a Cebu, para luego transbordar hacia Surigao, en Mindanao, y desde ahí coger luego un barco de unas cuantas horas hasta llegar a nuestro destino final, la isla de Siargao, hogar de una de las mejores derechas del mundo, la majestuosa Cloud Nine.

Al bajarnos del barco en el muelle de General Luna, la ciudad más grande de la isla, ya notábamos algo distinto. Atrás quedó ya el ruidoso caos, el cemento y la contaminación de la gran ciudad de Manila. El cielo era azul claro, el verde de la selva se colaba entre las pequeñas casas de la ciudad y el mar se dejaba entrever por todos lados. Sus carreteras apenas asfaltadas eran transitadas solo por triciclos y peatones, se notaba el ambiente relajado que tenía que haber en una isla de ese tamaño.

Nos alejamos de allí para poner rumbo a Cloud Nine, los tres estábamos nerviosos por conocerla en persona. En las fotos que habíamos visto del lugar, destacaba sobre todo una enorme y larga pasarela de madera que iba desde la misma orilla de la playa hasta casi el mismo *line-out*, donde esperaban los surferos su ola. Nos quedamos en, por aquel entonces, uno de los pocos hostales que estaban situados justo enfrente de la ola, pero Cloud Nine no quería vernos o, por lo menos, no de momento. Una diminuta ola rompía sobre los corales totalmente tocada de viento y sin apenas forma, no era lo que esperábamos para nada. Los partes no mostraban nada mucho mejor para los próximos días, pero en principio no nos preocupaba demasiado, aún teníamos casi un mes por delante para poder verla en acción.

En nuestro hostal conocimos a Lugo, un joven local que trabajaba allí y que nos cambiaría el viaje por completo. Lugo era de esas personas que hasta sin proponérselo te hacen reír y con la que llegas a tener una afinidad tal que hace que puedas confiar en él casi desde el primer día. Era delgado, de pelo liso largo y frente prominente. Con el chiste siempre preparado, adoraba imitar a las personas. Nos conocimos porque un día lo pillamos imitando a su jefe, que era la misma persona que nos había alquilado la habitación, y sin poder parar de reírnos cuando lo vimos, casi sin decirle nada, empezó a juntar imitaciones de otras personas que también trabajaban allí en el hostal, todas clavadas a la perfección.

El mismo Lugo nos ayudaría a conseguir un par de motos para recorrer la isla, un barco para irnos de excursión, orientarnos en lugares baratos donde comer, etc. Incluso, en más de una excursión, se vino a surfear con nosotros, aunque no se le daba especialmente bien, todo sea dicho. Siempre vacilándonos e incluso imitándonos, Lugo era nuestra persona de confianza allí en la isla y nunca nos pidió nada de nada. Fue también él quien nos presentaría a Albert, un chico local que vivía en el norte de Siargao y que tenía un viejo barco de madera y los conocimientos suficientes para navegar por todas las diminutas islitas y atolones que rodeaban a Siargao.

Las olas seguían sin llegar. La fuerza subió, pero el viento también lo hizo en la misma proporción. Nosotros no podíamos esperar más, por lo que saltamos a probar Cloud Nine aunque no fuera ni de lejos lo que realmente es esa ola. Junto con algunos chicos locales, algunos alumnos de una escuela de surf de allí, cogimos nuestras primeras olas en el océano Pacífico. Fue una sensación de gratitud y agradecimiento enorme. Todo lo que habíamos esperado para poder surfear en este mar, un mar rodeado de leyendas, tifones y olas gigantes. La ola apenas te dejaba hacer nada por su tamaño y fuerza ese día, pero se podía intuir lo que era capaz de hacer un día bueno con las condiciones necesarias. La baja de coral se podía ver desde la superficie mientras esperabas la ola. Alguna de las olas de más tamaño aguantaba lo suficiente como para intentar buscar la bacheada pared, pero nada decente. Finalmente, tras un tiempo corto, salimos del agua contentos por haber podido bañarnos en el Pacífico, pero con ganas de mucho más.

Albert nos presentó a su tío, dueño de un barco aún mayor que el suyo, con el que podíamos ir hasta la Sohoton Cove, la gran reserva marina de cuevas y corales, en Bocas Grandes. Llegar hasta allí fueron casi cuatro horas en el barco del Capitán, como le gustaba al tío de Albert que le llamaran. Una vez dentro del complejo y antes de adentrarnos en el mismo, tuvimos que cambiar de barco a uno más pequeño y público, organizado por la administración que explotaba las cuevas. Avanzamos lentamente por lo que parecía un canal de agua salada que iba franqueando algunos peñascos y atolones llenos de selva y maleza, hasta llegar a una pared de rocas calizas, sin otra opción aparente que darnos la vuelta por donde vinimos. Tras indicarnos que nos pusiéramos los cascos, el barco enfiló una diminuta cueva, de apenas metro y medio de alto. Tras atravesarla, agachados totalmente dentro de nuestro barco para no tocar con las cabezas el rocoso interior de la cueva, se descubrió ante nosotros otro mundo.

El agua era literalmente un espejo inmóvil desde el cual se podía apreciar hasta el más mínimo detalle del fondo marino. Solamente la estela que dejaba nuestro barco rompía la tranquilidad de ese mar atrapado tras la cueva. Los corales, enormes y de todas las formas y colores, crecían por todos lados y las caprichosas formas de las rocas que emergían del fondo daban al lugar un aspecto fantasmagórico y extraño a la vez. Los tres estábamos sin palabras para describir tan hermoso y mágico lugar. A fecha de hoy —no sé cómo estará hoy en día— sigo pensando que ese lugar fue de los lugares más increíblemente únicos y bonitos que he visto estando de viaje.

La vuelta la hicimos en dos partes, primero parando para comer en casa de unos familiares del Capitán y en donde acabamos completamente borrachos cantando al karaoke, y segundo durmiendo o vomitando montados en el barco en lo que nos quedaba de travesía hasta llegar a Cloud Nine de nuevo.

La suerte nos cambió al cabo de unos pocos días y, pese a que la fuerza empezó a bajar, el viento prácticamente empezaba a desaparecer durante las primeras horas del día. Albert nos llevó entonces a surfear las olas de Stimpy y Rock Island, dos olas, derecha e izquierda, que salían en alta mar gracias a unos corales de aguas poco profundas que interceptaban toda la fuerza del mar justo de frente. Aquí la cosa empezó a coger forma. En Stimpy, las izquierdas que rompían sobre este fondo muy poco profundo empezaban a sacar largos y rápidos tubos que acababan casi al lado de la barca de Albert, la cual había dejado anclada en el lugar perfecto.

Prácticamente solos en esa ola, ya que la mayoría de surferos se quedaba en Cloud Nine, pasamos los tres primeros días de olas buenas en Stimpy con Albert. De vez en cuando llegaba otro barco con más surfistas que se tiraban a probar esta larga izquierda, pero había suficientes olas para todos.

El día finalmente llegó. La fuerza iba a subir a casi tres metros, el viento iba a ser prácticamente nulo y la marea cuadraba con los tiempos de poco viento, es decir, a primera hora de la mañana iba a estar lo que decimos «épico». Estábamos preparados, llevábamos días esperando esto, Cloud Nine estaba llegando. Habían aterrizado algunos componentes del equipo Quiksilver en la zona los días anteriores; es justo decir que Quiksilver fue quien daría a conocer mundialmente esta ola con increíbles vídeos y enormes tubos rompiendo de derecha. Vimos a la famosa Alana Blanchard, siempre seguida de uno o varios fotógrafos, y también apareció Rob Machado con un grupo de amigos, todos ellos profesionales del surf, entre otros. Esto solo significaba una cosa, lo que venía era serio.

Las olas fueron entrando esa misma tarde ya en Cloud Nine. Nosotros tres, ansiosos por poder surfearla, saltamos al agua desde que vimos las primeras series. Éramos muchísimos en el agua. Las olas, aunque aún no muy grandes, ya empezaban a sacar algunos tubos muy buenos. Los del equipo Quiksilver estaban todos en el pico remando todo lo que venía. Remando para llegar hasta el pico, vimos como un buguero australiano se metía dentro de un buen tubo a peralta y desde muy profundo, de las mejores olas que habían caído hasta entonces por Cloud Nine. Nos conseguimos colocar en el lugar correcto para empezar a remar la ola, pero la tensión entre locales, surferos y todos los demás que estábamos allí era más que palpable. Todos teníamos ganas de Cloud Nine, llevaba mucho tiempo sin salir y muchos habíamos recorrido miles de kilómetros para llegar hasta aquí.

Pudimos coger alguna que otra ola decente bien metidos en el pico, sacando algunos buenos tubos, aunque no muy grandes para lo que realmente estaba entrando. La mayoría de las veces, la ola no era más que una cuña que, tras romper, desaparecía bajo el agua de nuevo sin posibilidad de seguir surfeándola. Lo peor eran las muchas personas que estaban en la parte final de la ola. Escuelas, nadadores, fotógrafos… Eran todos objetos para esquivar cuando llegabas al final de la ola. Solo esperábamos que, con más fuerza, la situación fuera distinta.

Esa noche, mientras nos tomábamos unas cervezas tranquilos con Lugo y Albert, cerca de donde nos estábamos quedando, podíamos escuchar el cada vez más fuerte sonido del mar rugiendo en la orilla. Era la hora.

Habíamos puesto la alarma a las cuatro y media de la mañana. Aún era bastante oscuro cuando nos levantamos, no podíamos ver ni las olas romper aún, pero el ruido era totalmente diferente a los días anteriores, mucho más fuerte y seco.

—Estamos preparados para esto, llevamos esperando días este momento —nos repetíamos mientras caminábamos por la estrecha pasarela de madera que conducía a la ola.

Con las aletas y la licra en la mano, caminábamos en silencio uno detrás del otro. El agua cerca de la escalera de madera estaba totalmente blanca y agitada. Los primeros rayos de luz empezaban a salir y Cloud Nine comenzaba a dibujarse entre la bruma húmeda de la mañana que inundaba toda la isla cada día temprano.

Remando para colocarnos en el pico, esta vez, solo contábamos siete personas dentro. Uno de ellos remó la primera de la serie justo delante de nuestra cara. Tras una bajada casi en el aire, recortó y se colocó dentro de un tubo enorme, casi le sacaba otro cuerpo más de altura, que rompía sincronizadamente sobre su cabeza. El aire de su interior nos resopló en la cara despertándonos de golpe, aún más si cabía. El tamaño de algunas de las olas que venían dentro de la serie hacía que tuviéramos que remar como locos hacia la izquierda del pico para que no nos cayeran encima y nos finiquitaran el baño.

El sonido hueco que salía de la ola cuando, poco a poco, empezaba a formarse mientras se iba acercando a la baja de coral era como si de una gran y profunda respiración se tratara. Segundos después, un sonoro y seco estallido en el momento que el labio caía desde el punto más alto de la ola y golpeaba el afilado y poco profundo fondo del mar debido a la marea de la mañana, con una potencia y una fuerza descomunales, hacía temblar a todos los que estábamos allí dentro, mientras la ola seguía avanzando imparable y expulsando aire de su interior en su camino hasta el final del arrecife. Esto era algo que se quedaría grabado a fuego y para siempre en mi cabeza.

La serie llegó, en ese momento éramos solo cuatro personas en el pico, pues los demás estaban remontando de nuevo hacia nosotros. Remé con decisión para colocarme e indicar que iba, era mi turno. No sé si fueron los nervios, la falta de experiencia en este tipo de olas tan grandes o quizás el miedo lo que hizo que me precipitara al darme la vuelta para remar la ola y dejara de hacerlo antes de estar dentro del todo, pero como consecuencia de esto, la ola se formó y me tiró desde el labio hasta abajo sin tener yo ninguna posibilidad de colocarme o controlar la ola. Yo solo podía llevarme las manos a la cabeza para cubrirme y ver cómo me acercaba en caída libre hacia los coloridos corales que había en el fondo.

Fueron segundos, pero para mí duró una eternidad. No sé cuántas vueltas di tras tocar el agua del fondo, solo podía ver espuma y agua a mi alrededor. Con mucha fortuna, no llegué a tocar con la cabeza ningún coral, solo un poco las piernas y las nalgas. Cuando todo se paró pude tirar de mi amarradera para notar dónde flotaba el *buggy* y saber que por ahí debía estar la superficie.

Una vez ya fuera del agua, me di cuenta de que había perdido una de mis aletas, la cual rápidamente localicé flotando en la superficie a unos cuantos metros más hacia delante de donde yo estaba. Medio aturdido aún, remé hasta ella, pues sabía que si la perdía, mis días de coger olas en Siargao habrían acabado ahí.

Los otros surferos que venían remontando se acercaron a mí interesados en saber si estaba bien. «Tienes que ponerte más hacia dentro, remaste demasiado forzado», fueron algunas de las cosas que me dijeron. Lo cierto era que, en ese momento, me di cuenta de que, en realidad, ninguno de nosotros era tan bueno como nos imaginábamos y que era importante saber dónde están tus límites y respetarlos para poco a poco poder superarlos.

Salí por la escalerita de madera, la misma por la que habíamos saltado al agua, y desde allí vi como las olas seguían bombeando cada vez más perfectas. Tras un rato sentado recuperando el aliento, me percaté de que la marea había subido lo suficiente y parecía que las olas no eran tan rápidas como a primera hora, por lo menos así se veía desde mi posición. Mi hermano, que optó por no madrugar, apareció con la cámara en la mano dispuesto a saltar y grabarnos un par de olas desde dentro.

—¿No te tiras de nuevo, hermano? Tiene muy buena pinta —me preguntó.

Quizás esa era la excusa que necesitaba para volver a saltar, ver a mi hermano allí dispuesto a entrar conmigo para grabar un par de olas desde dentro. No le dije nada de lo que me había pasado en ese momento, me volví a poner la licra, aún goteando, y saltamos juntos al agua.

Efectivamente, las olas estaban abriendo mucho más y la bajada parecía mucho más fácil, no había que hacerla prácticamente en el aire como esta mañana cuando saltamos a primera hora. Migue seguía por allí, pero tampoco había cogido ninguna ola, simplemente estaba observando desde dentro todo el espectáculo. Mi hermano se colocó un poco más debajo del pico, flotando con la cámara en la mano, inmortalizando el momento.

Tras observar y leer algunas olas que entraron en la serie, estaba preparado para intentarlo de nuevo. Esta vez remé con todas mis ganas para meterme lo más profundo que pudiera o me diera tiempo antes de que fuera tarde. Al girarme para empezar a bajarla, ya notaba que tenía la ola justo debajo de mí, estaba en el lugar correcto, era el momento. Di todas las aletadas que pude, remé con ambos brazos y agarré la tabla con todas mis fuerzas. La bajada fue bastante suave, aún no había caído el labio cuando yo ya estaba colocado controlando la ola desde dentro. Volvía a ver los coloridos corales de la baja de Cloud Nine, pero esta vez pasando rápidamente por debajo de mi tabla mientras avanzaba en la ola. Al segundo percibí un fuerte y potente ruido justo detrás de mí y al instante una sombra cubrió todo mi cuerpo. Un fuerte soplido de aire frío me empujó fuertemente desde la espalda, haciéndome temblar hasta las orejas y propulsando mi tabla con mucha más velocidad. Fue entonces cuando empecé a ver la luz a través de la cortina de agua que formaba el labio de la ola rompiendo justo a mi lado.

Estaba seguro de que había sido la mejor ola que había cogido hasta ese mismo momento en toda mi vida. Había probado mis límites y había podido hacerlos avanzar un poco más. Tras esa ola vinieron muchas más, algunas más pequeñas en las que trataba de hacer alguna maniobra al salir fuera del tubo. La marea iba subiendo muy rápidamente y la ola perdía tamaño, pero se colocaba aún mejor, haciéndose más larga y fácil para nosotros. Mi hermano había inmortalizado el momento y empezamos a rotar por turnos para seguir sacando fotos. Al cambiarnos no podíamos sino gritar de la emoción y decirle al que tenía la cámara:

—¿Me sacaste esa última? ¡Qué tubazo!

Nos pasamos todo el día en Cloud Nine metidos, hicimos más de cuatro sesiones en total, solo paramos para comer algo y beber agua. A la noche estábamos literalmente destrozados.

A última hora también se notaba que habían empezado a llegar surfers de todas partes de Filipinas, alertados por las buenas condiciones de Cloud Nine. La fuerza iba a seguir más o menos igual para los próximos tres días. Nosotros, que ya habíamos conseguido lo que habíamos venido a buscar y viendo el aumento de gente en el pico, cogimos las motos y fuimos a explorar otras olas. Caridad, Burgos, Secret…, todas estaban funcionando a la perfección. Esos días no parábamos de entubarnos en todas y cada una de las olas que surfeamos.

Poco a poco, las olas fueron marchándose y nuestro tiempo en la isla iba tocando a su fin. Convencimos a Lugo, Albert, el Capitán y a alguno de los chicos locales que habíamos conocido por la isla para que aceptaran que los invitáramos a beber y cenar en la *karinderia* donde íbamos casi todos los días. Una humilde casa de madera, con una terraza y unas mesas de plástico que había sido como una casa para nosotros durante este mes en la isla. El lugar estaba regentado por una misma familia, cuyos miembros más jóvenes apuntaban para promesas del surf y donde nos habían tratado como familia, cuidándonos y preparándonos increíbles comidas. La noche fue muy larga, nos llevaron al pueblo a seguir bebiendo y comiendo. Embriagados por tanto ron y cerveza Red-Horse, muchos de nosotros acabamos vomitando, incluido el Capitán, poco acostumbrado a beber, según nos decía Albert. Luego lo único que sabíamos decir era:

—¡Mañana Rock Island y Stimpy están cerrados, el Capitán estará de resaca! ¡Cerrado!

Este sería el último viaje que haríamos los tres juntos, por lo menos hasta la fecha, lo que por aquel entonces ninguno de nosotros sabíamos. Cosas que tiene la vida. Filipinas, que al principio nos parecía lejano y arriesgado, ahora nos había mostrado su cara más amable, su enorme y permanente sonrisa, abrazándonos con su calor y acariciándonos con sus aguas templadas. Enseñándonos, entre otras cosas, que los límites de cada uno hay que respetarlos y que todo llega si te preparas para ello.

En nuestra vuelta a Manila, a la espera de la salida de nuestro avión, pasamos por Malate unos días, que por aquel 2010 no tenía nada de buena pinta tampoco, solo pensábamos en irnos de allí y conservar la imagen que había dejado Siargao en nuestra memoria. Quién me iba a decir a mí que, casi siete años después, iba a volver allí con Beni, sin dinero y buscando trabajo a la desesperada con tal de quedarme. Cosas que tiene la vida también.

Vuelta al mar

Regresamos a nuestro gran viaje. Habíamos dejado atrás las altas y desconocidas montañas de la provincia de Cordillera y ya teníamos muchas ganas de ver el mar, de bañarnos en él y, sobre todo, de coger alguna ola, daba igual cómo fuera. Decidimos irnos a Baler primero y luego, desde ahí, explorar hacia el norte. Teníamos dos semanas por delante y pese a que apenas nos quedaba dinero para viajar, íbamos a intentar llegar lo más lejos posible.

Lo que habíamos leído sobre esta provincia de Filipinas era que tenía muy buenas olas, incluyendo la famosa Charlys Point, donde se había rodado parte de la película *Apocalipsis Now*. También en Baler había una pequeña iglesia donde resistieron durante casi un año los últimos españoles que quedaban en Filipinas durante la guerra de independencia del país, sobreviviendo al encierro en la iglesia solo unos pocos supervivientes tras ese largo y duro año de asedio, con todo lo que eso significa.

Cuando llegamos a Baler, *a priori*, no era lo que esperábamos. Ruidosa, llena de coches, tiendas, alojamientos carísimos totalmente fuera de nuestro alcance, donde grandes grupos de viajeros locales de la ciudad de Manila acudían en masa a pasar las vacaciones o el fin de semana. La playa principal no era tampoco lo que estábamos buscando, atestada tanto dentro como fuera del agua y con todos los hoteles y casas justo detrás, a pie de arena. Yo sabía que por esa zona podía encontrar muy buenas olas, había leído sobre una preciosa ola llamada por los locales Cobra Reef, que parecía perfecta para nosotros, pero desde luego no debía ser por allí cerca, eso seguro.

Decidimos alejarnos todo lo que pudiéramos de allí. Un triciclo nos llevó hasta un hostal que se encontraba bastante alejado de la primera línea de playa, pensando que así nos saldría más barato el alojamiento. Ilusos de nosotros. Al llegar, varios cubos a modo de casas individuales rodeaban una enorme y reluciente piscina con varios gatos y perros dando vueltas por toda la propiedad. Al menos este lugar se notaba mucho más tranquilo que todo lo demás que habíamos visto anteriormente en Baler centro.

Sabíamos que nos iban a cobrar carísimo, así que nos adelantamos a lo que nos iban a decir:

—No podemos pagar más de quinientos pesos la noche, pero piénselo, vamos a estar muchos días en su hostal. Luego podemos recomendarles el lugar a muchos más amigos extranjeros para que vengan. Además, está vacío ahora mismo, ¿verdad? —dijo Beni, que fue quien abrió la negociación con la señora, que solo la miraba un poco incrédula.

—¿Cuántos días serán? —respondió ella.

Por lo menos no nos había echado a patadas de allí, que era lo que pensábamos. La señora alquilaba los cubos normalmente a mil quinientos pesos, una locura.

—Prometemos no poner nunca el aire acondicionado y ayudarle en lo que pueda necesitar —dije.

La señora no pudo más que reír a carcajadas. Finalmente, aceptó encantada, yo creo que más por la curiosidad de vernos allí con ellos que por el propio dinero.

Al día siguiente, muy temprano en la mañana cuando estábamos preparando el desayuno, me fijé en una de las paredes de la valla que bordeaba toda la propiedad y vi que tenían una lona que anunciaba su hostal en grande y una increíble ola rompiendo justo detrás. Enseguida les pregunté por esa ola. El marido de la mujer, que estaba ayudando allí en la cocina también esa mañana, me confirmó mis sospechas.

—Cobra Reef —dijo.

No tenía muy claro cómo llegar hasta donde estaba la ola, pero me indicó que tenía que ir al puerto de pescadores y, una vez allí, preguntara a cualquiera que viera.

—Justo después de pasar la playa de Cemento, está el puerto —dijo.

Todo cuadraba ahora. Para muchos, sobre todo extranjeros, Cobra Reef también era conocida como Cemento Reef, o sea, que la ola, definitivamente, sí que estaría por allí.

Como parte del trato con la señora la noche anterior, íbamos a alquilar una moto suya también para los próximos días. Por el mismo precio y como le habíamos caído bien, supongo, nos ofrecieron alquilar un triciclo, así Beni podía ir más cómoda y tapada del sol, por lo de su alergia. La prueba salió fatal. Confiado en que sería capaz de conducirlo, lo probé en la avenida principal. Metí primera, metí segunda…, pero poco a poco el triciclo se iba arrimando más y más hacia la pared de la derecha, lugar donde tenía colocado el carro.

Seguramente, por el peso de este y mi poca pericia para manejar un triciclo. Finalmente, choqué contra el bordillo, subiéndome un par de metros por la maltrecha acera y casi reventándome contra la pared. Menos mal que a la moto no le pasó nada, pues pude frenar a tiempo de un daño mucho peor. Ellos enseguida supieron que eso no era para mí.

Ya con la moto normal volví a recoger a Beni, queríamos irnos a explorar en busca de Cobra Reef. Llegamos a la misma estación donde nos había dejado la guagua el día anterior y dentro preguntamos por la playa de Cemento. Pasamos un mercado y cogimos una tranquila carretera que se iba alejando del centro de Baler dirección sur, casi pegada al agua del mar. Tras cruzar un puente en construcción, bueno, más bien cruzar el río que estaba debajo del mismo, ya que era la única manera de llegar al otro lado, llegamos al monumento de las víctimas del gran tsunami que azotó estas cosas hacía ya muchos años. Un poco más adelante estaba el puerto de pescadores que había dicho el hombre. Debíamos estar muy cerca, pero por allí solo se veía una enorme extensión de manglares y agua tranquila. Preguntamos a unos chicos que vimos allí y nos dijeron que debíamos seguir y luego ir hacia la izquierda.

Seguimos avanzando y no lográbamos ver ninguna entrada, por lo que optamos por dar la vuelta y volver, pues ya nos habíamos alejado bastante del puerto de pescadores y de la playa de Cemento. Durante el camino de vuelta, nos percatamos de una pequeñísima entrada de tierra flanqueada por palmeras que se metía tierra adentro apuntando a la costa. La seguimos y llegamos hasta una vieja y humilde casa de madera con un amplio terreno delante que casi tocaba el mismo mar. Los restos de lo que parecía un puente caído iban desde una casa en ruinas, construida sobre el mismo mar, hasta unas rocas situadas mar adentro, a lo lejos.

Con el ruido de la moto, un anciano salió de la casa de madera y, tras preguntarle si sabía dónde estaba la ola de Cobra Reef, nos señaló las rocas sin titubear ni un momento.

Habíamos llegado. Bueno, por lo menos la habíamos encontrado. Ahora teníamos que caminar por el mar y las rocas hasta llegar a donde señalaba el anciano. La casa en ruinas se veía que fue en otra época un pequeño hotel, desde donde se accedía a la ola directamente. Ahora ya solo quedaban los restos de ambos. Le dimos unos cuantos pesos al hombre por dejar la moto en su propiedad y caminamos como pudimos hasta llegar a Cobra Reef.

La ola apenas estaba saliendo ese día. La poca fuerza que marcaban los partes de internet apenas llegaba hasta aquí, pero eso no impidió que yo me tirara al agua con mi *buggy* y las aletas. El entorno era mágico, las rocas tenían un caminito de cemento justo en la mitad que las atravesaba de una punta a otra; seguro que también fue hecho a la misma vez que el puente. Allí pusimos nuestra toalla y nos relajamos disfrutando del silencio y del paisaje compuesto por selva y colinas en lo alto, una jungla de manglares de todos los tamaños y formas que iba desde la orilla, que teníamos justo a nuestra espalda, hasta las rocas donde estábamos tumbados, y el coral junto al océano Pacífico por delante de nosotros. En realidad, era increíble todo aquello. Nos quedamos allí todo el día, casi se nos hizo de noche cuando volvimos a donde habíamos dejado la moto aparcada.

El sitio nos gustó tanto que repetimos los dos días siguientes, aunque no hubiera casi olas, pero esta vez, ya más informados por el anciano de la casa, encontramos un camino que consistía en dejar la moto en la carretera y adentrarse desde la orilla por el laberinto de manglares hasta llegar a las rocas donde estaba la ola. Era toda una aventura caminar por entre esos manglares, que bailaban armónica y delicadamente mecidos por el mar con sus enormes raíces clavadas en el fondo marino y con sus verdes y brillantes hojas acariciando el agua con cada ida y venida de la ola. El sonido del mar colándose entre los troncos y las ramas era embelesador, la energía del lugar y el armónico sonido ambiente hacían de esa casi media hora de camino hasta llegar a las rocas un trayecto único.

La realidad era que te podías perder o desorientar muy fácilmente en un manglar. Una vez dentro, no se veía ni la orilla de la costa ni las rocas donde estaba Cobra Reef; los manglares eran tan altos que lo tapaban todo. Ninguna de las tres veces que fuimos habíamos conseguido aparecer por el mismo lugar por el que habíamos entrado o llegado a las rocas el día anterior. A veces, de entre los manglares aparecía algún pescador que nos decía que siguiéramos el sendero marcado, que así no nos perderíamos, pero para nosotros era imposible ver y seguir ese supuesto sendero.

Uno de los días, Cobra Reef estaba saliendo con un poco más de forma y tamaño que los días anteriores. Viendo la ola romper contra el coral, se podía entender por qué le habían puesto ese nombre. Era un solo pico, muy corto, que rompía rápidamente levantándose primero, como si de la cabeza de la mismísima cobra se tratara y prácticamente imitando la curiosa curvatura de esta, desde el fondo hasta el labio de la ola. Luego, tras romper, iba entubándose y disminuyendo de tamaño progresivamente hasta llegar al final del coral. Como si se tratase de un triángulo perfecto que rompía y desaparecía muy rápidamente.

La ola apenas llegaba a poco más de un metro de tamaño y era muy difícil, por no decir imposible, entrar y sacar el tubo entero, especialmente para los locales, que también estaban ese día allí con nosotros, todos con tablas de surf.

—De diciembre a enero aquí se ven verdaderas olas, solo unos pocos locales se meten esos días… —nos dijo uno de los chicos, con el que hablamos durante un buen rato.

Estaba claro que si finalmente nos podíamos quedar en Filipinas, debíamos estar muy atentos a esta ola.

La familia que llevaba nuestro hostal era realmente encantadora, siempre estaban vacilando o hablando con nosotros. Una tarde, después de volver de Cobra Reef, nos juntamos a uno de sus numerosos karaokes diarios, pues no era nada raro verlos matar las horas muertas del día cantando y bebiendo junto al karaoke familiar. Tras hacer mis primeros pinitos con el karaoke y con unas cuantas cervezas encima, les propusimos preparar la cena nosotros, la típica tortilla de papas española. Fuimos al mercado local de Baler a comprar los ingredientes y un par de cervezas más y, al volver al hostal, nos pusimos manos a la obra mientras ellos seguían cantando y riendo en el karaoke. Cuando todo estaba listo, los avisamos para comer. A algunos de ellos parecía que no les gustaba mucho, otros la mezclaron con arroz, como hacen con casi todo por Filipinas, y otros decían que era lo mejor que habían probado nunca; seguro que estos últimos estaban ya muy afectados por las cervezas. Pasamos la noche bebiendo, cantando y comiendo, lo normal en cualquier fiesta típica en Filipinas.

Nos quedaba menos de una semana para volvernos a Manila a nuestra entrevista de trabajo y aún no habíamos explorado el norte como queríamos. Una de las tardes que fuimos a Sabang, la playa principal de Baler, para dar un paseo con la moto, conocimos a Alberto, un exmilitar español que estaba haciendo negocios en Baler. Alberto tenía alrededor de unos cincuenta y tantos años, bajito, entrado en carnes, con ojos claros, pelo largo, descuidado, canoso y con una enorme barba igual de blanca que su pelo. Alberto se nos acercó tras escucharnos hablar español entre nosotros y justo antes de arrancar la moto para irnos de nuevo a nuestro hostal a descansar.

—¡Coño, españoles! —dijo mientras se nos acercaba por la espalda—. ¿Andaluces? —preguntó.

Tras presentarnos y charlar un poco, Alberto nos invitó a beber unas cuantas cervezas en su bar. A Beni y a mí no nos pareció mala idea, siempre es bueno hablar con gente que conozca bien la zona. Él llevaba muchos años allí en Filipinas y tras muchas vueltas por el país había montado un bar con habitaciones para alquilar casi en primera línea de la playa.

—¿De qué me suena este hombre? —me preguntó Beni cuando Alberto se adelantó en su moto—. Estoy segura de que lo he visto antes —afirmó.

Su bar era realmente un tugurio oscuro y con muy mal aspecto.

—Estoy de reformas —nos dijo—. Mi idea es tirar casi todo y ponerlo en plan taberna gallega.

Seguramente era cierto, pues el lugar estaba lleno de maderas, sacos de cemento y otros materiales de construcción. Poco a poco y animado por el alcohol, nos fue contando un poco de su historia.

—Monté este bar junto con mi novia, hace muy poco —empezó a contar—. Yo llevaba muchos años por Filipinas cuando la conocí en un prostíbulo de Manila. Al poco le dije de venir conmigo a Baler y trabajar conmigo en el bar que había comprado, pero al poco tiempo de estar aquí me engañó… Me dijo que ya había dejado la prostitución, pero se estaba acostando con más hombres en un prostíbulo de aquí, de Baler… Todo por querer más y más dinero —asertó con los ojos medio aguados por las lágrimas.

Beni y yo no sabíamos dónde meternos. ¿En qué momento Alberto, que no nos conocía de nada, nos estaba contando todo esto? ¿Qué se supone que debíamos hacer? Hicimos lo que hubiera hecho cualquiera en nuestro lugar, tratar de cambiar de conversación.

—Bueno, las mujeres, seguro que encuentras a la buena a la próxima… Entonces, ha cambiado mucho Baler en estos años, imagino, ¿no? —pregunté tratando de desviar la conversación.

Alberto cambió el rostro y contestó:

—Sí, muchísimo, antes casi no había casas en la playa, solo en la ciudad, pero si te sales un poco de esta zona encuentras sitios increíbles. Oye, ¿qué os parece si vamos uno de estos próximos días a una playa secreta que conozco?

Son solo unas dos horas desde aquí —nos propuso—. Ahí solo íbamos mi novia y yo —puntualizó, cayendo de nuevo en la tristeza.

Nos lo pensamos un poco, pero ¿qué íbamos a perder? Queríamos explorar el norte y esta primera aventura con Alberto sería buena para conocer el camino. Quedamos en salir al día siguiente sobre las diez desde su bar, así también teníamos la excusa perfecta para irnos a casa a dormir ya, pues estábamos cansados y él parecía que iba a beber hasta caer rendido.

Al día siguiente fuimos puntuales a nuestra cita. A las diez en punto estábamos enfrente de la puerta cerrada del bar de Alberto. No había rastro de él por allí ni se oía ruido alguno en el interior.

—¿Quizás la noche fue muy larga para él? —dijo Beni, insinuando que estaría aún dormido.

Al poco tiempo, apareció montado en su moto y vestido solo con el bañador y su casco.

—¿Preparados? —preguntó.

Nos montamos en nuestras motos y nos fuimos carretera hacia el norte. Todo el mundo tenía que ver con Alberto, su bañador y su ruidosa moto.

—¿Ves? Ya sabía que lo había visto antes… —sonrió Beni.

El día que estábamos llegando a Baler, Beni había visto a Alberto pasar con su moto por delante de la estación. Imposible no mirarlo, supongo.

Alberto cumplió su palabra y tras un largo paseo viendo la costa y visitando algunas playas por el camino, se desvió por lo que parecía un barranco. Luego nos desmontamos de las motos y caminamos arrastrando las mismas un buen tramo hasta llegar a un camino de tierra donde volvimos a conducir por unos minutos sorteando largos cocoteros, antes de llegar a la orilla de la playa. Efectivamente, una preciosa playa totalmente desierta, de aguas calmadas y transparentes apareció tras dejar atrás los cocoteros.

Pasamos el día en la playa los tres juntos. Un poco raro todo, pues no teníamos muchos temas en común de que hablar entre nosotros. Alberto nos contó que había otras muchas playas más al norte y también nos habló un poco sobre la tribu de los negritos, en la tierra salvaje, pero no nos dio muchos más detalles, no estaba muy conversador ese día. A la hora de almorzar, después de darnos unos cuantos baños allí y caminar por los alrededores, emprendimos el camino de vuelta a Baler. Esa sería la última vez que veríamos a Alberto.

Conociendo ya la carretera que iba hacia el norte, decidimos ir a explorar por nuestra cuenta. Lo preparamos toda esa misma tarde para estar listos y ponernos en marcha al día siguiente muy temprano. Una sola mochila con lo necesario para pasar el día (dinero, móvil cargado, toallas y cámaras de foto), el forro del *buggy* con la tabla y las aletas. Habíamos planeado llegar hasta Casiguran, un pequeño pueblo al norte de Baler, pues había visto unas bajas de coral con muchas posibilidades de olas y serían unas, aproximadamente, seis o siete horas ida y vuelta, calculamos.

Salimos sobre las siete de la mañana montados en nuestra *scooter* alquilada. Beni llevaba el forro de la tabla a la espalda y yo conducía con la maleta pequeña en mi pecho, como habíamos hecho otras tantas veces en tantos otros países. Desayunamos en un puesto de comida situado en la carretera un poco antes de llegar a la playa secreta de Alberto y entramos, de paso, a la misma a ver si se veían olas en su parte más alejada. Esta vez el parte daba más fuerza y apenas había viento esa mañana. Tras comprobar que la ola que se estaba formando allí era muy poco convincente, proseguimos nuestro viaje.

A continuación, cruzamos un larguísimo puente de metal en el que paramos para hacer unas cuantas fotos y ya habíamos dejado atrás todo lo que conocíamos de Baler. La carretera por un momento empezó a alejarse de la costa y a subir algunas colinas. Después de pasar las primeras colinas, vimos una impresionante y larguísima playa de arena blanca que se extendía por varios kilómetros. Desde lo alto donde nos encontrábamos nosotros con nuestra moto, el contraste del verde de la selva, el blanco de la arena y el color turquesa del mar eran de película. Condujimos montaña abajo corriendo para bañarnos y nadar allí cuanto antes. Una vez en la playa, la cosa cambiaba un poco: debajo de aquella capa verde que veíamos desde la montaña, había numerosos hostales y restaurantes, la mayoría de ellos hechos con bambú o madera, y pese a que había tramos en los que no había nada construido, la playa no era lo que nos había parecido en un principio. Nos recordó bastante a la preciosa playa de Blue Lagoon en Pagudpud, pero quizás no tan bulliciosa y ajetreada. Decidimos darnos un baño y comer algo antes de seguir con nuestra ruta hacia Casiguran. El lugar que yo había visto con potencial para olas estaba más al norte, calculábamos que a unas dos o tres horas más desde donde estábamos ahora. Aún nos quedaba mucho día por delante y la vuelta la haríamos sin paradas, por lo que llegaríamos perfectamente, pensábamos.

Justo después de pasar la gran playa de arena blanca, el camino se desviaba completamente de la costa enfilando una montaña bastante alta en comparación con las otras que habíamos pasado previamente. Además de esto, la carretera se volvió de arena y piedras, cosa a la que estábamos más que acostumbrados, pero que seguro que iba a ralentizar nuestro ritmo.

En muchos de los tramos de esta carretera, Beni, que iba de paquete, tenía que desmontarse de la moto y caminar mientras yo trataba de esquivar un gran hoyo o un tramo destruido por la lluvia y arreglado temporalmente con troncos de madera. Aquella carretera parecía más bien una prueba de obstáculos que otra cosa. Cuando finalmente llegamos al otro lado de la montaña, la carretera seguía tierra adentro hasta llegar a otra montaña igual de alta que la anterior. Las ganas de explorar hicieron que siguiéramos avanzando.

—Seguro que ya no queda nada —nos repetíamos una y otra vez.

Finalmente, tras otras casi dos horas, empezamos a ver el mar a nuestro lado y, justo enfrente, nuestro objetivo, la península que habíamos mirado para ir a buscar olas.

Nos encontrábamos con nuestra moto en algún punto de la carretera del norte, probablemente muy próximos a Casiguran, pero sin darnos cuenta siquiera empezábamos a tener un gran problema. Lo que iban a ser unas ocho horas de viaje ida y vuelta habían sido casi siete horas solo de ida. Quizás sería porque íbamos motivados por las ganas de explorar o por lo ajetreado de tan largo viaje hasta aquí, pero fuera como fuese, la cosa es que en unas dos horas sería de noche y la vuelta a casa era una opción que, por la carretera tan peligrosa de vuelta y lo lejos que estábamos de Baler, no contemplamos de ninguna manera.

El problema era que, siendo tan poco previsores esta vez, habíamos dejado la riñonera de viaje con todo el dinero que nos quedaba bien escondida y disimulada dentro del forro de la almohada en nuestra habitación de Baler y solamente llevábamos con nosotros unos pocos pesos que nos habían sobrado después de comer, poner gasolina y comprar algunas bebidas por el camino hasta allí. Ante esa situación y volviéndonos a replantear darnos la vuelta y conducir toda la noche hasta llegar a Baler usando el dinero que nos quedaba para gasolina y poder comer algo por el camino, de repente empezó a llover con mucha fuerza y sin parar, dejándonos claro nuevamente que dar la vuelta no era una opción esa noche.

Avanzamos un poco más tratando de refugiarnos de la lluvia, que no cesaba, y llegamos finalmente a Casiguran. Este pueblo, *a priori*, distaba muchísimo de ser un lugar turístico, simplemente era un tramo de la carretera principal con casas construidas a ambos lados, un par de tiendas de víveres donde mayormente vendían arroz y latas de conservas, una iglesia enorme al final del pueblo y la típica dulcería filipina. No vimos nada más por allí. La noche se nos estaba echando encima, teníamos solo unos pocos pesos en la mochila y aún no sabíamos ni dónde íbamos a dormir. Para colmo, también estábamos hambrientos y sedientos y aún nos quedaba la vuelta a casa al día siguiente, con todo lo que ello significaba.

Preguntamos en una de las tiendas de víveres si conocían dónde podíamos dormir esa noche, pero nadie parecía conocer nada. Luego preguntamos en otra y lo mismo, quizás pensaran que buscábamos un gran hotel o alguna de esas lujosas residencias que generalmente usan los turistas, por lo que les insistimos que nos valía cualquier lugar e incluso les preguntamos que si nos podíamos quedar en la tienda sentados en el suelo o donde fuera hasta que amaneciera, pero les pareció tan loco viniendo de unos turistas que lo rechazaban enseguida. De nuevo en la calle, una chica se nos acercó y nos indicó cómo llegar a la casa de una tía suya que solía tener camas para alquilar cuando eran las fiestas del pueblo o en alguna otra gran ocasión.

Cogimos nuestra moto y fuimos directos al lugar que nos dijo la amable chica. Al llegar, la casa parecía que estaba totalmente abandonada, pues no se veía luz alguna y algunas ventanas estaban sin cristales ni marcos. Tocamos y tocamos hasta que, finalmente, una señora de avanzada edad nos abrió la puerta. No parecía muy sorprendida de vernos allí, era como si realmente nos esperara. Nos indicó los precios de la única habitación que nos podía dejar esa noche, justo la que estaba al lado, puerta con puerta con la suya y de su marido, y se quedó mirándonos. Beni le explicó nuestra situación y todo lo que nos había sucedido realmente hasta llegar a Casiguran ese mismo día, intentando bajar el precio, no por excesivo ni mucho menos, sino porque de lo que nos cobrara esa noche iba a depender nuestro presupuesto para cenar, gasolina, comida del día siguiente, agua…

La señora pareció entenderlo y, sonrientemente, aceptó dejarnos la habitación un poco más barata. De paso, también nos indicó dónde podíamos comer en la calle por muy poco dinero. Todo aclarado ya, planificamos los gastos que nos quedaban al detalle, o eso pensábamos.

—Vale, doscientos pesos para la gasolina y cien para cenar hoy. Ya comeremos bien cuando lleguemos mañana por la tarde a Baler. Podemos conseguirlo —dijimos.

Fuimos a la carretera general a cenar buscando el cartel que nos había indicado la señora que nos alquiló la habitación. Se trataba de una tienda donde vendían un poco de todo, con una pequeña barbacoa que habían sacado a la carretera y donde preparaban pinchitos de intestinos de pollo, salchichas o pechuga, entre otros, todo muy típico filipino. Allí, por cincuenta pesos por cabeza, nos prepararon un huevo frito para cada uno y una taza de arroz con kétchup. Quizás poco para el hambre que teníamos, pero suficiente para poder callar un poco los rugidos de nuestras tripas hambrientas. Cuando habíamos dado buena cuenta del arroz y el huevo, las chicas de la tienda, muy sonrientes e inquietas por nuestra visita, nos regalaron también dos bollos de pan de leche que acababan de traer de la pastelería que estaba junto a la iglesia. Ya era hora de irnos a descansar, pues la señora cerraba la puerta temprano y no queríamos tener problemas para entrar a la casa luego.

Algo pasaría esa noche mientras dormíamos que lo cambió todo. Nos levantamos muy temprano en la mañana al día siguiente. El presupuesto que habíamos elaborado incluía llegar a las playas que queríamos ver y explorar desde un principio para comprobar si, realmente, había olas allí. Ya estábamos demasiado cerca como para no ir, y dejarlo para otro momento después de todo lo que habíamos recorrido y sufrido no era alternativa para nosotros.

—Tenemos doscientos pesos para gastar en gasolina, suficiente para llegar hasta las olas y volvernos a Baler —le dije a Beni.

Todo habría merecido la pena si lográbamos ver la playa. Repostamos en un puesto callejero a las afueras de la carretera de Casiguran, dos botellas de cristal de la marca Coca-Cola de un litro llenas de gasolina, y proseguimos nuestro viaje hasta el final de la bahía, donde empezaba a formarse la península que queríamos explorar. Aquí la carretera, por llamarlo de alguna manera, se volvía a transformar. Debido a las lluvias caídas la pasada noche, muchas partes estaban encharcadas y llenas de agua. Algunos de los charcos tenían la suficiente agua como para llegar casi hasta la altura del tubo de escape de nuestra moto. También había un río muy ancho y poco profundo que, por lo general, se debía cruzar fácilmente, suponemos, pero por las lluvias caídas la pasada noche su caudal era mucho más alto y fuerte de lo normal. Nosotros dos no encontrábamos forma alguna de cruzarlo seguros, hasta que apareció por allí una chica que circulaba también con su moto. Ella nos explicó y enseñó por dónde cruzar, se notaba que estaba muy acostumbrada a pasar por ese río a menudo. Sorprendida de vernos en ese lugar y tras hablar un poco de todo, nos comentó que, dos veces en semana, iba de voluntaria a dar clases a una escuela que estaba justo al otro lado del río y que también ayudaba a la comunidad local.

—La mayoría de las personas que te topas por aquí son auténticos nativos de Filipinas, negritos se les llama. Muchos de ellos viven de forma nómada entre todo el territorio de Casiguran y el norte de Luzón, pero especialmente aquí porque no se les molesta —dijo Angelica, que así se llamaba la chica—. Muchos de estos niños a los que les doy clase no han salido de estas tierras nunca, esta es su vida y lo único que conocen —prosiguió.

Angelica era realmente una voluntaria por vocación, pues nos dijo que ella y otra compañera se turnaban para venir hasta aquí y tratar de enseñar, al menos lo básico, a aquellos niños o adultos que querían aprender tagalo, el idioma oficial del país, los números, a leer… Y sin cobrar ni un duro extra por ello, todo un ejemplo de generosidad.

Llegamos hasta la escuela donde Angelica se quedaría, una humilde y pequeña casa de madera en mitad de la selva donde ya la esperaba un buen grupo de niños y adultos ansiosos por verla llegar. Nosotros proseguimos con nuestro viaje casi una hora más hasta conseguir ver el océano Pacífico de nuevo, pues el camino discurría por el lado interno de la península, es decir, el que miraba hacia Casiguran.

No podíamos prácticamente creer lo que estábamos viendo. Tras avanzar un poco por la carretera de arena del otro lado de la península, las palmeras empezaban a abrirse y mostrar el secreto que escondían. Una impresionante y enorme playa de arena blanca como la nieve, totalmente virgen y sin aparentemente nadie en kilómetros a la redonda apareció ante nosotros. Solos con la arena, la selva y el agua cristalina que llegaba hasta la orilla, caminamos por la playa durante un buen rato. Al fondo, donde unas enormes rocas caliza de curiosas formas sobresalían del mar, parecía que se formaba una ola. El paisaje era increíble.

—Esto es lo que venía buscando en este país —le dije a Beni, mientras descansábamos en un enorme charco con corales, arena y agua caliente antes de llegar hasta donde salía la ola.

La ola, pese a no estar saliendo muy grande, pues ya sabíamos que no era la época de esta costa, tenía bastante calidad, con paredes y rampas para tratar de hacer algún tipo de maniobra con mi tabla.

Al poco rato de estar tirado cogiendo olas, aparecieron dos niños muy pequeños. Por su aspecto físico, supusimos que eran de la tribu de los negritos, que vivía por esa zona. Con la piel muy oscura, pelo largo, rizado y rubio, con ojos azul claro, eran muy parecidos a los que vimos en la escuela. Curiosos, se pusieron a jugar y reír muy cerca de Beni, como intentando que ella les dejara acercarse. Beni los saludó e intentó hablar algo con ellos, pero con la dificultad del idioma y la timidez de los niños, era tarea muy complicada. Cuando salí del agua vinieron a ver mi tabla de cerca y aprovechando que había una olita suave que rompía en la misma orilla sobre la arena, los animé a que se montaran, y yo mismo les empujaba para que pudieran coger la ola. Se lo pasaban en grande esperando su turno pacientemente cada uno y viendo cómo la ola los arrastraba hasta la arena. Por un momento solo se oían sus escandalosas risas en aquella playa, hasta que de la maleza salió un señor de pelo rizado y canoso, con la piel muy oscura y arrugada por el sol, descalzo al igual que los dos niños y ataviado solo con unas viejas bermudas, que les gritó algo en su idioma. Los niños, al oírlo, no vacilaron ni un segundo, bajándose de la tabla y corriendo hacia donde estaba ese señor, para desaparecer por el mismo camino que llevaba hasta la playa.

Eran, aproximadamente, las once de la mañana y, pese a que teníamos ese paraíso para nosotros solos, teníamos que marcharnos pronto, no nos podía pasar lo mismo del día anterior. Habíamos prometido que si nos quedábamos en Filipinas volveríamos allí, a esa misma playa, pero esta vez con la caseta de acampada y con comida para pasar unos cuantos días perdidos.

Cruzamos de nuevo los ríos que dividían la península, los charcos, etc., y salimos de allí finalmente rumbo al pueblo de Casiguran de nuevo. Durante el día anterior, cuando conducíamos desde Baler hacia el norte, habíamos visto una gasolinera de verdad en algún punto de la carretera que llegaba a Casiguran. El plan era repostar ahí los ciento cincuenta pesos que nos quedaban y, con eso, sin pararnos y desviarnos como la otra vez, debía ser suficiente para llegar hasta Baler.

Tampoco teníamos previsto parar y comer por el camino, pues como habíamos decidido la noche anterior, como no teníamos suficiente dinero, lo mejor era llegar a nuestra casa, coger dinero e ir luego a cenar sin limitaciones, pero lo cierto era que el hambre empezaba a aparecer y nuestras tripas a rugir, y eso que aún quedaban varias horas de viaje en moto hasta llegar a Baler.

Una hora más tarde, tras dejar atrás Casiguran, encontramos la gasolinera. Paramos a repostar como planeamos, pero todo lo que sucedería a partir de aquí nos marcaría para siempre.

Aparcamos nuestra sucia moto frente al surtidor y con el dinero en mano, le pedimos al chico que nos pusiera los ciento cincuenta pesos en combustible.

—No te pases de ciento cincuenta, por favor. No tenemos ni un peso más encima… —le dije, bromeando.

—Tranquilo, *sir*, solo ciento cincuenta pesos. ¿Y ahora de vuelta a Baler? —nos dijo el amable chico, que se veía que nos había visto pasar por allí el día anterior en nuestra moto.

—Bueno, aún nos queda mucho, pero sí, estamos regresando a Baler. Anoche tuvimos que quedarnos a dormir en Casiguran —dijo Beni—. ¿Puedo rellenar la botella de agua en su tienda? —le preguntó también, viendo que tenía una máquina expendedora de agua en uno de los laterales de la gasolinera.

Tras esto, el chico se detuvo un rato a mirarnos bien y nos dijo:

—¿Tenéis hambre, habéis almorzado ya? Si quieren, pueden ir dentro y decirle a mi mujer que les sirva un plato de arroz. No hace falta que paguen nada, hay comida de sobra para ustedes también.

La verdad es que no sé si fue por el sonido de nuestras tripas, nuestras pintas o por lo que le dije sobre la gasolina, pero realmente estábamos hambrientos y su ofrecimiento fue como un verdadero regalo para nosotros. Nos acercamos tímidamente hacia el lugar que había señalado él —su casa, supusimos—, y la señora que estaba en la puerta enseguida sacó dos platos llenos de arroz y nos invitó a pasar dentro. En una mesa había varios calderos con distintos tipos de comida, pollo, verduras, cerdo… Imaginamos que, aparte de vender gasolina, ellos vendían y preparaban también comidas para llevar. Cogimos solo un poco de verduras, pues no queríamos abusar por mucho que estuviéramos hambrientos. La señora, al ver que no comíamos pollo o cerdo y tras explicarle el porqué, no paraba de reírse, luego nos preguntó si teníamos hijos, de dónde éramos, etc. Nos fuimos de la gasolinera con la barriga llena y eternamente agradecidos a esta pareja tan amable. Para nada esperábamos un gesto como ese, y menos hacia dos extranjeros como nosotros.

Con el depósito lleno, seguimos recorriendo las, aproximadamente, cuatro horas que nos quedaban para llegar a Baler. Creo que no habían pasado ni treinta minutos desde que habíamos salido de la gasolinera cuando la moto empezó a hacer unos ruidos muy raros y dar trompicones, hasta que finalmente se apagó por completo. No nos lo podíamos creer, estábamos en mitad de la nada, no se veían casas o nada parecido alrededor y nuestra moto no daba señales de vida. Apartados a un lado de la carretera con la moto muerta en mitad de la nada y sin saber qué hacer, ese era nuestro panorama. No pasaban coches o motos por la allí y tampoco podíamos contactar con nuestro hostal para contarles el problema, por lo que empezábamos a preocuparnos por cómo llegaríamos a Baler.

En esas, un chico que no sabemos muy bien de dónde salió apareció caminando por el lado contrario de la carretera, cargado con unos sacos de escombros. Al verlo, me acerqué corriendo y le rogué ayuda antes de que siguiera rumbo a una casa que estaban construyendo detrás de la carretera donde nos encontrábamos parados. Para nuestro infortunio, el chico no hablaba nada de inglés, pero al ver la moto, a Beni y todas nuestras cosas en el suelo, entendió enseguida qué sucedía. Me hizo gestos de que lo esperara allí, que volvería, y así lo hizo. Acompañado por un señor de más edad, se acercó nuevamente.

—Hola, mi nombre es Sam. Ellos son mis trabajadores. ¿Qué le sucede? —se presentó el señor.

Le expliqué lo que había ocurrido y que teníamos que llegar a Baler, pero antes de que pudiera acabar de explicarle todo, me interrumpió para darle órdenes al chico para que fuera a buscar a su otro compañero.

—Ellos revisarán la moto, a ver si se puede arreglar —dijo sonriente Sam—. No se preocupen de nada —afirmó.

Dicho y hecho. Los dos chicos cogieron la moto y la miraron bien. Comprobaron el arranque, el motor, el escape… Con la ayuda de la traducción de Sam, nos preguntaron:

—¿Se han metido por ríos o por sitios con agua muy profunda? —Efectivamente, lo habíamos hecho, y muchas veces—. Quizás ese sea el problema o que donde pusieron gasolina les dieron una mezcla con agua —dijo Sam—. Eso pasa mucho en los puestos de gasolina callejeros —aseveró nuevamente. Justo lo que habíamos hecho nosotros.

En tagalo les dijo que volvieran a la obra, buscaran las herramientas y todo lo que hiciera falta para sacar el agua del motor y tratar de arrancar la moto nuevamente.

—Ahora los chicos sacarán toda la gasolina del depósito, que seguro que está mezclada con agua, y luego, como la gasolina pesa más, tiramos lo que no sea gasolina. Así debería arrancar —comentó Sam, sonriente.

A nosotros nos parecía una auténtica locura todo lo que decían, pero qué más opciones teníamos y qué íbamos a saber nosotros. Los chicos llegaron con tubos de plástico y unos alicates para colocarlos en el depósito. Acto seguido, empezaron a succionar el combustible, que a su vez caía dentro de una botella de plástico que también habían traído con ellos. Al rato, la operación estaba terminada. Todos allí pudimos comprobar lo que decían, la gasolina, diferenciada de color verde, estaba de mitad de la botella hacia abajo, mientras que el resto era transparente y casi sin color. Secaron la moto bien, pusieron la gasolina restante en la botella y trataron de arrancar la moto. Tras unos ajustes, la moto estaba otra vez en marcha.

No sabíamos cómo agradecerles todo aquello, casi cuarenta minutos ayudándonos. En realidad, nada más acabar, los chicos nos dieron la mano y se fueron a seguir trabajando en la obra. Sam nos invitó a volver cuando tuviera su casa acabada y nos deseó buena suerte en el viaje de vuelta antes de ir también a la obra. Nos ayudaron de corazón, de manera totalmente desinteresada.

Proseguimos con nuestro camino, ya con la moto en marcha, pero esta vez solo nos quedaba medio depósito de gasolina, insuficiente para llegar a Baler. Aun así, lo intentaríamos.

Condujimos evitando acelerones y en las bajadas apagábamos la moto para caer solo con la inercia; debíamos lograrlo como fuera. La noche ya estaba casi llegando y aún no habíamos llegado a la carretera asfaltada, la que estaba justo donde vimos la gran playa de arena blanca. Pese a ello, no debíamos estar muy lejos. Cuando la vimos, después de una tensa bajada con la moto apagada por el camino de tierra, fue como un alivio para ambos. Ya solo nos quedaba un poco más para llegar a Baler.

Después de la playa, solo serían varias colinas no muy altas antes de llegar al puente de metal y de ahí llano hasta Baler, pero en estas subidas es donde más gastábamos gasolina, por el peso y lo cargada que iba la moto. Tras la segunda colina, ya la moto empezaba a dar trompicones de nuevo, pero esta vez por falta de combustible, tal y como nos venía avisando desde hacía un buen rato el piloto encendido en el cuadro de mandos del volante.

—¿Qué hacemos? No nos queda dinero para comprar gasolina y ya falta menos de una hora para llegar a Baler —dijo Beni.

Ambos estábamos de acuerdo en que tendríamos que pedir que nos la fiaran y ya volveríamos a pagarle en otro momento. Tras dejar caer la moto colina abajo, paramos en el primer puesto que vimos con botellas de cristal llenas de gasolina por fuera. Automáticamente, Beni se acercó a la chica que las vendía y le contó toda nuestra historia desde que salimos de Casiguran hasta llegar hasta allí. La chica ni se lo pensó dos veces, cogió una de las botellas, abrió la tapa del depósito de la moto y nos la vació dentro. Luego nos dijo que no nos preocupáramos, que nos la regalaba ella. Otro gesto más, uno más de ayuda desinteresada hacia nosotros ese día. Sin duda, este sería un día que recordaríamos para siempre.

Al cabo de un rato, estábamos ya de vuelta en nuestro hostal de Baler. La mujer pareció alegrarse mucho de vernos de nuevo y nos recriminó que no le dijéramos nada por no ir a dormir allí la otra noche. Ya nos sentaríamos con ella a contarle todo con detalles luego, ahora teníamos que coger dinero y volver al puesto de la chica que nos regaló la gasolina para pagarle, pese a que insistió en que no, pues toda esta cadena de buenos gestos desinteresados no podía ser rota por nosotros. Eran tan solo unos cuarenta minutos por trayecto, y así también podíamos cenar en el mercado de la plaza a las afueras de Baler, con calamares, chocos y demás pescados hechos en la barbacoa. La chica del puesto sonrió mucho cuando nos vio de vuelta en su tienda, no nos esperaba, pero era lo que teníamos que hacer. Esa noche celebramos todas las cosas buenas que nos habían pasado durante nuestra aventura hasta Casiguran, dando gracias por todo y creando un vínculo especial con ese pueblo y sus gentes para siempre.

Nos fuimos directos a casa a dormir después de entregar la moto en el mismo sitio que la habíamos cogido. Teníamos el culo destrozado y dolorido, no queríamos saber nada de motos en un tiempo y, total, tan solo nos quedaban dos días allí en Baler antes de volvernos a Manila a afrontar nuestra realidad.

Los siguientes días los pasamos allí en el hostal con la familia dueña de este, haciendo barbacoas, bañándonos en la piscina y durmiendo. Queríamos prepararnos bien para nuestra vuelta a Manila, nos la jugábamos al todo o nada y debíamos mentalizarnos de nuevo.

Nos fuimos de Baler con la sensación de haber encontrado algo inolvidable y sabiendo que, pese a contar con aguas, por lo general, tranquilas y quietas, estas son capaces de transformarse y regalarte una sesión de surf y olas inolvidables, con largos y perfectos tubos rompiendo sobre una playa de película. Solo teníamos que saber dónde y, lo más importante, cuándo venir, pero seguro que si teníamos la oportunidad, volveríamos a buscarlas.

Vuelta a Malate

Ya estábamos de vuelta en casa de Bob. En realidad, era como volver a casa en cierto modo. La sucia pensión se había convertido en nuestro lugar conocido en la enorme y loca ciudad de Manila. Bob, su hermano y su primo, la *karinderia* de enfrente, el chico del bulto en la cabeza que vivía en la calle y que siempre nos saludaba, el súper donde comprábamos la comida… Todo era ya conocido para nosotros.

Teníamos dos días para prepararnos para mi entrevista. Lavamos la ropa que íbamos a usar, le pedimos a Bob si nos podía conseguir una plancha para la camisa, limpiamos los tenis, practiqué con Beni mi inglés en caso de que la entrevista fuera en inglés… Estábamos listos.

Fuimos en metro hasta las oficinas de Maersk en Kapitolyo, casi al otro lado de la ciudad. Cuando llegamos, decidimos primero tomarnos un café juntos antes de subir yo a la entrevista que tenía esa misma tarde. Mientras subía en el ascensor no podía parar de pensar y repetirme la misma frase: «Que me cojan, que me cojan para así poder seguir viajando». Nuestro plan seguía en pie, trabajar uno de los dos o los dos durante unos meses, ahorrar todo el dinero posible y luego seguir viajando.

Entré a la séptima planta, Administración, donde el segurata de la puerta me pidió los datos y me señaló las sillas de metal del fondo para que me sentara a esperar mi turno. Acepté resignado, pues ya sabía que iba a pasar allí varias horas como en otras tantas entrevistas que había hecho anteriormente, pero esta vez, casi al momento de sentarme, me llamaron. Todo parecía indicar que sería una buena señal, pero nada más lejos de la realidad.

Vale que me estaban haciendo una entrevista para un puesto de trabajo nuevo y eso era lo que nosotros más necesitábamos y estábamos buscando locamente, pero todo este tiempo esperando y esperando la ansiada llamada telefónica, sentarme y darme cuenta de que el chico que me estaba entrevistando no tenía ni idea de mis otras entrevistas anteriores en la misma empresa ni de todas las pruebas que ya había superado o que ni tan siquiera supiera que ya había estado allí antes hizo que me desanimara bastante. ¿No me habían seleccionado en la anterior? ¿Ahora tendría que esperar de nuevo tanto tiempo? ¿Cómo, si no teníamos dinero? Esas eran las preguntas que circulaban por mi cabeza en ese momento.

Traté de centrarme en la nueva entrevista, pues era otra oportunidad. Hice algunas pruebas más escritas, con el ordenador y también con el teléfono y al rato ya habíamos terminado. Me fui de allí corriendo a dar con Beni, que esperaba desde hacía mucho tiempo ya en la cafetería. Cuando le conté todo, ella también se sintió contrariada, pero pese a eso, siguió animando a que lo conseguiríamos de alguna forma que aún no sabíamos.

Volvimos a casa de Bob casi de noche, íbamos los dos muy callados durante todo el trayecto en metro teniendo la sensación de que esa oportunidad nunca nos llegaría. Ya en la pensión, Bob, que había reasignado todas las habitaciones ese mismo día por la llegada de nuevos huéspedes, nos había dado la peor de ellas a nuestra vuelta a su casa después del viaje por el norte en función de lo que le pagamos por esta.

—La más «cucarachil» —decía Beni.

Este era el término con el que los dos nos alertábamos de lugares o cosas que podían estar llenos de cucarachas o bichos. Durante todos estos meses de largo viaje, habíamos creado un auténtico barómetro para saber si un sitio era bueno o no para quedarnos a dormir. «Muy cucarachil» significaba salir de allí corriendo o todas nuestras cosas acabarían infectadas de cucarachas e incluso nosotros mismos; «un poco cucarachil» significaba que nos podíamos quedar, pero cerrando todo bien, cremalleras, velcros y poniendo repelente de mosquitos, aunque no sé si era efectivo o era más bien psicológico, en todas nuestras maletas y, cómo no, en nuestra bendita mosquitera, que utilizábamos para poder dormir tranquilos y a salvo de estos bichitos tan inoportunos.

La habitación que nos dio Bob ahora era un auténtico nido. Metimos todas las cosas dentro de la mosquitera, pues era la única solución, pero aun así queríamos irnos de allí cuanto antes. Dedicamos unos cuantos días más a volver a visitar empresas y hacer entrevistas, pero realmente sentíamos que eso ya estaba hecho y que estábamos gastando dinero en Manila pudiendo irnos de la ciudad a seguir esperando la llamada o, al menos, a viajar un poco más hasta que no nos quedara más remedio que volver a casa.

Hablamos con Bob para, esta vez sí, poder dejarle un par de maletas en su casa guardadas e irnos sin tanto peso encima. Fuera como fuese, íbamos a tener que volver a Manila para irnos a casa de vuelta o para alguna otra entrevista en la ciudad. De paso, Bob me habló de unas islas al sur, cerca de Naga, donde él había oído de amigos que habían podido surfear por sus numerosas islas. Nos informamos un poco y planeamos la manera más barata de llegar y estar allí. También leímos acerca de otras increíblemente bonitas y solitarias islas cerca de Naga, donde se solía grabar el programa de *Supervivientes* en años anteriores.

Un poco de sur

—Todos necesitamos de vez en cuando un poco de sur —le dijimos a Bob antes de irnos de nuevo por su puerta.

Luzón era una enorme isla llena de montañas y rincones secretos aún por descubrir por la mayoría de los viajeros que visitan Filipinas, eso estaba clarísimo. Sus costas casi inaccesibles, sus duras carreteras llenas de curvas y peligros, sus amables gentes locales… Todo hacía de Luzón un lugar perfecto para explorar y conocer. No podíamos irnos de Filipinas sin al menos recorrer, casi en su totalidad, esta enorme isla, descubriendo sus miles de tesoros y llenándonos de historias de mares azul turquesa y noches de hogueras con cenas enlatadas, mientras acampábamos en alguna diminuta islita cercana.

Nos fuimos en guagua, casi unas diecisiete horas en total, rumbo al sur, hacia esa parte de la isla que dibuja en el mapa una gran bota gigante que apunta al Pacífico sin miedo, donde la jungla es aún más espesa si cabe y los corales brotan del fondo marino como si de malas hierbas se trataran. Un lugar muy poco conocido donde casi todo el mundo nos decía que no había mucho que hacer por allí… ¡Las palabras mágicas para nosotros!

Daet fue nuestra primera parada. La razón de venir aquí era porque, cuando nos informamos sobre la zona en casa de Bob, leímos que por las costas de Daet, más concretamente en la playa de Bagasbas, se suelen formar olas muy grandes según la temporada. Al bajarnos de la guagua después de esas más de diecisiete horas de trayecto, ardiendo de calor y empapados en sudor, solo queríamos descansar y dormir. Era una ciudad llena de ruido, coches, McDonald's… Como casi cualquier otra que habíamos visto en Filipinas hasta ahora, por lo que, en un último esfuerzo, buscamos la manera de salir de allí para descansar y dormir en la playa.

Buscando y preguntando, encontramos un triciclo que nos llevaría a Bagasbas directo, situado a unos treinta y cinco minutos desde Daet. Lejos ya del caos y el ruido, descubrimos una larguísima playa de arena color gris claro un poco sucia, pero con un aparente oleaje continuo y quizás bueno para el surf. Como cualquier otro *beach-break*, la ola funcionaba si se daban las condiciones adecuadas, pero hoy estaba demasiado ventoso y picado, imposible para surfear o tan siquiera bañarse. Con este panorama recorrimos la zona en busca de un lugar barato donde pasar la noche, la idea era solo pernoctar e irnos a otro sitio al día siguiente. Bagasbas no nos había convencido nada. Finalmente, cuando encontramos una pequeña pensión cerca de la playa, rendidos, nos fuimos a dormir un rato para tratar de recuperarnos y descansar.

Bagasbas y alrededores estaban llenos de locales que venían desde Manila a pasar unos días, por su relativa proximidad y acceso en coche. En verdad, aquel lugar parecía sacado de algún otro país muy distinto a Filipinas. Rodeados de pinos, casi pegados a la arena de la playa, grandes extensiones de pastos y césped por los alrededores, calles desiertas y con alguna que otra cabra pastando por allí… Muy raro todo hasta para nosotros.

Nosotros estábamos obsesionados en buscar las islas que nos había dicho Bob antes de salir de Malate, el problema era que nunca nos dijo el nombre de estas. Imaginamos que él tampoco lo sabría, pues habían sido unos amigos de él los que le habían hablado de ese lugar. Con todo esto y buscando en el mapa, nos fuimos a Mercedez justo a la mañana siguiente y, tras descansar, a un puerto a una hora de Daet desde donde salían todos los barcos que iban a cualquiera de las muchas islas que estaban por allí enfrente, incluida la tristemente famosa Calaguas. Seguimos preguntando por el muelle a ver si alguno había visto olas o algo parecido por aquellas aguas. Un grupo de pescadores que estaba descargando maletas de su barco nos habló de dos islas muy pequeñas un poco más al sur, a tan solo unos kilómetros de la costa, donde el mar se levantaba con rabia y golpeaba los corales con fuerza dependiendo del tiempo. No había duda de que tenían que ser esas las islas que buscábamos.

Todos los barcos que salían de Mercedez rumbo a cualquiera de las islas estaban controlados por el Gobierno, o lo que es lo mismo, salían demasiado caros si no ibas en grupos grandes. Ninguno de los pescadores o barcos que estaban por allí se atrevía a llevarnos si no era pagando la cuota correspondiente primero en la oficina del Gobierno, estratégicamente colocada a la entrada del puerto. Viendo esto y que nadie quería ir a visitar estas islas con nosotros, decidimos abortar misión e irnos de allí rumbo a otro pueblo un poco más lejos, al otro lado del gran manglar que sitiaba el puerto, para probar suerte allí y ver si en ese lugar podríamos encontrar quien nos llevara hasta esas islas que nos habían dicho los pescadores.

Tras salir de Mercedez y cruzar el río montados en un triciclo junto a otras cinco personas sentadas en el techo inclusive, dimos con esa persona que está para ti y te soluciona la vida.

—¿A dónde se dirigen? ¿Van a Calaguas? —nos preguntó un amigo del conductor del triciclo, que se acercó a saludarnos tras una de las paradas que hizo este.

Resignados y un poco enfadados con el excesivo precio impuesto por el Gobierno para visitar las islas de la zona, le contamos nuestro largo día desde Bagasbas. Este chico resultó ser hijo de un pescador que conocía muy bien la zona y que solía ir por estas islas a pescar de cuando en cuando.

—¡No se muevan de aquí, ya vuelvo! —dijo antes de salir corriendo a buscar a su padre, que estaba descargando su barco amarrado entre los manglares de la zona después de una larga noche de pesca en alta mar.

Cuando llegó el padre, visiblemente cansado por el duro trabajo diario, no parecía muy por la labor de llevarnos, aún más sabiendo la multa que le podría caer si lo veían llevando turistas sin el permiso. Costó mucho convencerlo para que nos llevara en su barco; es más, sin la insistente ayuda de su hijo, que siempre habló en nuestro favor, explicando visiblemente molesto todo lo que nos querían cobrar en el puerto de Mercedez, creo que nunca hubiera aceptado llevarnos.

Finalmente aceptó, pero solo nos llevaría a una de las islas, nada de *tours*.

—Solo a la más cercana y mañana no voy a buscarlos —dijo el hombre, al tiempo que se daba la vuelta para volver a su barco.

Lo normal de cuando te llevan a una isla en Filipinas o en cualquier lado era que fuera el mismo barco te recogiera y te regresase a costa al día siguiente o cuando acordáramos, pero en esta ocasión, tendríamos que conseguir otro barco que lo hiciera. ¿Qué más opciones teníamos? Era eso o seguir deambulando costa hacia el sur hasta encontrar algún lugar donde quedarnos.

Pedro, que así se llamaba el chico, nuestro salvador, nos advirtió de que en las islas no había otra forma de quedarse que no fuera con una tienda de acampada. Compramos provisiones, agua, buscamos una caseta de acampada para alquilar, ya que no habíamos llevado la nuestra, y nos montamos en la barca pesquera. El hombre condujo con mucha destreza su barco entre los manglares hasta llegar a mar abierto, justo enfrente teníamos la isla de Apuao Pequeña, nombre que tenía esta isla y nuestro objetivo. Mientras nos acercábamos, ya veíamos las olas romper en la parte más a la derecha y expuesta de la pequeña isla. El pescador nos contó que por detrás de la isla, las olas solían ser bastante fuertes y que él no podía pasar con su barco por allí, por lo que nos dejaría en la cara interna de la isla.

Al acercarnos a la isla, lo primero que llamó nuestra atención fue la enorme cantidad de pinos que había plantados, parecía de nuevo que no estábamos en Filipinas. Junto a estos pinos había también montadas algunas casetas de acampada que usaban los mismos para protegerse del fuerte sol del día. El pescador nos apresuró a bajarnos de su barco nada más tocar con el mismo la fina arena de la playa para, acto seguido, dar media vuelta de nuevo y poner dirección a los manglares. Una vez en tierra, después de dejar la playa y meternos bajo la sombra protectora de los pinos, cargados con la tabla y nuestras maletas de mano, vimos que, realmente, no íbamos a estar solos en la isla.

—Bienvenidos a Apuao Pequeña. ¿Qué les trae por aquí, chicos? —nos preguntó una sonriente mujer, que prácticamente nos abordó nada más llegar a los pinos—. Mi nombre es Mariel. Mi marido, mis hijos y yo somos los cuidadores de la isla.

Era cierto, esta familia eran los asignados por el Gobierno para cuidar la isla; a cambio, tenían montado un pequeño negocio de alquiler de casetas y cabañas de madera abiertas o *kubos*, como le dicen en Filipinas. También vendían arroz ya cocinado, sopas instantáneas, botellas de agua y otro tipo de víveres que traían desde la costa. Sus tareas eran limpiar la isla, censar a los turistas que iban por allí y cuidar, supuestamente, de la inmensa fauna que vivía aquí.

Les contamos nuestro plan y por qué estábamos realmente en su isla.

—Algún que otro surfero ha estado por aquí también en años pasados, pero realmente muy muy pocos vienen —dijo Mariel sonriente.

Enseguida le dijo a uno de sus hijos que nos indicara el camino hasta donde estaban las escurridizas olas por las que tanto habíamos preguntado. El hijo de Mariel, de unos doce años de edad y sin mediar palabra con nosotros, empezó a caminar por un sendero que salía de entre los pinos. Beni y yo cogimos los bártulos y lo seguimos jungla adentro. Esto sí era Filipinas, el camino atravesaba literalmente una jungla llena de plataneras, helechos, matorrales y todo otro tipo de plantas que crecían salvajes en el interior de la isla. Por nuestra experiencia previa en caminar por junglas, sabíamos que habría miles de bichos de todos los tamaños que hacían ruidos de todo tipo, mosquitos que harían lo imposible por picarnos y movimientos extraños entre las hojas a cada paso que dábamos, pero de repente un sonido realmente aterrador y diferente a todos los demás salió desde lo alto de un altísimo árbol.

—Zorros voladores, *sir* —dijo el niño.

Cuando levantamos la vista y enfocamos bien, pudimos ver un nutrido grupo de esos enormes animales durmiendo y sobrevolando la copa de este y otros árboles de la isla. Era una imagen que despertaba cierto temor en lo más profundo de nosotros. Imaginamos que por todo lo que se dice de estos y otros animales de la misma especie, pero todos son rumores inventados para poner falsas etiquetas a tan majestuoso animal.

—Por la noche, salen todos volando para ir a buscar frutas e insectos a otras islas —nos contó el chico.

Esa era otra de las tareas asignadas a esta familia, vigilar y controlar a estos animales y su hábitat. Seguimos nuestro camino atravesando, literalmente, la isla, sobrevolados por estos animales y atacados por otros miles de bichos y mosquitos que nos veían como su comida del día. Poco a poco la selva se fue quedando atrás y al cabo de unos treinta minutos aproximados de caminata, ya estábamos al otro lado de la isla.

Cuando por fin pudimos ver el otro lado, nos quedamos los dos un buen rato en silencio contemplando la belleza de todo lo que nos rodeaba. Era la imagen perfecta para cualquier surfero buscaolas. Desde nuestra posición más alta, podíamos ver todos los corales repartidos prácticamente de lado a lado de la costa, con suaves y delicadas olas rompiendo sobre ellos. No había playa como tal, sino que todo eran piedras que dejaban grandes charcos entre medio para poder bañarte sin problemas.

El más pequeño de los hijos de Mariel nos mostró una explanada de hierba en lo más alto de la isla, donde podíamos montar nuestra caseta y pasar la noche. Desde lo alto podíamos ver las otras islas más cercanas a Apuao Pequeña e, incluso, su isla hermana, Apuao Grande, cerrada ahora al público, según nos dijeron al llegar allí, por temas de conservación de la fauna.

Ya completamente solos en el otro lado de la isla, separados de Mariel y su familia por la densa y, especialmente, ruidosa durante el atardecer y la noche jungla del interior de la isla de Apuao Pequeña, empezamos a prepararnos para pasar la noche acampados. Montamos nuestra caseta, buscamos maderas y cáscaras de cocos para hacer una pequeña hoguera y así tratar de espantar a los mosquitos nocturnos, los más peligrosos en realidad. También escondimos bien la comida que llevábamos con nosotros dentro de bolsas, tratando de no tener visitas inoportunas durante la noche, cerramos la mosquitera que tenía la caseta de acampada y nos sentamos a contemplar cómo se oscurecía el horizonte infinito ante nosotros.

La noche fue relativamente tranquila, tan solo escuchábamos de vez en cuando los gritos bastante cercanos de los zorros voladores. Al despertar ya por la mañana, la ola tenía un poco más de fuerza, era el momento de bajar a probarla. Beni se quedó arriba cerca de la caseta, pues desde ahí tenía la mejor visión de todo, mientras yo, agarrándome a los árboles que había por allí, pude bajar hasta tocar el agua con mis pies. Me puse el traje, las aletas y empecé a remar con precaución hasta el pico donde se empezaba a formar la ola. Iba mirando todo con detalle, alguna piedra que sobresaliera, tipo de fondo, erizos… No había nada extra de que preocuparme, excepto de remar y bajar la ola.

El viento esa mañana no era especialmente bueno, por lo que la ola, casi sin pared, solo me daba opción a hacer algunos giros y poco más. Lo más curioso para mí era que la ola terminaba casi al otro lado de Apuao Pequeña, es decir, al estar formándose en la misma esquina de la isla, iba rompiendo suavemente caminando por los corales hasta prácticamente acabar en el otro lado. La ola podía ser todo lo larga que quisiera, pero al final no era más que espuma que avanzaba lentamente por el lateral de la isla, nada que recompensara la gran remada que tenías que hacer si te dejabas llevar hasta llegar al final.

Una sesión única en un lugar increíble, pese a que las olas no estuvieran del todo buenas. De igual manera, podía imaginarme cómo sería estar en el *line-up* sentado con una buena fuerza de mar entrando por estas bajas de coral tan remotas, viendo algún que otro zorro volador revolotear por allí. Sin duda, tendríamos que volver a visitar Apuao Pequeña algún otro día en la época correcta de olas, pero pese a todo, el esfuerzo para llegar hasta aquí había merecido, y mucho, la pena.

Los siguientes dos días los pasamos acampados disfrutando nuevamente de toda una isla prácticamente para nosotros solos, de los enormes zorros voladores, que cada vez nos daban menos miedo y nos enamoraban más y más, surfeando y bañándonos en los charcos de la orilla al atardecer con el agua calentita tras todo el día expuesta al fuerte sol del día. Una de las tardes, antes de que anocheciera del todo, fuimos al otro lado de la isla para visitar a Mariel y preguntarle cómo podíamos salir de Apuao Pequeña y volver a la costa. Afortunadamente para nosotros, en los próximos días ellos tenían previsto un viaje para comprar alimentos y demás enseres que les hacían falta en la isla, así que, a cambio de un precio muy económico, más que lo que nos costó venir hasta aquí, nos dejarían en tierra de nuevo, pero eso sí, en otro pueblo distinto del que salimos. Además, aceptaron salir el día que les dijimos nosotros, pues, total, tenían que ir sí o sí a comprar cosas a tierra.

Esa noche aprovechamos también para comprarles un calderito de arroz y llevárnoslo de vuelta a nuestra tienda de acampada al otro lado de la isla, lo que hizo que durante el camino de vuelta a nuestro campamento, ya casi a oscuras y con la luz de nuestros frontales como ayuda, fuéramos atacados por más insectos que nunca.

Llegó el día de dejar la isla y volver a tierra. El pequeño barco de pesca del marido de Mariel nos dejó en un pueblo muy alejado de donde habíamos partido la última vez. Desde allí buscamos la manera de volver a Mercedez y así poder continuar hasta nuestro próximo destino, la provincia de Camarines Sur.

La puerta de entrada a esta provincia era Naga, una pequeña ciudad universitaria y lugar desde donde comienza el camino para las islas a las que pretendíamos llegar, las islas de Caramoan, donde decían que se habían rodado varios programas de *Supervivientes*. Aquí no íbamos en busca de olas, sabíamos que las aguas se vuelven más tranquilas y cálidas mientras pasan entre este grupo de islas e islotes, que los corales conviven junto formaciones rocosas que emergen del fondo del mar, con extrañas y caprichosas formas, algunas veces ilógicas incluso y cubiertas de espesa jungla casi en su totalidad.

Llegamos con el tiempo justo a Pariman, pueblo pesquero situado justo enfrente de estas islas, para encontrar un lugar donde dormir y buscar un guía que nos llevara entre las islas al día siguiente. Una vez teníamos ambas cosas, ya muy entrada la noche y antes de irnos a la cama, salimos en busca de algo de cenar. Aquí fue la primera vez que probamos el *bagoong*, una salsa típica de la región de Bicol, de color rosado, con unas minigambas, pero mini, de verdad, fermentadas en su interior. Al principio, un sabor un poco intenso, pero luego casi imposible parar de comerla con arroz o con mango verde.

Por la mañana, nuestro barco, capitaneado por un experimentado pescador que encontramos en el muelle la noche anterior, nos esperaba en la arena de la playa. Le volvimos a explicar lo que intentábamos buscar.

—Islas o playas que no estén llenas de turistas o molestos visitantes, con sus ruidos, plásticos, gritos… —le dijimos.

Buscábamos lo menos visitado de las muchas islas e islotes que componen las Caramoan, y llevábamos también con nosotros nuestra caseta de acampada, pues la idea era pasar la noche en alguna de estas islas. Tras dejar atrás la arena de la playa, nuestro capitán empezó a zigzaguear entre rocas e islotes hasta estar totalmente dentro del conjunto de islas que componen Caramoan. Muchas de ellas eran simplemente un par de rocas y arena blanca, otras estaban unidas mediante una enorme lengua de arena que las conectaba. En definitiva, aquello era la entrada a otro mundo, un mundo realmente hermoso y peculiar. Un paraíso tras otro de calas vacías, jungla, corales, playas de arena blanca… Realmente era algo espectacular y digno de admirar. Nuestro capitán se esforzó por mostrarnos los sitios menos conocidos o los corales más llenos de vida de la zona. Cada isla o islote que visitamos era más espectacular que el anterior.

Finalmente, ya bastante entrada la tarde, el pescador nos acercó a la última de todas y el lugar donde pasaríamos la noche acampados. Al llegar a la isla, debido a que había otros barcos allí fondeados y bastantes visitantes esparcidos por la dorada arena de la playa, no pudimos ver bien cómo era esta isla. Nuestro capitán se despidió de nosotros y quedó en venir a recogernos a la mañana siguiente, mientras nosotros montábamos la caseta en un lateral de la playa, bajo el abrigo de unos matorrales y unas piedras, para protegernos del posible viento nocturno y el frío. Los barcos poco a poco empezaron a retirarse y los visitantes se fueron marchando también con ellos. Cada vez más se apreciaba el silencio en la isla, tan solo interrumpido por la brisa marina colándose entre las hojas de las altas palmeras o por el sonido de algún pájaro que regresaba a la isla para pasar la noche allí con nosotros.

Estábamos completamente solos ahora, toda una isla para nosotros. El atardecer tiñó de colores anaranjados los verdes de la jungla, y de amarillo y rosado el azul turquesa del mar totalmente en calma. Pasamos el resto de la tarde, hasta que la oscuridad no dejaba ver más lejos de un metro de distancia, bañándonos, corriendo por la arena y disfrutando de tan precioso paraíso. Ya por la noche y en la total oscuridad, escuchábamos los pasitos de las caracolas que intentaban entrar o caminar sobre nuestra tienda de acampada y algún que otro extraño ruido que provenía de la pequeña jungla que teníamos a nuestra espalda.

Temprano por la mañana, cuando despertamos, aún estábamos completamente solos en nuestro paraíso particular, por lo que aprovechamos para darnos un baño en las cálidas aguas del Pacífico, acompañados por un numeroso grupo de medusas gigantes, inofensivas y transparentes, que estaban por allí de paso también. En ese preciso instante mientras flotábamos a lo lejos dentro del mar y contemplábamos nuestra diminuta caseta de acampada apostada solitaria en la arena de la playa, comprendimos que, quizás, rodeados solo por naturaleza salvaje, mar y ubicados en algún punto de una isla remota en mitad del océano Pacífico, aquella había sido la mejor acampada de nuestras vidas.

Con el paso de las horas empezaron a llegar los primeros visitantes, transformándolo todo de nuevo. También lo hizo nuestro capitán, que llegó antes del mediodía a recogernos. Nuestro objetivo ahora era llegar a una isla bastante lejos de las Caramoan y en donde pensábamos que habría olas y muy buenas, pero para ello, primero teníamos que convencer a nuestro capitán de llevarnos hasta allí. Tras meter en el pago final el *tour* del día anterior y negociar con él, conseguimos un precio muy bueno para que nos llevara, incluyendo también invitarlo a comer nada más llegar a la isla misteriosa como parte del trato.

Nos pusimos en marcha y, tras recoger nuestras maletas en Pariman, nos volvimos a hacer al mar. Este sería un largo y peligroso paseo en *banka* para atravesar la conocida y temida «autopista de los tifones», en donde cada año, muchos de estos enormes y peligrosos tifones de hasta categoría cinco se forman y cruzan a tierra firme. Estas aguas son de sobra conocidas en Filipinas y estos tifones dejan destrucción e inundaciones por dondequiera que pasan, pero ese no era nuestro caso esta vez, el pescador pudo cruzar sin problemas y acercarnos a la isla misteriosa sin dificultad.

No sabíamos qué nos esperaría allí, pero esta isla prometía mucho. Habíamos leído previamente en una guía de viajes que habíamos consultado hacía mucho tiempo que la isla misteriosa estaba repleta de gente amable y amistosa, que apenas tenía carreteras, muchas de sus playas estaban vírgenes aún para el turismo… Vamos, todo lo que nos gusta a nosotros. Su ciudad principal era exactamente igual que cualquier otra que hubiéramos visitado anteriormente en Filipinas: McDonald's, KFC… También había muchas tienditas pequeñas, *karinderias* y una estación de *vans* y guaguas que, como buenamente podían, llevaban a las distintas partes de la isla.

Desayunamos en la ciudad y cogimos la primera *van* que se dirigiera a alguna playa con olas. Los chicos de la *van*, nada más vernos con las tablas y las maletas, nos dijeron la mejor opción. Nos montamos en la *van* que nos señalaron y fuimos directos al paraíso del surf. Después de unas dos horas, llegamos. Desde arriba vimos una preciosa y larga playa de arena con aguas interiores muy tranquilas, pero que tras los corales, a lo lejos escondida detrás de la barrera de coral, se vislumbraba a la reina de las olas. No estaba a pleno funcionamiento, pero su perfección era apreciable desde nuestra posición. Como si de una máquina perfecta se tratara, la ola rompía con una sincronización y una calidad que no había visto en mucho tiempo. Los numerosos chicos locales de la playa cuidaban y mimaban a su reina con una devoción y dedicación dignas de su perfección. Ya se notaba algo distinto en el aire nada más llegar a nuestra cabaña de bambú situada delante de la misma ola.

Fue el destino el que quiso que, entre todos los otros lugares posibles, acabáramos allí con ellos. Varias generaciones de una misma familia que formaban parte de la playa y del lugar, dándole al mismo un algo que no se podría describir con palabras. Eran las raíces de aquel lugar, la mismísima esencia o alma de la playa. Ese algo era lo que tantos meses y meses habíamos buscado en tantos y tantos rincones del mundo anteriormente. Niños, adolescentes, adultos, abuelos… Toda una familia y amigos de todas las edades, que iban y venían de visita espontánea un día o que estaban por la playa siempre, nos acogieron como si lleváramos con ellos toda la vida. Era evidente que eran distintos y especiales, todo fluía de manera natural mientras nos íbamos conociendo más y más día a día. Todos y cada uno de ellos habían crecido con la ola como luz guía y madre eterna. Ya fueran surferos, pescadores o agricultores, la respetaban muchísimo y sabían que era el punto de equilibrio que mantenía todo el lugar en una tranquila y perfecta armonía.

Las largas sesiones de surf al atardecer con cualquiera de ellos eran simplemente mágicas. La ola no llegó ni a los dos metros ninguno de los días, pero todas formaban tubos largos y huecos que rompían sobre el coral casi virgen situado a unos cien metros de la playa. En la mañana temprano, el viento era casi siempre *offshore* y durante el resto del día casi era inexistente.

Cuando el sol caía y el cielo se teñía de naranja, lo normal, depende de la fuerza del mar, era tener que compartir la ola con diez o quince niños del pueblo o de otros lugares de la isla misteriosa, que iban caminando hasta allí para bajar a la playa después de clases y pasar el resto del día jugando, surfeando y corriendo por la playa, sabedores de que las chicas y chicos mayores y adultos que vivían en la playa iban a cuidar de ellos como lo hacíamos con nosotros.

La isla era enorme y apenas contaba todavía con carreteras para poder atravesarla. Animados y guiados por las chicas, a los pocos días de estar allí en la playa, alquilamos una moto y recorrimos un gran tramo de la parte norte de la misma, en busca de nuevas olas y para conocer un poco más sobre este increíble lugar. Esta zona de la isla estaba llena de playas desiertas, cascadas, lugares para bucear y arrozales inmensos. En cada pueblo al que llegábamos, éramos bienvenidos con sonoros «hola» y risas de los muchos niños que salían a vernos. En un tramo de la isla, tras conducir aproximadamente una hora, nos tiramos a bucear y comprobar una ola que vimos desde la carretera. El acceso era muy difícil y había que caminar por un acantilado de piedras afilado y jungla por todos lados, pero al llegar al borde, a la altura del agua y lugar desde donde íbamos a saltar, tuvimos nuestra recompensa. Cientos de corales se podían ver desde fuera del agua con tal claridad que parecía un vídeo en alta definición. Ya dentro, el agua tibia y la enorme pared de coral invitaban a no moverse de allí, sino a deleitarse con tan increíble lugar. No nos acercamos mucho a ella, pero desde el agua vimos que la ola era muy arriesgada de surfear. El suelo se elevaba mucho y esta rompía sobre el mismo coral sin apenas agua en su superficie. También estaba rodeada de piedras enormes, solo apreciables cuando se retiraba la masa de agua para formar la ola. Lo mejor era quedarnos allí buceando y contemplando una vez más el espectáculo de vida y colores de los corales.

Esa noche, ya en la casa con nuestros amigos de la isla y en un momento que volví a tener señal en mi móvil, un *email* me llegó a mi correo: «Dado que no hemos podido comunicarnos con usted por teléfono, nos gustaría informarle de que ha sido seleccionado para una entrevista en las oficinas de Maersk Line, Manila. Por favor póngase en contacto con nosotros lo antes posible para confirmar su asistencia». La sensación era realmente rara. ¿Se trataría de otra entrevista nueva para otro puesto totalmente distinto? ¿Sería para alguno de los anteriores?, pensaba. Los llamé varias veces, pero, dada la hora, no contestó nadie. Tocaba esperar al día siguiente para saber de qué se trataba.

Casi no dormimos esa noche. Beni y yo nos preparábamos para todo, pero nos decantábamos más para una tercera entrevista nueva que nada tuviera que ver con las otras dos que para otra cosa. Durante el desayuno a la mañana siguiente, cogí la señal de nuevo y conseguí llamarles.

—Queríamos que viniera a nuestras oficinas para preparar toda la documentación y para que su *manager*, Thimoty Estrada, le explique cómo va a hacer todo el proceso antes de incorporarse al puesto de trabajo. ¿Cuándo podría estar por aquí? —dijo la chica que me estaba atendiendo el teléfono.

Le respondí bastante emocionado y le dije que en unos días podría estar allí. Quedamos en que me iba a enviar la oferta con el salario, las horas de trabajo, puesto… Y colgamos. Acto seguido, dejé el batido que me estaba tomando a la mitad y salí corriendo a buscar a Beni, que se estaba bañando en la playa. Cuando se lo conté, los dos nos abrazamos de alegría, casi llorando. Lo habíamos conseguido, aparentemente. ¡Íbamos a poder trabajar en Filipinas y seguir viajando!

Muchas preguntas se nos venían a la cabeza y nos las hacíamos el uno al otro: «¿Y habrá que buscar otro lugar donde mudarnos? ¿Qué horario te van a dar? Pero ¿y qué ropa te vas a poner para empezar a trabajar?». Muchas preguntas de las que no sabíamos aún su respuesta, pero lo más difícil estaba hecho, habíamos conseguido que nos dieran la oportunidad de trabajar.

Todo se sentía distinto ahora, estábamos en nuestro paraíso de la isla misteriosa, pero las sensaciones eran otras. Iba a trabajar en un país extranjero, tan lejos de mi casa y en inglés, me sentía muy nervioso. Se lo contamos a nuestros ya amigos de la playa y se alegraron tanto o más que nosotros, pues nos íbamos a volver a ver muy pronto. Decidimos irnos en dos días, para llegar a casa de Bob, conseguir algo de ropa para la entrevista y ver qué sucedía con todas esas preguntas que nos hacíamos.

Salimos de la playa con la misma sensación que se te queda cuando sales de tu propia casa, dejando a tu familia atrás y sabiendo que, quizás, no vas a volver a verlos en un tiempo. Hacía mucho que no me sentía así. Intercambiamos teléfonos, redes sociales, etc. Queríamos seguir en contacto, y más ahora si íbamos a trabajar en Manila. La isla misteriosa era el lugar que tanto y tanto habíamos estado buscando.

Trabajo en Manila

Tras llegar a casa de Bob en Malate, le contamos todo cuanto habíamos encontrado por el camino. Ni él mismo se imaginaba que hubiera tantas y buenas olas por esa zona de Filipinas. Con un par de Red Horses bien frías, le detallamos todo nuestro itinerario, luego empezamos a prepararlo todo para mi entrevista final. Imaginamos que ya me habían seleccionado, pero la verdad era que nunca se sabía, después de ver cómo eran los procesos de selección en ese país. Enviamos fotos, título universitario, partida de nacimiento, etc., como nos habían solicitado. La entrevista era dentro de un día en las mismas oficinas de Maersk Kapitolyo que visitamos las dos veces anteriores. El gran problema seguía siendo el dinero, pues no podíamos gastar, de momento, ni un solo peso más si queríamos mudarnos a una casa más cerca de las oficinas de Maersk y comprarme al menos dos pantalones y dos camisetas en las muchas tiendas de imitación y falsificaciones que había por todo Manila.

El plan era sencillo: me contrataban, usábamos los ciento cincuenta euros aproximados que nos quedaban para comprar algo de ropa decente para trabajar, intentábamos buscar un nuevo lugar para vivir cerca de Maersk y comprábamos algo de comida para escapar hasta que cobrase mi primer sueldo. Lo bueno que tenía este país era que el sueldo se pagaba cada quince días, es decir, se dividía en dos mensualidades iguales, por lo que solo tendríamos que aguantar esos días, hasta que entrase algo de dinero en nuestras arcas. En nuestra mente estaba trabajar unos, aproximadamente, cuatro meses o cinco y luego dejar la empresa para irnos a viajar de nuevo. Estaba seguro de que Beni conseguiría trabajo pronto también y así podríamos ahorrar aún más dinero para seguir viajando. La clave era decirle a la empresa que teníamos planes de estar en Manila por mucho tiempo y que así no se pensasen eso de pagarnos la visa o no, por si no les éramos rentables. Quizás les estábamos mintiendo, sí, pero nosotros teníamos nuestro objetivo y eso estaba por encima de todo, pensábamos.

Al llegar a mi entrevista, me esperaba el que sería mi *manager*, quien me explicó un poco cómo iba a ser todo.

—Tienes tres semanas de entrenamiento por la mañana y ya luego te incorporas al trabajo con todo el equipo. Ahí te explican cómo son los sistemas, los horarios, correos… Te unes al equipo, ¿no? —dijo TJ, como era su diminutivo, sonriente.

Yo no pude sino darle las gracias de corazón por la oportunidad que me estaba dando al incorporarme a su equipo, por hacer que nuestro sueño se extendiera un poco más pudiendo así volver a viajar, explorar y conocer Filipinas y otros países y, claro está, por poder disfrutar de la experiencia completamente nueva para mí de trabajar y vivir tan lejos de Canarias, mi casa.

Después de aceptar formalmente el contrato que me habían ofrecido en Maersk Line, me volvieron a citar al día siguiente para presentar todos los papeles en físico que me hacían falta para el alta. Aparte de eso, me dijeron la oficina de empleo a la que debía acudir para sacar el carnet de mi inscripción en la Seguridad Social y la otra sede donde tenía que darme de alta como trabajador extranjero. Aquello era una dura prueba de burocracia para nosotros. Beni aprovechó y sacó también su carnet, estábamos seguros de que tarde o temprano la llamarían a ella también. Allí, tras entregar las fotos y cumplimentar unos veinte papeles distintos, nos colocaron en una enorme fila que iba pasando por una serie de ventanas, en las cuales entregamos cada uno de los papeles que nos pedían. Comprobaban si tenías antecedentes penales, problemas con la ley, familia…, hasta llegar a la foto final y la entrega del carnet. En total, unas cinco horas de burocracia filipina.

Con todo entregado y cumplimentado con mi nuevo empleador, Maersk Line, solamente tenía que esperar que me confirmaran cuándo empezaba mi entrenamiento. Decidimos entonces, mientras esperábamos y encontrábamos un nuevo piso de alquiler en Manila, irnos a una isla al sur de Luzón para pasar los últimos días de libertad antes de empezar a trabajar de nuevo.

Esta isla era Romblon, famosa por sus increíbles fondos coralinos y sus calmadas aguas. La manera más barata de llegar y la única que podíamos permitirnos nosotros era un barco nocturno que hacía el trayecto entre Batangas y la isla dos veces en semana, lleno de literas para compartir y con un karaoke bar en su parte trasera.

Maersk nos confirmó que mi entrenamiento empezaría en dos semanas; normalmente empezaban el día quince o treinta de cada mes, para agrupar suficientes nuevos empleados y hacer los entrenamientos todos juntos. Esto era perfecto para nuestro plan, iríamos a Romblon una semana y volveríamos a tiempo a casa de Bob para mudarnos a nuestra nueva casa con calma. Esa misma noche, salimos hacia el puerto de Batangas, desde donde salió nuestro barco para la isla de Romblon. Allí, justo cuando ya estábamos montados en el barco sobre las ocho de la noche, me llamaron desde la oficina.

—Buenas tardes. Necesitamos que presente su visado de trabajo con el papel sellado de la renovación para poder darle de alta… Tendría que ser mañana por la mañana.

Simplemente eso. Yo no sabía qué decir o hacer. Ya había presentado todo lo que me pidieron y ellos mismos me habían confirmado que estaba todo correcto, pero por algún motivo, eso se les había olvidado. Tenían mi pasaporte con el sello, pero necesitaban el papel original que me habían dado firmado cuando renové el mismo. Cuando le dije a la chica que no me lo habían pedido cuando estaba por sus oficinas y que yo ya no volvería a Manila hasta dentro de una semana, empezaron los problemas:

—Si no se presenta, no podremos darle el alta. Y no creo que a tu *manager* le guste que te retrases para empezar el entrenamiento… —amenazó la chica del teléfono, acostumbrada a la sumisión de muchos de los empleados en este tipo de *call centers* en Asia.

Fue aquí donde ya, tras explicarle de nuevo y ver que ella no quería ni oírme, me puse en mi sitio.

—¿Sabes qué? No voy a ir y, es más, el fallo fue de ustedes, que tras revisar toda mi documentación me dijeron que estaba todo correcto. Así que si a mi *manager* no le va a hacer gracia que me retrase en mi entrenamiento por un fallo que ustedes mismos cometieron, no voy a trabajar con ustedes… —dije antes de colgarle.

En este punto fue como pasar del cielo a la tierra de nuevo. Lo habíamos conseguido tras mucho buscar y buscar días enteros, exámenes, entrevistas… Y ahora se esfumaba todo de nuevo y volvíamos a la realidad de hacía unos días. Nos tendríamos que volver a casa de nuevo, sin dinero y a mitad de nuestro camino.

Llegamos a Romblon, pero nuestros ánimos ya no eran los mismos. Algo dentro de nosotros no estaba de acuerdo, estaba triste por cómo había sido todo esto al final. Intentamos sobreponernos lo mejor que podíamos y buscamos un lugar barato donde pasar unos días de playa y buceo. Romblon era un jardín de coral con aguas transparentes y llenas de vida, con un ritmo de vida tranquilo y con tan solo una carretera que bordeaba la pequeña isla de lado a lado. Esta isla era el lugar perfecto para hacer un resumen y recordar la locura de todos estos últimos días de espera, incertidumbre, alegría y tristeza después. Nuestro hostal tenía una pequeña playa justo delante con un montón de corales no muy profundos para explorar. Ese era el plan, pasar allí estos días buceando y disfrutando de la colorida y variada vida marina de la isla y recorrer la misma uno de los días en moto.

Al segundo día de nuestra estancia en Romblon, recibimos la llamada de Julen, la misma persona que nos había hecho las pruebas de español en Maersk. Julen nos llamaba para preguntar por lo que había sucedido. Tras explicarle todo bien, con todo lujo de detalles y cronología exacta, Julen nos dijo:

—Bueno, voy a ver qué ha pasado aquí exactamente. ¿Seguro que ya no quieres el puesto de trabajo?

Realmente, sí quería, quizás me había precipitado al decirle a la chica de Recursos Humanos todo lo que le dije, pero es que era todo cierto y las injusticias no nos gustaban. Necesitábamos el trabajo, claro, más que nada, pero es que realmente no podíamos volver a Manila hasta el jueves mínimo.

—Claro que sí, Julen, claro que me encantaría trabajar con ustedes —le respondí con voz firme.

Finalmente, Julen volvió a llamar ya muy entrada la tarde, cuando Beni y yo estábamos cenando arroz con *gulay*, 'verduras' en tagalo.

—Mira, tienes razón. Ha sido un error de la oficina al no comprobar bien toda la documentación entregada. ¿Cuándo podrías estar finalmente por Manila? He hablado con tu *manager* y no hay ningún problema con esto —dijo Julen.

Enseguida busqué a Beni con la mirada, que estaba atenta a todo lo que decía, y ella comprendió, solo viéndome, que estábamos dentro de nuevo.

—Solo tienes que prometerme que, mínimo, vas a estar aquí un año, ¿eh? —dejó caer Julen antes de colgar.

Ahí estábamos de nuevo, ¡había conseguido trabajo en Filipinas! Todo volvía a cambiar de nuevo, una vez más.

Pasamos los siguientes días buceando entre los corales, recorriendo la isla de Romblon en moto y visitando su parte norte, más conocida como la «fábrica de mármol», en donde pudimos ver a todos los artesanos de la zona creando figuras o cortando este preciado material, que luego vendían en grandes cantidades a Manila. Le habíamos dicho a Julen que estaríamos por las oficinas para presentar el papel extraviado la próxima semana, por lo que podíamos volvernos en el barco del domingo de madrugada para estar en las oficinas de Maersk el lunes, así que aprovechamos para, una vez vista la tranquila isla de Romblon, coger el transbordador que nos llevaría a la isla de Sibuyan, a una hora de recorrido de allí, también conocida como la Galápagos de Asia.

No comprendimos el porqué de este apodo hasta que llegamos allí. Realmente era como estar en otro país distinto a Filipinas. Altos pinos, bosques, ríos y barrancos, todo era distinto por aquí. No había playas como tal, solo piedras y acantilados. Su montaña más alta, Guitin-Guitin, era la más dura de todo el país y de las más duras de Asia, un reto que nos llamaba mucho la atención, pero para el cual, en este momento, no estábamos preparados. Ni una sola palmera o cocotero por allí, las gentes eran distintas también, más callados y reservados, pero muy amables. Estuvimos por la isla solamente dos días, visitando algunos barrancos y ríos, quedándonos con las ganas de visitar, debido al fuerte oleaje de la zona, la pequeña isla de Cresta de Gallo, conocida por sus finas arenas blancas y sus corales. Tendría que ser en otra ocasión.

Ya en el barco de vuelta a Batangas, durante la noche del sábado al domingo, planeando cómo íbamos a hacer para conseguir un piso nuevo donde mudarnos sin prácticamente un euro y cómo íbamos a comprar ropa y todas esas cosas necesarias antes de empezar a vivir allí, apareció Zyrele.

—Hola, ¿les ha gustado Romblon? No vienen muchos turistas por aquí… —nos dijo, mientras se presentaba.

Zyrele era una chica que trabajaba para una agencia de viajes en Manila y la casualidad quiso que coincidiéramos en ese barco ese día. Muy pronto ella y Beni ya estaban hablando de todo, como si se conocieran de toda la vida. Cuando le contamos que íbamos a vivir y trabajar allí en Manila, ni lo dudó, intercambiamos nuestros teléfonos y quedamos en vernos pronto para que nos diera unas cuantas claves de cómo buscar piso, zonas, metro… Todo lo necesario para sobrevivir en la gigantesca ciudad mientras trabajábamos.

Ya en Manila, después de compartir guagua de vuelta a la ciudad con Zyrele, ella misma nos compró una tarjeta recargable para el metro y nos dijo cómo utilizarla.

—Con esta tarjeta se ahorran treinta pesos con cada viaje y es recargable —dijo Zyrele en la estación de metro antes de separarnos—. Acuérdense, se bajan en EDSA y allí cambian de metro para ir hasta Malate —nos confirmó.

Zyrele se había convertido en nuestro primer contacto real en Manila, nuestra primera amiga en Filipinas, y eso, para la que se nos venía encima, nos iba a ayudar mucho.

Ya en casa de Bob, empezamos a contactar con algunos pisos en alquiler cerca de Maersk. Nosotros lo teníamos claro, nos daba igual el barrio, si era menos o más rico, si era más limpio o si era más bonito, lo que queríamos era ir caminando al trabajo; ni taxi ni triciclo, y mucho menos metro. Llamamos a varios y les explicamos la situación, firmaríamos por un año, aunque nuestro plan era otro. Nos instalaríamos este mes, pero tendríamos que pagar a finales de mes, o sea, cuando cobrara yo, pues no teníamos dinero para nada más. No había muchos lugares decentes cerca de las oficinas de Maersk y los que había tenían precios desorbitados que, aunque fuéramos a trabajar allí, no podíamos pagar si queríamos ahorrar y viajar.

El sueldo que iba a recibir como *process expert* —el nombre que tenía el puesto que me habían dado, pero que realmente no tenía ni la más mínima idea de qué se trababa— iba a ser de unos sesenta y cinco mil pesos filipinos, unos mil ciento cincuenta euros al cambio, aproximadamente. En comparación con los salarios de los locales, era un sueldo bastante alto, cosa que me parecía muy injusta y me irritaba bastante, y eso que aún no conocía a mis compañeros. Los precios de todo, generalmente, salvo que vayas a por marcas o sitios muy exclusivos, eran mucho más baratos que en Europa. Por ejemplo, el precio de una comida normal, un plato más la bebida, era de unos doscientos pesos; una barra de pan te costaría unos cincuenta pesos; un viaje en taxi, dependiendo de la distancia, unos trescientos pesos; una hamburguesa en la calle, veinte pesos; un menú en el McDonald's, sobre los doscientos pesos…Y así con todo. El alquiler de un condominio estaba sobre los veinte mil pesos el más barato, y de ahí hasta los ochenta mil pesos, pero eso no era para nosotros.

Dada la gran negativa a aceptar el pago aplazado del alquiler en la mayoría de los casos, se nos ocurrió usar Airbnb, que tantas veces nos había funcionado anteriormente. Contactamos con un anfitrión que tenía un estudio de unos veintinueve metros cuadrados, más un baño, en alquiler dentro del Hotel ACE, cruzando un par de calles hasta llegar al lugar donde estaban las oficinas de Maersk. Quedamos con el dueño en el centro comercial cercano a la casa, pues queríamos hablar primero con él antes de firmar nada. Le contamos todo a Princeton, nombre del dueño, le ofrecimos pagarle una semana de Airbnb y luego, si nos gustaba la casa, nos quedaríamos un año allí, dejándole nuestro pasaporte y nuestros datos como señal de que íbamos a pagarle y, también, haciéndole un depósito de otros quince mil pesos filipinos como acto de fe. Yo había cogido la costumbre de contarle a todo el mundo que me preguntaba un poco sobre nosotros, nuestro gran viaje desde Madagascar hasta llegar a Filipinas, cosa que pareció encantarle a Princeton, que también era amante de los viajes. Finalmente, cuando ya tenía que tomar una decisión, se terminó su café y dijo:

—A veces, necesitamos la ayuda de otros para poder empezar, ¿verdad? Vale, lo hacemos así, pero necesito que me den copia del contrato de trabajo, y si se van antes, me quedo con el depósito que me entreguen.

Tener casa en Manila era algo que daba nervios y alegría al mismo tiempo, nunca habíamos vivido tan lejos de casa. Del centro comercial, nos fuimos a ver el piso con Princeton antes de firmar nada. El piso estaba dentro del Hotel ACE, en el barangay Kapitolyo. Dos enormes torres de veintiuna plantas cada una formaban este hotel. Pese a que se accedía por la misma entrada y compartían el mismo recibidor, la torre de la izquierda era la dedicada exclusivamente al hotel, con su *spa*, restaurante y piscina en su parte baja, y la otra torre, la que estaba hacia la derecha, era la de los condominios, la que sería la nuestra. También teníamos dos seguratas o *kuyas,* como se dice en tagalo a modo de respeto a esa figura de guardián o hermano mayor, esperando en la puerta de nuestra torre. Nos montamos en el ascensor y subimos hasta la penúltima planta, donde estaba situado nuestro piso.

—Bienvenidos a su nueva casa —dijo Princeton sonriente mientras abría la puerta.

Al abrirse del todo la puerta, lo primero que alcanzamos a ver fue la enorme ventana que ocupaba toda la pared de enfrente, desde el suelo hasta el techo, mostrando gran parte de Manila y parte de Laguna al fondo. Esa era la única ventana de toda la casa, tampoco eran necesarias más. El piso tendría unos treinta metros cuadrados solamente, todo en uno, cocina, comedor y dormitorio repartidos en los mismos y escasos metros cuadrados, eso sí, de manera muy eficiente. Todo estaba a la vista, exceptuando una pequeña habitación que daba al baño. Para muchos, quizás no sería lo suficientemente grande, pero Beni y yo, si algo teníamos claro era que no ocupábamos mucho espacio, es decir, llevábamos mucho tiempo viviendo con nuestra casa al hombro y nos podíamos adaptar a todo, por lo que este piso nos pareció enorme y perfecto para nosotros. Luego Princeton nos llevó a la última planta del edificio, donde nos terminó de convencer con las vistas trescientos sesenta grados a toda la ciudad, con Makati y BGC al fondo y sus enormes y raros rascacielos adornando las vistas. A mí, personalmente, me había convencido nada más entrar por la puerta principal del hotel. «¿Cómo vamos a pagar todo esto?», pensaba a cada rato, olvidando por un segundo que había conseguido trabajo.

Princeton me terminó de enamorar cuando me mostró el gimnasio común que teníamos disponible en una de las salas del último piso.

—Nos gusta mucho, Princeton —dijo Benaiga—. Hacemos los cinco días de pruebas y, si no vemos ningún bicho, nos lo quedamos —concluyó Beni, medio en broma, medio en serio, pues después de salir de casa de Bob, nos prometimos que nuestra casa en Manila no tendría ni una sola cucaracha, ya habíamos visto muchas por el camino.

Salimos de allí rumbo a Malate de nuevo y deseando instalarnos cuanto antes en nuestra nueva casa para empezar nuestra nueva vida en Kapitolyo.

Vuelta a tener una rutina

Empezaron los entrenamientos para incorporarme a mi puesto de trabajo en Maersk Line. Todo era nuevo para mí y en verdad agradecí este tipo de ejercicios donde me explicaban, desde por la mañana hasta cerca del mediodía, qué hacían en Maersk, cuáles eran sus objetivos, cómo tratar con un cliente de Maersk, mis funciones, mis derechos, mis obligaciones… Básicamente, te programaban antes de soltarte a la guerra. Todo estaba genial y muy bien planteado para los nuevos empleados, salvo por un detalle pequeño pero muy importante, al menos para mí: todo era en inglés.

Mi inglés era muy flojo aún. Sí, sabía tener una conversación, pero aún estaba muy lejos del nivel del resto de mis compañeros, compañeros estos de otros equipos que también habían sido seleccionados para empezar a trabajar el próximo mes, como yo. Por suerte para mí, uno de los chicos, Gian, hablaba perfectamente español, pues venía de trabajar en atención al cliente de Facebook para Latinoamérica en Manila. Gian hacía de traductor para aquellas cosas que yo no entendía o que se decían muy rápidas. También ayudó muchísimo que nuestro entrenador y primer contacto en Maersk fuera Rosse. Él lo hacía todo mucho más fácil, siempre vacilando y riéndose, dejándonos muchas facilidades para los exámenes que, obligatoriamente, teníamos que pasar cada día. Rosse también hablaba algo de español, pues también trabajaba para el equipo del Caribe, así que me lo intentaba explicar de alguna manera.

Pasaron las semanas y ya tocaba empezar a trabajar de verdad en mi puesto junto al resto de mi equipo. La última tarde de mi entrenamiento, Rosse nos dio las últimas instrucciones a cada uno de nosotros, para empezar el lunes.

—Ya estás listo, el lunes tienes que estar en tu planta a las dos de la tarde. Cuando entres busca a TJ, el que te hizo la última entrevista. Él te explicará todo. Mucha suerte, Alexis —dijo cuando llegó hasta mí.

Recuerdo que ese fin de semana no pude dormir absolutamente nada, estaba muy ansioso, como si algo dentro de mí se resistiera a pasar por el aro y tener que trabajar de nuevo. Realmente yo quería ser libre, por eso nos habíamos ido de Tenerife y ahora, aunque fuera en Filipinas, después de todo este tiempo siendo lo que realmente queríamos ser, viajando totalmente desconectado del tiempo sin saber durante meses qué día o qué hora era, viviendo según las horas de sol, las mareas o el hambre que tuviéramos, tocaba volver a disfrazarse y sentarse delante de un ordenador durante horas a cambio de un salario. Dicho así, sonaba totalmente mal en mi cabeza; luego, mientras lo hablaba con Beni, empezaba a ver el sentido de todo nuevamente. Teníamos que ganar dinero si queríamos seguir viajando, esto era un paréntesis en el viaje y una nueva experiencia que tenía que disfrutar, siendo agradecido por la oportunidad que nos estaba dando la vida. El dinero mandaba en el mundo, y ahora necesitábamos eso.

El primer día

Ese fin de semana también fuimos al mercado de imitaciones para conseguir algo de ropa y aguantar, al menos, hasta cobrar mi primer sueldo. Por menos de dos mil pesos filipinos, conseguimos unos zapatos, tres camisetas y dos pantalones, suficiente para escapar durante un mes. El domingo de mañana, nos mudamos a nuestra nueva casa en el Hotel ACE. Nos despedimos de Bob, su hermano y su primo, que estaban por allí también, invitándolos a visitarnos cuando quisieran, y acto seguido cogimos el metro por última vez desde Malate.

El lunes a mediodía, ya estaba listo y vestido con toda mi ropa nueva para ir a Maersk. Era curioso despedirme de Beni para irme a trabajar, ella siempre me había acompañado en todas las entrevistas y visitas a Maersk, pero esta vez se quedaba en casa. Uno de mis objetivos una vez estuviera dentro de Maersk era conseguir que llamaran a Beni y que la contrataran en la empresa, hablar día tras día con Julen para convencerlo de que tenía que contratarla también. Así, con los dos trabajando, podríamos ahorrar mucho más dinero e irnos incluso antes.

Al llegar a mi planta y traspasar la puerta donde estaba el *kuya*, no sabía muy bien si ir hacia el pasillo de la derecha o hacia la izquierda, en donde había una puerta. Entonces, de esa puerta vi salir a una chica más o menos de mi edad, de pelo oscuro y corto que iba hablando con su teléfono muy distraída, pero por unos segundos nos cruzamos las miradas y nos sonreímos. Esa fue la indicación que necesitaba para saber que debía ir hacia ese lado. Tras atravesar la puerta por donde apareció la chica, de frente, un tabique con los símbolos de Maersk pintados distribuía a las personas que entraban hacia ambos lados de la sala. Caminé de nuevo hacia la izquierda, por inercia, imagino, y de pronto, tras entrar a la sala, me quedé parado en seco.

Cientos de mesas, ordenadores, sillas y personas allí sentadas en línea, una tras otra, y eso solo a este lado de la sala. Miré hacia el otro y estaba exactamente igual, pero con los ordenadores y mesas vacías. Estaba en *shock,* jamás había visto tanta gente trabajando al mismo tiempo.

Mi reacción fue automática. Instintivamente, me di la media vuelta antes de que me viera alguien y volví a meterme detrás del tabique. Extrañamente sentí mucha vergüenza y me intimidó ver tanta gente allí dentro. No me intimidó ver aquel enorme elefante en Sri Lanka tan cerca de la moto, o ser los únicos turistas durante semanas en las remotas islas de Andaman, por decir algo, pero no pude ni dar un paso más en aquella habitación tan enorme. Salí por la misma puerta que había entrado y caminé por el pasillo en dirección opuesta hasta llegar al final de este. Me topé entonces con una pequeña sala formada por un comedor y una cocina pequeña en donde servían varios platos de comida filipina para tomar allí mismo. No sé si fue el sonido de la radio que se oía de fondo o la tranquilidad que había en el comedor, pero tras unos minutos de paz, me serené y volví a la planta de trabajo.

Volví a entrar, pero esta vez no me paré a pensarlo, me acerqué a la primera fila que vi para preguntar por TJ, mi *manager*. La chica, sonriendo, me señaló varias mesas más adelante, allí estaba él sentado en la primera mesa de la fila. TJ me presentó al equipo, o al menos a los que estaban allí a esa hora.

—Siéntate junto a Roa, ella es la mejor para que veas más o menos cómo hacemos las cosas. Aún no está listo tu puesto para que accedas al ordenador —dijo.

Todo esto en inglés, claro. Yo me quedaba con las palabras claves y así podía entender más o menos qué debía hacer. Pregunté a los otros dos chicos que estaban allí sentados, Dean y Dani, quién era Roa.

—Tranquilo, fue al baño, ahora viene. Siéntate por ahí —dijo Dean señalando la silla que estaba junto a su estación de trabajo.

Ellos tampoco parecían muy habladores, o por lo menos conmigo; entre ellos sí parecían pasarlo en grande hablando y vacilando en tagalo.

No me lo podía creer, al cabo de un rato apareció Roa con un té helado en la mano. Resultó ser la misma chica con la que me había topado en el pasillo de la entrada, justo cuando llegué. Roa también se dio cuenta y nos reímos al percatarnos de la coincidencia. Luego empezó a hablar en inglés muy rápido, quizás demasiado para mí. Yo trataba de anotar algunas de las cosas que decía, pero se me escapaba casi todo. Roa parecía un robot, manejaba todos los atajos del teclado, saltaba de un programa a otro en segundos, cientos de clics… Y el caso, nombre con el que se llamaba cada tarea, estaba resuelto.

Los casos entraban a un programa que te contaba el tiempo que tardabas en resolverlo. Cada caso era un problema o petición que hacía un cliente sobre sus envíos, contenedores, pagos, documentación, etc. Al cabo de una media hora, Roa dijo claramente:

—Estos impacientes, ¡siempre quejándose por todo! —haciendo referencia a un caso que estaba resolviendo.

Automáticamente, yo le respondí en español también:

—¿Son muy pesados? —Nos reímos un rato y Roa empezó a hablar en un perfecto español.

Ella era filipina, pero había crecido y vivido en Ecuador muchos años, por lo que hablaba español perfecto. Eso fue un gran alivio para mí, al menos con ella podía hablar y entender bien lo que me decían. Poco a poco fueron llegando los otros miembros del equipo, todos filipinos, menos un señor de unos cincuenta y pocos años natural de Barcelona, pero que llevaba en Filipinas muchos años y al que todos parecían tenerle un respeto especial. Enseguida se me acercó y me saludó preguntándome de dónde era, luego se sentó en su estación de trabajo, una fila más atrás, y ya no levantó más la cabeza de la pantalla.

Mi primer día en la oficina estaba llegando a su fin, la misma Roa fue quien me dijo que podía tomarme un descanso.

—Normalmente, tenemos media hora para ir a comer. Puedes ir tú ahora y yo voy luego —dijo.

Aproveché esa media hora para recorrer las otras siete plantas de Maersk, todas igual de llenas de gente trabajando y algunas con cocina y restaurante también. El edificio conectaba con un centro comercial y muchos de los empleados bajaban al mismo a comprar o a tomarse su descanso. Al cabo de un rato subí de nuevo a planta. Curiosamente, mi lado de la sala se estaba empezando a vaciar a medida que se iba llenando el otro, los del turno de la noche, que trabajaban para Latinoamérica, Caribe… Cuando salía a la calle eran las once y media de la noche. Me sentía raro, sentía la ansiedad de estar traicionándome a mí mismo y a nuestra idea de ser libres. Llegué a casa muy cansado y corriendo. Al ver a Beni allí esperándome, todo cobró sentido de nuevo. Fue como volver a estar de viaje, ella me lo recordó con tan solo una mirada. Por unas horas, lo había olvidado todo, había olvidado los lémures gritando en los altos árboles de la selva, las arenas blancas y cegadoras de la isla de los piratas, las lluvias casi torrenciales en la India… Todo. Pero ella me hizo volver a recordar todo eso de nuevo; es más, con esa mirada bastó para comprender que eran necesarias esa rutina y esas horas en el ordenador antes de seguir persiguiendo nuestros sueños.

Amigos-hermanos filipinos

Poco a poco y día a día, nos fuimos adaptando a todo. Las primeras semanas, cada mañana antes de ir a currar, hacíamos excursiones por el barangay descubriendo más y más lugares con encanto, sitios para comer, plazas, calles sin coches, bares para tomarnos unas copas, supermercados baratos donde conseguir comida para nosotros… Eso sí, si el fuerte sol nos dejaba; si no, nos quedábamos en casa hasta que yo entrara a trabajar, descansando y planeando nuestros futuros viajes.

En el trabajo, empecé a hacer las primeras tareas solo o junto a Mark, un chico filipino que entró a trabajar en el mismo equipo que yo, pero solo una semanas antes. Mark y yo rápidamente congeniamos como colegas. Pese a que mi inglés seguía siendo bastante pobre, Mark, con una paciencia a veces infinita, me entendía lo suficiente para poder comunicarnos. Él también hablaba algo de español, por lo que cuando me trababa mucho en contarle algo, se lo explicaba en español. Todo un cuadro vernos hablar sentados juntos. Pronto Mark empezó a ser mi primer colega en la oficina y creamos nuestra propia tradición o ritual de colegas de curro.

Antes de empezar a responder los casos y a los clientes, nos juntábamos para tomar café del que regalaban en todas y cada una de las cafeterías que había en el edificio de Maersk. A la empresa le interesaba tener a los empleados despiertos, imagino. Si teníamos turnos distintos, normalmente yo entraba antes a trabajar y él a última hora. Yo dejaba lo que estaba haciendo cuando él llegaba, e íbamos a la cafetería a hablar o criticar al jefe un rato. Solíamos hacer planes para el fin de semana o le contaba lugares de su país que había conocido antes de empezar a trabajar. A él fue la primera persona a la que le conté nuestro verdadero plan, el de irnos en cuatro o cinco meses y volver a viajar libres. La sorpresa fue que él tenía planes similares de abandonar la empresa cuanto antes también. Durante la hora de la cena, seguía bajando yo solo al centro comercial, en realidad me gustaba caminar por allí durante mi descanso, organizando un poco todo lo que me pasaba por la cabeza.

Casi todos los días en esa hora que tenía para cenar, bajaba por las escaleras sabiendo que me iba a topar con Julen, la persona que resolvió lo mío con el pasaporte y que nos dijo que al menos estuviéramos un año. Normalmente subía también a esa hora a cenar a mi planta con sus compañeros. Siempre le pedía que si podía hacer algo por meter a Beni a trabajar en Maersk, hasta que, finalmente, al cabo de un mes, Julen cumplió su palabra y le consiguió trabajo a Beni en la sexta planta, Finanzas. Beni había tenido, *a priori*, más suerte que yo, pues todos sus compañeros eran españoles que trabajaban allí. Imagino que porque casi todo su trabajo se desarrollaba por teléfono y de ahí que necesitaran españoles de lengua materna. Ella se adaptó muy rápidamente, casi nada más empezar a trabajar ya tenía compañeras con las que iba a cenar y no tardó mucho en empezar a salir a tomar copas e ir de cena con todos ellos. También su horario era mucho mejor, acababa siempre a las diez de la noche. Finalmente, lo habíamos conseguido, estábamos los dos trabajando en la misma empresa y pudiendo ahorrar para nuestro gran objetivo. Nos sentíamos muy afortunados y agradecidos después de todo lo que habíamos hecho para llegar hasta allí.

Volviendo a Mark, con el paso de los días nos fuimos haciendo más y más colegas. La hora del café se había convertido en el mejor momento del día para mí. Un viernes noche, después de que TJ nos comprara unas *pizzas* para celebrar los buenos resultados obtenidos por el equipo toda esa semana, cosa esta que era muy frecuente en las empresas filipinas siempre que se quería celebrar algo obsequiando con dónuts, helado o *pizza* a todos sus empleados, Mark y yo dijimos de ir a tomarnos unas cervezas juntos después del trabajo. Total, él siempre se solía quedar por allí cerca esperando a que su novia terminara de trabajar a las tres de la mañana.

Dicho y hecho. Salimos de trabajar y fuimos a tomarnos unas cuantas Red Horses al Smoke, un bar situado en una esquina de mi barangay, con un par de mesas en el exterior y ventiladores para combatir el calor extremo de Manila, pero lleno de cucarachas que aparecían casi por cualquier lado de la mesa. De ahí saltamos al St Patricks, un bar de estilo irlandés, completamente de madera, con aire acondicionado y un poco más caro. Luego a otro y a otro… Así hasta acabar muy perjudicados dando tumbos por el barangay.

De pronto, Mark recordó que tenía que recoger a su novia en Maersk y se fue pitando a las oficinas. Después de esa noche, estuvimos varias noches sin volver a salir, cosas de novias y horarios, pero repetimos muchas más veces, siempre con el mismo resultado.

Llegaron las Navidades, nuestras primeras Navidades en Filipinas y trabajando. Las oficinas de Maersk eran un exponente máximo de las mismas: luces por todos lados, árbol de Navidad, gorros de Papá Noel… Nuestro hotel tampoco se quedaba atrás, los villancicos y canciones navideñas sonaban siempre en la entrada del mismo y un enorme árbol de Navidad adornaba la sala de espera en recepción. Era extraño, pero allí, tan lejos de casa y en un país tan tropical y cálido como Filipinas, las Navidades se notaban muy fuerte en la gente y los comercios.

Un viernes por la noche en la oficina, de repente mi *manager* y otros cuantos más de otros equipos aparecieron por la sala empujando un televisor, unos altavoces y un megáfono. Acto seguido empezaron a repartir papeles y crearon una tómbola allí mismo, con regalos, principalmente comida y cosas de oficina. Esa noche, muchos de los integrantes de mi equipo, incluido mi jefe, propusieron ir, al salir del trabajo, a cantar a un karaoke. Yo ya había estado en algún que otro karaoke, pero siempre en provincia, nunca imaginé el despliegue y lo importantes que son este tipo de locales en Manila.

Solo fuimos unos pocos del equipo a cantar al karaoke. Nos organizamos en varios coches y nos pusimos en camino. El lugar era una casa entera llena de habitaciones completamente aisladas con enormes pantallas, altavoces, luces de discoteca, cómodos sillones, aire acondicionado y una enorme mesa en el centro. Encerrados allí dentro, empezaron a llegar cubos llenos de cervezas y platos de comida. Mis compañeros se tomaban el cantar muy en serio. Algunos de ellos eran auténticos especialistas en ciertas canciones. Yo, ya con muchas Red Horses encima —hay que tener en cuenta que esta cerveza tiene siete grados de alcohol y a la tercera que te tomas sentado ya estás casi despegando—, me arranqué por petición de todos con algunas canciones en español.

Esa noche entre risas pude conocer más a Juan y a Dean, ellos eran de los pocos que también me seguían el ritmo con las cervezas, aparte de Mark, que nos llevaba ya cierta ventaja bebiendo. Nos quedamos allí nosotros cuatro y el jefe, visiblemente muy cansado y que tan solo esperaba para que decidiéramos terminar, pagar la cuenta de todo e irse a su casa. Finalmente, nos fuimos los cuatro de allí en busca de otro bar donde seguir bebiendo un poco más, pero poco a poco fuimos cayendo uno tras otro en el desánimo que da la cerveza y el cansancio del trabajo acumulado durante la semana y nos retiramos. Fui yo quien les dijo:

—Una retirada a tiempo es una victoria.

Mientras, tratábamos de parar un taxi para volver a casa.

Juan era un señor, como así lo llamaban en el trabajo, imagino que debido a su edad rondando los cincuenta y cinco años. Él llevaba muchos años en Filipinas, llegó al país casi de casualidad y tras varios cambios y giros inesperados, acabó trabajando en Maersk. Llevaba trabajando en la compañía desde los inicios de esta en Filipinas y todo el mundo lo conocía en la empresa. De ideas fijas y siempre atento para dar su opinión o protestar cuando creía que algo estaba mal o podría mejorarse, no estaba muy bien visto por los altos jefes de la empresa. Normalmente, en las empresas de Filipinas, al menos en los *call centers* como Maersk, no les gustaba que se cuestionaran las ideas de los superiores, por eso había tanto *manager, team leader, senior…* La jerarquía era algo incuestionable para los trabajadores de este tipo de empresas, pero a Juan eso le daba un poco igual y siempre tenía algo que decir en las reuniones o cuando se cambiaba algo del sistema de trabajo por parte de algún jefe.

Después de aquella noche empezamos a hablar más en el trabajo. Él siempre había sido un enamorado de Canarias, pues había estado allí varias veces cuando trabajaba de marinero. Me explicó alguno de sus trucos para trabajar más eficiente, pero eran demasiado locos para que yo los entendiera tan pronto. Señor Juan empezó a juntarse conmigo para ir a cenar y poco a poco nos fuimos haciendo colegas de curro. Él era un experto de Manila, había recorrido cada rincón y casi cada barangay de la misma. Siempre tenía algún barrio pendiente de visitar, decía, pero realmente conocía la ciudad y su historia mejor que nadie.

Dean era todo pasión. Tenía un objetivo en mente y no pararía hasta conseguirlo, visitar todas y cada una de las setenta y nueve provincias que componen Filipinas. Ya llevaba cuarenta y dos, pero tenía varios viajes programados a corto plazo. Con Dean pasaba algo curioso, seguía como un poco distante conmigo, es decir, no terminaba de confiar en mí, o al menos eso era lo que yo sentía. Al fin y al cabo, después de Juan y Laura, una chica de Navarra que llevaba poco más de un mes y medio trabajando en el equipo y que iba a su rollo, nosotros éramos los únicos extranjeros en el grupo, con todo lo que eso conlleva. Por solo poner un ejemplo, tan solo por tener el español como lengua materna ya teníamos un extra bastante grande en nuestro sueldo. Eso no ayudaba a hacer amigos, entrar en un grupo en el que muchos de sus miembros hacían el mismo trabajo, más rápido y mejor que yo, pero cobrando menos. Cierto es que cada año tenían la oportunidad de acceder a cobrar más haciendo el examen de español para subir de nivel, pero, como todo, tenía su truco.

Cuando con el paso de los días empezamos a hablar un poco más contándonos nuestros viajes, las anécdotas, todo lo que nos gustaría visitar en Filipinas, etc., nos dimos cuenta de que, realmente, teníamos muchas más cosas en común de lo que pensábamos. Le encantaba hablar sobre las montañas que quería subir, lo hacía con tanta pasión que me podía imaginar allí arriba con él. Fue entonces cuando un día, después de varias semanas de conocernos y empezar a hablar, le falló un miembro del grupo de caminatas que tenía montado para viajar cada fin de semana por las provincias. Me propuso ir con ellos en su lugar, todo estaba cuadrado y dividido para pagar entre cinco, y yo sin pensarlo ni un segundo acepté la invitación.

El siguiente viernes noche, después de salir de trabajar a las once y media de la noche, habíamos quedado en que me recogían a las tres de la mañana. «¡Jodido tráfico de Manila y sus colas kilométricas!», pensaba.

Casi sin dormir, me subí en ese coche y saludé a los otros miembros del equipo de Dean. Tras casi cinco horas de viaje, dejamos atrás el cemento y el ruido para empezar a adentrarnos por el bosque. Finalmente llegamos a un humilde barangay, donde tras registrarnos y pagar las tasas correspondientes, nos montamos en un *jeepney* de montaña y comenzamos la aventura por el bosque adentrándonos aún más en su corazón. Cuando ya no pudo avanzar más, empezó la verdadera caminata río arriba, siguiendo su cauce.

—No es muy difícil, nivel tres o cuatro —me dijo Dean en la oficina.

Las caminatas y montañas se clasificaban en una escala del uno al diez, siendo diez el infierno en vida, y el uno, un paseo por la ciudad. Para mí, aquello me estaba costando mucho, sería por el tiempo que hacía que no caminaba por el bosque, por mi calzado, que no era el más adecuado para este tipo de caminatas, o también por el hecho de no haber dormido nada el día anterior, pero fuera como fuese, yo estaba bastante rezagado y adormilado, mientras que el resto de amigos de Dean parecían muy activos y despiertos. Total, que tras caminar por el río un buen rato, pasando por varias cascadas, cada cual más impresionante y larga que la anterior, llegamos a la cima de la montaña. Desde allí las vistas eran tranquilizadoras y apacibles, todos quedamos en silencio contemplando lo que nos rodeaba. El esfuerzo y el cansancio parecían haberse olvidado por momentos. Nada de ruidos molestos, solamente la brisa del viento pasando por las hojas de los árboles y la laguna al fondo.

Después de unos cuantos minutos de fotos y de comer para recuperar fuerzas, empezamos la bajada por el otro lado de la montaña. Mucho más rápido y fácil, llegamos en pocas horas a la base de la montaña de nuevo. Allí, paramos a comer y beber unas cuantas cervezas antes de regresar a Manila. El grupo me dio su bendición y me citaron para las otras tantas caminatas que tenían ya preparadas y organizadas para los próximos meses. Yo solo pude beber en largos tragos la fría cerveza que tenía entre mis manos y replantearme mentalmente cómo había llegado a apuntarme a todo eso con lo reventado que yo estaba. Realmente lo habíamos pasado muy bien todos en esta montaña y Dean me había enseñado su verdadera pasión por los bosques y las montañas de su país. Por supuesto, no sería la última que hiciéramos juntos.

Habían llegado las Navidades, como dijimos anteriormente, y Maersk era una verdadera fiesta. Tanto que se había organizado un concurso de baile para la legendaria fiesta de Navidad de la empresa. Legendaria porque todo el mundo hablaba de ella. Los compañeros de Beni decían que era el momento en que no existía la jerarquía típica del día a día y que todos, borrachos gracias a las copas gratis e ilimitadas que daba la empresa en esa fiesta, solían perder el control. Mi equipo no era la excepción y debía inscribir a dos personas en dicho baile a modo de novatada. Nos habían elegido a mí y a Mark, pero este último rechazó la propuesta desde el primer momento. Yo, por el contrario, como no me enteraba mucho de qué iba el tema aún, dije que sí varias veces. Cuando me enteré bien y traté de salirme del grupo, Shane, mi *team leader*, me cogió y me dijo:

—Alexis, no te vayas, aquí conocerás mucha gente nueva y, quién sabe, puede que hagas muchos amigos. Si tú te quedas, vamos los dos juntos.

Me convenció realmente.

Las siguientes dos semanas fueron algo totalmente nuevo para mí como trabajador de una empresa; nunca había trabajado en una empresa tan grande como Maersk. A las ocho en punto de cada día aparecía por allí nuestro coreógrafo oficial para reclamarnos, al menos, durante tres horas o más. Nos íbamos a ensayar a la sala de juntas o salíamos a la calle a preparar los pasos.

Realmente yo era muy muy malo con el baile, pero afortunadamente no estaba solo. Junto a mí estaban Brent, James y Kevin, todos de otros equipos, pero que trabajaban para Iberia de una manera indirecta. Junto con ellos tres, formábamos un cuarteto que daba pena vernos bailar. Con este panorama, nuestro coreógrafo no se lo pensó mucho y nos dio tan solo seis minutos, contados de reloj, de actuación casi al final del baile, dejándonos el resto del tiempo escondidos tras el escenario. Nosotros estábamos encantados con eso. Mientras los otros ensayaban complicados saltos y pasos de baile, nosotros estábamos sentados allí hablando y riéndonos todo el rato. Muchas veces, el *manager* nos compraba *pizzas* y bebidas para el ensayo, por lo que teníamos todo lo que podíamos necesitar para pasarlo bien un buen rato allí sentados.

Brent y yo poco a poco nos fuimos haciendo colegas. Él era de la isla de Negros, al sur de Filipinas, un lugar al que yo estaba decidido ir algún día a explorar en busca de olas. Como sabíamos que sobre las ocho nos iban a llamar para ir a ensayar, solíamos quedar un poco antes para un café o comer algo en la cafetería y de allí nos íbamos a la sala de juntas con los demás, o donde hubiéramos quedado ese día. Brent tenía la paciencia suficiente para hablar conmigo y nos reíamos de todo, junto con los otros tres miembros de nuestro cuarteto de bailarines. Los ensayos se habían convertido en el mejor regalo de Navidad para mí.

Llegó el día de la fiesta de Navidad de la empresa. Habíamos ensayado durante casi tres semanas todos los días, incluidos nosotros, que solo teníamos que dar cuatro pasos y mover las manos de la misma manera hasta el final de la canción. Salimos al escenario, estaban todos los empleados allí sentados y también se nos podía ver por todas las pantallas del enorme recinto que había alquilado Maersk para dicho evento, pues éramos más de tres mil personas en total. Cuando llegó nuestro turno, el del cuarteto de baile, después de que los otros miembros de nuestro grupo hicieran sus pasos, todos se pararon y nos esperaron inmóviles para poder seguir tras nuestra corta intervención, con la coreografía que tanto habían ensayado. Fallamos, nos liamos con las posiciones y todo fue un caos. La chica que cantaba entre nosotros supo solventarlo como pudo, pero la mirada de nuestro coreógrafo y de nuestro *manager* fue asesina. Claramente no ganamos, no solo por nuestro error, sino por el gran nivel de los otros grupos. Superado el baile, empezó la fiesta.

Brent, James y yo empezamos a beber y beber copas. Encontrábamos *tickets* de bebidas por todos lados. Se nos unió Señor Juan, que era toda una leyenda de estas fiestas de Maersk, y aún nos consiguió más copas, la cosa pintaba muy mal. Beni, viéndome venir, decidió seguir con su grupo de fiesta para otro lado, luego nos encontraríamos en alguna discoteca o bar de Manila. Fuera como fuera, nosotros cuatro fuimos los últimos en irnos de allí y lo hicimos muy mal. Brent, que era de los pocos que podría aún tener algo de cordura, nos consiguió un taxi para irnos a Padre Burgos, famoso barangay de fiesta situado en Makati.

En aquella calle, entre *ladyboys* y prostitutas, relaciones públicas, porteros, camareros… llamándonos y gritandonos para que entraramos a sus bares, especialmente a Señor Juan —sería por su edad o porque lo veían con más posibilidades de que picara—, nos pudimos abrir paso hasta llegar a La Tequilería, donde de casualidad estaban algunos de los compañeros de Beni aún de fiesta. Pregunté por ella como pude, pero ya se había ido para casa a dormir hacía mucho. Después de llegar a La Tequilería, no podría acordarme de mucho más, solo de que Brent nos llevó de vuelta a casa a mí y a Juan en un taxi y que al despertar al día siguiente dije: «No voy a volver a beber tequila nunca más…».

A partir de esa noche, Brent y yo nos hicimos muy colegas. Durante la cena nos juntábamos todos, Dean, Juan, Brent y yo, para irnos a buscar algún lugar donde comer esa noche. Íbamos al barangay San Antonio, justo al lado de Maersk y donde estaba la *karinderia* Addobo To, en la que por solo setenta y cinco pesos, tenías arroz, huevo, tomate y a elegir entre pescado frito, calamares, pollo o cerdo. También íbamos a mi barangay a comer en algunos de los muchos lugares que había por allí. Con el paso del tiempo, creamos un día para celebrar entre nosotros el día de pago, es decir, cada vez que cobrábamos, que era cada quince días. Nos íbamos a comer *pizza* y pasta al Pomodoro, una pizzería muy barata que había cerca de mi casa. Allí nos juntábamos los cuatro y, entre cervezas y *pizza,* solíamos tardar mucho más de la cuenta, sin recordar que los casos y los *emails* seguían lloviendo mientras cenábamos tranquilos.

Pronto empezamos a quedar para salir de fiesta o para irnos a tomar unas cervezas por algún bar de Manila que Dean o Brent conocían. Cada vez que me llevaban a un nuevo bar, era como una excursión para mí. Eran puros bares locales, perdidos en algún barangay de Manila. Casi siempre con música en directo y comida muy barata. Pasábamos noches y noches juntos.

Muchas veces la noche se torcía y acabábamos en alguna discoteca o *pub* de la zona hasta altas horas de la madrugada. Señor Juan era el encargado de esa segunda parte de la noche, pues él conocía como nadie la noche de Metro Manila y sus alrededores. De hecho, nos hicimos casi inseparables por mucho tiempo. Pasamos algunas Navidades juntos, visité la casa de sus familias, fuimos de caminata por los barangays más raros que conocía Juan, a la playa… Pasaron los años y las fiestas de Maersk se iban repitiendo, cada vez con el mismo resultado, salvo porque cada año que pasaba, iba cayendo alguno de nosotros. Por problemas de amores, Dean fue el primero en irse de Maersk. Fue bastante duro, especialmente para mí, no tenerlo en el equipo. Lo pasabamos en grande riéndonos y vacilando toda la tarde mientras trabajábamos. Dean era como un hermano para mí, pero entendía su decisión de irse de allí a buscar su propio camino. Luego, tras varios cambios de *manager,* un ciberataque que dejó a la empresa en caos durante semanas y teniendo que hacer al día como cuatro o cinco horas extras incluso los fines de semana, se fue Señor Juan. Lo de Juan fue un tema de carácter. El nuevo *manager* le pidió que tenía que hacer un examen de aptitud y conocimientos tras evaluarle con la nota más baja posible en el *one and one*, examen anual y obligatorio al que sometían a todos los empleados de Maersk. Tras esto, Juan descubrió que habían falseado los números para poner esa nota tan baja y montó en cólera de tal manera que presentó su dimisión antes que ser evaluado y sometido a ese examen, después de casi siete años trabajando para esa empresa.

Los últimos años en Maersk, solamente quedabamos Brent y yo como los últimos supervivientes del cuarteto, pero esto no nos impidió seguir con las tradiciones del día de pago, salir a tomar cervezas los viernes o incluso para irnos a cenar cada noche en nuestro descanso del trabajo a algún bar de la zona. Los cuatro seguíamos en contacto, pero ya no era lo mismo. Se nos unía siempre algún colega de Brent o algún otro miembro de mi equipo que venía a cenar con nosotros. Alexis, una chica que trabajaba en mi equipo y con la que iba a yoga tres veces en semana junto con Beni, y que también, más tarde, se apuntaría conmigo a entrenamiento personal, empezó a venir mucho con nosotros a la hora de la cena, llegando a ser una fija en la tradición del día de pago.

Sería difícil hablar de todas y cada una de esas luces que brillaron durante nuestro paso por Manila y en el tiempo que duró nuestra experiencia de trabajar en el extranjero, pero diríamos que todas y cada una de ellas eran increíbles, únicas e importantes a su manera, aportando a nuestra vida lo que necesitábamos en cada preciso momento, como si de un aprendizaje programado y obligatorio de nuestra existencia se tratara. A todos y todas, gracias.

Excursiones desde Manila

Nuestro plan estaba claro, ahorrar lo máximo posible viviendo y pagando todo con un solo sueldo y guardando el resto para seguir viajando cuando dejáramos la empresa, que habíamos planeado que sería pronto, pero cosas de la vida, este tiempo se alargó mucho más de lo que dijimos en un principio. Cada cierto tiempo, cuando iba a tomar café con Mark, el primero en conocer nuestro plan de dejar Maersk a los pocos meses y seguir nuestro camino, me decía:

—Al final ya vas para el año y sigues aquí, ¿eh? Si al final te vas a quedar para siempre por aquí, ya verás… —Así cada cuatro o cinco meses, que pasaban volando.

Lo cierto es que sí, seguíamos ahorrando para irnos y seguir viajando libres y sin tiempo de nuevo, pero otro plan se presentó ante nosotros y para nada nos desagradaba. Lo cierto era que desde Manila teníamos muchas posibilidades, tantos sitios que explorar y tantas olas que encontrar, etc. Bueno, exactamente teníamos siete mil y pico islas que ver, con corales, olas escondidas, playas secretas, montañas… Teníamos todo lo que queríamos ver muy cerca y gastando solo unos pocos pesos. Ya habíamos aprendido cómo movernos rápido y barato por Filipinas y el país nos encantaba, sobre todo sus lugares menos visitados y más remotos.

También, por supuesto, podíamos viajar a otros países cercanos pagando muy poco por los billetes de avión y con la ventaja de que, más tarde, volviendo a trabajar un poco más de tiempo, podíamos recuperar el dinero gastado en estos viajes. Un mes, otro mes más y otro… Un bucle en el que estábamos metidos y del que no queríamos realmente salir, por lo menos de momento.

Reencuentro con Cobra Reef, Baler

Era uno de los sitios a los que teníamos clarísimo que íbamos a volver. Estaba más o menos cerca de Manila, solo tenías que coger la guagua nocturna en Cubao, Manila, y llegabas a Baler por la mañana temprano. Fuimos un buen par de veces más por nuestra cuenta, pero, aunque los partes indicaban olas contundentes en Baler, una vez allí, no era realmente lo que esperábamos. La ola cerraba tan rápido que no sacabas el tubo o el viento les daba fatal y dejaba la ola en una enorme espuma que barría todo el coral. En esas varias veces que fuimos, conocimos a Corong, un joven local que rápidamente, como es normal en Filipinas, intercambió su Facebook conmigo para avisarme de cuándo era el mejor momento para ir, pero pese a que sí que habían olas cuando él me avisaba, sabía que con mejores condiciones y más fuerza, esa ola podía ser un verdadero caramelo para el *bodyboard*. Las casualidades de la vida, imagino, me llevaron hasta Red.

Red era un compañero de trabajo del grupo de Iberia Importación y un asiduo de esta ola. Nos conocimos por unas fotos que había visto de nosotros y nuestros viajes por el mundo buscando olas y por eso empezamos a hablar en la cafetería de Maersk. Cinco minutos más tarde, ya estábamos hablando sobre olas y el surf en su país. Él era también un apasionado del mar y me comentó su mejor secreto: la mejor fuerza y dirección del *swell* para que salga Cobra Reef espectacular. Junto con él, hicimos nuestro primer viaje juntos a Cobra Reef y, efectivamente, no se equivocaba. A las seis de la mañana, caminando juntos por el manglar hasta llegar a la roca, ya se podía apreciar la calidad de la ola al romper a lo lejos. En el agua había mucha menos gente, supongo que debido a que la fuerza no era tan evidente. Con una clase mundial, el mejor tubo era el de derecha, largo y que no cerraba hasta llegar casi al final del coral, la bajada se podía controlar muy fácil saliendo para ambos lados. En verdad, la ola era como un triángulo perfecto donde, tras caer el pico, la ola iba cerrando como una cremallera hacia la derecha.

Repetimos de nuevo a la tarde con la marea a medio subir y el resultado fue el mismo. No podía más que estar agradecido a Red por compartir su secreto conmigo.

Fuimos un par de veces más juntos, incluida Beni. Nos presentó a sus amigos de allí y muchos se quedaron muy sorprendidos de ver como un *bodyboard* también podía coger esas olas y hacer algunos trucos en la misma. Todos los locales de aquí iban con tablas de surf, tan solo un primo de Corong y su amigo tenían *buggies* muy viejos, e incluso uno de ellos solo tenía una aleta para surfear. En uno de los viajes junto con Beni, les llevamos un par de aletas y amarraderas para que pudieran, al menos, renovar su equipo.

La ola de Cobra Reef se convirtió en una de nuestras favoritas. Durante años esperábamos con muchas ganas la llegada de la temporada del *amihan*, vientos del nordeste, para ir a disfrutarla. El paseo por los manglares, la selva, la ola, los locales… Todo tenía algo especial para nosotros.

Persiguiendo al tifón: islas Polillo

Mirando los mapas cuidadosamente, revisando punta por punta todos y cada uno de los posibles lugares donde pudiera haber olas a lo largo y ancho de la costa pacífica de Filipinas, nos topamos con esta perla no muy lejos de Manila: el grupo de islas e islotes que formaban el archipiélago de Polillo y Jomalig. Estaban repletas de corales, arenas, islas desiertas y playas. Algunas muy pequeñas, tan solo con un par de cocoteros y arena; otras, en cambio, mucho más grandes y habitadas por una reducida población local. Polillo era nuestra nueva aventura.

Ningún compañero de trabajo o amigo a los que les preguntamos sobre estas islas había estado allí, incluso Red u otros locales de Baler juraban que por allí no podían haber olas, pero nosotros teníamos un presentimiento y, como en tantas otras ocasiones, íbamos a ir a comprobarlo por nosotros mismos. Solo teníamos que cuadrar algún tifón que generase un *swell* con la dirección y el viento correctos y tendríamos el baño perfecto.

Cuando empezamos a organizarlo todo para nuestra primera visita (cómo llegar hasta allí, el barco, cómo movernos por la isla…), empezamos a recibir las primeras malas sensaciones de algunos amigos de Manila sobre estas islas. Por ejemplo, Zyrele, nuestra amiga, nos advirtió:

—Vayan con un poco de cuidado por allí, ya que algunos locales hablan de piratas y grupos radicales por estas islas.

Dean, sin embargo, sí había estado en Jomalig, pero en un viaje junto con otros diez amigos más, y nos dijo:

—Seguro que por Polillo hay muchas cosas que ver, pero no se olviden de llevar la tienda de acampar y comida suficiente para estar en la isla.

Lo mejor es tener tu propio equipo de acampar, ya que, por lo general, estos lugares no disponen de sitios donde dormir, están muy lejos de las olas o, simplemente, porque no tendrás otra opción. Nosotros lo teníamos, así que estábamos listos para ir a explorar. Cogimos el taxi que nos llevaría a la estación de *vans* en el barangay de Lucena sobre las tres de la mañana del viernes, justo después de salir de trabajar. Tras un larguísimo e incómodo trayecto de cinco horas, llegamos al pequeño puerto de Infanta, desde donde saldría nuestro barco.

Llovía intensamente y el puerto no era más que un toldo viejo lleno de agujeros y dos mesas, donde, al parecer, vendían dos tipos distintos de *tickets*. Beni consiguió arrimarse en una esquina con todas nuestras cosas donde parecía que no le llegaba de pleno toda la lluvia, mientras yo hacía la cola para comprar nuestro billete de barco. Cuando la lluvia empezó a remitir y salió un poco de sol, pudimos ver la enorme isla de Polillo justo enfrente.

En el puerto, también vimos muchos grupos de viajeros locales como el que forman Dean y sus amigos, lo que nos llamó mucho la atención, sobre todo después de lo que nos habían dicho malo sobre este lugar. Por momentos, la idea que nos habíamos hecho de las islas Polillo, solitarias y tranquilas, se esfumó, pero poco a poco, a medida que se iban yendo en las enormes *bankas* que partían desde el puerto, respiramos un poco aliviados. Luego descubrimos que desde el puerto de Infanta también salían muchas de las *bankas* que iban rumbo a Jomalig para hacer un *day tour* y volverse el mismo día o quedarse hasta el día siguiente.

Llegó nuestro barco y finalmente partimos para la isla de Polillo. Tras casi otras tres horas a bordo de un enorme barco de madera casero, hecho con enormes vigas de madera, bridas, cuerdas y un enorme motor de camión en la parte de atrás, Beni me recordó mis poco afortunadas palabras:

—«Parece que está cerquita la isla», decías, ¿no?

Nos bajamos del barco en un barangay con el mismo nombre que las islas Polillo. Un grupo de casas con unos colores muy llamativos, aguas limpias y cristalinas rodeándolas, enormes palmeras que se movían lentamente al ritmo de la floja brisa marina, muy muy lenta y suave, nos dieron la bienvenida. Nos sentíamos realmente en una isla del Pacífico. Tras desayunar algo y con el estómago lleno, sondeamos nuestras opciones.

Las posibles bajas de coral con olas que habíamos visto en los mapas estaban en la región de Burgos, a lo largo y ancho de las múltiples y diminutas islas e islotes que hay por sus costas. El problema era que Burgos estaba situada justo al norte de Polillo, en el lado opuesto a donde nos encontrábamos, y llegar hasta allí no iba a ser tarea fácil. Polillo no tenía carreteras como tal, y con las lluvias de la última noche, menos aún. Si a esto le añadimos que los pocos *jeepneys* todoterreno que subían hasta Burgos iban parando y desviándose en cada aldea de la isla, no íbamos a llegar hasta allí, por lo menos, hasta la noche y con suerte. Teníamos que buscar otra alternativa. Justo enfrente de donde nos dejó la *banka* había un grupo de motoristas que hacían las funciones de los clásicos triciclos de Manila dentro del pueblo, llevando a la gente al mercado, al muelle, a sus casas… No perdíamos nada preguntándoles. Sin pensarlo mucho y por un buen precio, se ofrecieron a llevarnos en sus motos, una para cada uno de nosotros, por lo difícil del camino. Era nuestra única opción si queríamos llegar en unas tres horas allí y así aprovechar para salir a navegar en busca de olas.

Efectivamente, el camino atravesaba de manera literal la jungla casi virgen, por el momento, del interior de la isla. Cascadas, helechos gigantes, agua y barro por todos lados, ríos… Nos encontramos de todo por ese camino. En realidad, no sé cómo conseguimos llegar hasta Burgos sanos y salvos. Bueno, sí, por la pericia de estos dos conductores. Burgos era en realidad unas aproximadamente quince casas y una carretera que moría en un improvisado puerto situado al final de un larguísimo manglar que les protegía de la furia del imponente océano Pacífico y que tenían justo delante de ellos. Casi nada más llegar, ya habíamos encontrado un pescador que nos llevaría a visitar algunas de las islas más expuestas y donde quizás podríamos encontrar olas.

Cargamos como pudimos en la pequeña *banka* nuestra tienda de acampar, agua, arroz, fideos instantáneos y algo de fruta y salimos a explorar con nuestro pescador. Tras salir de la protección del manglar, empezamos a notar el mar de nuevo, pese a que este no estaba realmente muy fuerte. En este primer viaje sabíamos que las condiciones quizás no serían las mejores en cuanto a fuerza, hacía ya casi cuatro días que había pasado el tifón y sus efectos en el mar eran cada vez más suaves, pero con este tipo de islas e islotes tan diminutos, con bajas de coral orientadas y expuestas hacia tantas direcciones, teníamos que tener buen ojo y quizás podríamos encontrar alguna ola. Nuestro capitán conocía lugares donde él había visto fuerza de mar y olas en otras ocasiones, por lo que prácticamente nos dejamos llevar por él.

Cada isla que veíamos o que bordeábamos con nuestra *banka* era de una belleza enorme. Arena blanca, jungla y aguas transparentes con cientos de corales en el fondo. Nos acercamos a algunas zonas con bastantes olas, pero las mismas estaban rompiendo muy locas sin forma ni orden, imposibles de surfear, muy similares a cuando está el mar picado por el viento. El tiempo se nos echaba encima y pese a que el pescador nos habló de otra zona donde él había visto olas, esta estaba a varias horas de allí, por lo que no podríamos llegar a tiempo antes de que nos tapase la noche. A lo lejos vimos una pequeña isla en donde parecía estar batiendo el mar en una de sus caras, por lo que pusimos rumbo a la misma.

La pequeña isla tenía una enorme lengua de arena que emergía desde las profundidades marinas, hasta tocar las rocas de la isla a un buen par de varios metros de distancia desde donde empezaba a formarse. Parecía sacada de una postal. La isla era casi perfectamente redonda y se podía dar la vuelta a la misma caminando por ella en unos pocos minutos.

—Aquí nos quedamos —dijo Beni señalando al cielo, cada vez más oscuro y gris, debido a la proximidad de la noche y a las nubes que estaban volviendo a acumularse.

El pescador quedó con nosotros para recogernos al día siguiente a mediodía para seguir explorando en busca de olas, pues él no pensaba pasar la noche allí con nosotros, y se fue por donde mismo llegamos. En definitiva, estábamos solos nuevamente en una isla paradisíaca y perdida en el Pacífico.

El tiempo apremiaba y aún teníamos que montar la tienda de acampada, preparar un techo o algo improvisado para protegernos de la más que probable lluvia nocturna y preparar la cena, por lo que las olas tendrían que esperar hasta mañana temprano. Cortamos un par de hojas de palmeras con la ayuda de mi siempre útil navaja multiusos, que cargaba conmigo en cada aventura, recogimos cualquier cosa que nos sirviera para atarlas y, junto con algunos troncos, levantamos un pequeño campamento donde poder colocar nuestra tienda de acampada.

Luego, con la ayuda de la cocinilla de gas que habíamos traído con nosotros, nos calentamos la cena: fideos instantáneos con extra de arroz pasado. A primera vista puede parecer incomible, pero nosotros dos teníamos tanta hambre que nos parecía un auténtico manjar digno del mejor restaurante, hasta el punto de que, tras repetir varias veces, no dejamos ni un grano de arroz en el cazo.

Durante la noche, las palabras «piratas» e «islas peligrosas para extranjeros» se nos repetían en la cabeza. También las habíamos escuchado en Polillo a modo de prevención por parte de la señora que servía en la *karinderia* del barangay. Cuando ya el sueño casi nos vencía dentro de nuestra tienda de acampada, una luz se reflejó repentina y fuertemente por uno de los laterales:

—¿Qué es eso? ¡Un barco! ¡Acaba de llegar un barco a la arena! —me decía Beni susurrando, mientras observaba por una pequeña brecha que había abierto de la cremallera de la tienda de acampada.

Los dos estábamos muy nerviosos y asustados, la verdad. Habíamos hecho ya muchas acampadas de este tipo en muchos otros países y lugares, pero algo nos había sugestionado muchísimo más que otras veces y no logramos eliminarlo de la cabeza a tiempo.

—Lo mejor es no encender nada y no hacer ruidos —volvió a decir Beni.

Yo localicé mi navaja, no sabría cómo usarla, pero el miedo era el que nos estaba guiando. La luz pasó por delante de nosotros, pero siguió de largo finalmente. Aprovechando cuando la luz se alejó lo suficiente, salimos para ver qué era y contar cuántos eran. Se trataba de un solo hombre que recorría alumbrando el suelo y deteniéndose mucho tiempo en algunas ocasiones. Para mí que estaba buscando cangrejos para pescar al día siguiente o algún otro tipo de animal que viviera por los charcos, pero Beni se quedó esperando escondida dentro de la tienda de acampada nuevamente, a verlo pasar y montarse en su barca. Una noche muy movidita.

Por la mañana, ya recuperados del susto, fuimos directos a ver dónde batían las olas. No nos lo podíamos creer, ¡estaban entrando! Una pequeña pero perfecta ola rompía de derecha contra una baja de coral muy poco profunda. Salimos corriendo a coger la tabla y la cámara para saltar al agua e inmortalizar el momento. La ola no era de más de un metro de alto, pero rompía con tal calidad que te dejaba correr el tubo y sacarlo sin apenas esfuerzo, y todas para mí. «No creo que ayer hubiera estado así», pensaba. «El viento hoy por la mañana es inexistente y, pese a que hay menos fuerza de mar que ayer, hoy está entrando en otra dirección distinta a la que pude ver en otras islas el día anterior, cuando pasábamos con nuestro pescador», me repetía para intentar adivinar la fuerza correcta para esa baja.

No sabemos si éramos los primeros en surfear esa ola o si vendrían más después de nosotros, pero por unas horas, esa perfecta ola que rompía totalmente solitaria en nuestra isla nos volvió a recordar que teníamos un camino pendiente y que pronto deberíamos retomarlo.

Cuando estábamos preparando el almuerzo de ese día sobre nuestra pequeña cocinilla de gas, vimos a lo lejos cómo se iba acercando nuestro pescador para recogernos. Lo invitamos a comer con nosotros el arroz y las

latas que teníamos preparadas para el almuerzo y este, agradecido, sacó dos pescados que había capturado durante el trayecto hasta allí y que cocinó usando hojas de palmera y coco que había en la playa. Cuando ya estábamos listos, recogimos, limpiamos todo y pusimos rumbo a otras islas. Después de las olas de esa misma mañana, todo lo demás fueron olas sin forma, ventosas o nada directamente, pero nuestro pescador lo intentó con todo. Lo que sí encontramos fueron preciosas islas e islotes, llenos de vida marina, corales y playas, todo un paraíso por descubrir.

Tras unos días en Burgos buscando olas, regresamos a casa. Esta vez el camino de vuelta lo hicimos en el *jeepney* todoterreno que salía a las cinco de la mañana y prometía llegar a Polillo sobre las siete u ocho. Lo mejor de todo esto era que el barco sabía de este transporte y no zarparía del muelle hasta que llegáramos los que íbamos en él. Ya en Manila, completamente reventados, sabíamos que no tardaríamos mucho en volver a Polillo, pero para la próxima sí que esperaríamos a que el tifón estuviera llegando.

Llegó la época de los tifones y los partes empezaron a mejorar y mejorar. Teníamos en nuestra cabeza salir a explorar las islas más lejanas del archipiélago de Polillo, las más remotas y las que también estaban más al sur y adentradas en el océano Pacífico. Un martes por la tarde, estando en la oficina junto a Red y Brent, anunciaron en la televisión del comedor donde estábamos tomando café que se aproximaba un tifón bastante gordo por la costa este de Filipinas.

—Es el momento de ir a Baler —dijo Red, entusiasmado—. Seguro que hay olas por todos lados —concluyó.

Automáticamente, pensé en acompañarlo, hasta que me vino a la mente nuestro anterior viaje a Polillo, con sus bajas solitarias y sus diminutos atolones de coral. Tras dar un último sorbo de café, dejé a los chicos allí sentados y salí corriendo a buscar a Beni para comentarle que esta vez sí que habrían buenas olas en Polillo. La última vez había sido una paliza, pero ahora ya sabíamos cómo llegar bien y podríamos tomarnos más días para hacerlo más lento y cómodo todo.

Siguiendo nuestro instinto y después de un largo viaje hasta la isla de nuevo, nos plantamos en Burgos nuevamente. El tiempo era realmente un asco esta vez, lluvia fuerte y viento, el mar estaba completamente blanco de espuma y parecía un infierno. Tras convencer a otro loco pescador que nos recomendó la señora de la casa donde dejaríamos nuestras cosas, nos hicimos a la mar.

Esta vez iríamos al sur, a las islas más remotas y lejanas de todas, situadas a unas tres o cuatro horas en *banka* desde allí. Previamente habíamos chequeado con Google Maps las distintas islas de la parte sur de Polillo, y ese grupo de islas parecían las mejores para encontrar buenas olas. Cargados con nuestra tienda de acampada, agua y comida para dos días, emprendimos la marcha. Con el tiempo así como estaba, no muchos se atrevían a llevarnos, por lo que, esta vez, nuestra *banka* era bastante más pequeña que la vez anterior. Después de dejar atrás las primeras islas, había que pasar un tramo bastante largo expuestos al mar abierto directamente. La lluvia, el viento y las olas lo empapaban todo, incluidos nosotros. Como se veía desde tierra, el mar estaba muy furioso y peor se ponía cuanto más nos adentrábamos en él.

La pequeña *banka* se abría paso como podía entre las enormes ondas que formaban las olas que se dirigían a la costa. No sabemos su tamaño real, estarían entre los cuatro o cinco metros quizás, pero algunas de ellas eran lo suficientemente altas como para tener que agarrarnos con todas nuestras fuerzas al lateral de la *banka* mientras las pasábamos rezando para que la siguiente ola no rompiera delante de nosotros. Las olas nos golpeaban con fuerza pese a no romper como en la orilla. El capitán zigzagueaba entre ellas tratando, sin mucho resultado, de esquivarlas y que no se nos llenaran la *banka* de agua en mitad del mar. Una de las veces, mientras las olas nos daban una pequeña pausa, miré hacia detrás, pues yo iba en la proa de la *banka*, buscando a Beni. Allí estaba ella, totalmente empapada por la fuerte lluvia y las olas, agarrada fuertemente con ambas manos a los dos laterales de la *banka* y con el rostro y la mirada fijos en alta mar.

Siguiendo con mi vistazo a la parte trasera de la embarcación, pude ver la cara de nuestro capitán, con rostro serio y muy concentrado. Su mirada reflejaba bastante miedo e incertidumbre, no parecía estar nada convencido de todo aquello; es más, por unos pocos segundos me miró directo a los ojos, unos pocos segundos que quitó la vista del agitado horizonte que teníamos delante, al que no paraba de mirar ni un momento como tratando de anticiparse a las olas que ya empezaban a llegar de nuevo, para hacerme ver con un rápido gesto su preocupación y desaprobación por lo que estaba pasando en ese momento. Ahí mismo comprendí que la situación no estaba para nada bajo su control. Yo sabía que él no iba a decidir por su propia voluntad dar la vuelta, aún no, pues el capitán sabía de sus grandes necesidades económicas y que nosotros, los turistas, éramos unos cabezones y no conocíamos el mar, pudiéndonos enfadar mucho con él si se daba la vuelta, pensaría, pero era lo que debíamos hacer, y cuanto antes.

Con las manos en alto después del primer golpe de mar que recibimos tras la calma, crucé mis manos gritándole al capitán en un gesto de «abortar misión». Aliviado y sin pensarlo ni un segundo, viró como pudo su *banka* mientras éramos golpeados y empapados por más y más olas antes de ponerse de cara a la costa nuevamente. Ahora sí, empujados por estas enormes ondas marinas, avanzábamos de vuelta a gran velocidad hasta el cobijo del último islote que habíamos pasado hacía una hora aproximadamente.

Ya en tierra de nuevo, bajo una fuerte e incesante lluvia cayendo sobre nuestras cabezas, con toda la ropa empapada, mareados tras tantos golpes en la *banka* y con mucho frío, nos refugiamos en la casa de la señora que guardaba nuestras cosas. Ella, sonriente, nos sacó un plato de sopa de pescado muy caliente para los tres y allí sentados en silencio, mientras nos recomponíamos del fallido viaje, nos mirábamos a los ojos y sin decirnos nada, solo mirándonos. Aún congelados por el viento y la lluvia, nos preguntábamos si todo eso merecía la pena.

Si no podíamos salir a explorar entre las islas e islotes situados enfrente de Burgos, no podíamos hacer mucho por allí. El manglar ocupaba toda la costa, dejándola sin playa o lugar para bañarnos y descansar un rato, aparte de que la lluvia y el viento eran cada vez más fuertes y violentos, pues el tifón estaba cada vez más y más cerca de nosotros. Decidimos entonces irnos de allí cuanto antes para no correr el riesgo de que, si el tifón girase más hacia la costa, como parecía que lo estaba haciendo, no pudiéramos salir de Polillo en varios días.

Volvimos a Manila casi dos días antes de lo previsto, sabiendo que era la mejor de las opciones. También sabíamos que necesitábamos descansar, pues llevábamos ya varios fines de semana saliendo de Manila y sin dormir bien, y eso el cuerpo lo nota. Seguíamos con esa incógnita interna, aunque ninguno de los dos lo decía, de saber si estábamos haciendo lo correcto y si merecía la pena o no. Todo lo que hacíamos para encontrar olas e islas parecía no tener sentido, en especial ahora, pero teníamos algo que no nos dejaba rendirnos, algo que nos había llevado hasta allí y que nos levantaba cada vez que nos caíamos. Sabíamos que no nos íbamos a rendir nunca.

Pasaron las semanas e incluso los meses y seguimos viajando por muchos rincones de Filipinas, pero Polillo siempre estaba en nuestra mente. Llegó un puente de unos cinco días libres, la temporada de tifones estaba a punto de terminar y hacía como cuatro días que había pasado uno por la costa este del país. Este sería nuestro tercer intento, con todo lo que eso suponía: la paliza para llegar, el barco, el *jeepney*… Por eso queríamos estar seguros de que queríamos ir hasta allí de nuevo. En realidad, no costó mucho decidir, los dos queríamos ver qué se escondía más allá del coral.

Esta vez sí, el tiempo acompañaba y el tifón ya había pasado de largo dejando tras de sí un parte de olas muy bueno para toda la costa pacífica de Filipinas. Por lo que Polillo no debería ser la excepción. Llegamos a casa de la señora, nuestra amiga ya en Burgos. Parecía que se alegraba mucho de vernos por tercera vez.

—No os cansáis de venir, ¿eh? —repetía la señora en inglés.

Ella misma nos había conseguido otra *banka*, esta vez mucho más grande que la anterior y con techo para lograr llegar sin quemarnos con el sol o mojarnos con la lluvia.

Acto seguido, esa misma noche antes de partir al día siguiente, le mostramos a nuestro nuevo capitán las diminutas islas e islotes que queríamos visitar al sur con el Google Maps. El capitán asintió con la cabeza y nos dijo como pudo que conocía esas islas, pero que estaban bastante lejos, antes de irse a descansar y acordar una hora de salida al día siguiente en la mañana.

Esta vez, el mar estaba mucho más calmado y cristalino. En unas dos horas ya habíamos pasado la zona donde tuvimos que dar la vuelta la última vez. La sensación de pasar ese tramo de mar abierto fue reconfortante para ambos, no porque la última vez tuvimos que darnos la vuelta, pues fue la decisión más sensata y segura para todos los que íbamos en la *banka* aquella vez, sino porque no nos rendimos, queríamos llegar a ver qué había allí y de nuevo estábamos de camino a descubrirlo.

Una vez dejamos atrás el paso por mar abierto, empezaron a aparecer las primeras islas e islotes. Diminutas perlas llenas de colores y jungla. El capitán se acercó a una enorme lengua de arena que sobresalía entre el azul claro del mar poco profundo.

—Mejor verla ahora, porque si sube la marea, no la podremos ver —decía mientras acercaba su barco a atracar en la misma.

Era increíble ver como esa isla de casi cincuenta metros de largo, sin nada más que arena amarilla y un par de algas en su superficie, emergía desde el fondo para que, poco a poco, con el subir de la marea, desapareciera de nuevo. Tras caminar y bañarnos en ella seguimos con nuestro viaje, pues aún quedaba bastante para llegar a las islas que le señalamos en el mapa. Casi todas las islas que veíamos estaban deshabitadas, salvo alguna mayor que se veía más próxima a la costa. De repente el mar azul y cristalino se volvió amarillo y muy poco profundo, de apenas dos o tres metros. La barca aflojó su ritmo mientras pasábamos por encima de algunas colonias de corales y piedras. El color amarillo del mar se debía a la presencia en masa de un alga de ese mismo color. Ya a lo lejos, justo enfrente de nosotros, pudimos ver las dos islas que habíamos elegido para explorar en esta zona.

La primera de las islas que queríamos explorar era también un auténtico paraíso. Tenía también una larga lengua de arena blanca en su parte interior, la parte de la isla que apuntaba hacia la costa, que se iba diluyendo paso a paso a medida que se adentraba en el poco profundo y amarillo mar por el que veníamos navegando para llegar hasta la misma. Pero realmente esta no era la razón para decidir hacer un viaje tan largo hasta allí. Era su otra cara, la parte de la isla que era azotada por el océano Pacífico de pleno.

En esta remota y solitaria parte de la pequeña isla, habíamos visto una bahía donde podríamos encontrar olas buenas para surfear, tanto en un lado de la bahía como en el otro. Nuestro capitán no quería arriesgar su barco navegando hasta esa parte de la isla, pues se veía bastante movimiento de olas y mar para pasar de un lado a otro de la misma, por lo que una vez atracados en la lengua de arena y con la imposibilidad de atravesar la isla caminando debido a que la vegetación del interior era tan espesa y desconocida, opté por cambiarme, coger mi *buggy* y remar yo solo bordeando la isla hasta llegar a la bahía que salía en los mapas.

Al poco de remar, justo cuando empezaba a bordear la isla, las primeras olas comenzaron a empujarme. «Es un buen presagio», pensaba. «Seguro que al otro lado están entrando buenas olas», me repetía mientras seguía remando.

Ya cuando alcancé a ver la pequeña bahía desde mi tabla, pude ver también algunas olas rompiendo desordenadamente justo donde habíamos marcado en el mapa previamente. Me alejé un poco de la baja de coral intentado leerla y entender dónde podría surfear alguna ola, pero una vez en el sitio, comprobé en primera persona que las olas en realidad no eran olas como tal, o al menos no como esperábamos encontrar allí, sino que se trataba solamente del golpeteo del mar abierto batiendo contra el fondo menos profundo y lleno de corales que estaba en el lateral de la bahía. En el otro lado de esta, la situación era exactamente igual, una espuma blanca cubría toda aquella parte y ni me acerqué a comprobar si podía surfear ahí.

Quizás, debido a que la profundidad cambiaba de manera muy brusca entre el arrecife y el mar abierto, y no de forma gradual, como sería lo más idóneo, o quizás porque la dirección del *swell* debiera ser distinta a la que estaba entrando, pero allí hoy no había olas. Tras unos minutos a la deriva pensativo, seguí remando con mi tabla hasta llegar a la arena que había en la bahía. Una vez en la playa, intenté sin éxito subir a unas rocas para ver si podía ver a Beni y al capitán al otro lado de la isla, pero una vez más, la densa vegetación me impidió siquiera acercarme lo suficiente a las rocas.

Volví remando sobre mi tabla al lado tranquilo de la isla, donde esperaban Beni y el capitán. Le comenté a Beni todo lo que había visto y le mostré unas cuantas fotos que había tomado con la cámara de agua que llevaba conmigo.

—La naturaleza tiene esas cosas, ¿no? Siempre nos sorprende —dijo sonriente, antes de invitarme a darme un baño junto a ella a lo largo de la enorme lengua de arena, que ya empezaba a ser cubierta por la subida de la marea.

En realidad, no estábamos para nada desanimados, solo haber llegado hasta allí era una victoria. Muchas veces, aunque suene a tópico, lo mejor del viaje es el camino. Bautizamos a la pequeña isla sin nombre, al menos conocido, según nos dijo el capitán, como Isla de Coco. En ella pasamos un largo rato preparando nuestro almuerzo y comiendo semihundidos en el agua que estaba al final de la lengua de arena, usando mi tabla como improvisada mesa.

Seguimos mirando algunas islas e islotes más que estaban por los alrededores, pero el resultado era igual, no encontramos ninguna ola decente. Isla de Coco fue nuestra gran esperanza. Eso sí, parábamos en cada rincón o lugar que veíamos al pasar navegando con nuestra barca y que tuviera corales y peces, para tirarnos a bucear un rato con nuestras gafas y tubos.

Finalmente, junto a nuestro capitán, montamos nuestro campamento en una isla llamada Pandanan para pasar la noche al raso. Mientras cenábamos el pescado que previamente había conseguido el capitán con el arroz que llevábamos con nosotros, él nos habló de que durante la época del *amihan* o vientos del noreste, por allí se podían ver grandes olas. Eso era desde principios de noviembre hasta, aproximadamente, finales de febrero, así que quizás aún nos quedaba un último intento para encontrar lo que buscábamos por aquí. O no…

Apo Reef, la segunda barrera de coral más grande de Asia

Con el paso de los meses y de los años viviendo en Filipinas, había algo que nos estaba enamorando lentamente, como hacen de verdad los buenos amantes. Cada vez que teníamos la oportunidad, buscábamos algún lugar donde ir a bucear con nuestras gafas y tubos e íbamos para estar allí horas y horas, observando los corales, los peces y cualquier cosa rara que hubiera en el fondo marino.

Normalmente, los lugares donde hay olas para la práctica del surf suelen también tener increíbles rincones para practicar el buceo con gafas y tubo, como era el caso de la isla misteriosa, el norte de Baler, Pagudpud, Polillo, etc. Pero cada vez queríamos más y más de estos sitios, nos habíamos vuelto verdaderos adictos a bucear con las gafas y el tubo y necesitábamos ir con más asiduidad a practicarlo, y cada vez en mejores lugares para ello.

Así fue como empezamos a buscar sitios exclusivos para el buceo o islas donde poder practicarlo. Ya habíamos visitado auténticos paraísos del buceo, como eran isla Verde, cerca de Batangas, de la cual algunos libros comentaban que poseía uno de los mejores fondos marinos de Filipinas; isla de Hermano Mayor, en Luzón, o isla Papaya, cerca de Batangas también, por poner varios ejemplos. En cada uno de estos sitios, el resultado era el mismo: ¡increíble! Quedábamos maravillados por los corales y la vida marina que encontrábamos bajo el mar.

Fue así, investigando sobre los mejores sitios para practicar este deporte, como supimos de la existencia de Apo Reef, la segunda barrera de coral contigua más larga del mundo y la más larga del país. Aprovechando la visita de Rebeca, una muy buena amiga de Beni, planeamos visitar este lugar. La llegada de Rebeca se vio precedida de la llegada de un enorme y raro tifón que, esta vez sí, venía por la costa oeste del país, es decir, por el mar chino, pero desde Manila apenas se notaban sus efectos. Apo Reef estaba situado a unas tres horas en barco desde Mindoro, la conocida como la «granja» de Filipinas, ya que era en esta isla donde se cultivaba la mayor parte del arroz, verduras y frutas que luego eran vendidos a Manila casi diariamente. Mindoro está situada justo en el corazón de Filipinas y se podía acceder fácilmente a ella en barco desde Batangas.

Junto con Rebeca, nos plantamos en el puerto de Batangas para, muy temprano en la mañana, cruzar hasta Mindoro y buscar la manera de llegar hasta la enorme barrera de coral. El tiempo seguía igual, sin rastro de tifón. Una vez en Abra de Ilog, nombre del puerto de Mindoro al que llegamos, y tras desayunar en una *karinderia* que estaba a la salida de este, conseguimos una guagua pública que nos acercaba finalmente a Sablayan, municipio desde donde deberíamos conseguir luego un barco que nos llevara a Apo Reef. Cuando nos bajamos de la guagua tras un par de horas montados en ella, descubrimos que Sablayan no era más que una enorme y sucia playa de arena negra donde se apilaban cubos, cabañas y chabolas de paja de principio a fin.

El mar por allí sí que se notaba bastante revuelto y turbio, incluso la lluvia aparecía de forma ocasional e intermitente para empaparlo todo y desaparecer tan rápido como había llegado. Preguntando por la zona, encontramos una barca que nos podía llevar hasta Apo Reef. Lo único que nos pidió su capitán era salir al día siguiente, cuando seguramente el tifón ya habría pasado y todo estaría más limpio y claro en el mar. El plan, como casi siempre por allí y que era nuestro preferido, era comprar alimentos y bebida para varios días y acampar en la única isla de Apo Reef en la que estaba permitido pernoctar. Apo Reef, a diferencia de otros muchos lugares de Filipinas, sí que estaba realmente protegido, o al menos eso parecía *a priori*, con tantos permisos e impuestos que pagar por ir hasta allí y quedarte a dormir.

De las múltiples islas que formaban Apo Reef, solo estaba permitido pisar y pernoctar en una de ellas, la mayor de todas, donde te permitían simplemente montar tu tienda de acampada en los lugares habilitados para ello y en donde también habían fabricado unos baños secos donde poder ducharse y hacer tus necesidades, siempre protegiendo el entorno. El resto de las islas que componían esta gran barrera de coral estaban cerradas al turismo normal.

Hicimos noche en un bonito hostal que alquilaba habitaciones limpias a muy buen precio y que también ofrecía cenas y desayunos de reyes: atún, sopa de pescado, gambas, chocos y arroz, todo recién pescado y fresco y por un precio ridículo si lo comparamos con Manila. Por la mañana temprano, la claridad del radiante sol que reina la mayoría del tiempo en Filipinas aún no penetraba por nuestras ventanas, señal de que algo no estaba bien del todo allí fuera.

Efectivamente, la lluvia era aún más fuerte y el viento casi igual. Nuestro capitán llegó mientras desayunábamos para darnos las malas noticias.

—El tifón ha girado más hacia tierra y las autoridades han cerrado nuevamente Apo Reef —dijo mientras tomaba una taza del café que habían preparado las chicas del hostal minutos antes—. Me temo que va a estar cerrado por varios días más, pero si quieren podemos ir a Pandan, la isla que está justo enfrente. Allí sí podemos llegar y también hay buen buceo —informó el capitán nuevamente.

Entre los tres tomamos la decisión de ir a Pandan y pasar allí la noche, al menos podríamos bucear y ver algo de vida marina, pensábamos. Con lo que no contábamos era con que las aguas turbias y verdosas debidas a la fuerte lluvia de estos días no nos dejarían ver absolutamente nada que no estuviera a un palmo de las gafas de buceo. Por lo que, finalmente, más bien lo que hicimos en la isla ese día y el siguiente sería solamente bañarnos bajo una intensa lluvia que no paraba en la enorme y única playa de arena que tenía la isla, tullidos de frío y soportando un intenso viento que no cesaba.

Las casualidades o el destino quisieron que, meses más tarde, mis hermanos Dean y Brent, junto a Jimena, Paloma y María, las tres compañeras de trabajo y amigas de Beni, y nosotros fuéramos de nuevo a intentar llegar a Apo Reef.

Dicho y hecho. Un tiempo después, y asegurándonos de que esta vez el mar estaba en las condiciones idóneas y la enorme barrera de coral estaba abierta, nos plantamos de nuevo en Sablayan para intentar llegar a Apo Reef nuevamente, pero esta vez Dean lo había organizado todo. Él conocía una *ate*, como se le dice respetuosamente en tagalo a las mujeres de mayor edad o que no conoces, que se dedicaba a organizar visitas a Apo Reef. El precio estaba acordado y todo estaba atado y amarrado por Dean: las excursiones, las visitas, el tiempo… Cosa que no nos gustaba mucho, pues a nosotros nos gusta ir por libre, pero siempre nos sabemos adaptar y esta era la única manera de visitar el lugar sin que, como dijimos, costase un dineral.

Jimena era como una hermana para Beni allí en Filipinas, parecía como si se conocieran de toda la vida, conectaron enseguida y se hicieron grandes amigas. Ella vino con nosotros a Polillo en una ocasión, se apuntaba siempre que podía a cualquier viaje que organizábamos e incluso estuvo junto a nosotros en uno de los días más importantes de nuestra vida en la isla misteriosa, organizándolo todo y aportando su gran sentido del humor todo el rato. En definitiva, casi con sus propias palabras, ella era la «responsable de *marketing de Planet of Trips*». Con su otra hermana, Paloma, pasaba más de lo mismo. Jamás vi a Beni reírse tanto tiempo y tan profundamente como con ella. En ella había encontrado otra razón más para no irse tan pronto de Maersk, pues las dos podían pasar horas y horas hablando y riendo tras un largo día de trabajo en la oficina.

—Todo preparado, podemos irnos —dijo nuestro capitán cuando el último de nosotros se había subido a la gran barca que nos llevaría a Apo Reef.

No habían pasado ni diez minutos desde que habíamos salido de la enorme playa de Sablayan cuando un fuerte ruido, seguido de un humo negro que salía de la parte de atrás de nuestra barca, hiciera que nos detuviéramos en seco. El motor del barco tenía una fuga de agua y no podíamos continuar a menos que fuera reparado, nos dijeron. Esperamos durante dos largas horas a que viniera la pieza que necesitaban y la pegaran con cinta americana y cola al motor, tiempo este que aprovechamos unos cuantos ansiosos para tirarnos al agua y bucear un rato. Primer intento, no arranca. Segundo intento, no arranca. Ya empezaban a ser visibles los gestos de desánimo y desconfianza en cada uno de nosotros. Tercer intento y, tras un gran rugido del motor, empezamos a movernos entre aplausos y risas por parte de todo el grupo.

No habíamos avanzado ni cien metros y de nuevo el mismo ruido y el mismo humo negro empezaron a salir otra vez del barco. Nadie decía nada, nadie se movía, pues esperábamos a ver si, esta vez, podían repararlo ellos mismos. Tras unos minutos de espera, el capitán informó en tagalo:

—No podemos repararlo y no tenemos más piezas, debemos volver a tierra.

No podía ser, otra vez no. Volvíamos a quedarnos sin poder visitar Apo Reef por segunda vez. Ya en tierra, la *ate* nos comentó las opciones que teníamos. Bueno, en realidad eran dos nada más: irnos o esperar que trajeran otro barco para ir a Apo Reef muy temprano en la mañana y estar allí solamente una noche en vez de las dos que teníamos pactadas y aplicando el respectivo descuento en impuestos, tasas ecológicas, comida, etc. Por supuesto, elegimos la segunda por mayoría absoluta de todos nosotros. Sabíamos dónde pasar la noche y comer bien por muy poco dinero en Sablayan y, por supuesto, siempre sería mejor dos días y una noche en Apo Reef que volvernos a Manila.

Muy temprano en la mañana, como había prometido la *ate*, nos pusimos en marcha de nuevo, esta vez sí, rumbo a Apo Reef. En realidad, el camino era bastante largo, casi unas cuatro horas de travesía atravesando el oscuro y profundo mar, sin nada más alrededor sino eso, mar. En un momento de la travesía, nuestro barco aflojó considerablemente la marcha y nuestro capitán avisó a los que hablaban tagalo de que se pusieran en pie. Dean y Brent, que nos hacían de traductores de todo lo que decía el capitán, nos alertaron de ello y corriendo cogí mi cámara para colocarme justo en la proa del barco junto a Dean. De repente y de manera literal, el oscuro y profundo azul del mar se acabó y nuestro barco empezó a navegar por unas aguas poco profundas y amarillentas que atravesaban el mar sentido sur y hasta donde alcanzaba la vista.

Habíamos llegado al anillo que formaba la enorme barrera de coral en el océano. Era increíble ver como este anillo atravesaba el mar, emergiendo de las profundidades y llenándolo de corales y vida. Sus aguas eran tan cristalinas y limpias que cuando el barco pasaba por encima de algún coral de gran tamaño, se podían ver hasta los peces que vivían en su interior.

Nos paramos en Apo Island, única isla donde estaba permitido pernoctar. Su arena de color rosáceo y amarillo, junto con las palmeras y el manglar de su interior, hacían que, de nuevo, redefiniéramos la palabra *paraíso*. Montamos la caseta cerca de la arena de la playa, bajo un enorme árbol que nos hacía las veces de parasol para los intensos rayos solares y para el intenso calor que había ese día en la isla. Dean, Brent y yo ni lo pensamos un segundo, corriendo cogimos nuestras gafas y tubos y salimos a explorar los alrededores. El lugar que elegimos para esta primera aventura por Apo Island no fue el más idóneo, pues rápidamente el suelo coralino descendía mucho y el coral se quedaba a mucha profundidad, aun así pudimos ver unas cuantas tortugas y peces de todos los tamaños merodeando por allí.

Ese mismo día también, el mismo barco que nos había llevado hasta la isla nos llevaría a hacer una excursión, supuestamente, a los mejores lugares de la misma donde poder bucear y ver grandes corales. Ya montados en el barco, nos dirigimos a la parte trasera de la isla, la primera parada. Al saltar al agua totalmente en calma y cristalina, empezamos a comprobar la auténtica belleza de esta barrera de coral. Enormes corales, algunos de ellos de más de veinte metros de largo, llenos de colores, peces y demás animales marinos, se esparcían por todo el fondo del mar hasta donde alcanzaba la vista, dibujando en el mismo un lienzo tan colorido y vívido que sería imposible de describir con solo palabras. Aun así, el coral estaba a una profundidad considerable, teniendo que bajar unos seis o siete metros para poder verlo de cerca, cosa que en realidad era muy buena, ya que, de lo contrario, muchas de las otras personas que viajaban con nosotros en otros barcos y que no eran lo que se dice diestros en materia de natación podían tocar y romper con sus pies el coral si este estuviera a menos profundidad.

Lo de usar chalecos salvavidas en las excursiones en barco o *banka* en Filipinas era muy normal de ver. Siempre que contratabas una excursión junto a más gente local e incluso extranjeros, a veces, lo normal era que todos se pusieran el chaleco salvavidas antes de tirarse a bucear con las gafas y el tubo. Seguramente sería para evitar tragedias, ya que la gran mayoría de los habitantes de Manila, por no decir todos, no saben nadar o lo hacen de manera muy poco habitual.

La segunda parada de la excursión fue más cerca de la costa, tan solo a unos pocos metros de la misma. La marea, aún alta, evitaba por muy poco que tocaras el coral con los pies. Aquí vimos lo que se conocía como una pared de coral, es decir, el fondo marino caía en apenas unos metros desde la orilla hasta más de treinta metros de profundidad, formando así una pared totalmente vertical llena de corales que se perdía en la oscuridad de las profundidades. El capitán de nuestro barco, respetando las condiciones que permitían visitar la isla y para evitar problemas con las autoridades de la misma, avisó a todo el mundo de que debían volver al barco para llegar a tiempo de nuevo a la playa, situada quizás a trescientos metros desde nuestra posición. Beni y yo, casi en estado de *shock* y ensimismados por lo que estábamos contemplando bajo el mar cálido y cristalino de Apo Reef, no podíamos irnos aún. Le pedimos al capitán que si, por favor, podíamos regresar nosotros dos por nuestra cuenta nadando hasta la playa, de esta manera podríamos disfrutar de aquella maravilla de la naturaleza un poquito más. Al capitán parecía no importarle mucho, pues asintió con la cabeza y automáticamente puso en marcha su barca, alejándose lentamente, mientras algunos de nuestros compañeros de barco nos miraban bastante sorprendidos de lo que estábamos haciendo.

Una vez solos, el lugar cobró más magia si cabe. Muchos de los peces salieron de sus escondites una vez terminado el revuelo formado sobre ellos anteriormente y poco a poco cada uno de ellos volvía a sus vidas en aquel tranquilo y delicado rincón perdido del océano. Aparecieron cientos de peces de todos los tipos, peces loro, peces payaso, peces cirujano, peces globo… Sin las prisas de volver al barco, podíamos ver con detenimiento cómo de majestuosas e increíbles eran en realidad las estructuras de coral, con sus colores y sus formas casi imposibles de imaginar. El atardecer empezó a llegar sin apenas darnos cuenta y el coral parecía cobrar más vida aún en las horas previas a la oscuridad de la noche. El color anaranjado de los últimos rayos solares del día se colaba entre las miles de ramificaciones de estas increíbles criaturas marinas, dotando a las mismas con un toque de belleza y misticismo totalmente diferente al de cualquier otra hora del día, y llenando a su paso el fondo marino con una paz y una armonía absolutamente perfectas, con todos sus actores viviendo en una simbiosis inmejorable.

Desde que empezamos a engancharnos a esto del buceo, o incluso más atrás, cuando buceamos por tierras malgaches, habíamos imaginado cómo de increíble debía de ser el encuentro con algún animal marino de mayor tamaño al que normalmente te encuentras debajo del mar. En particular, yo estaba muy emocionado con la posibilidad de ver uno de los tiburones considerados como inofensivos, es decir, tiburones de coral, en Apo Reef.

—Bucear y toparse con uno de esos animales de punta blanca o punta negra debe ser inimaginable —le decía a Beni.

—Siempre que se respete su espacio y no se le moleste, para que no sea peligroso —repetíamos.

Buceando a pocos metros del corte en la pared de coral los dos juntos, contemplando todo antes de que tuviéramos que salir del agua por la oscuridad de la noche, que se nos echaba encima… Era el momento perfecto. De repente, algo de color grisáceo y más grande que el resto de los peces que nadaban por allí emergió de las profundidades rápidamente y, metiéndose a toda velocidad por entre los corales como buscando algo, desapareció de nuevo por el mismo camino por el que había llegado. Fue tan rápido que no podríamos decir exactamente qué era. Solté la mano de Beni y me hundí unos metros a ver si podía ver algo más cerca del corte en la pared de coral. Con resultado negativo, seguimos nadando hacia la playa, pues cada vez se hacía más oscuro debajo del agua y la visibilidad era menor a cada minuto que pasaba. De repente, frente a nosotros y nadando con gran agilidad entre los corales, apareció de nuevo el extraño animal.

De un metro y poco de largo, aproximadamente, pudimos ver bien qué era. Se trataba de un tiburón de coral de punta negra. No nos lo podíamos creer, lo estábamos viendo ahí, salvaje y delante de nosotros. No sé por qué, pero mi instinto me hizo hundirme y perseguirlo unos metros debajo del agua, mientras lo grababa con mi cámara, cosa que no está para nada bien, tanto porque lo molestaba a él como porque también podía ser peligroso para mí. Tras unos segundos de grabación, me di cuenta de que lo que hacía no era lo correcto y me volví a donde estaba Beni. Nuestro amigo nadó un poco más por allí tratando de encontrar alguna presa desprevenida o dormida, para acto seguido desaparecer en las profundidades marinas nuevamente, esta vez para no volver a visitarnos más.

Apo Reef era tal y como lo imaginábamos, un auténtico paraíso marino en mitad del océano, lleno de vida y de colores, alejado, de momento, de todo el ruido que hay en el mundo. Este viaje con nuestros amigos y hermanos supuso el principio de muchos otros más. Ya en el camino de vuelta a Manila, durante el trayecto en guagua o durante el barco, planeamos algunos de ellos para las próximas semanas. La mayoría de estos planes se quedaron en eso, en un plan, pues era muy difícil volver a cuadrar todos juntos de nuevo. Pero por esta vez y creando un recuerdo para siempre en todos nosotros, disfrutamos de la naturaleza más salvaje, intacta y auténtica de Filipinas en el remoto Apo Reef.

Vuelta a la isla misteriosa

Desde nuestro último día en esta isla sabíamos que volveríamos y no una vez ni dos, no, volveríamos muchísimas más veces. Beni siempre decía de este lugar cuando llegábamos: «¿Qué pasará esta vez?». Esto era porque siempre pasaba algo extraordinario cuando les visitábamos: visita de varios colegios de la zona a la playa con más de una treintena de niños corriendo, jugando y gritando alegremente por todos lados; fiestas locales con sus bailes, karaoke y comidas típicas; campeonatos locales de vóley-playa; alumnos de fisioterapia en prácticas ofreciendo masajes y terapias; el cumpleaños de alguna de las chicas… Todo podía pasar y siempre pasaba algo distinto y divertido por allí. Esto no era de extrañar en realidad, pues la familia que vivía en la playa era el alma y las raíces de esta, organizando este tipo de eventos y jornadas para compartir su pequeño paraíso con el resto de habitantes de la isla. En realidad, todo allí era distinto.

Una vez más, como en cada una de nuestras múltiples visitas al lugar, nos sentíamos como si realmente nos conociéramos de toda la vida. Nos hacían parte de su familia y nosotros los considerábamos también parte de la nuestra. Todo fluía sin ser forzado y aprendíamos algo nuevo con ellos cada día que pasábamos juntos. Las largas noches estrelladas bajo el calor de una hoguera improvisada en la arena de la playa o las eternas partidas de cartas al Uno o al Jungle entre risas y carcajadas con las chicas y muchos de los niños de la playa hacían que, de verdad, pensáramos que habíamos encontrado nuestro destino en este gran y largo viaje.

Como ya habíamos dicho antes, todos ellos hacían surf siempre que podían. Las chicas nos avisaban cada vez que sabían que las olas iban a llegar, pues nadie mejor que ellas conocía los secretos de su ola. Nuestro primer gran baño allí fue justo al empezar la temporada de tifones, en el mes de julio. Las chicas nos enviaron un mensaje para que fuéramos, pues para esa semana la ola estaría funcionando seguro, decían. Ya había perdido la oportunidad de coger buenas olas con ellos muchas veces, ya fuera porque no podía ir en ese momento, porque cuando nosotros llegábamos la fuerza terminaba o porque íbamos de improvisto para visitarlos y no había olas.

—No vengas, Alexis. No vengas… —decían entre risas.

Lo cierto es que esta vez nos lo propusimos seriamente y desde que nos avisaron, pedimos los días en el trabajo y nos fuimos al día siguiente a la isla misteriosa. Cuando llegamos, ya bajando la carretera que llegaba a la casa de nuestra familia, se veían las líneas entrando y rompiendo contra el coral. Algunos de los chicos ya estaban en el agua y desde la orilla podíamos verlos sacar buenos y largos tubos. Aunque muy cansados del largo viaje en avión, barco, *van*…, no me lo pensé y salté al agua. Las chicas nos prepararon un café y, tomándolo mientras me cambiaba, me decían muertas de la risa:

—Hoy sí, Alexis. Hoy sí… Hoy sí vas a conocer la ola.

Remé hacia el pico durante unos cuantos minutos, pues aquí el Reef está bastante lejos. Ya casi arriba pude reconocer alguno de los chicos, que me saludaban efusivamente después de terminar su ola y salir de preciosos y transparentes tubos. En verdad, la calidad de la ola era digna de las mejores olas que yo había surfeado anteriormente, por no decir la mejor de todas. Ese día en particular, estaban entrando unos dos metros de ola, con una ligera brisa en contra que la levantaba y aguantaba en su parte superior, mientras iba rompiendo y formando un ancho y largo tubo a lo largo del coral.

Los chicos me indicaron dónde colocarse para poder bajarla bien y no caer contra el coral. La primera ola que remé, entré directamente en el tubo tras una buena y controlada bajada, pudiendo sentir el sifón formándose detrás de mí y el aire salir a gran velocidad del interior del mismo, propulsándome y dejándome una pared casi vertical delante para tratar de hacer lo que se me ocurriera en esos escasos segundos que tienes para pensarlo. De ahí en adelante, todas las olas fueron iguales o mejores. Éramos unos cinco o seis en el agua y muchas de las olas las dejábamos pasar, pues, o estabamos muy cansados, o no había ninguno de nosotros en el pico. Una sesión épica e inolvidable.

Beni se había subido a lo alto de una vieja cabaña que estaba colocada casi en la misma orilla de la playa de arena, previa al coral, y pese a la lejanía con respecto a nosotros, que estábamos donde rompían las olas, pudo inmortalizar el momento con mucha nitidez. Ya en la última sesión del día, justo antes de que el cielo se tornase en naranja y dejara paso a la oscura noche, entraron Ireene y Kissy al agua, dos de nuestras amigas. La armonía entre ellas y la ola era totalmente palpable, conocían cada parte de la misma, cada hueco en el suelo de coral, cada sección… Todo. Era como si ellas y la ola tuvieran un pacto y se estaban rindiendo cuentas, al mismo tiempo que la cuidaban y mimaban como a un miembro más de su familia.

«Hoy sí, ¿eh? Finalmente, Alexis. Tampoco te hizo esperar tanto, ¿no?», eran las frases más utilizadas hacia mi persona esa noche, mientras jugábamos cartas y bebíamos algunas Red Horses. Tenían razón, se nos había resistido por bastante tiempo, pero lo de hoy, lo que había pasado en el agua durante todo el día de hoy bien mereció la espera.

Pasaban los meses y cada vez nos hacíamos más íntimos con todos ellos, hasta el punto de que decidimos pasar las Navidades y fiestas allí en su playa. En definitiva, aquel lugar era nuestro verdadero hogar lejos de casa y ellos así nos lo hacían sentir en cada visita. Durante esta época del año el viento sopla constante *on-shore*, imposibilitando coger cualquier ola o incluso bañarse de manera tranquila en la orilla de su paraíso. Aun con esto, el lugar seguía conservando su esencia, y más por estas fechas tan especiales para todo el mundo. Las chicas tenían todo tipo de juegos preparados para estos días y, cómo no, para la entrega de regalos en la noche de Navidad. Niños de todos lados de la isla bajaban a la playa a pasar el día, viejos familiares iban de visita a la casa, y así durante todos los días. En realidad nos sentíamos tan afortunados de haberles encontrado y de poder compartir estos momentos con ellos que el hecho de que no hubiera olas nos daba un poco lo mismo en realidad. Todo era perfecto tal y como estaba en ese momento.

—La playa y el coral necesitan este tiempo de descanso y limpieza para renacer de nuevo el próximo año.

Los chicos de la playa conocían otros muchos lugares donde poder surfear durante estos meses de viento tan fuerte. Sabían de otras bajas de coral, desembocaduras de río y playas que estaban por otros lados de la isla donde poder surfear, por lo que muchas veces cogíamos nuestra moto y nos íbamos de aventuras con ellos. Durante estos trayectos o cuando íbamos a comprar alguna cosa que nos hiciera falta con las chicas a la ciudad, se podía sentir y vivir la Navidad tropical por todos lados de la isla. El día 24 de diciembre, durante la noche de Navidad, bajo una intensa lluvia y un fuerte viento que soplaba directamente desde el mar haciendo que tuviéramos que tapiar las ventanas del comedor para evitar que la lluvia entrara, entre risas y gritos de los más pequeños y de los no tan pequeños cada vez que se entregaba alguno de los regalos sorpresa que habían preparado las chicas para este juego, extrañamente y por primera vez, pese a saber que nuestros familiares y amigos estaban a miles de kilómetros de distancia, sentíamos el calor de un hogar y una familia.

Ya habíamos pasado otros cumpleaños de Beni allí en la isla misteriosa, y siempre con olas, pues octubre era uno de los mejores meses para los tifones, pero este año era diferente. Un gran *swell* que marcaba unos casi cuatro metros de olas se aproximaba a la playa. Las chicas lo sabían, los locales también, y se podía notar el nerviosismo los días previos a la llegada de la fuerza. Esta vez, un solitario viajero australiano que también conocía a la familia y su gran secreto desde hacía ya casi más de veinte años estaba allí junto con un hawaiano un poco perdido, casado con una local de la zona y que visitaba el lugar por primera vez. Los tres éramos los únicos extranjeros que esperábamos el gran día y nos estábamos mentalizando para ello. Derek, como se llamaba el australiano, era muy querido por las chicas. Él sabía muy bien cómo coger la ola los días grandes, por lo que no podía tener mejor profesor y guía, pese a que él iba con tabla de surf y yo con mi tabla de *bodyboard*.

La mañana siguiente, ya se podía oír el mar tronar fuertemente al romper contra el coral. La fuerza había llegado y debíamos saber si estábamos o no preparados.

—Con ese tamaño, lo mejor es entrar con marea alta —decía Derek.

—La orientación de la ola es la mejor para poder sacar bien el tubo sin sorpresas o sin que te cierre la segunda sección —asertó Edu, uno de los locales más viejos de la zona y de los pioneros en surfearla en los años setenta.

La marea subió lo bastante como para dejar el afilado y rocoso coral lo suficientemente profundo y lejos de la superficie. Ahí estábamos los tres remando hacia el pico, completamente solos y sin articular ni una sola palabra. Las primeras series llegaron y la reina nos enseñó su verdadero poderío y potencial. Enormes olas que formaban altos tubos como cavernas de agua rompían elegantemente y de forma ordenada contra el fondo mientras recorrían la baja de coral. Las olas escupían litros y litros de agua y aire a presión a medida que cerraban, dejando una estela blanca en el aire y un sonido inconfundible. Los tres dudábamos en cuál bajar. Yo solo remaba las más pequeñas para poder así ir cogiendo la suficiente confianza y valor para tratar de remar alguna ola de la serie. Estas pequeñas, en realidad,

eran más jodidas, pues sí que cerraban más en la segunda sección y no te dejaban sacar bien la ola.

Derek remó la primera de la serie marcándome el camino. Detrás de la suya venía ahora otra ola aún más grande, aparentemente, y allí estábamos el hawaiano y yo, indecisos por qué hacer, si la bajábamos o no. Casi instintivamente, remé con fuerza para colocarme en el sitio correcto y cuando ya la tenía en mi espalda, agarré fuertemente el canto y la punta de mi tabla mientras bajaba la enorme pared de agua a gran velocidad. La luz clara e intensa del sol desapareció por unos largos segundos sobre mi cabeza y tan solo podía oír el atronador sonido del grueso labio de la ola golpeando el mar, al mismo tiempo que escupía el aire del interior del enorme tubo, que ya me cubría por completo. Cuando pude salir de la ola y ya sintiéndome seguro, solo pude atinar a levantar mi mano y gritar emocionadamente. Lástima que la ola que venía justo detrás de la mía, pasada y entrando por fuera de la baja, tenía por misión hacerme pagar el peaje de haber disfrutado de la anterior, revolcándome y manteniéndome bajo el agua por un corto espacio de tiempo.

Lleno de confianza y seguro de lo que estaba haciendo, me atrevía cada vez más y más, llegando a bajar las olas más grandes de la serie. El hawaiano hizo lo propio y empezó a bajar olas grandes también. Desde la orilla, algunos de los chicos, que acababan de terminar de trabajar o que pasaban por allí, empezaron a agruparse junto a Beni y gritaban con cada tubo que logramos sacar.

Ya entrada la noche, después del tradicional *boodle fight* con todos ellos para celebrar el aniversario de Beni, una comida familiar en la que, en lugar de platos y cubiertos, se cubre la mesa con grandes hojas frescas de plátano y se reparten varias comidas sobre estas, como arroz, pescado, mango, cangrejo, verdura…, lo que sea, en pequeñas raciones que luego se van cogiendo con una mano, dejando la otra a la espalda, bajamos a la arena de la playa a descansar y disfrutar de la noche bajo la intensa luz de la luna llena de esa noche y el calor de la hoguera que habían hecho los más pequeños, dejando un día para el recuerdo, no sin antes cortar el pastel sorpresa para celebrar el cumpleaños de Beni.

Una mañana, en otra visita a nuestra familia y a su pequeño paraíso particular con un parte marcando grandes olas de nuevo, saltamos al agua alrededor de las cuatro de la mañana, la mejor hora para salir al mar antes de que el viento se despertara. El mar se había levantado enfadado, como nervioso. No se decidía entre «día grande perfecto» o «día grande peligroso». Finalmente, optó por lo segundo, y como si de una premonición se tratara, a la segunda ola que remé, golpeé tan fuerte el agua en una mala maniobra que hice, impactando de lleno con mi pecho, que me quedé sin poder respirar por un buen rato y dolorido por varias semanas. Esto me mantuvo alejado del mar casi un mes con mis costillas doloridas y creó un punto de inflexión en mi mente que tardé meses en superar.

Este lugar, esa playa, nuestra familia y la ola serían testigos de algunos de nuestros momentos más felices juntos como pareja, conectándonos a nosotros dos y, de alguna manera indescriptible y para siempre, a todo lo citado anteriormente. Allí, por ejemplo, junto a todos nuestros amigos y amigas de la playa, celebramos la unión y el compromiso con nuestras almas en un bonito y sencillo ritual a orillas del mar, junto a un escenario inmejorable de fondo, formado por preciosas e increíblemente perfectas olas que rompían ese día detrás de nosotros. En realidad era como si ellas también quisieran estar presentes un día tan significativo para ambos.

También sería en esta isla donde conocería a Xavi, un apasionado del mar y de la vida en sí misma, que viajaba en solitario por el mundo buscando olas y lugares que le hicieran sentir, al igual que nosotros. Con él compartimos grandes momentos y grandes olas creando una amistad sincera y real, forjada a base de sal y arena.

Explorando el sur

El sur del país esconde muchas joyas ocultas al turismo de masas y del todo hecho. En cuanto a las olas, el sur de Filipinas está encabezado por el mundialmente conocido rompiente de Cloud Nine. Esta es la zona en mayúsculas de surf cuando se habla de Filipinas. Los locales de esta región aguardan con muchas ganas durante todo el año la llegada de los vientos y tifones procedentes del sur del Pacífico, que, puntuales, acuden fieles a su cita de septiembre a octubre, dejando unas olas y unas condiciones épicas allí por donde pasen. Nos contaron algunos lugareños de la isla que, ya por los años noventa, el equipo técnico de una famosa marca de surf lo sabía y venían cada año a coger estas olas de clase mundial. Casi como si de un secreto se tratara.

Hoy en día, por suerte o por desgracia, su secreto ha sido revelado y las olas de la isla de Siargao, donde está Cloud Nine, son mundialmente conocidas. Potentes y poderosos tubos que rompen contra un fondo seco de coral, el sueño de cualquier cazador de olas. La contrapartida es que a Siargao también se le empieza a conocer por estar tocando los límites de la masificación. Una isla de tamaño pequeño convertida en foco mundial del surf.

Llena de profunda selva, gente local muy amable y plantaciones de palmerales para la producción de aceite de palma, Siargao es una isla paradisíaca rodeada de paredes de coral y bajas por casi todos lados. Sus olas para todos los niveles y su numerosa oferta de alojamiento desde muy barata hasta la comodidad más empalagosa que puedas imaginar atraía a miles de visitantes a la isla. Todo esto hacía que no quisiéramos visitarla, ya que nosotros tenemos una regla o norma no escrita que intentamos cumplir siempre que podemos.

—A aquellos lugares en los que has viajado y has sido feliz, no deberías volver… —me decía Beni cada vez que me veía mirando los partes para Cloud Nine.

Esto es básicamente para evitar ver cómo el turismo de masa o la masificación han deteriorado un lugar al que alguna vez fuiste de viaje y en el que ahora, al ponerse de moda, todo ha cambiado.

La isla de Negros

El sur de Filipinas llamaba mucho nuestra atención. Bob y su hermano, los de Malate, ya nos habían hablado sobre algunas de las muchas maravillas de su Negros natal. Luego, más tarde, sería mi hermano Brent, nacido y con toda su familia viviendo también en la isla de Negros, el que terminaría de convencernos para ir a explorar por allí.

Lejos de todo tipo de turismo aún, a Negros realmente no se le conocía por nada en especial. No conocíamos a nadie que hubiera estado por la isla o que tuviera algo que indicarnos o decirnos sobre esta. Brent realmente solo conocía su ciudad y el norte de Negros, así que poco podía indicarnos sobre el sur, sus playas y las numerosas islitas que bordeaban toda esta costa, que en realidad era a donde queríamos ir. Eso convertía a la isla de Negros en una verdadera aventura de nuevo.

Beni había planeado irse de acampada con Jimena y Paloma a la isla de Kalanggaman el próximo fin de semana, una pequeña y remota isla situada al sureste de Filipinas unida a una enorme lengua de arena dorada que se adentraba en el calmado mar por unos cuantos cientos de metros. Esta isla fue descubierta por el gran público hacía tan solo unos pocos años, por eso todos los habitantes de Manila querían ir a Kalanggaman y ver esta maravilla de la naturaleza de cerca, lo que hacía que la isla estuviera empezando a sobrepasar sus límites naturales.

—Un fin de semana de chicas —decían las tres.

Dean me había propuesto acompañarlo a él y a su grupo a subir una montaña que se encontraba a las afueras de Manila ese mismo fin de semana, cosa que no me parecía mal plan realmente, pero si era del todo sincero conmigo mismo, me apetecía algo más de aventura para esos casi cuatro días que tenía libre. Unos conocidos habían llegado hacía poco a Manila de viaje. Yo no los conocía de nada, pero a petición de un amigo mío de Tenerife, ya había hecho algunas videollamadas con ellos anteriormente explicándoles un poco cómo funcionan las cosas por Manila, que era lo que más les preocupaba, y también indicándoles algunos lugares que no deberían perderse en su viaje por el país.

Parecía que habíamos conectado muy bien los tres, por lo que decidí llamarles para ver qué planes tenían para estos próximos días. Casualmente, estarían de regreso a Manila desde Palawan ese próximo jueves y, de momento, no tenían más planes a la vista hasta el siguiente martes, cuando irían a Cebú a pasar su última semana entre fiesta, descontrol y playa de sombrilla y tumbona.

—¿Por qué no hacemos algo juntos este finde? Yo tengo libre desde el viernes hasta el próximo martes, que vuelvo a trabajar por la tarde —les comenté.

—Sería una gran idea, nos apetece algo de *Planet of Trips*, una aventura a lo Indiana Jones, algo extremo… —comentaron entre risas los dos.

«¡Joder, es perfecto!», pensé de manera automática cuando me dijeron eso, pues ya tenía compañeros para meternos de lleno por Negros y explorar un poco la isla.

Beni quería venir conmigo a ese primer viaje por Negros y, aunque ambos sabíamos que volveríamos por allí de nuevo más tarde o más temprano, a los dos nos gustaba la idea de ir juntos por primera vez a esta isla tan salvaje y remota.

Tras contarles el plan a mis dos nuevos conocidos, estos quedaron encantados y nerviosos por la aventura que se les venía encima. Los invité también a quedarse en nuestra casa de Kapitolyo los próximos días antes de nuestro viaje, para, de esta manera, salir juntos al aeropuerto en cuanto yo terminara de trabajar el viernes. Ese mismo jueves, cuando llegaron de nuevo a Manila, salimos de fiesta los tres con algunos amigos del trabajo y Beni. Parecía que nos conociéramos de toda la vida, lo pasamos muy bien entre Red Horses frías y picoteo esa noche.

Llegó el viernes y, como planeamos, una vez acabé el trabajo y tomé una ducha en casa, salimos los tres rumbo al aeropuerto para coger un avión y plantarnos en Bacolod, la ciudad más grande de la isla de Negros. Bacolod era una ciudad universitaria llena de escuelas, colegios y universidades. En realidad, era bastante distinta a otras ciudades grandes que habíamos visitado Beni y yo anteriormente en Filipinas. Todo parecía más ordenado y limpio que en las demás. Habíamos llegado muy temprano en la mañana y el plan era coger una guagua que nos llevara al sur de Negros lo antes posible y tratar así de alcanzar en ese mismo día una islita llamada Danjugan, justo enfrente de la costa sur de Negros. Sobre esta isla habíamos leído Beni y yo previamente que tenía varias lagunas de agua salada en las cuales podíamos navegar en kayak y que estaban llenas de corales, tiburones, tortugas, etc. Luego, volveríamos a Negros y nos iríamos a explorar un poco más todo ese sur. ¡El plan perfecto!

Brent nos había dicho que, al menos antes de dejar Bacolod, debíamos probar el *kinilaw*, un plato típico de Filipinas a base de pescado crudo macerado unas horas con vinagre y zumo de calamansi, una minimandarina muy ácida que encuentras por todos lados en Filipinas, ya que era en Bacolod donde mejor lo preparaban, o eso decía Brent. Lo cierto es que en el primer sitio que vimos abierto para desayunar, un puesto callejero con pequeñas mesas y sillas de plástico repartidas por la acera, nos lo ofrecieron. Quizás era demasiado temprano para este plato, pero ¿cómo resistirse?

Aquí mis conocidos empezaron a sentirse un poco incómodos, pues no les atraía mucho la idea de comer en ese puesto en mitad de la acera, con esos platos expuestos a la intemperie y bajo la atenta mirada de todos los locales que pasaban por allí y que nos observaban sin ningún tipo de rubor o problema, ya que, como sabíamos, Negros no era un lugar donde se vieran muchos turistas y nosotros éramos la atracción de la mañana en el pueblo. Quizás yo estaba demasiado acostumbrado a esto después de tantos años de viaje o quizás no me fijaba mucho en este tipo de detalles, pero entre ellos dos hicieron que no me sintiera cómodo con la situación que se había creado.

Salimos rápido de allí y buscamos dónde coger la guagua que nos llevara al sur. Tras encontrarla, nos montamos y casi automáticamente empezamos a recorrer las primeras calles. Al poco tiempo de arrancar, ya estábamos fuera de la ciudad y empezamos a meternos por carreteras donde solo se veían grandes plantaciones de arroz, densa jungla, búfalos y alguna que otra casa perdida por el camino. Exactamente lo que estábamos buscando aquí, o al menos uno de nosotros tres, porque mis conocidos ya estaban resoplando y murmurando progresivamente a medida que más salvaje se veía todo.

—¿Será seguro ir por aquí? La gente nos mira muy raro... —dijo visiblemente asustado uno de ellos.

Fue en ese preciso momento, con esa frase y, sobre todo, con esa cara de pánico con la que me preguntaba, cuando me di cuenta tarde de que me había equivocado de personas y de lugar. Ni yo mismo me había metido antes por allí a explorar, ¿qué le podía decir yo a ese chico que lo mantuviera calmado y sereno? Por experiencias anteriores de otros viajes, sabía que el miedo es algo que suele aparecer en determinados momentos y lugares, sobre todo cuando ya estás condicionado por lo que te han contado otras personas o lo que te ha dicho alguien previamente sobre ese sitio al que te diriges. El miedo te puede llegar a bloquear y anular tanto, hasta el punto de que no te atreves ni a salir de tu hotel o pensión e incluso te da miedo que alguien se dirija a ti para hablarte o preguntarte algo por la calle, haciendo imposible que te relajes y disfrutes del viaje.

Asertivamente y muy seguro de mis palabras para que sonaran lo más creíbles posibles, le dije las típicas frases hechas que usas para contar a los familiares o amigos cuando te llaman y te preguntan si no es peligroso viajar así.

—Ellos solo tienen curiosidad, por eso nos miran tanto. Tranquilo, los filipinos son muy buena gente, ya lo verás… —le respondí, tratando de tranquilizarlo.

Mis palabras no causaron el efecto deseado y uno de ellos, cerrando las cortinas de la ventana que tenía su asiento, siguió resoplando y agarrando el móvil como si este fuera a salvarlo de todo mal que pudiera aguardarle allí fuera.

Todo parecía inexplorado, estaba todo en bruto. Cuando pasábamos cerca de alguna playa o la podíamos ver por las ventanas de nuestra guagua, esta estaba vacía y sin una sola casa cerca de la fina arena blanca. Durante las casi seis horas que duró el trayecto, también pudimos ver muchas islas diminutas a pocos metros de la costa y repartidas por toda la carretera. Algunas de ellas parecían totalmente deshabitadas y rodeadas de fino coral.

Nuestro objetivo era llegar a la isla de Danjugan, como habíamos dicho anteriormente. Un paraíso protegido de la pesca, la tala de árboles y sin un solo trozo de cemento encima. Esta diminuta isla estaba a tan solo unos pocos minutos en barca desde la costa. En manos de una sociedad de conservacionistas, Danjugan tiene limitado el número de visitantes por día, y los que vayan tienen que acampar en los espacios habilitados para ello y pagar todas las tasas de medioambiente que protegen esta reserva.

Al lugar solo se accedía desde dos puntos posibles, la provincia de Sipalay, más al sur, o desde el barangay Bulata, donde tras contactar con las personas que gestionan la reserva, te envían una barca para recogerte y llevarte a la isla. Nosotros no habíamos hecho nada de esto, pues confiaba en que entre los tres podríamos conseguir llegar hasta la isla por nuestros propios medios y así quizás ahorrarnos algo de dinero.

El chófer detuvo su guagua en mitad de la nada más absoluta, literalmente: selva delante, selva detrás y selva a los lados. Acto seguido, nos indicó el camino a tomar para llegar al barangay Bulata y se marchó levantando una gran nube de polvo y tierra mientras se abría paso pesadamente por la carretera de arena que seguía hacia el sur. La cara de mis dos conocidos se tornó blanca y el desánimo entre ellos dos era más que palpable.

—¿Y ahora qué? ¿Dónde estamos? A mí esto no me gusta nada. ¿Dónde estamos? —dijo el más nervioso de ellos.

—Tranquilo que pronto llegaremos, ¿verdad, Alexis? —me preguntó el otro.

Yo no tenía ni idea de nada. Ni de dónde estábamos, dónde debíamos ir o de qué encontraríamos allí, no sabía nada.

—Síganme a ver si conseguimos un barco para cruzar —les dije, intentando que entre todos recondujéramos la situación de nuevo y ellos pudieran disfrutar del viaje.

Mientras caminábamos por el camino de piedras que nos indicó el chófer, empezaron a aparecer los primeros locales, que muy curiosos, se nos acercaban a preguntar: «¿Dónde van? ¿De dónde sois? ¿Van a Danjugan?».

El barangay Bulata era en realidad cuatro casas de madera con muchos gallos, cerdos y búfalos de agua merodeando a sus anchas por el suelo. Gracias a unos locales que nos señalaron por dónde ir, pudimos encontrar y preguntar a un grupo de pescadores, que estaban recogiendo los enseres del interior de sus barcos, si nos podrían acercar a Danjugan. El problema tras preguntar a dos de ellos era que, al ser una reserva marina, nadie salvo las barcas autorizadas para ello podía acercarse a la isla. Poco a poco el plan de ir a Danjugan empezó a desvanecerse y los chicos no paraban de resoplar sonoramente, angustiados.

La realidad nos golpeaba de frente y tuvimos que tomar la decisión de irnos a Sipalay, un pueblo más al sur, para ver qué podíamos hacer y ver allí. El problema, no teníamos cómo llegar y mis conocidos ya empezaban a ser una carga en vez de ayudar a solucionar el problema.

Caminando por la misma carretera en la que nos había dejado la guagua hacía unas horas dirección a Sipalay, nos topamos con dos testigos de Jehová que estaban en misión por Negros. Los chicos, muy amables, nos indicaron que la próxima guagua que nos llevaría a Sipalay pasaría en una hora, aproximadamente. Sentados los cinco mientras esperábamos la guagua, empezaron a contarnos sobre lugares y cosas que hacer en Sipalay, se veía que se lo conocían muy bien. Nada de esto pareció gustarles a mis conocidos, que cada vez estaban más metidos en su mundo y ni siquiera participaban en la conversación o mostraban interés alguno por lo que estábamos hablando.

Al rato apareció la guagua nuevamente para llevarnos a Sipalay. Una enorme y larga playa de arena gris con algunas olas nos dio la bienvenida cuando llegamos. Nos bajamos justo enfrente de un enorme resort de lujo, el único que habíamos visto en muchos kilómetros de carretera. «Esto no me lo esperaba ni de broma», pensé automáticamente. No parecía que hubiera más opciones para pasar la noche en el pueblo. Este enorme esperpento de cemento en mitad de la jungla, con piscina y restaurante incluido, estaba semideshabitado aparentemente. Enseguida salió un amable y nervioso *kuya* a recibirnos. El hotel estaba cerrado por reformas, decía, pero en realidad creo que hacía mucho que no se quedaba nadie por allí.

—Aquí solían venir muchos viajeros de Manila a ver la playa y hacer las excursiones, pero desde hace poco, cada vez son menos, y la mayoría sigue un par de horas más y cruza a Cebú a pasar las vacaciones —dijo medio apenado el *kuya,* mientras se sentaba en un pequeño muro que delimitaba la propiedad.

Cebú es una de las islas más turísticas del país. Pese a ser relativamente grande en comparación con otras, Cebú tiene muchos lugares conocidos por todos los turistas, tanto nacionales como extranjeros. Cuenta también con un aeropuerto internacional donde viajeros de todos lados del mundo encuentran fiesta, playa, ciudad, submarinismo… Cebú estaba de moda y por esa razón, quizás equivocadamente o no, tampoco estaba en la agenda de viajes de Beni y mía.

Le preguntamos si conocía dónde quedarnos a dormir cerca de la playa, y el *kuya*, amablemente, accedió a acompañarnos hasta el único lugar habilitado para ello por toda la zona. Una casa local con varias habitaciones para alquilar, diminutas, sin ventanas y con aire acondicionado.

—Total, es solo para dejar las maletas y descansar un poco. Está bien, ¿no? —pregunté ilusamente.

—Este colchón es muy fino. ¿Aquí dentro los tres? Es muy agobiante, ¿no? —respondió el más nervioso de ellos—. No me encuentro muy bien, me duele la cabeza y estoy mareado —concluyó, ya totalmente fuera de sí.

Entre su amigo y yo tratamos de convencerlo, tras darle un paracetamol que llevaba conmigo, de que saliera con nosotros a buscar a alguien que nos hiciera un *tour* en barco al día siguiente por la zona, como nos habían dicho los testigos de Jehová, y de paso pasear, ver la playa, comer... Él ya estaba totalmente fuera de control.

—No, yo por aquí no salgo, no me gusta nada esto... —respondía una y otra vez cada vez que tratábamos de convencerlo de venir con nosotros.

Yo no tenía que aguantar nada de eso, ya no me sentía mal o incómodo por la situación, simplemente éramos personas totalmente distintas y buscábamos cosas distintas, nada más. Salí de allí e hice mi parte. Acordé un *island tour* por varias playas cercanas con un pescador, me di un par de baños en la playa mientras veía a un grupo de niños locales practicar *skimboard* con las olas de la orilla y luego cené tranquilamente. Uno de ellos vino conmigo y no paraba de justificar a su amigo todo el rato.

—Es que en su casa tiene un colchón especial porque padecía de la espalda. Él nunca ha viajado de esta manera y prefería estar en un hotel tranquilo...

Cada frase que me decía me resultaba más absurda que la anterior, mientras recordaba sus palabras hacía unos días pidiendo aventura y emociones fuertes.

Al volver, ya de noche, a nuestra habitación, nos encontramos a su amigo ya totalmente ido y en un estado de ansiedad preocupante. Sudando, caminando sin parar de lado a lado de la estrechísima habitación y maldiciendo el lugar.

—Me quiero ir, me quiero ir... —no paraba de decir una y otra vez.

Después de una corta e intensa conversación los tres sobre cómo habíamos llegado hasta allí y por qué, bajé a dar con la dueña del hostal para preguntarle cómo salir de Sipalay.

Casualmente, ese sábado de madrugada, pasaba una guagua que iba rumbo a Cebú desde Manila en un largo viaje de varias horas, e incluso días, que suelen hacer mucho los filipinos para ahorrarse los pasajes de avión. Inmediatamente, subí a contárselo a mis dos conocidos, y estos, sin pensarlo un segundo, decidieron irse de allí y dejarme atrás.

—Lo siento, no puedo quedarme aquí más tiempo —dijo aliviado.

En realidad, no estaba enfadado con ellos, ni mucho menos. Estaba aliviado y calmado porque sabía que, si no hubieran conseguido salir de allí a tiempo, quizás la situación se habría tornado algo más peligrosa, cosa no muy recomendable cuando se está a muchas horas de un hospital decente. Cuando me levanté a las ocho de la mañana en aquella habitación diminuta, ya me encontraba solo. Ahora tenía un problema mucho mayor ante mí, el dinero y los gastos que tenía para llegar a Manila de nuevo, pues tenía que asumirlos yo solo.

Hice cálculos y, sin ellos dos para compartir gastos, se presentaron ante mí dos opciones o alternativas posibles. La primera era que con el dinero que tenía, podía tener al menos tres comidas más, pagar la guagua de regreso a Bacolod, buscar un lugar barato donde pasar la noche, descansar y, ya a la mañana siguiente, pagar el taxi o triciclo hasta el aeropuerto. La segunda opción, mi favorita, era irme directo a la parte de la playa donde supuestamente nos esperaría nuestro capitán para irnos de excursión todos, explicarle que ahora era yo solo y tratar de negociar nuevamente un precio, guardando el dinero justo para comer algo después y pagar el billete de la guagua de vuelta a Bacolod. El problema de esa opción era que si gastaba el dinero que tenía para buscar un lugar donde dormir en Bacolod en ir de excursión a buscar playas y visitar islotes y corales esa mañana, pasaría la noche en la calle y teniendo solo el dinero suficiente para, por la mañana, coger un triciclo o taxi que me llevara al aeropuerto tras regatear el precio al máximo, claro. Mi vuelo era a las ocho de la mañana, así que si cogía la última de las guaguas que fuera para Bacolod, podría llegar allí de madrugada y ya solo esperar unas horas a que fueran las siete para ir al aeropuerto. No parecía tan complicado.

Cuando el capitán del barco me vio llegar a mí solo, de primeras canceló la excursión. Luego, tras explicarle y decirle que era mejor ganar setecientos pesos a no ganar nada, pareció entrar en razón y, pese a que me puso la condición de que la excursión no sería tan lejos como planeamos y que también sería más corta de tiempo, accedió encantado y empáticamente a llevarme. ¡Todo el barco para mí!

La excursión fue muchísimo mejor de lo que me esperaba, ni siquiera imaginaba esos corales y esas playas desiertas por Negros. El capitán y yo congeniamos rápidamente y, al final, entre risas y un ensayo de conversación en tagalo, en vez de llevarme a los típicos sitios a los que siempre llevaba a sus pasajeros, normalmente procedentes de Manila y sin muchos conocimientos sobre buceo y natación, me acercó a todos los lugares que yo veía interesantes, llegando incluso a parar su barca cuando se lo pedía para visitar algún trozo de arena virgen en mitad de la jungla o una diminuta isla con corales alrededor que aparecía por el camino.

Disfruté como nunca de esta excursión, quizás sería por la liberación que sentía tras quitarme el peso de tener que pensar constantemente en mis conocidos, por lo incómodo que se sentían desde que salimos de Manila o quizás era por lo auténtico, salvaje y único de lo que estaba visitando con mi capitán: playas, corales y atolones en los que buceé y nadé durante horas y donde dudo mucho que hubiera habido algún otro visitante anterior a mí en mucho tiempo.

Fuera como fuese, volví a estar viajando de nuevo, con la mezcla de aventura, originalidad y simplicidad de lo básico que tanto nos gusta a mí y a Beni, en la cual pensaba mucho, no pudiendo evitar imaginar lo bueno que sería poder compartir todos aquellos lugares tan únicos con ella.

Luego, tras regresar a Sipalay y cenar en una *karinderia* que estaba cerca de la playa, hice tiempo hasta que viniera la última guagua dirección Bacolod, disfrutando de un baño entre las olas, cada vez más buenas y mejor formadas, que entraban en la playa principal esa tarde y viendo como los locales se lo pasaban en grande con el *skimboard*. Finalmente, fuimos llegando sobre las dos de la mañana a la estación de guagua de Bacolod. Con mucha hambre y un poco de frío, decidí esperar allí sentado hasta que amaneciera. Realmente, las horas pasaron rápido y a las siete ya estaba dentro del aeropuerto habiendo pagado todo lo que tenía que pagar y con un extra para un café calentito antes de coger mi avión rumbo a Manila.

De esta experiencia aprendí varias cosas muy interesantes. Aprendí que no a todos les gusta viajar del modo que nos gusta a nosotros dos. Me pregunté si quizás llevábamos ya demasiado tiempo fuera y estábamos acostumbrados a sobrevivir. También aprendí o me di cuenta de que necesito a alguien que me ponga un freno, es decir, a Beni, porque, si no, quiero abarcar tanto que no disfruto de los sitios increíbles que visito. Me explico: encuentro un lugar increíble con el capitán y su barco, pero ya estoy pensando en ir y encontrar otro mejor o que lo supere. Como se diría, no disfrutas realmente del momento. Yo lo llamo ansiedad y me estaba pasando, sobre todo, en estos viajes cortos de un par de días solamente, volviendo luego corriendo al trabajo en Manila.

Por otro lado, siempre les estaré agradecido a mis dos conocidos por darme la oportunidad de demostrarme a mí mismo qué es lo que realmente me gusta hacer cuando viajo y qué es lo que me hace feliz.

Bohol

En otra ocasión, esta vez motivados por una nueva visita de Rebeca, la amiga de Beni, y después de que ellas se fueran a viajar solas una semana por varias partes del país, decidimos reunirnos en Bohol para, una vez allí, alquilar dos motos e irnos a recorrer sus muchos kilómetros de costa y montaña. Bohol, famosa por sus Colinas de Chocolate y los tarsios, uno de los primates más diminutos del planeta y endémicos de esta isla, estaba en nuestra lista de obligados desde hacía tiempo.

Salí del trabajo como siempre y fui directamente al aeropuerto sin dormir ni casi descansar. Este tipo de viajes estaba empezando a pasarnos factura tanto física como mentalmente a ambos, pero especialmente a Beni, que cada vez estaba más cansada y agotada de salir corriendo del trabajo, meterse en una guagua durante horas y horas o en un avión y luego una guagua o barco para llegar a tu destino totalmente reventado y sin ganas de nada, solo de dormir. Pero, bueno, es lo que había y lo hacíamos de corazón para poder seguir explorando la hermosa Filipinas, dejando así los días libres para juntarlos todos y organizar grandes viajes al exterior. Toda una forma de vida.

Nada más llegar a Tagbilaran, capital de la isla, ya me esperaban Beni y Rebeca para ir a buscar dónde alquilar nuestras motos y ponernos rumbo en la carretera de nuevo durante los próximos tres días. No fue nada difícil encontrar quien nos las alquilara; semiautomáticas y con gomas de tierra, pues casi todas las carreteras de la isla están solo asfaltadas parcialmente. Las probamos y tras algún que otro percance de Rebeca mientras probaba su moto y que pasó desapercibido por el dueño de las mismas, salimos de Tagbilaran rumbo a nuestra primera parada, las Colinas de Chocolate, una sucesión de muchas y diminutas colinas que se encuentran en el interior de la isla, llamadas así por su tamaño y forma tan redonda y que dibujan un paisaje que se asemeja a una tableta de chocolate.

Los primeros kilómetros de carretera fueron bastante fáciles. Rodamos sobre asfalto nuevo, ya que estas colinas se habían vuelto muy famosas recientemente y eran muchos los turistas que, cada vez más, hacían una parada rápida en la isla solo para ir a verlas y seguir a sus otros destinos en el resto del país. Cuando ya estábamos cerca del mirador habilitado por el Gobierno para contemplar esta maravilla de paisaje, nos quedamos casi enmudecidos por lo que veíamos. Ante nuestros ojos, diminutas colinas totalmente cubiertas por un césped verde y con su parte más alta o cima oscurecida con tonos marrones oscuros, debido a la arena o a la propia vegetación, se sucedían una tras otra casi hasta donde alcanzaba nuestra vista. Conducir nuestras motos con ese paisaje a nuestra izquierda hasta llegar al mirador me dio la motivación suficiente para olvidarme del sueño, el trabajo, el cansancio y de todo lo que había dejado en Manila hacía unas pocas horas.

Después de un buen rato contemplando las colinas, seguimos nuestro camino, esta vez por la carretera que iba hasta el sur y pegados a la costa. El tiempo, como es costumbre por aquí, cambió en segundos y sobre nuestras cabezas empezó a caer tal palo de agua que hacía imposible conducir por las, ahora ya sí, carreteras de arena dura. Refugiados en una pequeña tienda de víveres que encontramos a un margen de la carretera, esperamos a que terminara la lluvia. Dentro de esta tienda, rodeada solo por palmeras y jungla y en mitad de la nada, en una habitación anexa, varios chicos y niños estaban pegados a los ordenadores que tenían allí conectados, jugando en red y gritando mientras la lluvia caía sin parar.

—¿Muy raro que encontremos todos estos ordenadores aquí o solo me lo parece a mí? —dijo Rebeca, tan extrañada como nosotros por lo que estábamos viendo.

Cuando la lluvia paró, seguimos nuestro camino. La carretera se había complicado un poco y hacía que fuéramos mucho más lento que antes. Al cabo de unas horas, aún con la lluvia cayendo fuerte e intermitentemente cada cierto tiempo sobre nosotros y habiendo parado en algunos pueblos con playa que nos habíamos cruzado por el camino, tomamos la decisión de cambiar de dirección para tratar así de dejar la lluvia atrás. Nuestro objetivo en el sur era llegar a Anda, la tierra de los chamanes, pero por fuerza mayor debíamos dejarlo para otra ocasión. Dimos la vuelta y deshicimos un trozo del camino que habíamos hecho hasta llegar al cruce que nos llevaría a la provincia de Carmen, justo en mitad de la isla. Desde ahí, condujimos unas horas más y logramos cruzar al otro lado de Bohol. Esta parte de Bohol es muy curiosa porque tiene muchos islotes cercanos repartidos por toda su costa. Debido a lo poco profundo de sus aguas y los manglares que protegen toda esta área, algunos de estos islotes están unidos por carretera a la isla principal e, incluso a marea baja, se podría ir caminando, salvando las distancias, a algunos de ellos.

Ahora íbamos sin un rumbo claro, improvisábamos. Nos metíamos por cualquier carretera que se adentrara en el mar para explorar hasta dónde iba. Por el camino, encontramos algunas calas y playas donde nos bañamos e incluso buceamos un rato. Casi sin darnos cuenta, la noche empezaba a llegar y nosotros tres no teníamos aún un lugar donde dormir. Pero eso no era lo peor, lo peor era que durante muchos kilómetros no habíamos visto nada parecido a un hostal o un hotel en la carretera. Condujimos varias horas más a medida que las carreteras de arena se hacían más difíciles de transitar, usando únicamente la tenue luz que desprendían nuestras viejas motos alquiladas. Preguntábamos a cualquier persona que veíamos por la carretera, hasta que, ya muy entrada la noche, un amable señor que encontramos sentado por fuera de lo que parecía un taller de reparación de ruedas nos indicó hacia dónde ir.

—Si siguen un poco más por esta carretera, encontrarán el cruce que va hacia la isla de Pangangan, allí hay dos hoteles justo al final de la carretera —nos informó el señor.

Conseguimos encontrar el cruce casi por los pelos, todo estaba muy oscuro y la lluvia había llegado nuevamente para caer insistentemente sobre nuestras cabezas. Delante, una estrecha carretera cruzaba el mar y llegaba a la isla de Pangangan. Siguiendo las instrucciones que nos habían dado anteriormente, condujimos nuestras motos alquiladas hasta donde terminaba la carretera, pero no había ni rastro o señal de hotel u hostal por ningún lado.

Normalmente, sabiendo cómo se nos dan las cosas cuando hacemos este tipo de viaje, solemos llevar siempre con nosotros nuestra tienda de acampar, pero esta vez no la habíamos cogido ninguno de los dos y las opciones que teníamos en este momento eran o encontrábamos algún lugar donde dormir, o teníamos que seguir conduciendo varias horas más hasta llegar a la ciudad de nuevo.

Un poco desesperados ya por la lluvia, que no cesaba, nos metimos por un sendero de tierra que salía de la carretera principal con la esperanza de que nos llevara al hotel que decía el señor. Yo me adelanté al resto para ahorrarles tener que ir hasta el final y dar la vuelta luego si no había nada. Cuando llegué al final del mismo, pude ver un cartel con letras en color azul: «Brisa Marina Hotel». Detrás, un pequeño complejo de cabañas cerca del agua parecía estar abandonado desde hacía mucho tiempo. Estaba apagado, con la reja cerrada y muchas de las cabañas que tenía estaban tapiadas, en su mayoría, con grandes maderas en puertas y ventanas.

Dos ruidosos perros que estaban dentro de la propiedad empezaron a ladrar asustados al escucharme con la moto, justo cuando me estaba dando la vuelta para irme. Esto propició que se encendiera una luz en el interior del Brisa Marina Hotel. Beni y Rebeca ya habían llegado y al ver la luz, automáticamente los tres, en un último intento a la desesperada, nos dirigimos corriendo hacia la puerta principal y gritamos para que nos abrieran. Tras un par de ruidos de maderas y puertas abriéndose y unos gritos en tagalo para mandar a callar a los perros, un chico de unos cuarenta y tantos años, pelo largo y barba se acercó a la reja aún cerrada. Su cara no daba lugar a dudas, lo habíamos despertado nosotros y los perros.

—Buenas noches. Estamos perdidos y no encontramos donde poder pasar la noche. ¿Podríamos dormir aquí esta noche? —dijo Beni muy directa.

—Lo siento, nuestro hotel está cerrado, lo estamos reformando para cuando empiece el verano, estamos cerrados —dijo Allan, como se llamaba el chico que nos abrió la reja.

—No tenemos donde ir esta noche, llueve mucho y hace frío. Hemos preguntado en todos sitios y nada. ¿De verdad que no tiene ningún sitio disponible? Nosotros podemos ayudarle a limpiarlo y acondicionarlo para pasar la noche —respondió Beni con ese tono de voz tan peculiar suyo que usa cuando quiere conseguir algo.

Tras un rato pensando y viendo cómo nos mojábamos por la floja pero incesante lluvia que caía, abrió la reja y nos invitó a esperarlo allí mismo, bajo el arco de la puerta de entrada a la casa, mientras él se iba a comprobar el estado de las cabañas que aún tenía sin reformar. Los dos perros, muy contentos de vernos, no paraban de jugar con nosotros. Al cabo de un buen rato, Allan apareció de nuevo, pero esta vez no venía solo, lo hizo acompañado por su mujer. Los dos nos comentaron que sí tenían una cabaña que podíamos utilizar, pero que teníamos que esperar a que pusieran las sábanas y acondicionaran un poco antes de poder acomodarnos, cosa para lo cual les ofrecimos nuestra ayuda. También la mujer de Allan nos ofreció sopa de fideos y *pancit*, un plato típico de Filipinas a base de fideos de arroz con verduras y salsa de soja, que podrás encontrar en cualquier parte del país, especialmente en fiestas y celebraciones, que había preparado ese mismo día para el almuerzo y les había sobrado.

Soltamos nuestras maletas en la entrada de la cabaña que habían elegido para nosotros Allan y su mujer, y ayudamos en todo lo que hiciera falta para poder pasar allí la noche. Más tarde, mientras cenábamos todos juntos en el comedor del hotel, también este con aspecto de haber vivido años pasados mucho mejores, la mujer de Allan nos contó que la situación por su isla era diferente desde hacía un tiempo, cuando decenas de visitantes iban casi todos los fines de semana a su hotel para pasar el día y bucear en sus aguas cristalinas.

—Ahora, tras el auge de otros muchos destinos en Filipinas, Brisa Marina no está en el radar del turismo nacional, y mucho menos para los extranjeros —recalcó la mujer de Allan.

Cuando nos levantamos a la mañana siguiente, pudimos ver realmente cómo fue en su momento el Brisa Marina Hotel. Cabañas de madera de hasta dos plantas de altura, parque infantil de juego, embarcadero a pie de playa para acceder directamente al hotel, un enorme comedor con billar, zona de juegos y hasta un paseo marítimo privado con vistas al ya bastante deteriorado coral de la isla.

—Tuvo que ser un lugar imponente en sus años —dijimos los tres, mientras íbamos a la cocina a ver si podíamos desayunar algo antes de seguir nuestra ruta.

Allan nos explicó que el motivo de que los corales estuvieran rotos o destrozados en su mayoría era los numerosos tifones que habían sufrido últimamente, pero seguro que los curiosos turistas que nadaron también por sus aguas durante años no tuvieron mucho cuidado al pisarlos o golpearlos con las aletas, dejando un manto blanco de finas piedras y muerte donde antes había peces y colores.

Nos despedimos de Allan y su mujer y, con nuestras motos, retomamos nuestro camino para seguir explorando la isla. Disfrutamos de playas totalmente desiertas y corales realmente vírgenes para bucear por toda la costa, pero, pese a todo, había algo que aún no habíamos conseguido encontrar, los tarsios, animal endémico y único de esta isla. Para verlos debíamos volver de nuevo al frondoso, húmedo y lluvioso interior de la isla. Conduciendo nuestras motos por dentro de este, pudimos ver una granja donde prometían tener varios de estos animales vivos, pero nada más lejos de lo que estábamos buscando nosotros. Desde el principio de este viaje, siempre hemos optado por ver a los animales en su estado salvaje o, si esto no es posible, por lo menos que se les respete y sea lo más natural posible. Esta supuesta granja de tarsios era un lugar horrible, donde exponían a estos animales, de hábitos generalmente nocturnos, con mucha luz y ruido, cosa que ellos no soportaban. Desde fuera nos pudimos dar cuenta y salimos de allí corriendo.

Beni, como siempre bien informada, había leído de un lugar en las montañas donde podríamos ver a los tarsios de forma responsable. Se trataba del Philippine Tarsier Sanctuary de Corella, donde aparte de ayudar a conservar el hábitat de estos curiosos animalitos y recoger los que han sido capturados o explotados para el turismo, el dinero que pagues en la entrada servirá para ayudar a esta magnífica especie a florecer de nuevo salvaje.

Al cabo de un buen rato conduciendo entre la densa jungla, lo encontramos. Tras explicarnos todos los proyectos en los que estaban trabajando y contarnos cómo vive, se alimenta y se reproduce este peculiar primate, nos dieron acceso al parque, donde tenían a varios ejemplares censados y localizados desde el principio del día. Aquí, como es normal, no te garantizaban verlos, es decir, los tarsios están libres y van y vienen por el parque cuando ellos quieren. Algunos tarsios, como se saben más protegidos y seguros por estas tierras propiedad del santuario, andan por allí a diario. Tras casi una hora de caminata entre árboles y jungla, finalmente Beni, Rebeca y yo pudimos ver a nuestro diminuto y esquivo amigo entre las hojas. Pudimos ver solo dos de ellos, pero estábamos igualmente emocionados de poder compartir este corto pero intenso momento con ellos.

De nuevo, con la noche ya encima de nosotros, llegamos a la ciudad de Tagbilaran tras muchas horas de carretera y muy cansados por conducir. Habíamos recorrido muchísimos kilómetros de carretera los tres juntos durante los pasados días, encontrando playas, islas, montañas y pueblos, que hicieron de nuestra exploración en moto por Bohol una aventura única.

Siquijor

Nos habíamos quedado con las ganas de ver los chamanes, por lo que empezamos a informarnos sobre ellos y tratar de saber qué parte de cierto y qué parte de negocio había en su leyenda. La alergia al sol que tenía Beni había remitido bastante, pero aún aparecía de vez en cuando y quizás ellos, con sus medicinas ancestrales y rituales, podrían ayudarla en algo. Dean, experto en todas las leyendas, historias y rituales de su país, nos dijo a Beni y a mí que si queríamos encontrar auténticos chamanes, debíamos ir a las montañas de Siquijor. Cierto es que cuando le comentábamos a otros amigos o conocidos filipinos que íbamos a ir a Siquijor al encuentro de los chamanes, muchos de ellos trataban de disuadirnos para que no fuéramos: «Siquijor es un lugar increíble, lleno de playas y lugares buenos para el buceo con gafas y tubo, pero ¿para qué van a ir a las montañas? No es bueno para los turistas ir a esas montañas», decían. Según muchos de ellos, *wakwak*, como se denomina a los vampiros en tagalo, o *aswang*, bruja chupasangre, viven en esos bosques.

Dean, que sabía que no íbamos a dejar de ir, simplemente nos dijo lo que sucedía con esta isla:

—La isla está maldita, muchas son las personas que han visto o padecido la visita de *aswang*, un demonio nocturno que puede tomar las formas que quiera, como las de un perro, gato, ave u otro animal. El *aswang* ataca preferentemente a niños abandonados y a mujeres embarazadas, usando su larga lengua para extraer y comerse los fetos de estas… —nos dijo en un tono serio.

La historia de Dean no nos dejó muy tranquilos, la verdad, pero íbamos a ir de todas maneras.

Buscamos vuelos baratos a Dumaguete, en Negros, y desde ahí cogimos el ferry que nos llevaría hasta la isla maldita. Al llegar, la isla no tenía nada distinto a otras que habíamos visto. El puerto estaba en plena expansión y eso se notaba por el trajín de camiones y palas que venían e iban de un lado a otro frenéticamente. Enfrente, justo a la salida, encontramos un lugar donde alquilar una moto y así poder ir por libre, que es como más nos gusta viajar a nosotros. Después de negociar un buen precio por los tres días que teníamos pensado pasar en la isla, el dueño del lugar empezó a enumerarnos los mejores destinos que ver en Siquijor. Siguiendo el estereotipo del viajero común, nos recomendó muchos de los lugares más visitados por los turistas que vienen a la isla atraídos por su recién descubierto buceo, playas y zonas de fiesta en auge. Cuando le dijimos que íbamos a las montañas, su cara pareció cambiar.

—Allí hace frío y no hay mucho que ver —dijo, al mismo tiempo que daba por concluida la conversación.

Tras dejar atrás la pequeña ciudad donde estaba el muelle conduciendo nuestra moto y, con ella, también los Jollibee, McDonald's y otras franquicias de comida rápida que, como parásitos, van contagiando a sus huéspedes sin piedad, en este caso las islas del archipiélago filipino, multiplicándose en copias exactamente iguales unas de otras, entramos en un paraje totalmente nuevo y desconocido para nosotros. La carretera discurre por la costa, donde árboles de distintos tamaños y formas bastante peculiares sobresalen del mar entre algunas rocas enormes que también emergen del fondo marino. No se trataba de un manglar como ya habíamos visto anteriormente, no, esto era distinto. Algunos árboles no tenían ni una sola hoja, solo un tronco oscuro y grueso del cual salían muchas otras ramas más finas, largas y de color oscuro que parecían moverse de forma serpenteante, como lo haría la lengua de una serpiente o cualquier otro animal de lengua bífida. Al otro lado de la carretera, bosque y montañas de fondo.

En nuestro primer día en moto, recorrimos muchos pueblos y playas paradisíacas casi desérticas alejadas de los puntos más conocidos de la isla. También durante el camino, nos topamos con la iglesia del Cristo Negro, lugar sagrado para los habitantes de Siquijor. El día había dado para mucho, pero ya debíamos empezar a buscar un lugar donde dormir, pues nuestra idea era partir la isla en tres partes, para así recorrerla en moto día a día y conseguir verla casi en su totalidad. Habíamos visto un cartel anunciando un hostal unos kilómetros más atrás: «Buenos precios y buena comida», rezaba el cartel, tímidamente colocado a un margen de la carretera principal. Así que decidimos darnos media vuelta e ir a preguntar.

Lo que más nos sorprendió era que, pese a no ser demasiado tarde y ni siquiera oscuro aún, una densa niebla hizo acto de presencia dando al lugar un aspecto realmente muy tétrico y siniestro, haciendo que las palabras de Dean resonaran una y otra vez en nuestras cabezas mientras recorríamos esas solitarias carreteras.

Finalmente, encontramos la desviación hacia el hostal pese a la niebla y pudimos descansar allí esa noche. El lugar era una auténtica casa local, donde compartimos vivienda y habitación con la propia familia que lo llevaba. Tras una copiosa cena preparada por la matriarca del lugar y después de mandar a sus hijos pequeños a la cama, charlamos un buen rato sobre los chamanes y dónde encontrarlos.

—Se reúnen todos una vez al año en un prado llamado el Patio en lo alto de la montaña, para intercambiar tratamientos, plantas medicinales y todo tipo de mejunjes hechos a base de plantas e insectos. Como si fuera un mercado de agricultores —dijo.

El siguiente día lo dedicamos exclusivamente a perdernos por la montaña con nuestra moto. La vegetación estaba formada por árboles muy altos y arbustos que nada tenían que ver con la jungla de la parte más baja de la isla. Tras pasar algunos poblados, seguimos por la carretera y, a un margen de la misma, vimos una gran manta llena de plantas, cortezas y otra clase de arbustos secándose al sol. Paramos nuestra moto y nos acercamos a la manta dispuesta en el suelo para ver de cerca de qué clase de plantas se trataba. Una vez en el suelo y mientras caminábamos hacia la manta, encontramos un estrecho camino que se dibujaba en la alta hierba del margen de la carretera y se metía entre un grupo de árboles hasta donde ya no podíamos ver más. Instintivamente, lo seguimos y tras pasar los árboles nos topamos con una casa con chimenea y muchas más plantas raras secándose al sol, colgadas o en el mismo suelo de tierra.

Una señora de canosos cabellos y bastante menuda que estaba lavando a mano unas prendas de ropa dejó sus quehaceres por un momento y nos miró directamente a los ojos. Tras saludarnos, la señora se nos acercó y, cogiendo a Beni de la mano, nos preguntó qué hacíamos por allí.

—Nos habían hablado de que por aquí, si tenías suerte, se podían encontrar chamanes… —empezó a contar Beni.

—¿Y para qué quieres encontrar un chamán? —interrumpió la señora.

Beni le contó sobre su alergia al sol, cómo empezó y qué le sucedía cuando no estaba bajo el sol durante mucho tiempo. La señora nos sonrió pícaramente y nos respondió:

—Quizás yo tenga algo para eso. Seguidme.

Ya dentro de su casa de suelo de tierra marrón, con gallinas y pollos caminando por dentro a sus anchas y con otras muchas plantas ya secas almacenadas en sacos y cajas a un lado de la habitación, tras despejar un viejo sillón de mimbre que tenía colocado a un lado de la pared, invitó a Beni a acostarse mientras ella se preparaba para el tratamiento.

Me dio permiso a mí para quedarme si me mantenía quieto y sin entrar en la parte de la habitación donde ella estaba haciendo su terapia. Tras colocar un par de bolas hechas con hierbas secas y cuerdas muy humeantes debajo del sillón y tapar a Beni con una sábana blanca de pies a cabeza, empezó a preparar una pasta con varias hojas y cortezas que iba recogiendo de las distintas cajas que tenía ya dispuestas en una bandeja. A continuación, le untó todo su cuerpo con ese mejunje, mientras las bolas de debajo del sillón de mimbre seguían soltando cada vez más y más humo. Cuando terminó de untarla casi por completo, la incorporó y le dijo que se tomara una infusión que había preparado expresamente para ella. Después de casi una hora esperando en silencio los tres en la habitación, con Beni tumbada y tapada casi por completo bajo la sábana, dando un aspecto casi fantasmagórico al lugar, y con la mezcla del incesante y denso humo que emanaba de debajo del sillón, finalmente la señora se levantó y, cogiéndola de nuevo de las manos, empezó a restregar y eliminar el mejunje, ya seco por el paso del tiempo.

Al rato Beni estaba ya casi limpia y la señora le dijo que ahora debía descansar y no exponerse al sol por unos días, a ver si así, aunque sea, notaba alguna mejoría en su alergia. De igual modo le dio a Beni varias bolsas de plástico llenas de cortezas y hojas secas con instrucciones claras de cómo tomárselas. Luego abrió la puerta de la casa en señal de invitación a irnos, mientras ella volvía a la pila de ropa que tenía pendiente de lavar por fuera. Sin pedir nada ni decir nada más, solo sonriendo y diciéndonos que tuviéramos cuidado con el sol, continuó donde mismo lo había dejado hacía unas horas. Beni, metiendo un poco de dinero en un sobre que tenía en la pequeña mochila que cargamos con nosotros y dejándolo en el sillón, le agradeció todo lo que había hecho y le dijo que aceptara el dinero como parte del intercambio que habían hecho.

Después de ahí, y ya por fuera de las montañas de nuevo, buscamos donde pasar el resto de los dos días, ya que Beni no podía estar de playa y necesitaba descansar un poco, pues según ella misma decía, se notaba mucho más cansada que de costumbre y con mucha sed. El lunes nos tocaba volver a Manila, y con Beni ya casi al cien por cien de energías, pusimos rumbo a entregar nuestra moto, darme yo el último baño entre los corales vírgenes de Siquijor y regresar a Dumaguete.

No sabemos si la señora que encontramos de casualidad en las montañas era una chamana o no lo era, ni tan siquiera sabemos si las plantas que le había untado y dado a tomar en té eran en realidad medicinales o no, pero Beni se encontraba genial y llena de energía como nunca. Su alergia al sol tardó en aparecer de nuevo, por lo menos en los primeros viajes que volvimos a hacer después de Siquijor no tuvo ni siquiera una roncha. Algo habría influido el hecho de que también los hicimos bastante seguidos, sin pasar mucho tiempo en Manila y sin que el sol estuviera mucho tiempo sin darle directamente en su piel, pero para nosotros esa señora, sus pócimas y mejunjes preparados a base de plantas y cortezas de árboles fueron una auténtica experiencia que tuvimos la suerte o el privilegio de poder ver en persona y que, sin duda, habían ayudado muchísimo a Beni con su rara y caprichosa alergia al sol.

Vuelta a Danjugan

Me había quedado con la espina de no poder ver la isla de Danjugan y Beni no paraba de repetir una y otra vez que debíamos visitarla y ver sus dos lagos de agua salada únicos en Filipinas y también bucear en sus aguas, santuario marino totalmente protegido de la pesca y demás peligros humanos. Así que no tardamos mucho tiempo en ir por primera vez a ver la isla. Desde que tuvimos la oportunidad, cogimos el avión y nos plantamos de nuevo en Bacolod.

Después de un gran plato de *kinilaw* fresco, cogimos la guagua dirección Punta Bulata, en donde, esta vez sí, nos esperaría ya nuestro barco con todos los permisos necesarios para cruzarnos a la isla.

La isla, a unos cuarenta minutos de travesía desde el embarcadero de Punta Bulata, se alzaba sobre el mar con redondas y frondosas colinas como puntos más altos, dibujando así una extraña silueta sobre el horizonte azul de mar abierto. Ya en Danjugan nos aguardaba el que iba a ser nuestro guía por la isla. Reno Tolentino, que era como se llamaba, sería el encargado de explicarnos en qué consistía la ecorreserva de Danjugan y de enseñarnos alguno de los mejores lugares de la misma.

—La isla es propiedad de varias personas anónimas que, viendo el avance tan agresivo y dañino del turismo masivo, la pesca y un largo etcétera, decidieron comprar la isla y crear la reserva de Danjugan —empezó a contar Reno—. Está prohibido pescar en sus aguas, ni tan siquiera se puede tirar el ancla fuera de las zonas que están habilitadas para esa función, con multas de varios miles de pesos para el que lo haga y con personal que vigila que esto se cumpla casi las veinticuatro horas del día. Otro factor muy importante y clave en la conservación es que está prohibido cualquier tipo de cemento o construcción en toda la superficie de la isla —prosiguió.

Tenía mucha razón, pues nuestra habitación esa noche iban a ser dos colchones a la intemperie, literalmente, apostados sobre una plataforma de madera ubicada en una colina adaptada para ese uso, pero sin ser dañada o remodelada lo más mínimo. Una fina mosquitera haría de barrera defensiva entre los mosquitos, arañas y demás insectos de la isla y nosotros.

Reno nos llevó a conocer la isla a pie recorriendo algunas de sus playas y sus calas más bonitas, mientras nos seguía explicando curiosidades de la misma. Primero nos enseñó la Cueva de los Murciélagos, una cueva situada muy cerca de la primera laguna de agua salada de la isla, justo donde íbamos a dormir esa noche. Allí pudimos ver cientos de estos pequeños animales dormir plácidamente colgados del techo y las grietas de la pared, mientras en el suelo y en la estrecha salida de la cueva aguardaban pacientemente enormes serpientes de la jungla, impacientes por que empezase el ajetreo nocturno de estos animales.

—Todas las tardes, justo antes de que se haga oscuro del todo, estos murciélagos salen a buscar alimento aquí en Danjugan o en las islas próximas, formando grupos de cientos de individuos cada uno, para volver antes de que amanezca de nuevo a la cueva —nos contó Reno.

Seguimos el camino de tierra que nos marcaba nuestro guía y cruzamos al otro lado de la isla rápidamente. Llegamos a otra laguna, esta vez más pequeña, con aguas poco profundas y oscuras, donde la vegetación casi tapaba por completo la luz del sol. Reno nos dijo que ahí no deberíamos entrar nunca, pues estaba llena de peces piedra, uno de los más venenosos del mundo. Dejando a un lado la laguna, alcanzamos una playa de arena casi blanca y aguas transparentes totalmente solitaria, donde la vegetación de la jungla, la arena y el mar estaban unidos con tal belleza que no pudimos sino quedarnos en silencio un buen rato a contemplarla simplemente. Algunos troncos de palmera tropical caídos y secos sobre la arena de esta playa dotaban al paisaje de un aspecto realmente paradisíaco.

Desde ese lado de la isla podíamos contemplar la entrada de la otra laguna salada de Danjugan, la más grande y navegable, donde se suelen ver a las crías de tiburón de coral si se es lo suficientemente afortunado para ello. Seguimos a pie por esa costa hasta que ya la vegetación y las rocas nos impedían seguir. En este punto se encontraba la única edificación de toda la isla, un comedor cubierto por un enorme *nipa hut*, la tradicional cabaña filipina hecha con hojas de palmera y otras plantas trenzadas entre sí, convertido en centro de reunión cuando van científicos o grupos de turistas a visitarlos, y dos cabañas de madera para alquilar en caso de que se quiera pasar la noche a este lado de la isla, eso sí, pagando un gran extra económico bastante importante.

—Ahora viene mi parte favorita —dijo sonriente Reno, mientras sacaba unas gafas y un tubo de la barra del comedor—. Seguidme, nos vamos a ver la otra parte de la isla —continuó diciendo mientras caminaba hacia el mar.

Nos metimos a bucear con él en las aguas cálidas y cristalinas de este lado de Danjugan. Reno, conocedor absoluto de la zona, nos fue mostrando uno por uno los rincones del fondo marino.

A unos cien metros de la costa, bajo nuestros pies, un enorme coral de cuernos de ciervo de más de treinta metros de ancho y de varias capas de altura dominaba toda el área. Luego, un poco más cerca de la playa, anchas grietas llenas de corales de todos los colores y formas eran el escondite de algunas tortugas marinas que salían nadando esquivas cuando nos veían acercarnos. Estábamos totalmente impresionados, habíamos buceado en muchos otros sitios en Filipinas, pero aquel lugar era realmente de los mejores que habíamos visto nunca.

Reno se había dejado lo mejor para el final. Nadamos juntos un buen rato hasta que Reno se paró en seco, parecía que estaba buscando algo pero no lo encontraba. Al momento, señalando hacia el fondo, nos indicó que lo siguiéramos. En el fondo, a unos escasos dos o tres metros de profundidad, nos enseñó una agrupación de conchas de mar gigantes, algunas de ellas de más de un metro de largo. Violetas y verdes, con la carcasa cubierta de filamentos de color marrón oscuro, se entrecerraban cuando notaban nuestra presencia. En verdad, sin quererlo, había cumplido otro de mis sueños, había podido ver esas conchas gigantes que tanto y tanto me había imaginado cuando leía, hacía ya muchos años, *La isla del tesoro* de Robert Louis Stevenson en el salón de mi casa de Tenerife.

Terminamos la excursión de buceo al cabo de un buen rato y ya de nuevo en la playa, tras descansar y secarnos al sol, Reno dio por terminado su *tour*.

—Si quieren ir hasta la laguna, deben usar los kayaks —dijo Reno dando por acabado el recorrido.

Los kayaks podíamos usarlos siempre que quisiéramos y sin limitaciones, pero nosotros queríamos ir un poquito más lejos.

—Reno, ¿podemos coger los kayaks y dar la vuelta a la isla? —le preguntó Beni.

Tras titubear un poco aceptó, no sin antes advertirnos de que serían unas tres horitas mínimo, sin contar las paradas que haríamos. Quizás ya era tarde para eso, por lo menos para hacerlo ese día.

—No hay problema, lo más que tenemos es tiempo —respondió Beni sonriente.

Optamos por dejar la vuelta a la isla para el día siguiente e ir ahora a ver la laguna de agua salada. La noche estaba ya muy cerca y ese paseo queríamos disfrutarlo sin prisas.

Con el kayak ya en el agua navegamos hasta la laguna. El agua era tan transparente que desde nuestro kayak veíamos todo el fondo con sus peces, corales, colores… Todo, podíamos verlo todo. Era increíble cómo esas calmadas aguas dejaban ver todos sus secretos con tanta claridad y nitidez. Cuando enfilamos la entrada hacia la laguna, nos adentramos por un camino estrecho de unos quinientos metros de largo, con densa selva a ambos lados y aguas poco profundas que conectaban el mar del exterior con el interior de la laguna, situada en el corazón de la isla de Danjugan. De momento no había ni rastro de las crías de tiburones que nos había comentado Reno, ni tan siquiera veíamos pez alguno en las aguas poco profundas del cauce de mar que llevaban a la laguna, pero aun así, impresionaba muchísimo ir navegando con nuestro kayak por sus aguas flanqueadas por la densa jungla a ambos lados y bajo un silencio absoluto solo interrumpido repentinamente por algún ruidoso pájaro escondido entre los árboles que gritaba y se alejaba volando rápidamente, avisando de nuestra llegada al interior de la laguna.

De repente, al final del estrecho camino, el mar se hacía profundo de nuevo cobrando un color verde oscuro intenso como el de las hojas de los árboles que lo rodeaban, sincronizando perfectamente con la majestuosa naturaleza del lugar. La laguna era perfectamente redonda y solo había árboles y colinas a su alrededor. Ninguno de nosotros se atrevió a saltar y nadar en su interior, solo la bordeamos de lado a lado con nuestro kayak en silencio, tratando de no hacer mucho ruido para pasar desapercibidos. Tras un rato navegando en su interior, volvimos a salir al exterior para regresar al lugar donde nos esperaba Reno desde hacía un rato.

—No estamos en época de cría, por eso es muy difícil ver a los esquivos escualos en el canal en estas fechas —dijo Reno durante el camino de regreso al otro lado de la isla, en donde íbamos a pasar la noche.

Como dijimos, esa noche la pasamos a la intemperie, solamente protegidos por nuestra mosquitera y con un manto de estrellas muy luminosas como techo. Despertamos temprano para realizar nuestro paseo. Vuelta a la isla de Danjugan, sin prisas y parándose todo lo que nos apeteciera, ese era el plan.

Cargamos agua, cámara y algo de comer y nos pusimos en marcha para llegar a donde estaban los kayaks y salir a explorar. Durante el paseo descubrimos muchísimos lugares increíbles para bucear, llenos de conchas gigantes, peces de coral, serpientes marinas e incluso alguna que otra manta submarina de gran tamaño. Con el kayak, también conseguimos llegar a estrechas calas de fina arena blanca, solo accesibles de esta manera, en donde parábamos a descansar y reponer fuerzas de cuando en cuando. En la cara norte, sin embargo, la que estaba por detrás de la gran laguna de agua salada, el mar era más profundo y más movido, pero aun ahí encontramos puentes de roca submarinos y una diminuta laguna conectada también con mar abierto y que se adentraba varios metros tierra adentro, como su prima mayor. Al cabo de unas tres horas, como habíamos planeado, llegamos al único punto donde nos dijo Reno que debíamos evitar pisar o arribar nuestro kayak, el santuario de las tortugas. Una larguísima lengua de arena que salía desde la costa varios metros y donde cada año cientos de tortugas iban a dejar sus huevos sin que nadie les molestara.

Danjugan era tal y como nos lo esperábamos. Aquí los intereses de la naturaleza y los animales se anteponen a los deseos y ambiciones de los humanos, cuidando y mimando la isla como un último refugio de vida de lo que un día fue todo el archipiélago de Filipinas. Habíamos explorado cada rincón de la isla con nuestro kayak, nadando o caminando y quedando enganchados a tanta hermosura, repitiendo el viaje varias veces más.

Viajes con Dean

Dean, apasionado de su tierra como nadie, no cesaba en su idea de visitar todas las provincias y montañas de Filipinas. Una vez, junto con Beni y Nickyl, Dean nos organizó un viaje para subir al monte Iglit y así poder ver los únicos y esquivos tamaraos, una especie de búfalos endémicos de este lugar. Cargados con la tienda de acampada, comida y agua para tres días, cogimos el barco rumbo a Mindoro, que es donde estaba esta montaña, para empezar el ascenso.

Empezamos en el campo base uno o punto inicial de la caminata. Los primeros kilómetros se hacían fácilmente caminando entre pastos y pequeños desniveles fáciles de solventar. Con el paso de las horas empezamos a ganar altura y el terreno se complicaba un poco más entre densos bosques y altos árboles. Dirigidos por el guía local asignado por la oficina de turismo de Mindoro, durante este duro tramo a nuestro ya amigo Nickyl, natural de Nueva Delhi pero que estudiaba y trabajaba en Manila, empezaron a flaquearle las fuerzas. Enseguida habíamos hecho buenas migas con él, pues Nickyl se hacía querer por sí solo. Siempre vacilando y sonriendo, había hecho que el ascenso fuera más llevadero y divertido, por lo menos hasta que sus fuerzas aguantaron. Entre todos lo animábamos e íbamos cargando anímicamente para que no se rindiera. Por la montaña, durante el camino, también era fácil ver o cruzarse con algún miembro de la comunidad indígena local que bajaba tapado con plantas y palos, ocultando a los niños, mujeres y más jóvenes de nosotros los extranjeros.

Tras parar y reponer fuerzas durante unos cuantos minutos en el campamento base dos, de repente, una vez dejados atrás los pastos y las llanuras por las que habíamos pasado al principio del camino, los duros desniveles, rocas y espesura del bosque que cruzamos hacía un instante, habíamos llegado a la última parte de la caminata. Aquí Iglit se mostró finalmente tal y como era. El sol de la tarde teñía de naranja todo el camino y la silueta de la montaña se perfilaba de color negro en todo el horizonte. Cubierta de matorrales, césped y otras muchas plantas de pequeño tamaño, esta parte del camino que nos llevaría hasta el campo base tres, el situado a más altura y el último de todos, donde pasaríamos la noche, pareciera que formaba parte de otro mundo literalmente.

Miles de escarabajos y sarantontones nos salían al paso volando grácilmente de una planta a otra totalmente ajenos a lo que estaba pasando unos cuantos kilómetros más abajo, en nuestro ajetreado, ruidoso y contaminado mundo. A lo lejos, un gran número de tamaraos pastaban tranquilamente mientras contemplaban la puesta de sol en la montaña. El sendero, de color canela por la tierra que lo formaba, se abría camino hasta el final del horizonte que alcanzábamos a ver desde allí, tal vena recorriendo la piel. Todo aquello era espectacular, hasta tal punto que ninguno de nosotros, ni siquiera Nickyl, siempre con el chiste preparado, se atrevió a romper la armonía y la paz del lugar durante un largo y silencioso rato.

Aun así, esta última parte de la caminata fue bastante larga y llegamos a la cima de noche. En el campamento tres finalmente y a la intemperie, dormimos plácidamente dentro de nuestras tiendas de acampada escuchando el sonido de los tamaraos de fondo ocasionalmente. Ya en la mañana disfrutamos de las impresionantes vistas que teníamos desde lo alto, y mientras el resto del grupo regresaba al campamento base número dos, Dean y yo, junto con el guía, subimos a otro pico bastante más duro y empinado que estaba en las cercanías, quedando en reunirnos con el grupo en el campamento número dos en seis horas. Una experiencia que compartí con mi hermano Dean, en donde la lluvia y el viento dificultaron mucho nuestro ascenso.

Cascadas

Si había algo que llamaba especialmente la atención de Dean eran las cataratas, y Filipinas era el mejor lugar del mundo para disfrutarlas, ya que había de todas las formas, tamaños y alturas posibles. Dean conocía muchísimas de estas, sobre todo cerca de Manila, y las usaba cuando no tenía planes cerrados para el finde o simplemente cuando solo tenía tiempo para una escapada corta desde Manila. Salíamos con su coche de madrugada, muchas veces conducido por mí desde la caótica Manila, e íbamos a visitar muchas de estas por toda la geografía cercana a la capital.

En una ocasión, junto a otros miembros de nuestro equipo de trabajo en Maersk Line, Dean nos guió hasta el pueblo de los zapatos en Laguna, muy cerca de Manila. Conocido, como su propio nombre indica, por fabricar zapatos caseros y tradicionales de Luzón. También, muy cerca de este encantador pueblo, en Majayjay, había una enorme e impresionante cascada de agua que Dean quería visitar con nosotros. De todas las que visité junto a Dean todos esos años en Filipinas, esta en particular la recuerdo como la mejor de todas.

El agua era de un color azul oscuro intenso, muy parecido al de mar abierto. Todas las paredes de la cascada estaban cubiertas por plantas y musgos, contrastando el verde intenso de la vegetación con el azul intenso del agua. Las paredes de la montaña prácticamente cerraban al caudal de agua que caía desde lo alto haciendo que te sintieras totalmente rodeado por la montaña y el entorno, mientras el ruido ensordecedor del agua cayendo no te daba opción a distraerte y sentirte minúsculo ante toda aquella belleza natural.

—La cascada encantada —dijo Dean al rato de llegar y bañarnos en sus oscuras aguas.

En Filipinas, todo tiene una leyenda o una historia, y la de esta cascada encantada era que una pequeña hada se aparecía de cuando en cuando entre la maleza y el agua de la cascada, para concederle deseos a aquellos que consiguieran verla. Lo cierto es que, tras un par de baños en sus aguas heladas y oscuras, te sentías renacer de nuevo.

Dean era un enamorado de estas cascadas, llevándonos a Beni y a mí en muchas ocasiones a visitar muchas de ellas. Él nos transmitía el amor que sentía por estos lugares y nos explicaba todas las historias y leyendas de cada una. Gracias a estos cortos viajes de fin de semana junto a Dean en busca de cascadas y saltos de agua, aprendimos a observar y disfrutar estos caprichos de la naturaleza casi con la misma devoción que Dean.

Monte Guiting-Guiting, el reto y la despedida

Ya Dean había tomado la decisión, por motivos del corazón y personales, de dejar Maersk Line y tratar de empezar una nueva vida lejos de allí. Por esta razón y habiéndolo prometido mutuamente hacía ya tiempo, teníamos que hacer algún reto juntos y, a ser posible, de los más exigentes que hubiera. En

Filipinas se suele clasificar a las montañas y a las caminatas según su nivel de dificultad, por eso buscábamos algo muy exigente para realizar juntos, algo que pudiéramos recordar el resto de nuestras vidas y de lo cual nos sintiéramos orgullosos de haber realizado juntos.

—El monte Apo, el pico más alto de Filipinas, en Mindanao —dijo Dean.

Este estaba en Mindanao y, efectivamente, es valorado como uno de los más difíciles, pero no por lo duro del recorrido, sino porque tienes que hacerlo en varios días y, sobre todo, por ser el más alto de Filipinas. Dean y yo sabíamos que aunque fuera todo un orgullo subir al monte Apo, no era lo que buscábamos. Aparte de todo esto, los permisos e impuestos por ir se nos salían de presupuesto.

Entonces fue cuando recordé el viaje que hicimos Beni y yo anteriormente a Sibuyan, más conocida como la Galápagos de Asia y en donde habíamos visto una montaña muy alta y rodeada por nubarrones grises durante todo el tiempo que estuvimos en la isla. Cuando se lo comenté a Dean, primero bajó la cabeza como signo de desaprobación, luego, mirándome directo a los ojos, dijo:

—Es la más difícil y peligrosa de aquí, tío. Hay que estar muy preparado para esa montaña.

No tomamos la decisión enseguida, sino que fuimos buscando información y comprobando si realmente estábamos preparados físicamente para ello. Nos sentíamos en forma, pero es cierto que hacía tiempo que, especialmente yo, no caminábamos tanto, y mucho menos escalar o trepar como requería esta montaña.

—En esta montaña hay que escalar, trepar e incluso saltar altas rocas, tío, y todo esto con el peso de tu mochila, porque tienes que llevar una mochila con ropa de abrigo, saco de dormir, agua… —dijo Dean, cada vez más entusiasmado con la idea de poder subir a la cima del G2, que era como se conocía también el monte Guiting-Guiting.

—¡Qué mierdas, que suceda, vamos a por esa montaña! ¡Nos lo merecemos! —dijimos ambos casi al mismo tiempo.

Era cierto, después de todos estos años juntos trabajando, de excursiones, cascadas, fiestas por Manila…, la despedida de Dean, al que ahora vería menos, se merecía lo más difícil.

El fin de semana anterior a nuestra partida de cinco días para subir el Guiting-Guiting y visitar Cresta de Gallo, salimos a beber como nunca antes por Manila. Junto con Brent, Red, Juan Baile, Alexis *girl*, Debbie…, todos compañeros y amigos de Manila, fuimos primero a cantar al karaoke y luego el asunto se torció tanto que acabamos en Makati, bailando y bebidos hasta altas horas de la mañana.

Nos montamos en el barco litera que nos llevaría a la isla de Romblon, el mismo que cogimos Beni y yo la vez anterior, en el cual conocimos a Zyrele, para desde allí, transbordar e ir a Sibuyan. El mar estaba muy agitado y furioso esa mañana. Quizás en el barco grande que venía desde Batangas no lo habíamos casi notado, pero ahora, en el otro barco más pequeño y que nos llevaba hasta Sibuyan, sí que podíamos sentir las olas golpeando las paredes de madera de nuestra frágil embarcación, zarandeándola como un corcho a la deriva de lado a lado. Era tal la fuerza del mar esa mañana que nuestro barco perdió uno de sus patines a causa de una enorme ola que nos golpeó de lleno por el costado derecho. La gente vomitaba y se amontonaba en la parte delantera del barco, siguiendo las indicaciones de nuestro capitán, pese a que ahí el golpeteo del mar empapaba todo y a todos. Finalmente, cuando nos metimos detrás de la isla de Sibuyan, el mar nos dio una tregua y, despacio pero seguros, llegamos a la costa.

—Está tal como la recordaba —le dije a Dean al llegar.

Y era cierto, el pico del monte Guiting-Guiting seguía rodeado de nubes grises y el resto de la isla seguía pareciendo un territorio totalmente distinto a Filipinas con sus árboles, sus pinos y sus bosques. Dean había contactado con el que iba a ser nuestro guía en el ascenso y esa misma tarde, tras una charla de seguridad, presentar un certificado médico obligatorio para esta excursión y firmar los papeles pertinentes, nos fuimos a dormir para empezar el ascenso a las tres de la mañana.

Puntual, como era de prever, pasó a buscarnos nuestro guía junto con un triciclo que nos llevaría al punto de partida del ascenso a la cima del Guiting-Guiting. El primer tramo lo hicimos entre campos de arroz y llanos, todo muy fácil, si no fuera por la fuerte lluvia que caía esa noche y porque era tan oscuro aún que apenas podíamos ver nada más allá de lo que lograba alumbrar el frontal. Pronto el frío también hizo acto de presencia y con apenas tres horas de recorrido, la caminata estaba siendo un infierno.

Habíamos llegado a las faldas de la montaña y empezábamos a tener algo de luz con la salida del sol. La lluvia parecía que nos estaba dando una tregua, por lo que como pudimos, en un rincón protegidos por unas enormes piedras, preparamos algo de café y arroz caliente para no entrar en hipotermia. Los dos íbamos con chubasquero y las maletas llevaban forro para la lluvia, pero nada de eso pudo evitar que la fuerte y persistente lluvia calara profundo en nuestras ropas y mochilas. El guía había estado a punto de cancelar la excursión por la lluvia, pero conocedor absoluto de la montaña, sabía que la lluvia duraría unas horas y que a medida que subiéramos montaña arriba, las probabilidades de que lloviera eran menores. Él nos insistió mucho también en tomar mucho café caliente y arroz para así entrar en calor y poder seguir caminando.

Tras un descanso, continuamos hacia nuestro objetivo. El paisaje cambió radicalmente, así como lo hizo la dificultad del camino. Nos abríamos paso trepando con nuestras pesadas y empapadas maletas por entre enormes rocas ayudándonos los unos a los otros, sin cuerda ni ningún otro tipo de protección especial. La vegetación también cambió de manera radical, dando paso a extrañas y enormes plantas carnívoras con grandes bocas abiertas para atrapar cualquier insecto desprevenido que cayera en su trampa mortal. Los árboles eran muy altos ahora y nos protegían también de la lluvia cada vez más débil que aún caía, dándonos la oportunidad de secarnos aunque fuera un poco. Habíamos llegado al segundo punto de control, desde aquí, ya a bastante altura, podíamos ver toda la costa de Sibuyan junto a enormes cascadas que se habían formado a causa de la fuerte lluvia de la noche anterior rompiendo montaña abajo, un verdadero espectáculo de la naturaleza.

Aquí el guía hizo la pregunta de rigor y que imaginamos que les hacía a todos los que acompañaba hasta la cima:

—¿Cómo están? Aquí empieza lo más duro y peligroso, muchos montañeros al llegar a este punto deciden no seguir subiendo y damos aquí la vuelta.

Dean y yo estábamos realmente cansados y nuestros ánimos estaban un poco bajos debido, sobre todo, al frío que teníamos por la lluvia y el tiempo tan feo que hacía, pero por nada del mundo nos íbamos a rendir, no aquí, tan pronto.

Preparamos un caldero con fideos calientes y arroz que había sobrado del desayuno y, tras almorzar, emprendimos la marcha nuevamente. Teníamos que llegar lo más lejos posible antes de que anocheciera, para así poder acampar cerca de la cima y, muy temprano en la mañana, coronarla. El monte Guiting-Guiting había sido explorado por primera vez en el año 1982 y, desde entonces, debido sobre todo a su dureza y peligro, no mucha gente había decidido subir hasta lo más alto del mismo.

Al momento de emprender el camino nuevamente, la montaña mostró todas sus cartas. Había tramos en los que prácticamente hacíamos campo a través, otras en las que escalamos por resbalosas piedras tan solo ayudados con las manos y por la pericia de nuestro guía, que nos indicaba por dónde pisar exactamente, y otros que el ascenso parecía no tener fin. Dean se fue quedando rezagado y muchas veces teníamos que esperar por él demasiado tiempo como para llegar a tiempo a nuestro último campamento. El guía marcaba el paso y nosotros tratábamos de seguirlo; si no lo hacíamos, estábamos solos. Ese era el trato que habíamos acordado con él, no parar.

—Sigan cada uno a su ritmo, yo llegaré cuando tenga que llegar —dijo Dean cuando nos vio arrancar a andar nada más llegar él hasta el punto donde esperábamos el guía y yo.

Dean era como una locomotora, con paso lento, pero sabías que iba a llegar hasta el final. Por eso no me preocupaba no esperarlo.

Llegamos al paso, el que tantas veces habíamos visto en fotos cuando preparábamos el ascenso. Este paso era, básicamente, un descuelgue para pasar de una roca a otra con una caída vertical de varios cientos de metros de altura y que tenías que hacer usando solo tus manos y con la mochila a la espalda. Normalmente, en cualquier otro lugar del mundo, este tramo y muchos otros de la montaña se harían con cuerdas y protecciones, aquí no. El guía me indicó cómo pasarlo sin problemas y una vez lo hice, él siguió su camino como parte del trato de no parar y chequear cómo estaba el resto del camino debido a las fuertes lluvias de anoche. Yo me quedé allí sentado hasta que vi aparecer a Dean. Cuando llegó y vio el paso, los dos empezamos a gritar como locos.

—¡Estamos aquí, hermano! —gritaba Dean.

Le expliqué paso a paso, detalle por detalle, lo que me había dicho el guía para pasar el paso. Dean logró pasarlo también sin ningún problema y tras unas cuantas fotos seguimos el camino, esta vez los dos juntos. Quedaban unas pocas horas para llegar al falso pico, como se conocía al pico que se veía desde casi el empezar de la caminata abajo en el pueblo y que escondía en realidad al otro pico, el verdadero y más alto, que estaba justo detrás. En los últimos metros antes de llegar hasta él, el tiempo pareció darnos una tregua y las nubes grises que dominaban todo el paisaje se empezaron a dispersar, dejando al descubierto nuevamente todo el perfil de la isla, así como del inmenso océano que nos rodeaba.

—Ya solo nos quedan apenas dos horas o menos de subida, aproximadamente —dijo nuestro guía, que llevaba esperando por nosotros un buen rato.

Recuperamos fuerzas con algún tentempié y seguimos, no podíamos retrasarnos más si queríamos llegar con luz a la zona donde íbamos a acampar y prepararlo todo.

Nuevamente, el mal tiempo pareció no querer dejarnos y la lluvia hizo acto de presencia una vez más, haciendo de estos últimos metros un verdadero infierno. Casi sin darnos cuenta, la noche llegó y el guía sabiamente nos dijo que ya no podíamos continuar más.

—Es muy peligroso hacer esta zona solo con la luz de nuestros frontales —dijo mientras nos indicaba que lo siguiéramos.

Él ya lo tenía todo más o menos preparado, sabía que no lograríamos llegar al punto que él pretendía, así que tenía un plan B. A un margen del camino, entre unos altos matorrales y cubierto por el forraje de la maleza, había una especie de claro, obviamente hecho por el hombre. La tierra aún estaba embarrada por las lluvias caídas durante todo el día y, pese a que por la cubierta de hojas que teníamos sobre nosotros y las rocas, el viento y el agua no entraban con dureza, el frío sí que era paralizante. De los tres, yo era el único que había llevado tienda de acampada. Ellos usarían unas hamacas cubiertas y con cremallera que colgaban de los árboles para pasar la noche, evitando así el frío suelo y la más que probable agua que filtraría el suelo en caso de lluvia fuerte.

Por suerte para nosotros, la lluvia y las nubes no aparecieron durante toda la noche, dándonos un respiro y dejándonos al menos descansar secos. Los que sí aparecieron fueron el frío y la humedad, y Dean los sufrió ambos en particular. Cuando desperté unas horas antes de que amaneciera, Dean estaba cual zombi tiritando y dándose cabezazos contra su hamaca colgante. Sin posibilidad de hacer un fuego allí arriba debido a que todo estaba húmedo e inservible para hacer una hoguera, y sin ropa adecuada para soportar el frío y bastante agotado físicamente, no pudo pegar ojo en toda la noche, tosiendo y temblando todo el rato. Yo le había dejado mis calcetines y mi suéter para que se los pusiera encima de su propia ropa, y así calentarse un poco, pero ni con esas logró entrar en calor. Toda la lluvia del día anterior y el frío lo habían llevado al borde de la hipotermia.

Después de un buen desayuno, mucho café caliente y de masajear las manos y pies de Dean entre el guía y yo para que este entrara en calor, el sol de manera majestuosa empezó a aparecer. Nos quedaban apenas unos pocos cientos de metros para llegar a la cima y Dean y yo queríamos ver el amanecer desde lo más alto. ¡Teníamos que ponernos en marcha!

Como pudimos y abrigados al máximo, salimos a atacar la cima con las primeras luces del día. Después de caminar por entre unas cuantas piedras enormes y de abrirnos paso entre el fortísimo viento de esa mañana, que nos obligaba incluso en algunas ocasiones a agacharnos para no ser desplazados por el mismo, lo logramos, habíamos llegado a la cima del monte Guiting-Guiting.

Una vez arriba, no pudimos evitar abrazarnos y gritar orgullosos por la hazaña que para nosotros había supuesto llegar hasta allí. Después y casi al mismo tiempo, los dos nos tumbamos en el suelo de césped que crecía en la cima para protegernos del viento y para recibir el cálido y esperado abrazo del sol saliente de esa misma mañana. Estábamos en una de las cimas más altas de Filipinas, agotados, congelados y hambrientos, pero lo habíamos conseguido. Esta iba a ser una despedida que ninguno de los dos olvidaría nunca. Extenuados de tanto esfuerzo, pero muy satisfechos, sabiendo que habíamos conseguido llegar al pico más difícil del país y, quizás, uno de los más exigentes y peligrosos de Asia.

Samar, la última frontera del surf

La desconocida isla de Samar era uno de los motivos principales por los cuales apuntamos el nombre de Filipinas a la lista de destinos fijos en nuestro largo viaje por el mundo, que había comenzado en el año 2015. Samar tenía todo lo que un buen buscador de olas necesita: kilómetros y kilómetros de costa virgen y de coral, poca información o casi ninguna disponible y cientos de islas diminutas e islotes salpicando su litoral y mirando directamente al poderoso océano Pacífico.

Como en el resto del archipiélago de Filipinas, el oleaje no es muy constante y regular por esta zona, solo aparece cuando una gran tormenta o tifón se acerca. Así que si queríamos encontrar olas por allí, debíamos convertirnos en olas, ser muy rápidos, buscar bien en la costa y llegar antes de que el viento estropease el día o que las olas desapareciesen.

Sabíamos que había muy buenas olas, pero Samar era inmenso y no teníamos ni idea de por dónde empezar. Era como saber que hay un tesoro escondido en alguna parte, pero no tienes un mapa que te indique dónde está o, al menos, alguien que te dé alguna pista de cómo llegar hasta el mismo. La primera vez que viajamos a Samar en busca de olas fue a la isla de Calicoan, una pequeña y estrecha isla separada mínimamente unos cuantos metros de la isla principal de Samar por manglares y agua.

Calicoan fue una señal. Apareció cuando estábamos renovando por primera vez nuestra visa de turista en las oficinas de Intramuros al mes de estar en el país, sin casi dinero y enfocados totalmente en la búsqueda de trabajo. Estando allí sentados esperando a que llegara nuestro turno, me fijé en unos pequeños y viejos carteles publicitarios que tenían colocados en la pared, en la misma sala donde renuevas el permiso. Pese a que nadie parecía fijarse en ellos, uno de los tres carteles que tenían colgados enseguida llamó mi atención. Pese a estar muy desgastados, en uno de ellos se apreciaba perfectamente a un chico con su tabla de surf bajando una ola muy buena. Ni nombre ni referencia ni nada *a priori* que indicara dónde era esa foto. Los otros dos estaba claro que eran El Nido, Palawan, y el otro los campos de arroz de Banaue, en Sierra Madre, pero este no tenía ni idea. Me acerqué lo suficiente como para poder leer entre el pliegue del póster: «ABCD». Lo apunté sabiendo que algún día me serviría para algo. No nos equivocábamos, ABCD es como se conocía la ola situada en Calicoan. Una poderosa ola que rompe tanto de izquierda como de derecha y muy hueca cada vez que el mar se levanta por esta zona de Filipinas. Esta baja de coral quedó un poco perjudicada por el gran tifón del año 2013, el cual partió el suelo en dos partes formando las dos rompientes y arrasó con todo lo que se le ponía delante, una verdadera tragedia nacional.

Ya sabíamos, al menos, dónde se escondía uno de los tesoros de Samar, así que en cuanto tuvimos unos cuantos días y confirmamos que se metía fuerza por esas latitudes, la misma que golpeaba Siargao y fácil de comprobar en internet, fuimos a explorar esa ola y conocer a sus locales. Aterrizamos en Tacloban, lugar de partida para cualquier exploración a Samar. Desde allí, preguntando, buscamos la manera de llegar hasta Calicoan.

—Primero una *van* o un *jeepney* hasta Guiuan y de ahí necesitan montarse en un triciclo que les lleve hasta la playa de Calicoan —nos dijeron en una tienda de la calle en la cual paramos a comer algo de arroz y huevo frito.

La *van* hasta Guiuan tardó casi siete horas en llegar. Luego, tras un descanso para comer algo y tras montarnos de nuevo en un triciclo, llegamos finalmente a nuestro destino en la playa.

Era realmente fácil de apreciar el efecto demoledor del tifón Yolanda cuando pasó por allí hacía ya varios años. Dicho tifón lo había arrasado todo a su paso: palmeras arrancadas, casas en ruinas, grietas en el suelo, carreteras rotas, ningún árbol de gran tamaño en pie… Más bien, el paisaje se parecía mucho a un campo de batalla, más que a una isla tropical filipina. En Guiuan también se habían visto muy afectados por el tifón, pero sus efectos habían desaparecido más rápidamente gracias a la reconstrucción.

El poco alojamiento que pudo haber algún día en la playa ABCD había desaparecido o estaba completamente en ruinas. La situación al bajarnos del triciclo era: nosotros dos parados en mitad de la carretera nueva que habían construido casi a pie de la arena amarilla de la playa, con algunas olas pequeñas rompiendo detrás del coral justo enfrente y, a nuestras espaldas, un extenso prado verde con algunos cocoteros volviendo a crecer de nuevo y destacando entre la baja hierba, muchas cabras sueltas pastando a su aire y solo una cabaña de madera como única construcción visible en toda el área. Cuando nos fijamos bien, vimos algunas tablas de surf apoyadas en un lateral de la misma y, un poco más atrás, otra cabaña de madera, pero a medio hacer aún.

Sin más opciones, nos acercamos hasta la cabaña para ver si encontrábamos a alguien por allí. Enseguida encontramos a algunos locales de la zona preparando algo de comer justo detrás de la cabaña de madera. Nos recibieron como casi en todos lados de este increíble país, sonrientes y siempre dispuestos a ayudarte.

—¡Hola! ¿Son surferos? ¿De qué país vienen? —preguntó el más viejo de ellos.

Tras someternos a un breve y divertido cuestionario para saber más sobre nosotros y qué hacíamos allí, nos ofrecieron la opción de montar nuestra tienda de acampada en su terreno a cambio de unos muy pocos pesos.

—Antes teníamos varias cabañas para los que nos visitaban —empezó diciendo Papá Junjun, el mayor de todos ellos y dueño del terreno—. Pero tras Yolanda todo quedó destruido y ahora no queremos volver a construir nada porque siempre viene algún tifón y lo vuelve a tirar abajo —terminó.

Papá Junjun era quien cuidaba de todos los locales de la playa. Les dejaba dormir y acampar por sus dominios cuando había olas buenas en la zona, les daba comida y organizaba campeonatos locales de surf. Era un verdadero padre para muchos de esos chicos y todos en la zona lo apreciaban muchísimo. Él nos explicó, con pelos y señales, lo que había vivido durante el día que el supertifón Yolanda se desvió y entró de lleno por su playa.

—Lo más terrorífico era el insoportable dolor de oídos y el ensordecedor pitido que se escuchaba a medida que estaba más y más cerca, impidiéndote tan siquiera poder decir palabra alguna para hablar o gritar de lo fuerte que era, mientras veías enormes trozos de madera, metal o largas palmeras volar por los aires sin dificultad —nos dijo, cambiando radicalmente su cara al recordar el momento.

Montamos nuestra tienda de acampada bajo el cobijo de la cabaña de madera y acompañé a los locales en su último baño del día, mientras que Beni optó por quedarse descansando un poco en el césped tras la paliza del viaje de hoy. Todos parecían bastante curiosos por mi tabla de *bodyboard*, aunque, una vez en el agua, uno de ellos me comentó que de vez en cuando solía acudir un señor de bastante edad —sobre setenta años, decía— con una tabla de *bodyboard*.

—Vivía en esa casa de ahí —dijo señalando una construcción semirruinosa y partida a la mitad que estaba muy cerca de la playa.

En ese primer baño, las olas no estaban muy bien colocadas y el viento apenas dejaba que se formara una pared decente en la misma. Un grupo de locales remó hacia la ola que rompía de izquierda y solo dos de ellos y yo nos colocamos al otro lado de la playa buscando el pico de derecha. Como primera toma de contacto y para soltar el cuerpo después de tantas horas de viaje fue más que suficiente.

Tal y como también había predicho Papá Junjun, efectivamente, muy temprano en la mañana cuando el viento aún no había despertado, el mar sonaba con mucha más fuerza. Algunos de los locales ya estaban en el agua. La ola estaba rompiendo a ambos lados, de izquierda y de derecha, pero ellos estaban colocados en el pico que rompía de izquierda, más largo y suave. La derecha estaba sola, quizás más corta, pero igual de hueca o incluso más, dado que el coral por este lado de la playa sobresalía notablemente tras el paso destructor del supertifón Yolanda.

Remé hacia la derecha casi instintivamente y cuando ya estaba colocado en el pico, los locales desde el otro lado de la playa me saludaron un poco extrañados de verme allí solo. Se marcó la serie desde atrás y aleteé con fuerza hacia fuera para poder remar la primera ola del día. Ya en el sitio me giré para encarar la bajada y me impulsé con todas mis fuerzas. El principio de la ola era muy fácil, como solemos decirle, un caramelo. En esta primera sección, la ola iba avanzando poco a poco, imparable y aún sin romper del todo, dejando que te colocaras sin apenas dificultad en el punto correcto hasta que, tras llegar al coral y chocar contra este, empezara a formar un tubo seco y hueco donde no había lugar al fallo. Tras este primer tubo en solitario, con Beni y su cámara nuevamente como testigos del momento, empezaron a llegar más y más series, todas para mí. En cada una de las olas que cogía, al empezar a bajar la misma para colocarme bien en el sitio correcto para sacar el tubo y antes de llegar al coral, me imaginaba qué podía hacer al salir de este. «Ahora salgo y le pego al labio con todas mis fuerzas», me decía a mí mismo.

Casi sin darme cuenta, con el paso de los minutos y con la subida de la marea, el pico se fue llenando de nerviosos locales que remaban casi todo lo que venía, sintiéndose cada vez más seguros y confidentes con la baja, ya completamente cubierta de agua. El tubo de la ola también se fue diluyendo con la subida de la marea y fue entonces cuando di por finalizado el baño de la mañana.

En este viaje a ABCD también conocí a Rhobbster. Bueno, en realidad, nunca llegamos a coincidir físicamente. Rhobbster era un *bodyboard* como yo, cosa muy rara en Filipinas, de unos veintipocos años, apasionado del mar y la montaña. Rhobb, como prefería que lo llamaran, era natural de la sureña isla de Leyte, conocida por muy pocos y con muchos kilómetros de costa casi virgen expuestos de lleno al Pacífico sur. El fue quien contactó conmigo por primera vez vía Facebook, estando aún nosotros en Calicoan. Tras preguntar Rhobb por el estado de las olas a algunos locales de la zona y estos comentarles que había otro buguero por allí cogiendo olas, enseguida uno de ellos me pasó el teléfono para que hablara con él:

—¡Hola, hermano! Buenas olas por ahí esta mañana, ¿no? —comenzó diciendo—. Tenía pensado ir con mi tabla esta semana, pero al final no pude ir a ABCD. Ahora los chicos te dejan mi Facebook, agrégame y hablamos.

Tras una corta conversación, colgó y los chicos me dejaron su nombre y Facebook para agregarlo. A partir de ese momento, Rhobb sería realmente clave para encontrar buenas olas por todo Samar e incluso por otras partes del país.

Tras otra sesión de tarde, donde ya el viento no dejaba formar muy bien la ola, Beni y yo fuimos a buscar algo de cenar al pueblo que estaba cerca de la playa antes de que anocheciera del todo. Aún arrasado y devastado por el supertifón, en este pueblo, según nos contó todo el mundo, incluidos nuestros colegas surfers locales, durante el inexorable paso de Yolanda de un lado a otro de la isla, arrasando y destruyendo todo a su paso, los pocos afortunados que conseguían huir se resguardaban sin más opciones y confiando en su fe dentro de la iglesia que estaba en el mismo centro del pequeño pueblo costero. Cuando todo había pasado, los que allí dentro estaban resguardados salieron fuera y observaron como todo, absolutamente todo a su alrededor estaba en ruinas, salvo la iglesia, convirtiéndose desde entonces en un lugar de peregrinación para las gentes de todos lados de Filipinas.

Justo enfrente de la misma, estaba la única *karinderia* de todo el pueblo, donde cenamos pescado frito y sopa de pescado acompañado con arroz, como era lo más normal por estas latitudes. Tras una copiosa comida, también compramos algo más para llevarles a nuestros colegas del *surf camp*.

Al día siguiente, muy temprano en la mañana, las olas estaban de nuevo bombeando en la playa, quizás más pequeñas, pero igual de largas y huecas que el día anterior. Esta vez me fui a probar la izquierda, en donde ya aguardaban algunos locales muy madrugadores. La bajada era idéntica, fácil y con tiempo suficiente para colocarte bien antes de llegar al coral y de que se formara el tubo, pero este no era tan hueco o abierto como lo era en el pico de la derecha. También mucho más concurrida y disputada, no tardé sino un par de olas en remar en dirección a la otra ola. El viento ese día era más fuerte y tan pronto se levantó, terminó con la ola por completo formando un inmenso potaje donde no había ola ninguna, sino picos rompiendo por todos lados de la playa.

Así se quedó los sucesivos días.

—Un tifón está pasando justo enfrente de nosotros —nos dijo Papá Junjun—. Hasta que no termine de pasar, aquí no se podrán coger olas —asertó.

Y así sucedió, dando por concluida esta primera aventura en Calicoan, pero no la última.

Una vez que ya sabíamos cómo llegar, visitamos a nuestros amigos en otras varias ocasiones más, pero nunca cuadraron las condiciones como la primera vez ni pude coincidir con Rhobb para surfear juntos en ABCD.

En otra visita a los locales de Calicoan, unos días antes de la llegada de otro tifón al sur del país y esperando encontrar muy buenas olas, nos vimos sorprendidos por la rapidez del mismo, que llegó a nuestra altura mucho antes de lo previsto. El panorama era desalentador por completo: fuertes lluvias, el mar encrespado y gris como nunca antes habíamos visto, lluvia, relámpagos y truenos. Nada de surf para esos próximos días.

Esta vez, mirando desanimados el oscuro horizonte, nos topamos con Dadsie, quien estaba aparcado con su furgoneta todoterreno que traía desde Manila a un lado de la carretera y con la cual estaba dando la vuelta a todo el país buscando olas.

—Nosotros también esperábamos que hubiera olas estos días por aquí, pero seguro que una vez que se aleje un poco el tifón, llegarán buenas olas —dijo Dadsie sonriente después de una pequeña presentación.

—Vivimos en Manila y llevamos algún tiempo buscando olas también por las diferentes islas de Filipinas.

Esa frase de Beni dio pie a enumerar una serie de olas y lugares que los cuatro habíamos visitado anteriormente.

—¡No hemos coincidido de milagro! —dijo Dadsie—. Seguro que nos veremos en alguna otra ola pronto —terminó.

Con su furgoneta hacían viajes de semanas e incluso meses desde Manila recorriendo la costa y explorando islas en busca de olas de verdad, a bordo de su furgoneta totalmente equipada con colchón, placa solar y cocina para pasar días enteros acampados en donde quisieran. Un tipo de mentalidad distinta a lo que normalmente estábamos acostumbrados a ver y encontrarnos en la mayoría de locales que conocíamos residentes en Manila. Auténticos apasionados del mar, las olas y sentirse libre de verdad. Beni y yo estábamos seguros de que nos volveríamos a encontrar pronto.

La verdadera búsqueda

Es curioso sentarse y pensar cómo ocurren las cosas, si realmente todo está conectado y predestinado o somos nosotros quienes marcamos nuestro camino con las decisiones que vamos tomando cada día. Todas las personas que te cruzas por el camino tienen algo que enseñarte, bueno o malo, y tú, a cambio, dejas ese trocito tuyo que te define como persona y que llevas dentro.

Tras hablar con Rhobb aquel día por teléfono en Calicoan y agregarnos a Facebook, empezamos a enviarnos mensajes muy frecuentemente. Si Beni y yo íbamos a coger olas a Baler o a cualquier otro sitio de Luzón, le mandaba las fotos justo al volver a casa, explicando el tipo de olas que habíamos surfeado y cómo estaban las condiciones. Él, por su parte, me enviaba también fotos de olas que había podido surfear en su isla natal, Leyte, lugar al que definitivamente debía ir si quería encontrar olas realmente desconocidas. Rhobb hizo, además, algunos viajes a Cloud Nine en Siargao, ya que le quedaba prácticamente al lado. En uno de esos viajes que hizo a Siargao, me envió unas fotos de las olas increíblemente buenas que le habían cuadrado. Él y sus colegas pudieron coger unos días increíblemente buenos de olas, yo creo que, sin duda, de las mejores olas que yo había visto de Cloud Nine hasta ese momento.

En una de esas conversaciones, le hablé sobre mi próximo viaje a Samar. Esta vez no tenía pensado ir a Calicoan, sino subir hacia el norte de la isla. Lo que no tenía muy claro era dónde. Samar tiene un lugar bastante conocido por los verdaderos surferos de Filipinas, Borongan. Esta ciudad costera situada justo en la mitad geográfica de la isla tenía muy buenas olas: picos de derecha e izquierda, todos con fondos de coral. Pero además de esto, Borongan tenía muchas más olas secretas, conocidas por tan solo algunos locales que no estaban dispuestos a revelar sus secretos. Rhobb me dijo que no era la mejor época para ir hasta allí, aparte de que necesitaba más días si quería llegar y poder disfrutar sin prisas.

En relación con este viaje corto a Samar que estaba preparando, yo había estado investigando un poco y encontré también casi de casualidad, mirando unas fotos de algunos locales en Facebook, una izquierda perfecta y tubera rompiendo tras una enorme roca de piedra caliza con forma muy peculiar. Le pasé la foto a Rhobb y él enseguida la supo identificar.

—Hermano, esa es Membrane, una ola muy poderosa que solo conocen muy pocos locales —dijo Rhobb.

—Se ve perfecta para nosotros los bugueros. ¿Es muy difícil llegar? —le contesté.

—Está relativamente cerca, un poco después de salir de Tacloban. Yo tengo un amigo que vive por allí. Él es de los pocos que coge olas en esa zona y sabe cómo llegar bien —me contó Rhobb—. Avísale de que vas de mi parte, seguro que te lleva a esa y otras olas —dijo, al mismo tiempo que me pasaba su número y nombre.

La búsqueda había empezado con un mapa y una foto que encontré por internet. Después, un mensaje al móvil de Rhobb… La moneda estaba tirada. ¿Se había conectado todo para que llegara ese momento? No lo sé, pero un par de días después de hablar con su amigo Michael, el local que me dijo Rhobb, allí estábamos Beni y yo tras coger un avión, una *banka* y casi cuatro horas de carretera apretados en un *jeepney* para llegar.

—Nos vemos en el puente. Dile al conductor del *jeepney* que te bajas en el puente. —Fueron las instrucciones que me dio Michael.

Al llegar no había nadie esperándonos, parecía que en ese lugar solo hubiera jungla y algunas casas muy escondidas entre la maleza. Tras esperar un rato, apareció Michael conduciendo un triciclo para recogernos.

—Hola, *ate*. Hola, *kuya* —se presentó.

Michael era un chico de unos apenas veinte años, muy moreno y flaco, pero bastante más alto que nosotros dos. No parecía muy hablador pese a que habíamos intercambiado algunos mensajes por Facebook antes de venir hasta allí y sí que hablaba bien el inglés. Había venido a recogernos con otro amigo aún más joven que él, normal por otro lado, ya que no nos conocía absolutamente de nada.

—Se tienen que quedar en mi casa estos días, por aquí no hay ningún hotel o lugar donde quedarse —dijo.

A Beni y a mí nos daba algo de reparo molestarlo así, de esa manera sin ni siquiera conocernos. No queríamos que se sintiera en un compromiso por lo que le había dicho Rhobb.

Al llegar a su bonita casa situada no muy lejos del puente, nos estaban esperando su mujer y su hija pequeña de apenas tres años. Nos enseñaron la habitación donde podíamos dormir, el jardín con todas las plantas y los árboles frutales que tenían plantados, la habitación de la pequeña Chisa, que era como se llamaba la niña, y terminamos en la cocina, donde también nos tenían preparado el almuerzo, bonitamente dispuesto, pues sabían de sobra lo largo que era el camino desde Manila. Luego, a cuentagotas, empezaron a llegar algunos de sus amigos para también, de alguna manera, conocernos a Beni y a mí. De repente éramos como diez personas en su casa comiendo todos juntos en la gran mesa que tenía la familia de Michael. Tras la comida, llegó el momento de las olas.

—¿Quieres ir a ver Membrane? —preguntó Paolo, un amigo muy cercano a Michael que, sin duda, era el más extrovertido de todos ellos y que no paraba de vacilar.

—Seguro que hoy hay una ola allí —respondió Michael mientras ayudaba a su mujer a recogerlo todo.

Casi todos los amigos de Michael practicaban *skimboard*, un deporte muy famoso en Filipinas que consiste en esperar en la orilla de pie junto a tu tabla a que llegue la ola para, en el momento exacto, salir corriendo contra la misma, saltar sobre la tabla, normalmente de madera o fibra, deslizar rápidamente por el agua para alcanzarla y encararla de frente recortando o girando una vez llegas a estar dentro de ella y, a continuación, surfearla hasta que rompe totalmente en la arena.

Pese a eso, Michael, Paolo y alguno más de ellos sí que cogían olas con la tabla de surf también. Limpiamos y recogimos el comedor, cargamos con nuestros equipos y nos pusimos rumbo a Membrane. Montados en sus motos, avanzamos por la carretera principal varios cientos de metros hasta llegar a un desvío prácticamente oculto para el ojo poco entrenado. Seguimos un rato más conduciendo por entre la maleza hasta que, finalmente, detuvieron sus motos en un claro cerca de una diminuta playa de arena y manglar.

Tuvimos que abrirnos paso por la maleza apartándola con nuestras manos o tablas y caminar un buen tramo bordeando la costa con el agua hasta las rodillas para llegar al punto que nos decía Paolo. La mejor ola salía detrás de una pequeña colina llena de palmeras y todo tipo de vegetación propia de cualquier jungla de por aquí.

—Imposible de atravesar, debemos bordear para llegar al pico. Por eso caminamos por aquí —nos dijo Michael, plenamente confiado de lo que estaba haciendo.

Nosotros solo podíamos seguirlo.

Al llegar detrás de la colina, al punto que nos había dicho Paolo cuando empezamos a caminar y ver las primeras series caer, todo cobró sentido. Una ola de una perfección casi mecánica rompía solitaria de derecha, parecía que quería lucirse ante nosotros. Pero esto no era todo, otro pico casi igual, pero de izquierda, rompía paralelamente un poco más lejos. El manto de coral estaba muy cerca de la superficie, pero con cuidado nos abrimos paso hasta llegar a aguas un poco más profundas.

Nuestro amigo había estado allí muchas veces con su tabla y sabía cómo moverse. Yo solo tenía que tratar de imitarlo para no fallar y comprobar lo afilado que podía estar ese coral virgen. Al cabo de un rato, aparecieron dos locales más por la zona. Como guardianes de este paraíso, trataban de no tocar y romper el coral mientras caminaban hacia el pico. Un par de olas después, con todos allí juntos en el pico, el cielo empezó a tornarse gris oscuro. La tormenta no tardó en llegar y descargar rabiosamente sobre nosotros, purificando y limpiando todo a su paso. La jungla asomaba a nuestro alrededor, mezclando el azul claro del mar con el verde oscuro de las hojas. El olor a tierra mojada se podía notar desde donde estábamos nosotros y junto con el agitar de las gotas golpeando la superficie del mar, hicieron que todo estuviera conectado en perfecta armonía.

Fue en ese preciso momento cuando sentimos que debíamos estar allí junto a nuestro amigo compartiendo su mágico lugar con nosotros. Enseñándonos que las grandes personas, al igual que las grandes olas, son aquellas que te miran de frente, de igual a igual, que dan pasos o caminan sumando experiencias y haciendo que se conecten las cosas.

Esa misma tarde, tras terminar de coger olas y después de que Beni y yo fuéramos a buscar algo de cenar para todos a la *karinderia* más cercana a la casa como agradecimiento por tanto, ya en la casa de Michael y su familia, junto a sus amigos y los dos locales que habíamos visto en el agua hacía un rato, compartimos cena y risas, además de anécdotas de otras olas escondidas por Samar. Sin duda alguna, ese día había sido uno de esos en los que todo cobra sentido de nuevo.

Al día siguiente, Michael y los demás nos llevaron en un pequeño bote a una isla situada justo enfrente de la costa más al norte de su barangay. Allí, ellos tenían una cabaña de madera para pasar los días mientras surfeaban en la isla. Esta vez, la dirección del *swell* no era la mejor para que hubiera olas en esa isla.

—Normalmente, en esta isla salen dos olas muy buenas —advirtió Paolo—. Una derecha larga justo ahí, que puede alcanzar varios metros de altura sin pasarse —dijo señalando la esquina visible de la isla, donde atracamos nuestra barca.

El mar se veía movido y furioso, pero no lo suficientemente ordenado para levantar una buena ola. Luego, tras caminar un poco hasta donde tenían su cabaña, me mostraron otra ola. Esta vez, con una orientación completamente diferente y, por lo tanto, mucho más calmada, pero también mucho más pequeña y con menos fuerza. «Seguramente, con otras condiciones esta sería una muy buena ola para *bodyboard*», pensé mientras la observaba romper contra el coral.

De igual manera, me cambié y salté al agua yo solo, pues si algo habíamos aprendido durante este largo viaje por el mundo era que no hay ola realmente buena o mala. Simplemente, siempre que el mar y las condiciones lo permitan, lo que queremos es disfrutar de la sensación de estar en un lugar nuevo, conociendo un nuevo mar y aprendiendo con cada ola que vemos. Por eso todo este viaje: explorar, conocer, observar, aprender… Son palabras que hemos aprendido en estos casi mil días de viaje persiguiendo olas.

Después de la isla, ya por la tarde, Beni y yo fuimos los encargados de preparar una auténtica y rica pasta de atún para cenar y tras la cual, los chicos y yo acabamos a altas horas de la noche fumando y bebiendo, mientras hablamos de olas y de lugares de surf en todo el mundo. Esa misma noche, incluso bajo los efectos del alcohol y la marihuana, empezamos a notar un fuerte viento que movía casi todo a su alrededor y presagiaba algo malo para nosotros.

Al día siguiente, cuando despertamos, pudimos comprobar realmente lo que sospechábamos la noche anterior. De nuevo, el tifón que había estado enviando olas tan buenas a esta zona del sur de Samar durante estos últimos días cambió los planes de todos nosotros acercándose más a tierra, para dejar a su paso un fuerte viento y, sobre todo, una intensa e incesante lluvia. Esto hizo que casi todas las olas dejaran de funcionar, por lo que el mejor plan era ir a ver cómo los chicos iban a practicar *skimboard* a una playa cercana. Mientras ellos se lo pasaban en grande, el viento empezó a girar y girar lentamente y, para cuando nos dimos cuenta, se había levantado un viento en contra brutal que hacía que en esa misma playa, un poco más afuera de donde estaban los chicos con sus tablas, se levantaran unas olas increíbles y tuberas.

Michael y yo nos montamos en la moto rápidamente, importándonos poco o nada empaparnos bajo la fuerte lluvia que no dejaba de caer. Fuimos a su casa a buscar nuestras tablas y volvimos a la playa para tirarnos en esa ola. Ellos ya la habían probado en otras ocasiones, pero esta vez, al igual que Beni y yo, nadie se las esperaba, y menos rompiendo de esa forma tan buena. Al llegar de vuelta a la playa, la noticia de las olas se había extendido por todo el pueblo y un grupo de otros cinco locales ya estaba dentro con sus tablas de surf cogiendo los primeros tubos.

Este fue el último día antes de despedirnos con un «hasta pronto» y volvernos a Manila a nuestro trabajo, a la ciudad, a nuestro día a día, etc. Pero realmente algo nos trajimos de este viaje, algo único y difícil de encontrar. No nos conocíamos de nada, era la primera vez que nos veíamos cara a cara, pero nos recibió en su hogar, con su familia. Nos mostró sus olas y sus lugares favoritos, nos presentó a sus colegas, cada uno de ellos con otra vida, otra historia, su pueblo, etc. Parecía disfrutar de tenernos allí con él, casi lo mismo o más que nosotros de poder visitar su pequeño paraíso.

Ansiedad y pérdida de identidad

Una semilla que se planta en tu mente de manera inconsciente e involuntaria. Diminuta, casi tan insignificante que no te paras a pensar en ella ni un segundo más del necesario, pero que se queda ahí y se va alimentando de tus inseguridades y miedos para germinar y empezar a crecer sin control hasta tomar el mando total de la situación con cada momento de duda o debilidad que tengas, haciéndote dudar y confundiéndote para tenerte dominado.

A raíz de un viaje que habíamos hecho recientemente, en el cual yo caí desmayado por dos veces en una estación de metro, esta semilla se plantó en mi mente. Tras regresar y estando trabajando desde casa con mi ordenador para recuperarme del todo, empezaron a darme mareos cada vez más fuertes hasta el punto de no poder ponerme de pie, vomitar continuamente y tener que tumbarme en el suelo con los ojos cerrados sin poder moverme. Gracias a que antes de empezar todo le envíe un mensaje por el chat del trabajo a Beni, que aunque no del todo inteligible, contenía lo suficiente para que ella supiera que estaba en apuros y fuera a ayudarme.

Esta fue mi semilla y ese fue el motivo de que germinara sin control, hasta el punto de no poder ir a trabajar sin tener que salir corriendo de mi mesa y caer redondo luego al suelo, pensando que me mareaba de nuevo, o también de no poder ir a boxeo porque me sentía mareado y empezaba a sentir que me desmayaba. La cosa fue a tanto que incluso no podía ir a tomar cervezas con Brent y los chicos porque me veía incapaz de estar solo con ellos sentado en una mesa o dentro de un taxi sin poder salir corriendo y huir. Cada acción cotidiana, como montarme en una guagua, una *van* o incluso ir a comer a un restaurante, era todo un reto para mí. «Necesito volver a casa, no puedo continuar viajando así», me decía a mí mismo.

Visitaba médicos, pues para mí todo era real y tangible, pero estos no daban con nada raro. Siempre con la ayuda de Beni, sus increíbles caminos alternativos y sus buenas maneras, logré avanzar para estabilizarme un poco y, paso a paso, fui recuperando mi vida.

Aún recuerdo, unas horas antes de la última fiesta anual de Maersk, que había quedado previamente con Brent en el Smoke para tomarnos unas cuantas cervezas y, desde allí, coger el taxi que nos llevaría a la fiesta, llorando completamente inmóvil en casa porque me veía incapaz de acudir a esa fiesta sin pensar que me iba a marear y caer redondo al suelo.

—Tengo un plan —me dijo Beni, cogiéndome de la mano y pidiéndome que la acompañara.

Esa tarde, nos fuimos al centro comercial, comimos, bebimos unas cuantas cervezas, compramos ropa, fuimos a la peluquería y cuando nos quisimos dar cuenta, ya era la hora. Ella había conseguido sacarme de mi mundo de miedos y mareos, haciéndome que olvidara todo por unas horas y me viera capaz, al menos, de intentarlo.

—Bueno, ¿qué pasa si te desmayas en verdad? Del suelo no vas a pasar, luego te levantas y ya, ¿no? —dijo ella.

Sus palabras me dieron fuerzas para, desde allí, coger un taxi e ir a dar con Brent, que esperaba desde hacía un rato en el Smoke. Esa noche, como era lógico, no pasó absolutamente nada y aunque tardé mucho más tiempo en recuperarme del todo, la fiesta fue un punto de inflexión para empezar el largo camino para recuperar mi vida de nuevo.

Fiesta y olas: La Unión

Algo que comenzó como un simple viaje entre amigos antes de las Navidades se convirtió en una pequeña tradición entre nosotros, los originales, como nosotros mismos nos hicimos llamar.

Como casi todas las tardes en el trabajo, quedamos para cenar Brent, James, Alo y yo. El plan consistía en ir a cenar al Addobo To, en donde servían un menú de calamares, pollo, *tawilis* y carne o cerdo a elegir, acompañado siempre con dos tazas de arroz, huevo, tomate y una sopa de entrante, y todo esto solo por tan solo setenta y cinco pesos. Luego, con unos minutos extras y con la barriga ya llena, solíamos irnos a beber una cerveza o caminar por el barangay San Antonio, más tranquilo y sin coches, mientras hablábamos de nuestras cosas. También, durante los días de pago, que en Filipinas eran cada quince días, nos dábamos algún capricho culinario un poco más caro. Íbamos a la pizzería Pomodoro, en mi barangay, o a un tailandés también cercano que servía buena y auténtica comida *thai* con cervezas de importación y a buen precio.

La cosa era que cada vez pasábamos más tiempo juntos y nos hacíamos más y más colegas los cuatro. Durante mucho tiempo, después del largo y duro día de trabajo y como más o menos teníamos todos el mismo horario de trabajo, salíamos a tomarnos enormes cubos de cervezas a bares locales de la zona que ellos conocían y a los que me llevaban siempre. Alguna vez terminamos la noche yendo a enormes discotecas de Makati o BGC, en donde ya perdíamos el norte y volvíamos a casa muy perjudicados, pero lo normal era beber unas cervezas en bares más tranquilos mientras hablábamos y reíamos. Dean nos acompañó alguna que otra vez, pero no sé por qué extraña razón, él no terminaba de cuadrar bien con los chicos.

Pronto la noche de Manila empezó a no ser suficiente y los chicos decidieron organizar una escapada a la La Unión. Yo ya había estado allí anteriormente con Beni y no era un lugar que llamara especialmente mi atención, pero con los chicos seguro que sería diferente.

Ese viernes, antes de acabar el horario de trabajo e irnos a coger la guagua que nos llevaría hasta La Unión, Brent y James habían comprado todo un arsenal de bebidas para pasar esos dos días: dos botellas de ron Capitán Morgan, tres de ron Tanduay, el ron por excelencia de Filipinas, y varias botellas más de Emperador, el *brandy* más famoso en el país. Yo ya sabía lo que era salir y beber con mis hermanos filipinos, pero nunca habría imaginado que se podría beber tanto.

El parte daba, supuestamente, buenas olas para ese fin de semana en La Unión y aunque aquí el oleaje cambia mucho de un día para otro, era un buen momento para probar suerte y surfear en alguno de sus míticos rompientes. Toda esta costa de la gran Luzón empieza a tener olas durante estas fechas del año debido, una vez más, a los tifones y tormentas que se forman en el interior del mar chino y que mueven todo este, por lo general, tranquilo mar. En mi última visita a La Unión, cuando fuimos Beni y yo, no cuadraron como esperaba, por lo que esta vez tenía que intentarlo. Antes de irnos a la estación de guaguas de Cubao, pasamos por mi casa a buscar la tabla y las aletas, darle dos besos a Beni, que muy cansada por esta última dura y larga semana se quedaría en casa con una amiga todo el fin de semana, y ponernos en marcha.

Salimos sobre la una de la mañana de Manila y fuimos llegando a nuestro destino en torno a las ocho de la misma, una verdadera paliza, como casi cualquier viaje que hagas saliendo desde Manila. Alo, con algunos contactos locales, se encargó de reservar un lugar donde dormir.

—Cerca de la fiesta y de la playa —decía.

No habíamos ni siquiera desayunado decentemente aún cuando empezaron a caer los primeros vasos de ron. Yo, aunque muy dormido, pude ver desde la guagua romper algunas olas en la playa principal de La Unión, por lo que pese a que también me tomé algún que otro trago, desayuné y me fui directo a Mona Lisa Point, la derecha más mítica de toda esta zona.

Esta vez, el panorama había cambiado con respecto a mi última visita con Beni. La ola estaba funcionando, y casi con dos metros de tamaño. Los locales ocupaban todo el *line-out* o pico de la ola y el día no estaba para que los muchos aprendices a surferos que llegaban en masa desde Manila, más que nada para sacarse la foto, se arriesgaran a saltar al agua. Me cambié y desde la arena empecé a remar mar adentro, llegando a colocarme incluso más metido de donde rompía la ola y tratando así de buscar su sección más hueca. Pude coger algunas derechas bastante buenas y con algún que otro tubo que, aunque corto, me estaba resolviendo el baño. Las series más grandes rompían de golpe, por lo que lo mejor era bajar abriéndose lo suficiente como para esquivar la espuma y luego buscar la pared más abajo, cerca del final.

Los locales, muy poco acostumbrados a ver un buguero, tras verme como giraba con mi tabla o hacía alguna maniobra cerca de la baja, empezaron a preguntarme de dónde era y que si me gustaba su ola; eso sí, seguía sin importarles saltarme la ola si esta venía muy buena.

La subida de la marea trajo olas más grandes pero menos huecas, y mis hermanos esperaban fuera, en el bar de la playa, a que yo saliera del agua, así que ya era hora de irme. Cuando llegué a donde estaban ellos, parecía que no se lo estaban pasando muy mal. Entre ellos tres se habían bebido tres cubos de cervezas, con unas doce cervezas por cubo. Brent enseguida me dijo de ir a bañarnos y despejarse un poco, decía. Tras algunos cubos más de cervezas, nos fuimos a nuestro hostal a comer.

La señora de la casa había preparado habichuelas con arroz y carne tamaño industrial, no con mucho cariño, por lo que pude comprobar enseguida, pero eran más que suficiente para matar el hambre que traíamos después de las olas y de tanta cerveza. Sobra decir que no era ni la una del mediodía y ya estábamos todos bastante borrachos y empezando a perder el control. La cosa no fue a mejor cuando empezaron a sacar botellas y más botellas de las que habíamos traído con nosotros desde Manila..

El estilo filipino de beber es bastante peculiar y asegura que todo el grupo que está sentado beba por igual y quede totalmente borracho si no se sale de la mesa a tiempo. Un único vaso de tamaño pequeño, una botella de refresco y otra de lo que se vaya a beber, ya sea ron o lo que se tenga, en este caso era ron. Las tres cosas van pasando de mano en mano, mientras bebes primero el ron a secas y luego el refresco para que entre bien, no mezclado y en vasos independientes como haríamos en casa. Luego, el que acaba de beber debe avisar al otro de que es su turno, por si estuviera muy tocado para darse cuenta de que le toca, y además debe llenarle el vaso con el ron antes de avisarle.

Primero fueron las de ron, luego algo parecido al ron y después ya no recuerdo qué más, pero lo que puedo asegurar es que no recordaba haber bebido tanto en mucho mucho tiempo. Poco a poco fueron cayendo algunos. Alo se fue a dormir antes de levantarse a la hora y volver a beber de nuevo y con más ganas. James vino después, pero en su caso, se durmió durante apenas quince minutos y volvió como si nada a seguir bebiendo, y así todos.

Borrachos, fuimos de nuevo a la playa a darnos un baño y refrescarnos un poco antes de ir a cenar e irnos de fiesta finalmente. Lo más curioso de todo era que, en aquella playa de arena negra, nosotros no éramos los únicos que estábamos visiblemente ebrios. La Unión era ese lugar que había sido consumido por su propia fama y, sobre todo, por su cierta cercanía a Manila, convirtiendo lo que hasta hacía poco seguro que eran kilómetros y kilómetros de playa, arena y jungla con algún que otro pueblo pesquero en la zona en un núcleo de fiesta, comida barata y hostales para todos los bolsillos. Todas las grandes franquicias estaban también aquí: KFC, McDonald's, Pizza Hut… No quedaba nada de su identidad pasada y los locales de la zona, naturalmente y como haríamos cada uno de nosotros, sacaban el máximo partido posible a ello, guardándose algún que otro secreto en exclusiva para ellos.

Yo, obviamente, estaba demasiado borracho para pensar en nada en esos momentos. Brent y James se habían adelantado para comprar más alcohol en el Seven Eleven de la esquina. «Yo ya sí que no voy a beber más…», pensé para mis adentros cuando los vi que se metían a comprar. Lo cierto es que sí que bebimos más, muchísimo más. Bebimos tanto que ninguno de nosotros se acordó de cenar esa noche. Tras muchas rondas más a lo filipino, me levanté de la mesa y me fui a buscar un triciclo para ir a algún lado con música yo solo, metido totalmente en mi mundo. Necesitaba moverme e irme si no quería acabar cayendo redondo en el suelo de tanto alcohol en mi cuerpo. Brent me siguió y los otros murmuraban algo de que nos veríamos allí luego.

Muy borrachos, Brent y yo llegamos a la fiesta. No recuerdo muy bien cómo y por qué a ese preciso lugar, imagino que el conductor nos habría llevado sabiendo lo perjudicados que estábamos como para elegir por nosotros mismos. El local estaba lleno y una gran cola salía de la entrada principal. Antes de entrar, llegó otro triciclo con James y Alo dentro. Al vernos nos abrazamos y empezamos a bailar y cantar como si hiciera años que no nos veíamos, ya estábamos los originales al completo. El local era una extensión de la misma playa, con su arena, cojines, toallas por el suelo… Eso es todo lo que pude recordar, a partir de aquí, las cervezas y las copas se fueron sucediendo una tras otra, dejando todo muy confuso e imposible de memorizar.

El primero de nosotros que cayó en este primer viaje juntos a La Unión fue Brent. Noqueado, no podía ni hablar del alcohol que tenía encima. Yo lo vi de casualidad caminando como buenamente podía, mientras arrastraba torpemente una de sus cholas, que se le había roto, con sangre en la camisa y totalmente desorientado. Comprendí, dentro de mi también nula capacidad de razonamiento en esos momentos debido a los efectos del alcohol, que teníamos que retirarnos. Busqué a los demás, pero me fue imposible. Como pude, monté a Brent en un triciclo que estaba aparcado por fuera de la discoteca y, entre los dos, a duras penas y diciendo lugares que recordábamos cercanos, pudimos explicarle al conductor dónde estaba nuestra casa.

Así nació esta tradición del viaje a La Unión. Un viaje de amigos que se repitió en cada ocasión especial, como cuando James dejó la empresa, por ejemplo, o cuando yo iba a dejar Filipinas para volver a viajar después de todos estos años. También fuimos cada Navidad, año tras año, que era cuando más olas había para mí, aunque siempre con el mismo resultado: me metía a surfear el primer día nada más llegar y luego, por las mismas circunstancias que la primera vez, ya la tabla se quedaría en la habitación hasta que nos fuéramos de vuelta a Manila.

La despedida

Pasaron los años y casi sin darnos cuenta, llegó el día de seguir siendo lo que realmente queríamos ser. Queríamos volver a viajar de nuevo sin horarios, sin días ni nada por el estilo. Viajar tanto y a tantos sitios que se nos olvidáramos de nuevo de qué día era. Queríamos que el sol y las mareas marcaran nuestro paso de nuevo.

Nos tocaba hacer un resumen de nuestra nueva vida en Filipinas y no era fácil, para nada lo era. No es fácil hacer un resumen de todo lo que hemos vivido y aprendido aquí. Resumir horas y horas de largos viajes entre el norte y el sur, de perseguir rumores o sabios consejos, de fracasos y medias vueltas, de caminos llenos de mosquitos, arañas u otro tipo de insectos, de barcas pequeñas contra grandes olas… En definitiva, resumir la búsqueda de la pasión y el respeto por el mar.

«Algunas de las mejores historias de surf empiezan con la existencia de unas islas perdidas en el Pacífico, donde el mar golpea fuerte y agitado…», sería una gran frase para resumir estos cuatro años explorando estas preciosas islas.

Nos gusta decir que Filipinas es nuestra nueva casa, y así es como nos sentimos realmente y como la tratamos. Filipinas no tiene quizás la constancia o continuidad de otros lugares famosos por sus olas, pero lo que sí podemos confirmar que tiene es carácter, algo que hace única cada ola o cada *spot* de por aquí. Los miles de colores que se forman en una ola que rompe en cualquiera de sus afilados corales, el abrazo cálido que sientes cada vez que entras a sus aguas, la sonrisa eterna de sus locales… Pero, sobre todo, si estás muy atento, la calidad y potencia de sus olas cuando deciden despertar.

Lo que está claro es que por esta zona del Pacífico, las olas son el lenguaje de muchos pueblos de la costa. Ellos son guardianes de grandes secretos que guardan con cariño y transmiten de generación en generación.

Un último gran viaje para descubrir

Desde que salimos de Tenerife hacía ya tiempo, mientras planeábamos todo este viaje y nombramos Filipinas, teníamos claro una cosa: queríamos explorar sin prisas y con calma la larga costa salvaje de Samar hasta llegar a su extremo norte.

Decidimos dejar nuestro trabajo en Manila y perseguir de nuevo nuestro sueño un día muy caluroso y húmedo de agosto. Ambos sabíamos que, pese a que volveríamos muchas más veces a nuestra segunda casa, aún teníamos algo pendiente que hacer allí ahora. Habíamos conocido a mucha gente durante todo este tiempo, algunos de ellos, amigos de verdad. Por lo que creamos una ruta de dos meses desde Calicoan hasta la isla misteriosa. Más de cuatrocientos quince kilómetros de costa desconocida por explorar, visitando a todos nuestros amigos por el camino para despedirnos, al menos de momento, de todos ellos y disfrutar estos últimos días por Filipinas.

Ese día previo a dejar nuestra casa en Kapitolyo fue muy difícil de sobrellevar. Mucho tiempo, muchos recuerdos y muchas experiencias. Amigos, conocidos de diario que nos habían ayudado todos y cada uno de los días que estuvimos allí, tiendas, rincones que habíamos hecho nuestros con el paso de los días viviendo en la ciudad, perritos y gatitos de la calle e incluso sabores y olores de los puestos callejeros que teníamos cerca de casa. Era como sentir que todo tenía que terminar aquí para que pudiera empezar de nuevo otra vez, pero no podíamos evitar sentir un agradecimiento inmenso y una nostalgia casi crónica por todo este tiempo que habíamos vivido juntos.

De nuevo, tocaba tener la casa a cuestas y meter lo únicamente necesario y útil para viajar durante meses o el tiempo que pudiéramos, aligerando todo lo posible nuestras mochilas. Dejamos atrás todas aquellas cosas que habíamos recolectado durante estos años viviendo en Filipinas: ropa de trabajo, regalos, libros, calderos… Algunas cosas las donamos a la caridad, otras las enviamos a nuestra casa en Tenerife dado su alto valor sentimental, y las demás, simplemente, las dejamos atrás. Mi tabla extra, con la que había estado viajando todo el tiempo anterior a nuestra llegada a Filipinas y que realmente nunca usé, se la dejé a Jimena, nuestra hermana de Nicaragua. Esta vez, si perdía mi tabla, la rompía o lo que fuera durante el camino, no tendría otra opción de reemplazo. Ya mi brazo había cargado muchos miles de kilómetros con ellas dos y ahora me había propuesto ir mucho más ligero.

Hacía mucho tiempo desde nuestra última visita a la playa y la ola de ABCD, y mucho habían cambiado las cosas desde entonces. El terreno de Papá Junjun estaba totalmente cambiado. La casa de madera donde nos habíamos quedado la última vez con nuestra tienda de acampada estaba ahora totalmente en ruinas y sin techo.

—Una tormenta muy fuerte que pasó por aquí hace poco —dijo Junjun.

Al otro lado del terreno, sin embargo, habían construido una nueva casa de madera mucho más grande y aún por terminar, con cocina dentro, un gran comedor con mesas y neveras e, incluso, una segunda planta lo suficientemente grande para poner un par de camas y alquilarlas. Todo un paso hacia delante de Papá JunJun.

Nos dejó quedarnos en la segunda planta de su casa aún por construir y montar allí nuestra tienda de acampada, pues estaba aún con partes del techo abiertas y no había nada más que suelo, sin camas o paredes. Los locales que habíamos conocido las veces anteriores no estaban por allí en esta ocasión, solo JunJun y su primo, que hacía de cocinero para todos nosotros.

El parte no daba buenas olas hasta dentro de una semana, pero pese a ello, cada mañana yo saltaba al agua temprano y remaba hasta el coral esperando coger cualquier cosa decente que llegara a esa playa. Luego, con la bajada de la marea, volvía a la casa, donde esperaba Beni.

Al segundo día sin olas y viendo que la cosa iba a mejorar notablemente en las semanas siguientes, decidimos empezar a subir costa arriba para explorar y tratar de descubrir olas nuevas. Esa noche bebimos y reímos con Papá JunJun hasta altas horas de la noche. Era nuestra despedida, nos íbamos de Filipinas y no sabíamos cuándo íbamos a volver a vernos. La ocasión lo merecía.

En la mañana del día siguiente, nos despertó la fuerte lluvia que caía sobre nuestro maltrecho techo lleno de agujeros. Empacamos nuestras cosas y empezamos nuestro largo camino para llegar hasta el hogar de nuestros amigos Michael, su mujer y también de su colega Paolo. Los avisamos de que íbamos la noche anterior, pues nuestro plan inicial era estar mínimo una semana en Calicoan, pero con el panorama de olas que se nos presentaba y queriendo explorar todo el norte, o salíamos ya de allí, o la fuerza nos iba a coger de nuevo en ABCD, que no estaba nada mal, pero que ya conocíamos y habíamos conseguido surfear antes en buenas condiciones. Nos apetecía algo totalmente nuevo y distinto.

Tras muchas horas metidos en la furgoneta, llegamos por fin de nuevo al puente donde nos había esperado la última vez Michael con su triciclo. Hacía unos minutos que nos había respondido a nuestro mensaje de la pasada noche, avisándonos de que su madre y sus hermanastras, que vivían en Gran Bretaña, estarían por la casa de visita durante todo el próximo mes.

—No hay problema —le dijimos Beni y yo—. Nos vemos para surfear y ya nosotros buscamos donde quedarnos.

En realidad, el único sitio donde quizás podíamos encontrar un lugar para dormir era un pequeño barangay a una media hora de casa de Michael y su familia. El mismo barangay donde habíamos comprado algo para cenar en nuestra primera visita y donde habíamos ido a ver a los chicos hacer *skimboard*.

Llegamos y preguntamos en el único hostal que había en varios kilómetros a la redonda por una cama para dormir. Este era un hostal de trabajadores y gente de paso, no estaba para nada pensado para extranjeros, es decir, eran literas colocadas en varias habitaciones compartidas y una misma persona que hacía las veces de recepcionista, limpiador y cobrador. No hablaba nada de inglés, pero sí dejó claro, por sus gestos e indicaciones, que estaban totalmente llenos.

La cosa se complicaba, pero no queríamos decirle nada a Michael para que no sintiera que tenía que alojarnos en su casa. A la salida del hostal, preguntamos a todos los triciclos que estaban por allí sobre un lugar donde poder ir y montar nuestra tienda de acampada.

—Una casa grande con jardín, otro hostal, edificio público o lo que sea —le trataba de explicar Beni al conductor.

Uno de ellos conocía una casa muy cerca de allí que resultaba ser del antiguo mayor del barangay, como se les dice a los alcaldes en Filipinas.

—En esta casa, hace mucho tiempo, alquilaban habitaciones para los viajeros que venían de Manila a pasar unos días, pero cerró hace tiempo —nos informó el conductor.

Era nuestra única opción, ¿qué íbamos a perder? Era eso o tener que saltarnos nuestra visita a la ola de Membrane y no poder ver a nuestros amigos, cosa que no queríamos que pasara, pues esta parada para despedirnos de ellos y catar una última vez, por el momento, sus olas era una de las mejores partes de este largo viaje por toda la costa salvaje de Samar.

Llegamos a la enorme casa que, *a priori*, parecía estar muy bien cuidada y en uso. El conductor del triciclo tocó y habló con la señora que salió a recibirnos a la puerta.

—Ya no alquilamos habitaciones, tienen que ir al hostal que está cerca de la playa —dijo la señora desde el otro lado de la puerta semiabierta.

—Hemos preguntado ya allí y está todo lleno —contestó Beni—. Tenemos una caseta de acampada y un set de cocina. ¿Quizás podemos quedarnos por algún lado? Solo necesitamos usar el baño y podemos ayudarle con lo que necesiten en la casa —replicó Beni nuevamente.

La señora pareció pensárselo dos veces. Estaba claro que ella quería ayudarnos y le agradaba la idea de que estuviéramos en su casa. Lo que pasaba era que hacía mucho tiempo ya que no recibía a nadie en su casa:

—Un segundo, chicos, ahora vuelvo —nos dijo, para a continuación girar y entrar en la casa.

Al cabo de un poco, salió de nuevo y esta vez sí abrió por completo la puerta y la reja para invitarnos a entrar.

—Bueno, las habitaciones de la casa están ocupadas por mi hijo, su mujer y sus niños, pero el garaje acabamos de reformarlo y ahora tiene cocina y baño independiente. El suelo también es nuevo, solo haría falta limpiarlo un poco y pueden montar allí su tienda de acampada para quedarse el tiempo que quieran —nos dijo.

Aceptamos enseguida, pues realmente no teníamos alternativa. Mientras limpiamos todo y montábamos la tienda para ponerla junto a la pared, aparecieron Michael y Paolo a buscarnos con sus motos.

—*Ate, kuya,* pueden venir a casa. He hablado con mi madre y nos organizamos para que se puedan quedar en una habitación junto con todos nosotros —dijo Michael.

La señora de la casa donde estábamos los conocía y enseguida empezaron a hablar en tagalo. Recogimos nuestras cosas y, agradeciéndole enormemente a la dueña de la casa por la invitación, nos fuimos con ellos a casa de Michael. Allí nos esperaba toda su familia y amigos. Su madre, nada más presentarnos, nos dio un abrazo enorme y nos dijo que Michael no le había dicho nada de que íbamos.

—¿Cómo se van a quedar en un garaje? Esta es su casa también —dijo Ailen muy sonriente.

Ailen, que era como se llamaba la madre de Michael, nos insistió para que nos sentáramos a comer con ellos a la mesa. Contando a amigos, familiares y a nosotros mismos, éramos como unos doce en total en la casa, sentados y dispuestos alrededor de la enorme mesa de comedor, que tenían preparada con varios platos y bandejas de arroz. Durante el almuerzo, Ailen nos comentó que ella y su marido habían estado en Tenerife varias veces y que solía también venir a su casa en Samar siempre que podía. También tuvimos la oportunidad de conocer al otro hermano de Michael, que también vivía en el mismo barangay, pero que nunca habíamos conocido. Cuando terminamos y recogimos todo, salimos con las motos a comprobar si Membrane estaba rompiendo antes de que se nos hiciera más tarde.

De nuevo con todos ellos allí, cruzamos la jungla y la pequeña colina hasta llegar a la ola. Como la última vez, estaba rompiendo con una precisión y una sincronización absolutas. Nadie en el agua, solo para nosotros. La fuerza aún estaba por llegar, pero pese a no ser olas de gran tamaño, la serie estaba sacando muy buenos tubos de izquierda. Saltamos al agua y remamos juntos hacia el pico mientras nadábamos sobre un manto de coral lleno de colores. Paolo marcó y remó la primera de todas. Tuvo que agacharse bastante para poder meterse dentro del tubo, pero aun así lo pudo sacar de principio a fin. En la siguiente ola, Michael me hizo gesto de que me colocara para remarla, cediéndome así su turno. La remé con todas mis fuerzas y tras pasar por encima de los afilados corales en la primera sesión de la ola, el agua empezó a caer por encima de mi cabeza, ocultándome el sol por unos gloriosos segundos hasta llegar al final de la ola.

Así estuvimos los cuatro en el agua durante casi dos horas más, compartiendo olas y risas hasta que, cerca del atardecer, emprendimos de nuevo el camino a la casa.

Como a la hora de la cena, nos volvimos a sentar doce a la mesa. Esta vez Beni y yo, a modo de agradecimiento por habernos recibido en su casa y de esa manera, decidimos comprar un enorme y sabroso dulce de leche en la pastelería que vimos de camino a la casa de Michael. Este es un postre que nunca falla en Filipinas, se come en casi cualquier sitio del país y a todo el mundo le encanta.

Al día siguiente, nos despertamos muy temprano para ir en moto a comprobar dos olas más que rompían un poco más al sur de la casa, como a una hora y poco de distancia.

—Otro secreto nuestro —decían.

Cuando llegamos, un anchísimo camino de tierra se abría paso entre la maleza, hasta llegar literalmente al agua. Una zona, en otro tiempo totalmente virgen como la ola de Membrane, estaba siendo reventada y maltratada para construir un puerto de carga. Todo para que los barcos chinos que iban allí a cargar madera y carbón a esta parte de Samar pudieran hacerlo sin problemas, todo un atentado medioambiental que hasta los chicos odiaban.

—Estamos buscando firmas para tratar de pararlo —dijo Paolo.

—El problema es que los chinos les pagan al mayor y al Gobierno para tener vía libre y hacer lo que quieran —añadió Michael bastante afectado.

La ola salía entre dos rocas de piedra caliza que sobresalían del agua varios metros y casi en paralelo, dotando al lugar con una belleza y un misticismo únicos. La serie no marcaba apenas el metro y medio de tamaño, pero no pude resistirme a saltar al agua y probar esa mágica ola antes de que la terminaran de destrozar. Solo Paolo me acompañó en este pequeño pero divertido baño. Los demás observaban desde la carretera de arena junto a las motos.

Solo cogimos dos o tres olas cada uno antes de volver a salir del agua. En palabras de Paolo: «Cuando Membrane está muy muy grande para surfear, aquí suele estar rompiendo perfecto». La fuerza que estaba prevista para esos días se estaba retrasando mucho y pese a que sí que había olas y nos divertíamos mucho, sabíamos que lo mejor estaba aún por llegar. El problema es que realmente estaban apretados en casa de Michael por nuestra culpa, con los niños durmiendo en el comedor, y aunque ellos insistían una y otra vez en que no había problema, no queríamos abusar. Fue ese mismo día cuando Beni y yo decidimos marcharnos a la mañana siguiente y seguir nuestro particular viaje hasta Borongan o más al norte, dependía de lo que tardaran en llegar las olas.

Como la primera vez que llegamos a este maravilloso hogar en mitad de Samar, Beni preparó espaguetis para todos. Paolo, autoproclamado experto en *kinilaw*, hizo uno con pez espada que habían capturado esa misma mañana, y entre risas, buena comida y cervezas, nos despedimos con un «hasta pronto» de todos ellos. Sabíamos que volveríamos, habían sido de lo mejor que nos llevábamos de Filipinas. Sus grandes corazones y su sincera ayuda nos dieron en aquel momento un empujón moral de que las grandes personas existen aún, y nosotros, por este país, habíamos encontrado a muchas.

Decidimos irnos a Borongan, capital del surf en estas latitudes. Realmente, estábamos mucho más cerca de lo que pensábamos, en apenas tres horas ya habíamos llegado. De nuevo Rhobb me facilitó el contacto de un *surfer* local que vivía allí y el plan parecía muy sencillo.

—Llegamos, contactamos con él y buscamos un sitio donde pasar unos días —le dije a Beni.

El primer mensaje que le enviamos lo leyó, pero no respondió. Quizás no se fiaba o estaba ocupado, pero no contestó ni a ese ni a un segundo mensaje que le enviamos preguntándole de nuevo. Totalmente normal por otro lado, pues no nos conocía de nada.

Por nuestra cuenta encontramos un lugar barato para dormir, cosa que no fue fácil, pues Borongan, al contrario de todo los demás lugares que habíamos visitado por Samar hasta el momento, era muy caro. Por las calles se veían algunos pocos extranjeros paseando con chicas jóvenes y las mismas franquicias y tiendas que estaban en Manila. Ese mismo día fuimos a chequear dos olas que habíamos buscado antes de llegar y que Michael nos había dicho que miráramos, pero al llegar, el paisaje era muy poco alentador. Un mar totalmente planchado, con tan solo un pequeño reboso pasando por encima del coral, nos recibió en Pirates Cove, una de las olas más conocidas de Borongan.

Sentados en un banco en la avenida marítima de Borongan, supimos que sin la ayuda de alguien que conociera bien la zona, debido a la poca fuerza que había hasta el momento, no íbamos a encontrar muchas olas decentes. También estaba el hecho de que nuestro presupuesto era muy justo, pues ya habíamos dejado el trabajo en Manila y empezábamos de nuevo a contar cada céntimo que gastamos, por lo que con todas esas premisas, lo más sensato era dejar Borongan y seguir rumbo más al norte, tratando así de alcanzar el mejor punto de Samar para el *swell* que se preveía que llegaría en los próximos días.

Cuando empecé a trabajar y conocí a mi «hermano del mar» Red, como nos decíamos entre nosotros a modo de colegas, me contó una historia acerca de una gran ola misteriosa oculta entre alguna de las más de siete mil islas que componen el archipiélago filipino. Una gran ola perdida de la cual solo era conocida su verdadera ubicación por unos pocos afortunados que habían podido surfearla, pero que tenía el tratamiento de leyenda y de ola de clase mundial por casi toda la comunidad surfera del país, salvo por los escépticos que dudaban de que realmente existiera.

Como leyenda que era esa ola, habían filtradas solo dos o tres fotos de preciosos y enormes tubos de derecha con la etiqueta de que se trataba de esa ola y sacando lo justo para no dejar al astuto y perseverante buscador de olas localizarla fácilmente. Red me confesó que incluso para él aún era un misterio saber dónde estaba exactamente, pero que sabía que era Samar. Su nombre, Philippines Dream, se me quedaría grabado a fuego y se repetía una y otra vez en mi mente cada vez que trataba de buscar un destino nuevo para surfear.

«Tienen que ir al norte, muy al norte, entre las islas que hay por esa zona», nos había dicho Michael, que conocía a alguien que, a su vez, también conocía a alguien que, supuestamente, sabía dónde estaba la ola. También, en una conversación que tuve con Rhobb, me aseguró que, pese a que él nunca había estado antes, sabía que era al norte de Samar. Nosotros por nuestra cuenta, mirando mapas y buscando por internet posibles lugares con buenas olas al norte de Samar, nos fijamos en que había un grupo de varias islas situadas entre Sorsogon y Samar, muy bien orientadas a cualquier tipo de *swell* que entrara por el Pacífico y con muchas zonas de coral repartidas por todas ellas.

Solo había una manera de llegar, y era cruzando de lado a lado la enorme isla de Samar hacia su costa oeste, la interior. Luego, a partir de ahí, subir hasta Allen y buscar un barco que nos acercara. También se daba el caso de que no podíamos seguir subiendo hacia el norte de Samar por la costa este, en la que nos encontrábamos ahora y donde estaba Borongan. Esto es debido a que la carretera se volvía totalmente de tierra y desaparecía por tramos, siendo muy poco probable que la misma llegara hasta el extremo más norte, a donde pretendíamos llegar. En este punto del viaje, tomamos la decisión de apostarlo todo a ese grupo de islas e irnos a explorar por allí, teniendo en cuenta que faltaban escasos tres días para que llegaran las primeras buenas olas, según el parte, y luego ya no sabíamos hasta cuándo tendríamos que esperar para volver a surfear. Era el mejor plan posible. Dejando así el resto de la costa este de Samar para otro momento.

Emprendimos ruta hacia Allen desgarrando de costado a costado Samar. Por el camino hicimos noche en Jiabong, un transitado barangay en mitad de la isla y conocido por sus enormes cuevas naturales que recorren todo el subsuelo de la zona. Algunas de ellas, de las más largas de Asia.

Aprovechando que nuestra siguiente guagua salía al día siguiente bien entrada la tarde, contactamos con un guía local dueño de un pequeño negocio de excursiones y aventuras en torno a la cueva que solía llevar a visitantes a su interior. Nos ofreció dos opciones.

—La primera es entrar por la entrada principal, bajar unos metros hasta la gran bóveda y salir al cabo de un rato. La segunda opción es entrar desde otra entrada anexa y atravesar la cueva, pasando por pasos inundados y túneles, hasta llegar a la gran bóveda principal, y salir de nuevo a la superficie. Esta serían unas cinco horas —dijo el guía.

No hizo falta pensarlo mucho. Teníamos tiempo de sobra si nos levantábamos temprano y estábamos de vuelta en Jiabong un poco antes de que saliera nuestra guagua a las siete de la tarde. La ciudad era totalmente distinta a todas las demás que habíamos visto en Filipinas hasta ahora. Llena de carritos bicicletas, extraños sombreros de paja y mucha comida china. Este lugar se podía parecer más a cualquier ciudad costera de China que a Filipinas. En realidad, desde que llegamos a Borongan, las ciudades que íbamos pasando por el camino no se parecían en nada a las que estábamos acostumbrados a ver durante todos estos años viviendo y viajando por el país.

Esa noche no pudimos pegar ojo entre el calor extremo que hacía en este pueblo perdido en mitad de la nada y el ruido de una boda que se celebró hasta casi las cuatro de la mañana justo en la calle detrás de nuestro hostal. Esto mismo no pareció afectar a nuestro guía, que dormía en el mismo hostal que nosotros y que nos vino a buscar puntual a las seis de la mañana, como habíamos quedado, con un café en la mano y fresco como si hubiera dormido toda la noche de un tirón.

Llegamos a la entrada de la cueva que nos había dicho nuestro guía y, tras una pequeña explicación de cómo movernos y comportarnos dentro de la cueva, comprobar el equipo (linternas de agua, mapa, cuerdas…), nos pusimos el neopreno integral y nos metimos por el estrecho agujero que accedía a la cueva. Totalmente a oscuras, solamente alumbrados por nuestras tres linternas, nos fuimos abriendo paso entre las diferentes cavidades de la misma. Las formaciones rocosas de estalactitas y rocas desgastadas por el agua y el tiempo eran majestuosas, casi fantasmagóricas.

—Durante la época de lluvias, todo esto se inunda y el agua corre violentamente por estas cuevas —soltó el guía para nuestra tranquilidad.

Algunos pasos estaban totalmente inundados y teníamos que nadar por ellos o caminar con la fría agua casi a la altura del pecho. Muchas veces, los murciélagos nos pasaban casi rozando mientras volaban por los alrededores de la cueva. También habían extrañas serpientes de color azul que parecían dormir en el interior de alguno de los charcos que se formaban en el suelo. Totalmente otro mundo ajeno y olvidado de todo lo que sucedía en el exterior.

Al cabo de unas cuantas horas, finalmente, tras varios tramos en los que el paso se hacía más angosto y la luz de nuestra linterna casi no podía derrotar a la fuerte oscuridad, llegamos a la bóveda principal, donde ya nos topamos con otro grupo que había decidido hacer la opción fácil. Toda una experiencia atravesar esta Cueva del Lobo. Muy cansados, arañados y hambrientos, llegamos de nuevo al hostal con el tiempo justo para bañarnos, comer algo y salir a coger nuestra guagua, que partía en dos horas hacia Catbalogan.

Unas pocas horas después de un trasbordo y un almuerzo en algún punto de la carretera que iba hacia Allen, habíamos llegado. Realmente, Allen no era más que un enorme y transitado puerto de pasajeros y una gran avenida con puestos de carga de mercancía y alguna *karinderia* escondida, nada más. Muchos pasajeros y mercancías llegaban o iban a Manila por aquí en carretera, de ahí todo este tráfico, pero para nosotros no había nada interesante.

—Si necesitan pasar la noche, mejor cruzar a Sorsogon. Aquí no encontrarán nada —nos dijeron en la guagua.

Pero esa no era nuestra idea. Nosotros íbamos a las islas que estaban muy cerca, justo enfrente: Biri, San Juan y Maravilla, se llamaban las tres más grandes. Tras preguntar, conseguimos montarnos en un pequeño barco de pasajeros que iba destino Biri Island, atracado en un muelle a las afueras de Allen.

Tras unas tres horas de travesía, llegamos a la isla junto con los demás pasajeros. No teníamos ni idea de a dónde debíamos ir o por quién debíamos preguntar si queríamos encontrar olas. Como éramos los únicos extranjeros que iban en ese barco, amablemente, uno de los tripulantes del mismo nos guió hasta la oficina de turismo y medioambiente que había cerca del muelle y pagar así nuestras tasas de conservación correspondientes. En la destartalada oficina, un mapa de todas las islas que componían el área colocado en la pared llamó nuestra atención. «Magasang Rock Formation, Pink Beach, Philippine Dream…», enumeraba así, uno por uno, cada lugar de interés en el mapa.

—¿Philippine Dream? —pregunté nervioso.

—¿*Surf, kuya?* —respondió el policía que estaba a cargo de la oficina.

¡Estaba allí, lo encontramos! Y a juzgar por cómo estaba señalado en el mapa, pareciera que era mucho más sencillo de encontrar de lo que nos resultó a nosotros descubrirlo. «Hasta el policía lo sabía, seguro que los demás también», pensamos.

La leyenda salía entre la unión de dos islas de menor tamaño al norte de Biri. Llegar hasta aquí solo era posible cuando el mar lo permitía, nos informaron. Debíamos ir en moto, ya que en la isla no había triciclos, a un pequeño asentamiento pesquero situado cerca de la oficina y luego negociar con alguien que nos llevara hasta la ola.

El policía responsable de la oficina de turismo en Biri Island nos había dicho que, de vez en cuando, llegaban algunos grupos de surfistas locales, alquilaban una *banka* para ir a coger olas y volvían el mismo día. También había visto algún que otro extranjero, pero era mucho más raro.

Nosotros sabíamos que las olas buenas no llegarían hasta el día siguiente, pero aun así, algo debería estar saliendo ya hoy. Por lo que nuestro plan era quedarnos en la isla unos días hasta que la fuerza se terminara.

Una vez en el lugar que nos había indicado el policía, intentamos buscar nuestra *banka* para salir cuanto antes hacia la ola. No sabemos si por la hora que era ya o por alguna otra razón que no conocíamos, pero parecía que nadie quería llevarnos. Tampoco teníamos muchas opciones, ya que en realidad solo había cuatro barcos y todos estaban ya amarrados y desmontados para salir a pescar al día siguiente. Los mismos motoristas que nos llevaron preguntaban como locos a todos los que veían en el pueblo tratando de ayudarnos. Beni y yo ya estábamos empezando a asumir que debíamos pasar la noche en el mismo muelle por el que habíamos llegado a Biri hacía tan solo un rato e intentarlo de nuevo al día siguiente.

En esas, un pescador se aproximaba en su *banka* a nuestra posición para descargar su barco y amarrarlo luego al muelle tras un duro y largo día de pesca. Sin dudarlo, uno de los motoristas empezó a gritarle en tagalo para que nos llevara. Pese a la primera negativa y tras negociar un precio bastante alto, aceptó. No teníamos más opciones y, de esta manera, el pescador podría llevarse un poco de dinero extra también.

Nos montamos en su *banka* tras cargar la tabla y nuestras mochilas, de nuevo muy pesadas por ir con la casa a cuestas, y nos pusimos en camino. No teníamos ni idea de a dónde íbamos ni qué nos esperaba allí. Todos en la isla sabían a dónde llevarnos y nosotros, simplemente, nos dejábamos llevar. «Algo bastante peligroso…», diría mi madre si estuviera allí con nosotros en esa *banka* cruzando el mar. Madre que, por otro lado, me enseñó que los momentos duros hay que superarlos, ya que la vida no sabes por dónde te va a venir, y que lo mejor es atesorar los buenos momentos que tenemos y llevarlos siempre con nosotros como apoyo.

Después de un buen rato cruzando frente a muchas islas, algunas de ellas con olas batiendo contra su costa, nuestra *banka* viró para meterse en una bahía aparentemente tranquila y se aproximó a la costa. Nos bajamos en la playa aprovechando la marea alta y, acto seguido, nuestro capitán se marchó automáticamente por donde mismo había venido. Frente a nosotros, nada, salvo una bonita casa de cemento recién pintada, césped y palmeras. Un poco más atrás, alguna que otra casa de madera escondida entre la maleza restante.

Cargados con todo, fuimos directos a tocar a la puerta de la bonita casa que dominaba todo el frente de la isla. Al llegar, los primeros locales aparecieron para darnos la bienvenida. Muy extrañados, nos preguntaron si íbamos a surfear.

—Buscamos un lugar donde quedarnos a dormir —les hizo saber Beni.

Nadie parecía hacerle caso, y eso que se lo repetimos varias veces. Decían que no había sitio para quedarnos o que no sabían. Curiosamente, parecía como que no querían que nos quedáramos a dormir en su isla, era todo muy raro. Definitivamente, con nuestra experiencia, había algo que no nos cuadraba en todo esto.

Tocamos varias veces en la casa y, pese a que había gente dentro, porque los estábamos oyendo, no nos abrieron. Al buen rato, cuando ya nos habíamos cansado de tocar y de llamar a la casa, apareció una señora para hacernos saber que en la casa no podíamos quedarnos ni colocar nuestra tienda de acampada.

—¿Sabe de algún otro lugar donde podamos quedarnos? —le preguntó Beni.

—Nadie suele quedarse por aquí —dijo tajante la señora—. Quizás en la casa de la playa puedan hacerles un hueco, no sé…

Todo era muy raro. Ya había empezado a chispear, señal inequívoca de que esa noche llovería. Teníamos hambre y estábamos muy cansados, pero todo parecía apuntar a que sería una larga y dura noche a la intemperie. En la casa que nos había dicho la señora, pese a que encontramos un hueco donde quedarnos, tampoco tuvimos una gran bienvenida.

—Solo pueden estar unos pocos días —comenzó avisando la señora.

Después, nos llevó hasta una casa a medio construir, con una terraza y unas tablas de surf por fuera colocadas contra la pared. Entonces, del interior de la casa salió un australiano de unos cuarenta y pico años que tampoco parecía alegrarse mucho de vernos, pues nada más la señora decirle que nos íbamos a quedar con él, este protestó.

—¿Cómo se van a quedar aquí? No cabemos todos, yo había alquilado la casa entera…

—Tranquilo, que no te vamos ni a hablar el tiempo que estemos aquí —empezó diciéndole Beni, muy enojada al escuchar las quejas—. Es más, si la dueña de la casa te está diciendo que nos quedamos y en la casa hay espacio para todos, ¿por qué no quieres tú? Seguro que ya sabes que no hay otro sitio por aquí donde quedarnos… ¿Por qué no quieres que estemos aquí? —le volvió a decir Beni, muy enojada por la actitud de esta persona hacia nosotros.

Finalmente, cuando Beni empezó a colocar nuestras cosas en la casa y al antisocial antiguo inquilino no le quedó más remedio que aceptarnos allí, me acerqué para tratar de hablar con él y limar asperezas. Tras una conversación explicándole todo lo que había pasado y cuáles eran nuestros planes, pareció mostrarse más amistoso. No así Beni, que no quiso aceptar las disculpas de este por su nefasto anterior trato.

Con la información que nos había dado la dueña de la casa, fuimos a una tiendita que estaba cerca y compramos aprovisionamientos: latas de atún, sardinas, pan de molde y agua, suficiente para pasar esta próxima semana. No había ningún otro lugar para comer o comprar comida en toda la isla. Por el camino, una chica que había sabido de nuestra llegada a la isla y de nuestra búsqueda de un lugar donde pasar los próximos días se nos acercó a preguntar.

—Mi nombre es Maricel. Vivo aquí en la isla junto a mi esposo y mis hijos. ¿Aún siguen buscando un lugar donde pasar estos días? —preguntó amablemente Maricel—. Podemos alquilarles nuestra casa si quieren para que no se tengan que quedar a la intemperie, nosotros nos quedamos en la de mi hermana, que vive justo al lado —prosiguió.

Decidimos entonces ir a ver su casa, pues ella se había tomado las molestias de ir a dar con nosotros y fue la única en preocuparse realmente por dónde íbamos a dormir esa noche. Cuando llegamos a su casa, un poco retirada del frente de la isla y junto a otras cinco casas más que componían este pequeño asentamiento, conocimos a su esposo y a sus hijos pequeños, que esperaban en la entrada.

Su casa estaba hecha de madera y bambú en su mayoría, con el suelo con partes de barro seco y partes con cemento gris. Tras entrar por el recibidor o entrada principal de la casa, en donde habían colocado un enorme banco, imagino que para pasar las tardes sentados charlando o jugando en familia, accedimos al pasillo interior, donde había dos habitaciones independientes a mano izquierda.

—Esta es la habitación de ustedes —dijo Maricel, señalando la que hasta ahora era su habitación y la de su marido, en donde con un poco de cemento extra habían hecho una doble altura para elevar el fino colchón de paja y lana por encima del suelo.

La otra habitación era la de las niñas. Esta tenía nada más que dos esterillas plegadas y una estantería con libros y muñecas repartidas por cada compartimento de esta. En la pared final de la casa, antes de salir de nuevo al exterior por la otra puerta, había una vieja pantalla atornillada a la pared de madera en torno a la cual sus hijas y ellos mismos se sentaban repartidos por el suelo del pasillo para poder ver la televisión cuando podían. Esta era la parte de la casa que tenía puertas. Luego, tras salir por ese lado de la casa y avanzando hacia fuera, había otra habitación independiente y separada del resto de la casa, antes de llegar a la cocina y comedor, también independiente del resto de la casa. Esta habitación estaba hecha con maderas más anchas y separadas entre sí, con el suelo de tierra y con dos enormes bidones de agua a los lados. Habíamos llegado al cuarto de baño y ducha de la casa.

—Llenamos el cubo cada semana con agua limpia —dijo Maricel—. En esta isla no disponemos de agua potable o limpia para ducharnos o fregar, todo hay que traerlo de Biri, la isla principal, y cuesta muy caro, por lo que debemos ahorrar mucha agua.

Ahí, la casa formaba una L y tras caminar unos dos metros aproximadamente a la intemperie, entrábamos en la cocina, muy grande y también de bambú, con un horno hecho de piedra y una cocinilla de gas donde poder cocinar.

En verdad, quedamos enamorados de la casa. Su energía, la gran cocina, el césped que tenía alrededor… Todo nos gustó mucho, y también estaba el hecho de que queríamos ayudar a la encantadora familia que nos quería ofrecer su casa para pasar esos días. No lo pensamos mucho más, recogimos nuestras cosas del otro lugar, explicándole a la señora que nos íbamos, y nos instalamos en nuestra nueva casa.

Maricel, que sabía de la leyenda que era la ola de Philippines Dreams, nos explicó lo que estaba sucediendo en la isla realmente.

—La casa enorme de delante, en la que ustedes estaban preguntando si se podían quedar, es de Larry. También lo es todo el frente de la isla, de lado a lado, todo es de él —empezó contando—. Larry es un australiano loco de verdad que viene a quedarse aquí durante tres o cuatro meses al año, en la época de olas. Nunca viene solo, viene con quince o veinte amigos que se quedan en la gran casa con él o en la otra casa de la playa, la que nosotros habíamos preguntado, que también la pagó y construyeron para él. No quiere a nadie que no sea su gente por esta isla. Incluso se ha liado a tiros con alguno que ha llegado en el momento equivocado —contaba Maricel.

Ahora lo entendíamos todo un poco más. El tal Larry ese controlaba la isla entera y también a sus propios habitantes. Seguro que le pagaba a la gente de aquí para que no dejasen que nadie viniera a dormir a la isla, reparar la casa y mantenerlo todo así como estaba, limpio y ordenado. Aparte de eso, comprando todo el frente de la isla se aseguró de que nadie pudiera construir en la misma y, si lo hacía, que lo tuviera que hacer detrás, donde no había apenas espacio. Quizás Larry era la razón de por qué esta ola era tan desconocida para casi todos o quizás él formaba parte de la leyenda también. Lo que está claro es que la primera impresión al llegar aquí fue que no éramos bienvenidos, y así nos lo hicieron notar hasta que conocimos a Maricel y su familia.

A todas estas, todavía yo no tenía ni idea de dónde estaba la ola, ni mucho menos a qué tipo de marea era mejor ir a surfear. Solo había tenido la oportunidad de ver y observar el mar cuando estábamos sentados frente a la casa de Larry, que era el punto más alto del frente de la isla. Desde allí pude ver algo de espuma y movimiento a la derecha de la bahía que teníamos justo delante. También tuve ocasión de preguntarle algo acerca de la ola al australiano que habíamos conocido en la anterior casa, pero este sabía muy bien cómo hacerse el bobo cuando le convenía, ya que, claramente, no quería tampoco compartir la ola. Con esto, solo me quedaba hacer lo que se ha de hacer y se ha hecho durante toda la vida en este tipo de casos: madrugar mucho mucho y sentarme a observar el mar.

Dicho y hecho. Al día siguiente, incluso antes de que el sol lo tiñera todo de ese color rojo fuego que tienen los amaneceres en Filipinas, estaba sentado frente a la casa de Larry observando. Al rato, el australiano, ajeno a mi presencia en lo alto, cometió su primer error. Pude ver como caminaba por la playa y por la bahía, hasta llegar al otro extremo de la isla. Luego, debido a la gran distancia y a mi notable falta de vista, no pude ver más, pero era suficiente, ya sabía al menos a dónde tenía que ir. Salí corriendo a por mi tabla y traté de seguir los pasos del australiano. Beni ya estaba despierta, por lo que decidió acompañarme e ir a ver la ola. La marea estaba muy baja, casi podíamos caminar por toda la bahía y el agua no nos pasaba de las rodillas. Cuando estábamos ya al otro extremo de la misma, después de pasar unas rocas, nos quedamos clavados sin movernos viendo caer las primeras tres olas de la serie que acababa de entrar.

La primera ola que vimos romper ante nuestros ojos fue una derecha de unos dos metros y medio de tamaño, que iba formando un tubo perfectamente limpio y abierto a medida que avanzaba sobre el coral y por un periodo de tiempo muy largo, soltando un sonoro y estético chorro de aire con espuma que marcaría el final de la misma cuando llegaba lo más próximo a la orilla que podía llegar. Las otras dos olas de la serie que venían detrás fueron iguales o incluso más grandes. Todo un espectáculo para la vista de cualquier buscador de olas.

La leyenda era cierta y la teníamos ante nuestros ojos. Muchas veces, estamos en los lugares donde siempre soñamos estar. Buscamos en mapas, hablamos con locales, nos perdemos, fracasamos… Pero nunca nos cansamos de explorar. Eso era lo que nos había traído hasta allí y en el momento perfecto, ya que la fuerza del mar se notaba que iba cada vez a más y más.

Beni se colocó en el punto más alto de la zona, cámara en mano. Yo me cambié y me preparé para entrar al agua a probar esa ola. En el agua, nuestro

amigo australiano disfrutaba de unos tubos casi interminables para él solo, estoy seguro de que no le haría mucha gracia verme allí junto a él. No sabía muy bien por dónde entrar al agua. Todo el coral estaba muy virgen y mi norma siempre ha sido no pisarlo o romperlo bajo ningún concepto. A esto también había que sumarle que la ola golpeaba con fuerza el mismo cuando rompía en la orilla.

Sorprendentemente, el australiano me hacía indicaciones desde el agua como para que caminara más a la derecha, mucho más a la derecha de donde estaba ahora. Dudé por un segundo si seguir sus instrucciones e incluso busqué a lo lejos la mirada cómplice de Beni para que me enviara algún gesto o indicación acerca de tanto derroche de generosidad repentina por parte de nuestro amigo. Ella pareció no percatarse y decidí hacerle caso y caminar hacia la derecha del pico, como me indicaba. Efectivamente, por allí el fondo estaba menos cubierto por el coral y la ola, pese a romper también en esa zona, lo hacía menos fuerte y más atrás, llegando en ocasiones solo la espuma a la orilla.

Una vez dentro, ambos nos saludamos, pero estas fueron las únicas palabras que nos cruzamos en todo el tiempo que compartimos juntos en el agua. Me coloqué y al ver venir la primera ola de la serie, la remé con todas mis fuerzas tratando de bajarla con la suficiente velocidad y en el momento exacto para entrar en el tubo y sacarlo hasta el final. Dicho y hecho, la ola me cubrió por completo por unos largos e increíbles segundos hasta que finalmente me dejó suavemente en la orilla.

Así, ola tras ola, serie tras serie. A cada una que venía era mejor y más larga que la anterior, haciendo justicia a todas y cada una de las palabras y comentarios que habían formado la leyenda. El australiano salió del agua al poco de haber llegado yo, supongo que saciado y cansado de días anteriores surfeando Philippines Dream, porque la ola no paraba de mejorar por segundos. Beni y yo nos quedamos finalmente solos en aquel rincón de la bahía, en la diminuta isla situada delante de la costa de Samar, con todo el océano Pacífico y sus olas para nosotros en exclusiva.

Con el paso de las horas, la marea había subido mucho y, pese a que aún se podía surfear perfectamente, lo cierto es que si queríamos volver cruzando a pie la bahía hasta la otra orilla, debíamos salir cuanto antes.

Maricel nos vio comprando latas y arroz en la única tienda que había en toda la isla y, alegre como era ella, se acercó para preocuparse por si habíamos podido hacer surf y disfrutar de la ola sin contratiempos.

—Mañana vendrá mi tío con pescado para vender. Si quieren, pueden comprarle uno y lo preparan a la noche en casa —dijo Maricel.

Justo lo que necesitábamos, algo de comida caliente y fresca. Llevábamos varios días, durante el viaje hasta aquí y ahora en la isla, comiendo solo latas y comida de dudosa procedencia, por lo que ese pescado nos vendría genial. Así también podríamos usar el horno de piedra y leña que tenían en la casa para hacer una pequeña barbacoa y pasar la noche.

Después de almorzar, esa misma tarde, volvimos a la playa para mirar la ola. Pese a que estaba bastante lejos, ahora sabiendo ya dónde estaba y si nos fijábamos bien, podíamos apreciarla romper a la derecha de la bahía. Algunos chicos y pescadores locales, al vernos allí sentados mirando el mar, se acercaron curiosos, pero ninguno nos decía nada. A nuestros ojos, seguían pareciendo asustados o reacios a hablar con nosotros. Era como si realmente tuvieran miedo de que alguien les dijera algo o no quisieran tener problemas. Ciertamente, ese tal Larry debía ser un personaje. Nunca imaginamos que esto sucediera en un país tan abierto, amable y amistoso como Filipinas. Seguramente, ese tal Larry tendría de su lado a mucha más gente de la que nosotros podríamos imaginar; si no, no sabemos cómo permitían las autoridades este control y dominio tan brutal sobre la isla.

Ese fue nuestro primer día en Philippine Dream. Luego de cenar unas latas de sardinas con unas galletas de sal que habíamos comprado anteriormente y de calentarnos un poco de arroz en la arrocera que nos había prestado Maricel, tomamos una rápida ducha usando los cubos de agua recién rellenados por el marido de esta, montamos la tienda de acampada dentro de la habitación sobre el fino colchón de la cama, previniéndonos así del ataque de mosquitos, escarabajos gigantes y toda otra clase de insectos que nos asaltaron la anterior noche en este mismo lugar, y nos propusimos dormir temprano para descansar y estar frescos para el día siguiente.

Rápidamente, nuestros planes chocaron de frente con los fuertes y sonoros ruidos del karaoke de alguna de las cuatro casas que estaban cercanas a nosotros, que con la música a todo meter e importándoles más bien poco todos los demás residentes, decidieron montar una fiesta para él y sus hijos hasta altas horas de la noche. Siendo lo peor y más desesperante cuando su hija menor, a juzgar por cómo cantaba y lo lento de su hablar, cogía el micrófono para intentar seguir la letra y empezaba a gritar tratando de imitar el ritmo de la música.

La fiesta terminaría sobre las doce o una de la mañana, por lo que aún podríamos dormir un par de horas más y descansar, debido a que la marea estaba alta temprano y no tendríamos que madrugar tanto, pensamos insensatamente. Un poco antes de que saliera el sol y aún a oscuras, otro vecino empezó su fiesta particular con su propio karaoke. Al menos esta vez no había gritos de niños.

Con este panorama y con la imposibilidad de dormir más tiempo, decidimos desayunar e irnos a la playa. La marea estaba alta, pero aun así se veían olas y bastante movimiento en la esquina de la bahía, casi igual que el día anterior. Esta vez no podíamos ir andando, por lo que alquilamos una *banka* a un pescador de la playa por unos pocos pesos y amablemente nos llevó hasta las rocas de la esquina. La ola de ayer seguía funcionando y, pese a que la marea estaba muy alta, seguía sacando algunas secciones con tubo muy bueno. Fue entonces, esperando a que el mar se retirara un poco, cuando nos dio por explorar los alrededores y cruzar al otro lado de la isla. Vimos una preciosa playa de arena amarilla y palmeras casi tocando el mar, que se extendía hasta el final de la isla. Justo delante, otra ola de derechas saliendo. «¿Donde ayer o pruebo esta nueva ola?», pensaba.

Me daba un poco de respeto remar hasta tan lejos, no por nada, sino porque no conocía la ola y había que cruzar un buen tramo hasta llegar al pico y en donde se veía el agua bastante revuelta. Finalmente, me cambié y salté decidido a llegar y probar esta nueva ola. Mientras remaba subido en mi tabla, vi que el fondo en realidad era bastante poco profundo y la corriente no era tal, sino que podía moverme muy fácilmente. El entorno que me rodeaba era increíble, como casi siempre que cogíamos olas en Filipinas, pero este lugar tenía algo más especial.

La derecha se levantó delante de mí dándome el tiempo justo para volverme y empezar a remarla antes de que me cayera encima, pues no me había puesto bien en el pico aún. Mientras la bajaba muy apurado, recortando lo máximo posible para entrar en el pequeño tubo que estaba formando en su primera sección, la ola me succionó y me tiró contra el fondo. Tuve la suerte de que no toqué con mi cuerpo el mismo, seguramente por la marea alta, pero aun así me dio un buen revolcón por unos cuantos metros más, antes de soltarme y dejarme respirar de nuevo.

Las sucesivas sí pude bajarlas bien, colocado en el sitio y remando en el tiempo correcto, pero pese a ello, no estaban abriendo demasiado bien y apenas podías entrar al minitubo que se formaba por segundos. Imagino que con otro tipo de fuerza o un poco menos de agua, quizás estaría mucho mejor. Se podía apreciar la gran calidad de la ola, pese a las condiciones. Al cabo de un par de series, salí de nuevo a donde estaba Beni sentada en la orilla. Ya la marea estaba bajando y Philipine Dreams, o al menos yo diría que esa era la auténtica leyenda, aunque con dudas después de haber surfeado la otra ola de derecha esa mañana, estaba levantándose con unas condiciones aún mejores si cabe que el día anterior a falta de que la marea bajara un poco más. Comimos unos plátanos que habíamos podido comprar esa misma mañana en la tienda, nos dimos unos cuantos baños juntos en un inmenso charco que se formaba entre las rocas y, tras descansar un buen rato al sol mientras esperábamos al punto de marea bueno, salté de nuevo al agua.

Como si de largas y ostentosas melenas blancas se tratase, las crestas de las olas eran elevadas varios metros por encima de la ola y hacia detrás de la misma por la constante brisa del viento en contra, que trataba en vano de frenar su inminente llegada a la orilla y que formaba líneas largas y ondulantes de color blanco en el aire, mientras el labio de la ola seguía su imparable camino contra el fondo coralino de la baja. La serie se venía marcando desde muy atrás, dibujando y transformando todo el mar que teníamos ante nuestros ojos. Realmente era hermoso contemplar tanta perfección en una misma ola.

Tras disfrutar de un par de olas para mí solo, de entre la espesura de la jungla había aparecido caminando un chico, tabla de surf en mano. Yo me percaté de ello porque, buscando a Beni desde dentro del agua, pude ver como ella intercambiaba algunas palabras con este local antes de que saltara al agua. Ya dentro junto a mí, empezamos a hablar un poco.

—¿Cómo encontraste este lugar? ¡Hoy está muy bueno! Cuando se mete este tipo de brisa, esta ola saca unos tubos inmensos —me dijo muy animado, mientras se colocaba para remar la siguiente ola.

Teníamos tantas olas y tan buenas que apenas nos daba tiempo para hablar de manera continuada. Me comentó que vivía en la isla principal, la misma en la que nos había dejado el barco que cogimos desde Samar, y también me dijo que a veces trabajaba de guía de surf por la zona cuando le contactaba algún grupo de extranjeros que venían buscando olas. Me habló también de algunas pocas olas escondidas por allí cerca, pero que con esta fuerza solo salía esta así de buena y que sería de locos irse a buscar otra teniendo esta rompiendo así. Ya llevábamos un buen rato surfeando los dos solos. Estábamos realmente saciados de olas y una fuerte lluvia empezaba a caer sobre toda la isla. Beni hacía ya tiempo que se había buscado un refugio para no mojarse ni que se mojara todo el equipo de cámaras y cosas varias que teníamos en la maleta con nosotros, pues con los años, ella se había hecho una experta en prever este tipo de fenómenos y adelantarse a ellos.

Cuando salí a dar con ella, dejando a mi amigo solo en el pico, Beni me contó su amistosa conversación con este.

—Hablamos un poco de todo, lo típico por aquí, pero al verme con la cámara sacándote fotos en la ola dijo que, cuando estaba Larry por la isla, no quería ver a nadie sacando fotos o vídeos de la ola. Incluso ha llegado a pelearse con alguno de los que están con la cámara.

Beni, muy dada para este tipo de situaciones, le había dado su más sincera opinión al respecto:

—¿Por qué Larry les dice a todos lo que tienen que hacer en esta isla, la casa de ustedes? Qué pena que no esté ese tal Larry por aquí estos días, me gustaría hablar largo y tendido con él.

Después de pasar toda la mañana desde muy temprano en la playa, estábamos hambrientos y bastante cansados. Era el momento de volvernos de nuevo a nuestra casa, intentar conseguir el pescado para la cena de la noche, almorzar y descansar un poco para recuperar fuerzas. Esta vez tuvimos la suerte de contar con la marea baja del todo para poder llegar caminando cómodamente a la otra orilla. Cuando llegamos, Maricel salió a nuestro encuentro para guiarnos hasta donde estaba su tío preparando y limpiando las capturas de ese día.

—Atún de cola amarilla, marlín, maya maya… ¿Qué quieren para esta noche? —preguntó Maricel, que hacía de traductora entre su tío y nosotros.

Nos llevamos un atún de cola amarilla de unos dos kilos por lo menos y también compramos otro igual de grande para la familia de Maricel a modo de agradecimiento y con la idea de cenar todos juntos, la familia de Maricel y nosotros. Finalmente, no fue así. Ellos solían cenar muy temprano, casi al mismo tiempo que oscurecía, por lo que prepararon el pescado por su cuenta, en su casa, disfrutando juntos en familia. Nosotros lo preparamos en la barbacoa de la cocina después de limpiarlo y aliñarlo bien, usando ajo, perejil y un poco de aceite que nos trajo Maricel. Con calma y acompañado con el arroz que habíamos cocinado previamente, sentados a la mesa Beni y yo, disfrutamos de semejante y fresco manjar, acompañados solo por la tranquilidad, esta vez sí, de la noche en esta isla tropical lejos de todo tipo de ruidos.

Pasaron los días y la fuerza se fue diluyendo muy lentamente, dejándonos un par de sesiones de surf más para el recuerdo. En ocasiones, completamente solos en la ola y, otras, tan solamente acompañados por el *surfer* local que aparecía y desaparecía de la misma manera, de la nada, pero en ambos casos la leyenda hizo honor a su nombre, con olas casi imposibles de superar.

Nuestro viaje de despedida por Filipinas tenía que proseguir hasta llegar a nuestro destino final, donde teníamos pensado estar un mes, aproximadamente, entre olas y disfrutando de buenos momentos junto a nuestra segunda familia. Esa misma mañana y después de conseguir un barco que nos llevara de vuelta, nos despedimos de nuestra casa prestada por la familia de Maricel, dándole las gracias infinitas por todo lo que habían hecho por nosotros desde que llegamos a la isla, y a ella en particular por darnos la opción de quedarnos en la isla y por siempre estar pendiente de nosotros.

Salamat (Filipinas)

Y seguimos viajando y viajando unos cuantos años más. Estar todos estos años establecidos en Filipinas sirvió para que pudiéramos seguir con nuestro sueño de seguir explorando y conociendo el mundo a nuestra manera. Desde Manila encontrábamos vuelos muy baratos a casi cualquier parte y siempre buscábamos la manera de conseguir algunas semanas libres en el trabajo y poder así seguir viajando. Papúa Nueva Guinea y sus desconocidas olas, Taiwán, Japón o Camboya fueron algunos de los sitios que exploramos y visitamos en busca de olas y experiencias de vida.

Llega un momento en que debes pararte, mirar a tu alrededor y pensar si estás donde quieres estar y haciendo lo que quieres hacer… Cientos de días viajando, una locura. Casi aún puedo sentir el viento cálido que venía del mar al sur de Madagascar y levantaba toda la costa, ese fuego que se creó en mi estómago para luego recorrer mi cuerpo de pies a cabeza al ver a ese enorme elefante salvaje saliendo entre la maleza, a apenas cuatro metros de distancia de nuestra moto, de noche y sin estar preparados ninguno de los tres. Aún puedo sentir los nervios de correr y correr de un lado a otro de la pequeña isla filipina donde acampamos, para llegar antes de que la marea hiciera desaparecer esa extraña y caprichosa ola en mitad del mar chino y dejara, a su paso, solamente una fina capa de agua que apenas cubriera los miles de colores que se escondían bajo ella.

Las últimas palabras de esta primera parte de *Habagat, vientos del suroeste* se desvanecieron en mi mente mientras observaba cómo el sol se sumergía lentamente en el horizonte. Nuestro tiempo en el archipiélago de las Filipinas había llegado a su fin, pero nuestras aventuras apenas comenzaban. Mientras terminaba de escribir estas líneas, me di cuenta de que cada página estaba llena de experiencias que habían dejado una huella imborrable en mi corazón. Nos despedimos con gratitud de aquel lugar y de las personas que habían compartido sus historias con nosotros.

Nuestro espíritu de exploración seguía ardiendo. Sabía que este no era el final, sino solo un punto de inflexión en nuestro viaje alrededor del mundo en busca de olas y lugares que nos hicieran sentir. Con la promesa de nuevas culturas por descubrir, paisajes por explorar y conexiones por forjar, sabía que mi relato aún tenía muchas páginas por llenar.

Índice

Sobre el autor

Alexis Jonay Álvarez Álvarez (Santa Cruz de Tenerife, 1984) es diplomado en Ciencias Económicas y Empresariales por la Universidad de La Laguna. Toda su vida siempre ha girado alrededor del mar, desde que a los ocho años sus padres le regalaron una tabla de *bodyboard,* debido, en gran medida, a la presión de su hermano mayor, quien, por aquel entonces, ya había surfeado en varios de los mejores lugares de la isla y quería enseñarle, y porque ellos querían potenciar aquello que a él parecía hipnotizarle.

Poco a poco, esa tabla y todo lo que significaba para él fueron ocupando sus días, sus objetivos y hasta sus sueños de viajar para explorar nuevos lugares y mares lejanos algún día, convirtiéndose en parte esencial de su vida y creándole la necesidad de seguir un camino que le llevaría a viajar por varias partes del mundo cargando con ella.

Durante el viaje escribió numerosos artículos sobre surf y viajes para la famosa revista *Surfer Rule,* así como un reportaje sobre nuevas olas en la parte sur de Madagascar para la revista australiana *Riptide Magazine,* especializada en *bodyboard*.